社会转型期
犯罪控制研究

SHEHUI ZHUANXINGQI
FANZUI KONGZHI YANJIU

刘德法 ■ 主编

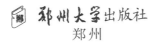

郑州大学出版社
郑州

图书在版编目(CIP)数据

社会转型期犯罪控制研究/刘德法主编. —郑州:
郑州大学出版社,2013.12
ISBN 978-7-5645-1659-8

Ⅰ.①社… Ⅱ.①刘… Ⅲ.①社会转型期-犯罪
控制-研究-中国 Ⅳ.①D917.6

中国版本图书馆 CIP 数据核字 (2013) 第 293217 号

郑州大学出版社出版发行　　　　　　　邮政编码:450052
郑州市大学路40 号　　　　　　　　　　发行部电话:0371-66966070
出版人:王　锋
全国新华书店经销
河南省中景印务有限公司印制
开本:710 mm×1 010 mm　1/16
印张:21.25
字数:404 千字
版次:2013 年 12 月第 1 版　　　　　　　印次:2013 年 12 月第 1 次印刷

书号:ISBN 978-7-5645-1659-8　　　　　定价:45.00 元
本书如有印装质量问题,由本社负责调换

作者名单

主　编　刘德法

副主编　李淑娟　张　阳　许桂敏

编　委： （按撰写章节顺序排列）

张　阳　刘冬明　姜嫦蓉

刘德法　穆　森　付熠炜

李淑娟　许桂敏

前　言

　　从现代化进程中犯罪现象的一般演进规律来看,在社会转型初期,由于新的社会变革迅猛地弱化着旧体制,引进并发展着新体制的因素,致使新旧体制相互碰撞和排斥,从而形成双轨体制混合并存的格局,并伴发体制缺口、体制倒错和体制逆转的特征。新旧社会结构之间的矛盾、冲突和对抗,势必引起社会的剧烈变动,进而导致社会秩序的重大变化。在很大程度上来讲,我国当前的犯罪大量增加是体制转轨、社会转型的必然代价。但是犯罪增长的态势不能不引起我们的重视。截至目前,国内对转型期犯罪的研究成果也不少,但是综观这些成果,大多限于对某一类(青少年犯罪、女大学生犯罪或财产型犯罪)或某几类犯罪特点、成因等进行分析,论证角度也局限于法哲学、法学领域,并且论述的结构类似,缺乏社会学的视角也缺少实证研究的数据和资料,也很少运用社会控制理论来对犯罪问题予以分析。

　　本书是郑州大学"211"工程建设项目重点研究项目"社会转型期犯罪控制问题研究"的最终成果。经过课题组一年多的深入调研和探讨,通过对社会转型期呈现的典型犯罪类型及动态发展趋势进行研究,发现其中的规律,寻求其中最为常见、多发的具体犯罪,运用社会控制的手段去解决转型期的犯罪问题以及搭建合理科学的社会控制模式,将犯罪控制到最小范围,以有效减轻社会冲突,实现社会和谐发展。本研究成果的主要特点是理论联系实际,宏观、微观相结合,理论性与实践性并重,犯罪学、刑法学、社会学、公共管理学等多学科内容交叉,尤其是及时反映了最新的法律规定、最新的理论动态和最新的研究成果,论证充分,观点新颖,不但是法律研习者的重要参考资料,其对党和政府实施社会治安综合治理工程及司法机关处理相关疑难刑事案件,也具有较大的指导意义。

　　本书编写分工情况如下:

　　张阳(法学博士　郑州大学法学院副教授):第一至六章

　　刘冬明(郑州大学法学院刑法学研究生):第七章

姜嫦蓉(郑州大学法学院刑法学研究生):第八章

刘德法(法学博士 郑州大学法学院教授):第九、十一章

穆森(郑州大学法学院刑法学研究生):第十章

付熠炜(郑州大学法学院刑法学研究生):第十二章

李淑娟(法学博士 郑州大学法学院讲师):第十三章

许桂敏(法学博士 郑州大学法学院副教授):第十四、十五章

全书由刘德法教授负责统稿、定稿。

作者

2013 年 10 月

目录
Contents

上编 | 社会转型期犯罪的动态分析 ………… 1

第一章 | 流动人口犯罪 ……… 3

第一节　概念之限定:"流动人口""流动人口

犯罪理论" ……… 4

一、"流动人口" ……… 4

二、"流动人口犯罪理论" ……… 4

第二节　流动人口犯罪的动态趋势 ……… 6

一、犯罪类型多样化,以侵财为主 ……… 7

二、犯罪主体以青壮年男性为主 ……… 8

三、团伙犯罪的犯罪组织方式增加 ……… 8

四、婚姻家庭异地性矛盾激化的犯罪增加 ……… 9

第三节　流动人口犯罪的原因 ……… 10

一、客观上,生活处境引发犯罪动机的

萌发 ……… 10

二、主观上,心理失衡引发矛盾加剧,

实施犯罪 ……… 11

第二章 | 青少年犯罪 ……… 13

第一节　概念之限定:"青少年犯罪"与

"青少年" ……… 13

一、"青少年犯罪" ……… 14

二、"青少年" ……… 15

第二节　我国"青少年犯罪"的动态趋势 ……… 15

一、导致青少年犯罪的原因和因素日益
　　复杂 ……………………………………… 16

二、主体构成出现了"三多"态势 …………… 16

三、犯罪类型"三上升两下降" …………… 18

四、组织结构、犯罪手段的变化 …………… 19

五、"网瘾"引发的财产犯罪激增 …………… 20

第三章　女性犯罪 …………………………………… 23

第一节　概念之限定："女性犯罪" …………… 24

第二节　女性犯罪的动态趋势 ………………… 24

一、女性暴力犯罪凸显 ………………………… 24

二、就业压力与色情犯罪 ……………………… 29

三、女性受害者角色的转变 ………………… 34

第四章　在校大学生犯罪 ……………………… 41

第一节　概念之限定："在校大学生""犯罪" …… 41

一、"在校大学生" ……………………………… 41

二、"犯罪" ……………………………………… 42

第二节　在校大学生犯罪的动态趋势 ………… 42

一、犯罪总量增长 ……………………………… 43

二、犯罪类型多样化 ………………………… 44

三、犯罪主体范围扩大 ……………………… 46

第五章　职务犯罪 ……………………………… 48

第一节　概念之限定："职务""职务犯罪" …… 48

一、"职务" ……………………………………… 48

二、"职务犯罪" ………………………………… 49

第二节　职务犯罪的动态趋势 ………………… 50

一、权力寻租，与市场经济共生共长 ………… 50

二、案情复杂，窝案串案连带"关系人" …… 54

三、数罪并发，社会危害性越来越大 ………… 56

第六章　有组织犯罪 ……………………………… 65

第一节　概念之限定："有组织犯罪" ………… 66

一、国外对有组织犯罪概念的限定 ………… 66

二、我国学者关于有组织犯罪概念的限定 … 67

第二节　有组织犯罪的动态趋势 ……………… 68

一、有组织犯罪的现状 ……………………… 68

二、有组织犯罪的发展趋势 ……………… 70

第三节　有组织犯罪的原因 ………………………… 73

一、社会转型为有组织犯罪产生提供了环境
条件 …………………………………………… 73

二、社会阶层收入差距不断拉大是有组织
犯罪产生的社会根源 ………………………… 74

三、犯罪组织成员对正常社会归属感的缺失
是实施有组织犯罪的个体原因 ……………… 74

中编　**社会转型期若干犯罪的司法认定** …… 75

第七章　**绑架罪** ……………………………………… 77

第一节　索债型的非法拘禁罪与勒索财物型
绑架罪的区分 ……………………………… 78

一、犯罪的目的不同 ………………………… 78

二、在是否存在债权债务关系方面有所
不同 …………………………………………… 79

三、侵犯的客体不同 ………………………… 79

四、侵犯人身自由权利的侧重点不同 ……… 79

第二节　绑架罪中的罪数问题 …………………… 81

一、绑架过程中有实施其他犯罪行为的罪数
认定 …………………………………………… 81

二、实施其他犯罪行为过程中实施了绑架
行为时的罪数认定 …………………………… 84

第三节　绑架罪中的"情节较轻" ……………… 84

一、"情节较轻"的出台背景 ………………… 85

二、"情节较轻"的性质 ……………………… 85

三、绑架罪中"情节较轻"的认定 …………… 85

第四节　绑架罪的停止形态 ……………………… 88

一、停止形态的含义 ………………………… 88

二、绑架罪的既遂标准 ……………………… 88

三、犯罪中止和犯罪未遂 …………………… 89

四、绑架罪的停止形态与绑架罪中"情节
较轻"之关系 ………………………………… 89

第五节　绑架罪的死刑适用 ……………………… 91

一、如何理解和执行"致使被绑架人死亡"

    的规定 ·· 91

  二、如何理解和执行"杀害被绑架人"的

    规定 ·· 92

第八章   金融诈骗犯罪 ·· 94

第一节   非法占有目的的认定 ·· 94

  一、非法占有目的存在的必要性 ·········· 94

  二、非法占有目的的司法认定 ·········· 96

第二节   合同诈骗罪的法定行为 ·········· 98

  一、以虚构的单位或者冒用他人名义签订

    合同 ·· 98

  二、合同虚假担保的行为 ·········· 99

  三、合同虚假履行的行为 ·········· 100

  四、逃匿行为 ·· 100

  五、其他方法 ·· 101

第三节   信用卡诈骗罪的法定行为 ·········· 102

  一、使用伪造的信用卡,或者使用以虚假的

    身份证明骗领的信用卡 ·········· 102

  二、使用作废的信用卡 ·········· 105

  三、冒用他人的信用卡 ·········· 106

  四、使用信用卡进行恶意透支 ·········· 107

第四节   贷款诈骗罪的法定行为 ·········· 109

  一、编造引进资金、项目等虚假理由诈骗

    贷款 ·· 110

  二、用虚假的经济合同诈骗贷款 ·········· 110

  三、使用虚假的证明文件诈骗贷款 ·········· 111

  四、使用虚假的产权证明作担保或者超出

    抵押物价值重复担保诈骗贷款 ·········· 112

  五、以其他方法诈骗贷款 ·········· 113

第五节   保险诈骗中的罪数问题 ·········· 114

  一、自然人主体的罪数问题 ·········· 115

  二、单位犯罪的罪数认定 ·········· 116

第九章   聚众犯罪 ·· 118

第一节   群体性事件的法律分析 ·········· 118

  一、我国群体性事件的概念和特点 ·········· 119

二、我国当今群体性事件频发的原因 ……… 122
三、预防和处置群体性事件的基本策略 …… 125

第二节　聚众犯罪的认定标准 ……………… 131
一、聚众犯罪的概念 ……………………… 131
二、认定聚众犯罪的法律标准 …………… 133

第三节　聚众犯罪与犯罪集团中首要分子的
　　　　关系 ………………………………… 137
一、聚众犯罪与共同犯罪的关系 ………… 137
二、聚众犯罪中的首要分子 ……………… 138
三、聚众犯罪首要分子和犯罪集团首要分子
　　的区别 ………………………………… 140

第四节　聚众犯罪刑事责任的承担 ………… 143
一、聚众犯罪首要分子的刑事责任 ……… 143
二、聚众犯罪中积极参加者的刑事责任 … 143
三、聚众犯罪中其他参加者的刑事责任 … 144

第五节　聚众犯罪的转化问题 ……………… 145
一、聚众犯罪转化犯的概念和特征 ……… 146
二、聚众犯罪转化犯的犯罪主体 ………… 151
三、聚众犯罪转化犯主观罪过的认定 …… 152
四、聚众犯罪转化犯刑事责任的承担 …… 154
五、聚众犯罪转化犯的处罚 ……………… 155

第十章　强奸罪 ……………………………… 159
第一节　强奸罪的主体范围 ………………… 159
第二节　婚内强奸行为的性质 ……………… 161
一、关于婚内强奸的观点 ………………… 161
二、婚内强奸的刑法规制 ………………… 163

第三节　性骚扰、猥亵行为与强奸罪的界限 … 165
一、性骚扰的含义、形式及分类 ………… 165
二、刑法对猥亵行为的规制 ……………… 167

第四节　强奸罪与非罪的界限 ……………… 168
一、强奸与通奸的区别 …………………… 168
二、关于男子以欺骗手段与妇女发生性关系
　　的定性 ………………………………… 168
三、奸淫女精神病患者或程度严重的
　　女痴呆症患者行为的定性 …………… 168

　　四、利用教养关系、从属关系和利用职权与
　　　　妇女发生性行为的定性 ······ 169

　　五、奸淫幼女行为的定性 ······ 169

　　六、关于"半推半就"案件的行为定性 ····· 170

第五节　强奸罪的加重处罚情节的认定 ····· 171

　　一、强奸妇女、奸淫幼女情节恶劣的 ····· 171

　　二、强奸妇女、奸淫幼女多人的 ····· 171

　　三、在公共场所当众强奸妇女的 ····· 171

　　四、二人以上轮奸的 ······ 171

　　五、致使被害人重伤、死亡或者其他严重
　　　　后果的 ······ 175

第十一章　受贿犯罪 ······ 176

第一节　受贿犯罪的对象 ······ 176

　　一、受贿犯罪的财产性利益 ······ 177

　　二、受贿犯罪的非财产性利益 ······ 178

第二节　受贿罪的客观方面 ······ 179

　　一、关于受贿的行为 ······ 179

　　二、关于"为他人谋取利益" ······ 181

　　三、关于"利用职务上的便利" ······ 182

　　四、关于"利用职权或地位形成的便利
　　　　条件" ······ 183

第三节　新型受贿罪的认定 ······ 184

　　一、关于以交易形式收受贿赂的问题 ······ 184

　　二、关于收受干股的问题 ······ 185

　　三、关于以合作开办公司等合作投资名义
　　　　收受贿赂的问题 ······ 185

　　四、关于以委托请托人投资证券、期货或者
　　　　其他委托理财的名义收受贿赂的
　　　　问题 ······ 185

　　五、关于以赌博形式收受贿赂的认定
　　　　问题 ······ 186

　　六、关于特定关系人"挂名"领取薪酬
　　　　问题 ······ 186

　　七、关于由特定关系人收受贿赂的问题 ······ 187

　　八、关于收受贿赂物品未办理权属变更的

问题 ·· 187
　　九、关于受贿财物后退还或者上交的
　　　　问题 ·· 187
　　十、关于在职时为请托人谋利,离职后
　　　　收受财物的问题 ······················ 188
第四节　受贿罪的共犯问题 ················· 188
　　一、《全国法院审理经济犯罪案件工作
　　　　座谈纪要》的规定 ····················· 189
　　二、《关于办理商业贿赂刑事案件适用
　　　　法律若干问题的意见》的规定 ······· 189
第五节　馈赠与贿赂的界限 ················· 190
第六节　利用影响力受贿罪 ················· 190
　　一、增设利用影响力受贿罪的背景 ······· 191
　　二、关于利用影响力受贿罪的犯罪构成 ····· 192
第七节　单位受贿罪 ·························· 196
　　一、关于单位受贿罪的主体 ··············· 196
　　二、关于单位的受贿行为 ·················· 197
　　三、单位受贿的主观方面 ·················· 197
　　四、关于单位受贿罪中的"情节严重" ······ 198

第十二章　盗窃罪 ······························· 199
第一节　盗窃对象的范围 ····················· 200
　　一、盗窃罪犯罪对象的一般特征 ··········· 200
　　二、盗窃对象的范围 ······················· 202
第二节　盗窃数额的认定 ····················· 206
　　一、多次盗窃中盗窃数额的认定 ··········· 206
　　二、对盗窃对象认识错误的数额认定 ······· 207
　　三、共同犯罪中盗窃数额的认定 ··········· 208
第三节　盗窃犯罪的转化 ····················· 209
　　一、盗窃主体年龄的确定 ·················· 210
　　二、盗窃未遂是否构成转化抢劫的前提 ····· 211
第四节　单位盗窃的性质 ····················· 212
　　一、对单位盗窃定罪不违反罪刑法定
　　　　原则 ·· 213
　　二、《批复》存在的问题 ···················· 214
第五节　盗窃罪的量刑情节 ·················· 215

一、犯本罪的,数额较大处三年以下有期徒刑、
拘役或者管制,并处或者单处罚金 …… 215

二、犯本罪,数额巨大或者有其他严重情节的,
处三年以上十年以下有期徒刑,并处
罚金 …… 216

三、犯本罪,数额特别巨大或者有其他特别
严重情节的,处十年以上有期徒刑或者
无期徒刑,并处罚金或者没收财产 …… 216

下编 社会转型期实现犯罪控制的措施 … 217

第十三章 犯罪控制目标的修正 …… 219

第一节 犯罪控制目标 …… 219

一、犯罪控制的含义和特征 …… 219

二、犯罪控制目标的设定 …… 221

三、犯罪控制原理 …… 227

第二节 犯罪控制政策的调整 …… 230

一、以"严打"为主阶段 …… 231

二、"严打"和社会治安综合治理相结合、
重视综合治理阶段 …… 234

三、我国控制犯罪的主要特点 …… 239

第三节 社会治安综合治理 …… 240

一、社会治安综合治理的含义 …… 241

二、社会治安综合治理的基本环节 …… 245

三、社会治安综合治理的基本原则 …… 248

四、社会治安综合治理的主体 …… 252

五、社会治安综合治理的措施体系 …… 256

第四节 克服刑罚万能观,建立犯罪综合控制
体系 …… 258

一、犯罪控制内容体系的特点 …… 258

二、犯罪控制措施选择的依据 …… 259

三、犯罪控制的分类 …… 260

四、犯罪综合控制体系的主要内容 …… 262

第十四章 完善社区矫正,强化社会控制 …… 280

第一节 社区矫正的概述 …… 280

一、社区矫正的现状 …… 281

二、社区矫正的概念与特征 ···········282
第二节　社区矫正的理论基础 ·········284
一、刑法的人道主义 ···············284
二、刑法的谦抑性 ·················285
三、标签理论 ·····················286
四、行刑社会化理论 ···············287
第三节　我国实施社区矫正的必要性 ·········288
一、符合刑法轻缓化的发展 ·········289
二、更能实现刑罚的功能 ···········290
三、有利于罪犯再社会化的进程 ·······291
第四节　我国社区矫正的制度完善 ·········292
一、我国现行社区矫正在组织制度上的
　　不足与完善 ·················292
二、社区矫正的工作制度建设与完善 ·······296

第十五章　刑事和解与人性司法 ·············300
第一节　刑事和解的概述 ···········301
一、刑事和解的现状 ···············301
二、刑事和解的概念与特征 ·········305
三、刑事和解与传统刑事司法的区别 ·····308
四、刑事和解与民事和解的联系及区别 ·····309
第二节　刑事和解的理论基础 ·········311
一、被害人保护理论 ···············311
二、刑事法的效率理论 ·············313
三、人权保障理论 ·················315
四、契约理论 ·····················316
第三节　刑事和解的作用 ···········317
一、体现人性司法，彰显全面正义 ·······318
二、节约司法成本，有效解决纠纷 ·······319
三、实现以人为本，弘扬谦抑刑法 ··········320

上编　社会转型期犯罪的动态分析

第一章

流动人口犯罪

随着改革开放的深入,城市化进程开始加速,经济交流变得更活跃,社会劳动力的流动也变得越来越频繁,而通信交通的发展则为劳动力的流动提供了更为便利的条件。于是,以劳动力流动为主要内容的人口流动成为必然。这是经济发展的内在要求,也是社会进步的一种标志。

流动人口的增多,城市人口的不断扩容,为经济繁荣、社会进步发挥了重要作用,但同时也带来了社会治安、城市建设、文化教育、社会管理等方面的问题,还带来了一系列犯罪问题。如何根据流动人口的犯罪特点和犯罪原因制定出一套遏制流动人口犯罪的对策以提升地区安防水平,对降低犯罪率,对经济健康发展和人民安居乐业均具有十分重要的意义。

第一节 概念之限定："流动人口""流动人口犯罪理论"

一、"流动人口"

流动人口是一个内涵丰富、外延宽泛的概念，但是，相关学术界对此没有一致的界定。从事相关研究的学者认为在中国的具体国情下，流动人口指"离开了常住户籍所在地，跨越了一定的行政辖区范围，在某一地区暂住、滞留、活动，并在一定时间内返回其常住地的人口，或者说流动人口是某一地区中没有该地常住户口而在该地从事各种活动的人口，或是某一地区中有该地常住户口却不在该地活动、居住的人口"。[①]

社会转型时期，国家经济的发展需要庞大的流动人员提供充足的动力，以促进市场的繁荣和社会的稳健发展。现阶段我国的流动人口也呈现出两个特征：一是离开户口登记地。他们是户口登记地的常住人口，但他们又不是居住在户口登记地，而在他们常住地，他们又被视为外来人口。二是逐利性。流动人口离开户口登记地，主要是为了追求经济利益，他们的流动有一定的经济目的，不同于上学、探亲访友、看病等人口。相关数据显示：城市流动人口为 1.2 亿~1.4 亿人，其中农民进城务工约为 1 亿人，跨省流动就业的农民工约为 6 000 万人[②]。而且当前，我国人口流动的基本规律是由农村流向城市，由经济落后地区流向经济发达地区，由中西部地区流向东部沿海地区。

二、"流动人口犯罪理论"

2010 年全国第六次人口普查数据显示，居住地与户口登记地所在的乡镇街道不一致且离开户口登记地半年以上的人口为 26 139 万人，其中市辖区内人户分离的人口为 3 996 万人，不包括市辖区内人户分离的人口为 22 143 万人。同 2000 年人口普查相比，居住地与户口登记地所在的乡镇街道不一致且离开户口登记地半年以上的人口增加 11 700 万人，增长 81.03%；其中不包括市辖区内人户分离的人口增加 10 036 万人，增长 82.89%。这主要是多年来我国农村劳动

---

① 王建民、胡琪：《中国流动人口》，上海：上海财经大学出版社 1996 年版，第 34 页。
② 杨东升：《城市流动人口的现状与对策研究》，载《黑河学刊》2009 年第 1 期。

力加速转移和经济快速发展促进了流动人口大量增加①。流动人口在促进城市
经济发展的同时,他们的流动性和复杂性也增加了许多社会治安的不稳定因素。
以北京、广州、上海为例,2006 年上半年,北京市公安局破获的各类刑事案件中
涉及流动人口的 19 953 起,占全部案件 69.2%;抓获各类流动人口违法犯罪分
子 17 538 人,占全部抓获违法犯罪分子总数的 72%。广州市社科院的一项调查
表明:改革开放初期的 1979 年外来人口的犯罪仅占广州市犯罪总人口的3.5%,
2002 年这一比例上升到 85%。上海的情况也大体相同,2007 年少年犯管教所
关押的外省籍的未成年犯已接近 80%。②

我们不能否认人口的大量流动解决了经济发展中所需大量劳动力的问题,
但同时应注意到的是,人口大规模、大范围的流动也给社会发展带来一定的安全
隐患,流动人口犯罪的激增就是其中之一。对于流动人口犯罪,国外一些学者有
相关的理论对此进行阐述。

(一)社会反常状态论

这一理论最早由法国社会学家迪尔凯姆提出,他认为人的特点是他所受到
的制约不是肉体上的,而是道义上的,即社会的制约。但"在社会动荡不安的时
候,不管是由于某种令人痛苦的危机,还是由于某种令人高兴但过于突然的变
化,社会都暂时没有能力采取这种行为"。于是"社会财富的分配标准被打乱,
但是另一方面新的标准又没有立刻建立,公众的意识给人的物质重新分类需要
时间。人们再也不知道什么是可能做到的而什么是不可能做到的。什么是公平
的,什么是不公平的,什么是合理的需要和希望,什么是超过了限度的要求和希
望"。这样整个社会就处在一种失范的状态下,人们的是非观念开始丧失,于
是,犯罪的大量增加都自然发生。

现阶段我国社会的各个领域都属于转型时期,很多旧的标准被打破而新的
标准又尚未建立。从流动人口自身来看,他们离开了原来的生活环境,那些原有
的道德规范和标准对他们的影响正逐渐削弱,而来到一个新的环境、新的城市,
新的标准和规范又未被他们接受。处于这样一个"反常"状态下,会导致流动人
口的不法行为的产生。

(二)社会解体论

这一理论的代表人物有库利、肖·麦凯和伯吉斯等人。这一理论认为社会

---

①　参见《第六次全国人口普查主要数据发布》,网址 http://www.stats.gov.cn/zgrkpc/
dlc/yw/t20110428_402722384.htm,2011 年 6 月 10 日访问。

②　参见张荆:《我们能够摆脱都市化与犯罪率同步增长的怪圈吗?》网址 http://www.
legaldaily.com.cn/zmbm/content/2009-07/09/content_1120694.htm,2011 年 6 月 10 日访问。

结构的崩溃,减弱了社会成员遵守既存社会行为规范的意识,反社会情绪得到充分发展,社会成员对社会规范的共同感受基本消除,在社会急剧变迁时快速发展的城市化、日益增加的人口流动以及社区的异质性不断增加等,都会使传统社会的权威、约束和控制日益减弱,这种情况下,越轨、违法甚至犯罪的现象就会激增。

随着改革开放的深入推进,市场经济的进一步发展,人们的物质生活水平有了很大的提高,但同时人们的思想观念也正发生着深刻的变化。城市化进程的不断推进,进一步拉大了城市和农村的差距,人们的收入差距也越来越大,城乡两极化发展以及贫富差距越来越大,人们对物质利益的追求远大于对其他方面的追求,流动人口犯罪就是在这样一个土壤里产生的。

(三)相对剥夺论

这一理论是由美国的朱迪斯·布劳和彼得·布劳两位学者首先提出的。这一理论认为,与富人区相邻的穷人区的居民由于看到富人的富有,自己又不能通过合法的途径取得自己所期望的财富,就会感到社会的不公正,这种不公正感的逐渐增强会导致穷人的气愤,最终可能使他们采取犯罪的手段去夺取他们认为自己应该得到的财富。[①]

一方面,流动人口中很大部分都是来自于农村,物质和经济条件相对较差,当他们从经济落后狭隘的地区流入经济繁荣发达的城市后,和城市居民生活在相同环境下,但是他们看到的却是城市居民相对富裕的生活,刺激起强烈的物欲。另一方面,在市场经济的强大竞争压力下,城市就业形势严峻,而流动人口又缺乏或缺少生存、就业的优势和能力,所以很难过上和城市居民一样的生活,当他们通过正当途径很难实现自己目标的时候,这样相对剥夺感便油然而生,则很有可能会选择犯罪。

第二节 流动人口犯罪的动态趋势

人口流动对我国城市经济发展和农村社会发展都有深刻的影响。人口的流动解决了城市劳动力不足的问题,推动了城市的经济繁荣。但任何事物的发展都具有两面性,流动人口的涌入也给城市带来了交通压力、资源紧张等一系列的问题,更有一部分流动人口走上了违法犯罪的道路。有数据显示,在北京、沈阳、天津、西安、上海和广州六大城市中,每3起行凶抢劫案件就有1起是流动人口

[①] 袁麟:《流动人口犯罪实证问题研究》,山东大学优秀硕士论文,2008年。

所为;每 8 名杀人犯中,就有 3 人是流动人口;而在破获的重大走私案件中,案犯 80% 是流动人口;在被抓获的诈骗犯中,2/3 是流动人口;进行贩卖毒品、拐卖人口活动的案犯基本上都是流动人口①。流动人口犯罪在整个刑事犯罪中所占比例越来越大。北京流动人口犯罪占 40% ~50%,上海占 70% ~80%,广州为 70% ~80%,深圳高达 97%②。流动人口的高犯罪率可见一斑。

流动人口这样一个特殊的群体,因其背井离乡、居无定所,所以具有较强的流动性,这样就容易诱发和扩大其违法犯罪的可能性。为了深入分析流动人口犯罪,我们在搜集相应数据的基础上对流动人口犯罪的动态趋势进行了归纳分析。

一、犯罪类型多样化,以侵财为主

从犯罪类型看,流动人口犯罪更多是以获得金钱和财物为目的的侵犯财产型犯罪。侵犯财产型犯罪是指以非法占有为目的,攫取公私财物,故意毁坏公私财物的行为,常见的有盗窃、诈骗、抢劫、抢夺、敲诈勒索等犯罪类型。在总的犯罪数量中侵犯财产型犯罪所占的比例很大,流动人口犯罪的这一特点表现得更为突出。

流动人口犯罪的这一特征有相关数据予以证实。2001 年,浙江省抓获的盗窃、诈骗两类犯罪嫌疑人共有 56 475 人,其中流动人口 36 362 人,占抓获的两类犯罪嫌疑人总数的 64. 39%,占当年抓获的全部流动人口犯罪嫌疑人的 67. 29%;2005 年为 59 540 人,其中流动人口 45 088 人,占抓获的两类犯罪嫌疑人总数的 75. 73%,占当年抓获的全部流动人口犯罪嫌疑人的 61. 03%。③

流动人口流动的目的具有经济性,绝大多数流动人口背井离乡,来到居住地,是为了找到一份好的工作,改善自己原有的生活状态。他们的这种美好愿望,在无法实现时,很容易采取非法手段来满足自我;还有一部分是盲目流入城市,找不到工作,或工作待遇低下,迫于生计而走上违法犯罪道路。也就是说,这些流动人口在进入到居住地之前,有改变自己原有生活质量,尤其是提高物质生活的要求,而一旦这种期望值高出了他们自我的能力,侵财型犯罪将会是最直接、最简单的方式。而在这种心态的影响下,在实施侵财型犯罪的同时,往往伴随着杀人、强奸、故意伤害等犯罪行为的发生。

① 《中国犯罪问题的数量分析与预测》,北京:中国人民公安大学出版社 2000 年版,第 65 页。
② 肖金军:《流动人口犯罪研究综述》,载《江苏公安专科学校学报》2001 年第 4 期。
③ 张应立:《论流动人口犯罪》,载《山东警察学院学报》2007 年第 1 期。

二、犯罪主体以青壮年男性为主

流动人口犯罪以男性为主,但女性犯罪率有所上升。根据历年的统计数据可以看出,女性在押服刑人员占在押服刑人员总数的比例一般在5%左右,男性比例在95%。数据显示,在2003—2008年这六年期间,女性在押服刑人员占全国在押服刑人员的比例呈缓慢上升趋势,从2003年的4.61%上升到了5.09%①。根据北京市2006年1月至6月的犯罪统计表明,流动人口犯罪总人数为10 657人,其中男性9 336人,占87.6%,女性有1 321人,占了22.4%②。这些数据说明,与全国服刑人员的性别构成相比,女性犯罪虽然在刑事犯罪中所占的比例较小,但是在流动人口中女性犯罪率有所上升,需要予以重视。

流动人口犯罪以青壮年为主。据调查,青壮年是流动人口的高发年龄段,当前我国流动人口犯罪嫌疑人主要集中在19岁至25岁和26岁至35岁这两个年龄段,分别占流动人口犯罪嫌疑人总量的39.4%和38.8%,居各年龄段的第一位和第二位,合计共占78.2%③。这个年龄段的流动人口正处在世界观和行为模式发展完善阶段,容易受外界各种信息的影响,尤其在遭受挫折后不能冷静处理,缺乏行为控制力,走上违法犯罪道路。不同年龄段的流动人口犯罪嫌疑人在犯罪类型方面,既有共同点,又有不同点。共同点是每个年龄段都以盗窃、抢劫等侵财案件占多数。不同点是,随着年龄的增长,伤害、强奸、抢劫、抢夺犯罪的比重逐步下降,诈骗和毒品犯罪的比重却随着年龄的增长而逐步上升。

三、团伙犯罪的犯罪组织方式增加

流动人口在我国现阶段阶层划分中属于一个特殊的弱势群体,他们在外出流动过程中,由于地缘、血缘和乡缘情结,物类相聚心理和互动同化心理,实施犯罪时往往表现出极其强烈的有组织性的特点④。在流动人口犯罪中,这些人也往往以有利的亲缘、地缘为纽带,形成松散的团伙或严密的组织进行犯罪,如盗窃团伙、拐卖妇女儿童团伙、制毒贩毒组织。调查表明,流动人口中犯罪分子共同作案的比例均超过常住人口案犯的比例。据"当前中国流动人口犯罪研究"

---

① 国家统计局:《历年中国统计年鉴》,北京:中国统计出版社2004—2009年版。
② 王大中等:《北京市流动人口犯罪问题调查报告》,载《中国人民公安大学学报》2007年第2期。
③ 王智民等:《当前中国流动人口犯罪研究》,北京:中国人民公安大学出版社2002年版,第112页。
④ 高兴:《流动人口犯罪与预防研究》,贵州大学优秀硕士论文,2009年。

科研组 2001 年对流动人口犯罪组织形态特征的调查结果表明:同伙之间是同乡关系的占 42.4%,排第一位①。2003 年 1 至 6 月间,兰州市共破获杀人、强奸、抢劫、重大伤害案件 909 起,其中流动暂住人口作案的 424 起,占 53.8%。2004年,全市严厉打击"两抢"盗窃犯罪专项行动中共摧毁犯罪团伙 98 个,其中抢劫团伙 33 个、盗窃团伙 48 个,抢劫、抢夺、盗窃三类案件涉案成员 1 744 人,其中流动暂住人口 1 168 人,占总人数的 67%。②

四、婚姻家庭异地性矛盾激化的犯罪增加

家庭是人类生存发展的最佳场所,家庭道德是提供家庭成员情感满足的源泉。改革开放以来,经济结构的变化,大量的人口流动,使得传统的家庭结构以及家庭道德受到现代化的挑战,陷入无法回避的困境之中,这种婚姻家庭的异地性带来的矛盾也逐渐激化,随之产生的犯罪也逐渐增加。

首先,对传统家庭和婚姻造成巨大的冲击。传统的家庭夫妻模式是朝夕相处,现在这种长期分居的夫妻生活无疑是对他们家庭和婚姻关系的一大冲击。对于异地婚姻家庭而言,在很长时间的夫妻分居生活中,他们各自生活在不同的社会环境中,受到不同文化观念、生活方式的影响,与不同的人群发生交往,丈夫或妻子处于一种动态的、开放的、变化的生活环境中,客观条件的差异造成了二人在知识、信息、社会关系和生活态度等方面的差异,同时也从客观上带来夫妻在城市化进程中的不同步性,出现名存实亡的婚姻。尤其在一方经济收入达到一定水平,身份地位得以较大改观时,他们对婚姻的态度也会有很大变化,夫妻双方往往会因长期分居和经济改观带来的矛盾而争执,因其矛盾激化,导致重婚犯罪现象增加。

其次,婚姻家庭异地性矛盾还导致社会不稳定因素的增加。农民工犯罪率居高不下的重要原因之一是长期的夫妻两地分居使得他们缺乏完整意义上的家庭生活,很多男性农民工的性需求得不到满足,加之外界不良因素的影响,导致很多农民工聚集的地方经常有强奸罪、猥亵妇女罪等性犯罪的不断发生。

---

① 王智民:《当前中国流动人口犯罪研究》,北京:中国人民公安大学出版社 2002 年版,第 249 页。

② 彭娅婷:《城市流动人口犯罪探析——以兰州市为例》,兰州大学优秀硕士论文,2008年。

第三节 流动人口犯罪的原因

犯罪变化趋势是各种各样的原因综合作用下的结果,流动人口犯罪也是如此,它是多因一果的复杂的社会现象。通过上面对我国转型时期流动人口犯罪现状、特征的研究分析,我们总结出导致流动人口犯罪的相关因素。流动人口犯罪人在这些原因的作用下,产生犯罪意识,辅以外界环境的反馈信息,实施犯罪行为。

一、客观上,生活处境引发犯罪动机的萌发

(一)城乡居民收入差距不断加大

从改革开放至今,我国各方面发展取得的成就是有目共睹的,经济持续发展,居民收入不断提高,但同时居民收入间的差距也在不断拉大。经济上的不平等是引发犯罪的重要因素,1982 年朱迪斯·布劳和彼得·布劳在《不平等的代价——都市结构与暴力犯罪》一文中就提到贫富悬殊造成的相对剥夺感和社会不公平会导致愤怒情绪和犯罪行为。

我国的流动人口主要是从农村流向城市,从经济欠发达地区向经济发达地区流动的。他们来到城市本是为更好的物质生活,而贫困和巨大的收入差距让他们的梦想破灭。从 2004 年全国六城市流动人口抽样调查登记流动人口收入情况可以粗略地看到,流动人口月均收入在 1 000 元以下的占 90% 以上,其中有接近 45% 的流动人口月收入在 500 元以下。对于以赚钱为主要目的的流动人口来说,收入的巨大反差所引起的不平等极易引发犯罪。

(二)户籍制度的缺陷和社会保障的缺失

改革开放后,随着市场经济的发展,人们安土重迁的观念发生了变化,尤其是新时期成长起来的青年为摆脱贫穷,追求更好的物质生活,选择进入大城市打工来改变自己的命运。但是不同的户籍使得同在一个城市生存的公民享受的是完全不同的待遇,社会保障也因户籍的原因有很大差别。

这就导致许多流动人口只是将本地作为一个工作之地,能赚到心目中足够的数目就离开,本地区的经济发展、社会稳定、环境安全与自己无关;另一部分流动人口将本区作为常住地生活,想极力融入当地的社会,但是一纸户籍将他们和本地人分割开来,他们无法公平地享用社会资源,无法获得一种安土重迁的认同,也就无法获得一种社会归属感,这使一些人的行为往往不被未来的寄托所制约,只注重短期行为。这些人一旦遇到大的挫折或者诱惑,形成扭曲的意识形态

后就容易萌发犯罪动机。

(三)文化的冲突与矛盾

美国犯罪学家、社会学家索尔斯坦·塞林在20世纪30年代末提出了解释犯罪原因的文化冲突理论的观点。他认为"文化环境生成了社会的行为规范和个人的人格,行为规范中那些为统治集团所珍视的价值上升成为刑法规范。刑法规范正是用来规定犯罪的行为规范,它来自主流文化;同质文化生成的刑法规范与个人人格相一致,异质文化分别生成的刑法规范和个人人格不一致,当异质的文化相互冲突时,就会产生犯罪"①。

流动人口犯罪问题有其深刻的文化背景因素,表现为文化上的冲突与矛盾。这种冲突主要表现在两个方面:一是因时间的延伸使得新旧文化并存而产生冲突,即道德文化冲突。社会各部分都处在转型时期,旧的道德体系也在这一时期逐渐瓦解,而新的道德文化标准也未完全形成,流动人口处于这样一种新旧道德体系的碰撞中,必然影响其行为准则和行为方式的变化。二是因社会分层产生的冲突,即阶层文化冲突。原住城市居民在享受流动人口劳作带来的各种生活便利的同时,却在内心上对这些外来人口存在偏见与歧视,这像一把利剑刺向弱者的心灵,而城市的白眼也扭曲了农民工本来谦卑平和的心态。流动人口为解决这样的文化冲突与矛盾带来的自卑感,在一些不良外界诱因的影响下,极易萌发犯罪动机。

二、主观上,心理失衡引发矛盾加剧,实施犯罪

意大利著名犯罪学家菲利指出:"犯罪必然在他的心理活动支配下进行,因为犯罪是一种有意识的活动,所以研究犯罪的最终途径必然要研究罪犯的犯罪心理,因而研究罪犯也要研究罪犯的犯罪心理。"②

社会转型时期,全国各方面都处在前所未有的变革和发展中,无论是经济还是文化。面对社会各方面突飞猛进的发展,人们的社会心理必然会产生相应变化,但也往往需要一个调适的过程。如果对心理的调适滞后于社会系统的变动,就会对一系列社会现象缺乏客观的分析,在认识上产生偏差,变得浮躁、愤怒,进而产生极度的心理不平衡。由于流动人口大多数来自农村,经济欠发达地区,这些人往往文化程度低,能力有限,繁华的都市生活与其家乡的贫困落后状况形成

---

① 〔美〕索尔斯坦·塞林:《文化冲突与犯罪》,许章润、么志龙译,载陈兴良主编《刑事法评论(第7卷)》,北京:中国政法大学出版社2000年版,第322页。

② 罗大华:《犯罪心理学》,北京:中国政法大学出版社1999年版,第149页。

巨大的反差。一直是"面朝黄土背朝天"的艰辛生活,当目睹城市居民普遍较高的物质文化生活水平及一些富豪们一掷千金的"炫富"示范效应,而他们又难以通过合法途径获取这一切时,他们的心里便产生一种强烈的不平衡心理。在这种心理失衡的状态下,行为人往往无法很好地控制自己,从而引发矛盾加剧,增强犯罪动机,实施犯罪行为。

此外,流动人口从旧的"熟人社会"进入到城市陌生的社会秩序中,本身就充满迷惘与无措,而户籍制度更使得流动人口无法融入正常的社会制度,无法产生社会归属感。置身认同危机(identity crisis)之中的人们有一种"严重的无方向感",在进行价值选择时常常无所适从,缺失可供参考的理想维度,缺乏一种框架以确定个人的价值取向①。人口流动过程中很容易产生这种认同危机,从而无法处理好与当地居民的人际关系。如当地居民不习惯外来流动人口的生活习惯,当地居民在情感上和心理上难免有些排外思想,致使外来流动人口很长时间无法融入新环境,总表现出一种不适应感——主要是在认识上缺乏同一性,产生社会排斥。中国社科院社会学政策研究中心副主任杨团认为,"人们受社会排斥后,会诱发不同程度的认同危机和心理危机,当这种危机达到一定程度时就会导致极端的反社会行为"②。流动人口受歧视和排斥,进城后不能融入城市社会,缺乏市民意识,导致进入城市的流动人口与当地居民社会心理、社会认同和社会价值观念上的隔阂、对立、分裂的矛盾,使之处于流离态势,无认同感和归属感,更无法作长久居住的打算和安排。这时挫折感产生,并通过他们的观念、态度、行为、情绪、情感等多个角度体现出来,这既影响了其爱情、婚姻、家庭,以及子女的教育和培养,又导致其心理对社会、人生的理解偏差,激化矛盾,实施反社会的违法犯罪行为。

---

① 周丽:《中国流动人口犯罪及防控对策》,中国政法大学优秀硕士论文,2007 年。

② 马皑、乐国安:《弱势群体与心理失衡》,载《政法论坛》2004 年第 2 期。

第二章

青少年犯罪

█ 第一节　概念之限定:"青少年犯罪"与"青少年"

　　"概念乃是解决法律问题所必需和必不可少的工具。没有限定严格的专门概念,我们便不能清楚地和理性地思考问题。"①概念的存在是为我们的关注领域、研究对象或研究范围事先做一整体性的框限,以便于研究的精准化开展和有效的学术对话的形成。尽管目前青少年犯罪受到越来越多的公众关注,但是学界对于青少年犯罪概念的内涵和外延尚存有争议,没有形成完整统一的青少年犯罪概念。争议主要包括"青少年"年龄范围

　　① 〔美〕博登海默:《法理学:法律哲学与法律方法》,邓正来译,北京:中国政法大学出版社 1998 年版,第 486 页。

的界定和"犯罪"含义的理解两个方面,为此有必要在本章的论述展开之前对这两个方面进行厘清,即首先要阐明本书运用这一概念所指称的对象或关注的领域是什么。

一、"青少年犯罪"

关于青少年犯罪的概念从刑法学角度、社会学角度、心理学角度分别有不同的界定。从刑法学的角度来看,青少年犯罪是指未成年人所实施的违反刑法的行为。从社会学的角度来看,青少年犯罪是指青少年所做出的一系列不良行为,包括青少年违法犯罪以及身份犯罪(status offenses),身份犯罪是指那些不违反刑法但对青少年来说是被禁止的行为,如果成年人实施就不认为是犯罪,例如购买或饮用白酒及其他酒精饮料等。身份犯罪违反的通常是为了保护青少年现在以及将来的幸福、以免他们受到坏的影响的法律。社会学和心理学对青少年犯罪的界定有很大部分的交叉重叠,心理学角度的青少年犯罪是指一种品行障碍和反社会行为。品行障碍(conduct disorder)是指那些习惯化的品行不端行为,如打架斗殴、强行向他人索要财物、故意损坏他人财物、携带管制刀具等。心理学角度的青少年罪犯有些行为并未违法。反社会行为(antisocial behavior)是指那些更为严重的习惯性不良行为,特别是指那些给社会和他人造成直接伤害的行为,如纠结他人结伙滋事、多次盗窃、参与赌博屡教不改等。

我国学界关于"青少年犯罪"概念的界定,有狭义说和广义说之争,后者是目前学术界采用的主要观点。狭义说基本上可以称为刑法学上的青少年犯罪概念,广义说则基本上可以称为社会学或者犯罪学上的青少年犯罪概念,二者区别的关键点之一就在于对"犯罪"的理解不同。由于本书是从刑法学、犯罪学、刑事政策学和社会学等多视角进行的系统性交叉学科研究,因此,对于"犯罪"概念的使用是广义上的,既包括刑法意义上的犯罪概念,也包括犯罪学或社会学意义上的犯罪概念。当然,从某种程度上来说,犯罪学与社会学意义上的犯罪(失范)本身即是一个广义上的概念,不仅仅限于刑事犯罪,还包括违法行为、虞犯行为(危险行为)等越轨行为。这一概念体系显然已经包含了刑法学意义上的犯罪范畴,因此也可以说,本章所研究的"青少年犯罪"是犯罪学与社会学意义上的概念。具体而言,"青少年犯罪"这一概念在本章中所指称的对象包括我们通常所说的触犯刑事法律的犯罪行为、违反社会治安管理法规的违法行为、触犯道德规范的不良行为。

对于"青少年犯罪"做这样的定位,符合全球范围内对于青少年犯罪现象研究的关注点,同时也符合我国《预防未成年人犯罪法》的规定。国际社会对于青少年犯罪的研究一直关注的都是这一社会现象本身,即青少年犯罪产生的原因、青少年犯罪的特点和趋势、青少年犯罪的控制等。我国1999年6月28日通过的《预防未成年人犯罪法》也将未成年人犯罪的范围扩大到了违法行为和不良行为,目的就在于从源头抓起,尽早地对未成年人的违法行为和不良行为进行矫正,以达到预防和减少犯罪的根本目标。

二、"青少年"

青少年犯罪是以主体的年龄特征为标准归纳出来的犯罪类型,因此青少年的年龄界定问题对于青少年犯罪的概念厘定至关重要。青少年是一个社会学概念,关于它的含义,不同国家、不同地区、不同民族、不同时代都有其不同的划分。

我国宪法和其他一些法律文件中虽然使用了"青少年"这一称谓,但是对于"青少年"的概念并未做出明确的表述和界定。学界目前关于青少年年龄范围的解释也是各不相同,心理学、社会学、法学研究人员对于"青少年"年龄范围的界定各取所需。心理学者根据人生理和心理的发育规律,把青年界定为13~25周岁,社会学者则将青年的年龄范围上限扩大到了30岁,刑法学者以18岁作为未成年人与成年人的界限。大多数学者主张对"青少年"年龄范围的界定不能仅仅以法律规定为依据来界定。回顾30年来学术界对于青少年犯罪概念的运用与界定,可以发现学界对于青少年的上限年龄达成了一定的共识,即应以25周岁为上限。对于广义的青少年犯罪概念中青少年的下限年龄,学界主要有0岁、6岁、12岁、14岁四种观点的分歧。①

青少年犯罪是指儿童向成年期过渡这个特定年龄阶段的人实施的犯罪行为,包括少年犯罪和青年犯罪。为适应犯罪向低龄化发展的趋势和预防犯罪要从早抓起的要求,本书中所界定的青少年的年龄范围为25周岁(含25周岁)以下,不对下限年龄加以限制。青少年犯罪中既包括年轻成年公民(已满18周岁未满25周岁)的犯罪,也包括少年(未满18周岁)的犯罪,后者基本上是与未成年人犯罪这一概念的含义是一致的。

第二节　我国"青少年犯罪"的动态趋势

我国社会正在进行着由计划经济体制向社会主义市场经济体制的转型,这场广泛、深刻、错综复杂的社会转型对社会各个层面都产生了深刻影响,人们的

---

① 参见姚建龙:《青少年犯罪概念研究30年:一个根基性的分歧》,载《甘肃政法学院学报》2009年第2期。

价值观随之也发生了剧烈的变化,由此带来了社会控制"真空"、犯罪行为增多、分配不公、贫富悬殊、社会心理失衡等社会问题。在这一社会大背景下,我国青少年犯罪的发展变化,具有其自身的规律和特性。

犯罪的动态趋势是指犯罪现象在运动过程中所显现出的,具有较为稳定性质的趋向。根据笔者对于官方公布、统计的青少年犯罪数据的搜集整理以及对于实践中所发生的典型案例的分析,当前青少年犯罪现象在犯罪主体、犯罪类型、犯罪手段等主要方面体现出以下变化。

一、导致青少年犯罪的原因和因素日益复杂

青少年犯罪的原因本身就是复杂的、多方面的,既有政治、经济、文化、道德等社会原因,也有家庭教育不良、学校教育不当的影响,同时还与青少年自身的个人生理、心理特点密切相关。在社会转型期的大背景下,各种社会问题无不通过各种方式和渠道对当代青少年产生或大或小的影响,导致青少年犯罪的原因和因素也变得日益复杂。

就某个个体而言,引起其犯罪的因素各不相同,有的是因为贫困,有的是由于长期的心理压抑等,然而对青少年犯罪的整体而言,把他们犯罪的原因归纳起来,社会环境的负面影响是青少年违法犯罪的外因,包括体制转型的负面影响、学校教育的薄弱、家庭教育的失调。同时,社会控制的弱化也是青少年违法犯罪人数增多的重要因素,包括制度转换更替引起的"真空"与弱化,社会结构变化引起的价值取向多元化,学校安全保卫工作的缺位等。个人的自身原因是内因,其中反规范的心态是导致青少年违法犯罪的重要内因,包括价值观念的裂变与道德行为的失衡、心理健康程度较差、优越感受到挑战后的挫折心理、超现实和畸形的需求与追求、社会影响下的矛盾心理、良莠不分的仿效心理、法律意识淡薄、不能正确认识社会消极因素等。

二、主体构成出现了"三多"态势

(一)流动青少年犯罪比重增加

随着计划经济向市场经济的转轨,市场意识、金钱观念对于农民的思想意识造成巨大的冲击,"日出而作、日落而息"的小生产意识逐步被新兴的效益、竞争意识所替代,部分农村青少年走入城市打工,形成了流动青少年这一特殊人群。

在我国青少年犯罪的现状分析中,我们发现流动青少年犯罪的比率不断增加,根据发达国家的经验和我国青少年犯罪的长期发展趋势,估计这一发展态势还将在相当一段时间内持续下去。随着市场经济的发展,流动青少年的数量在相当长一段时间内仍将持续增加。由于家庭约束的缺失,社会管理的松散,这些

人易于走上违法犯罪的道路。

(二)女性青少年犯罪比重增加

中国青少年犯罪在主体方面的一个重要趋势就是女性青少年犯罪一直呈上升趋势。同世界上其他国家一样,我国青少年犯罪是以男性为大多数的,但是从20世纪80年代以来,女性青少年犯罪逐渐增多。早在1981年,就有学者将女性增多列为我国青少年犯罪的九大特点之一[①]。而最近30年来,有关青少年犯罪特点的论述中,这一特点也反复被学者们所强调。例如,有学者统计得出结论,过去青少年违法犯罪男女比例为100:1,而目前为100:10[②]。女性青少年犯罪在30年间增长了10倍。

女性青少年犯罪除了数量和比例的上升外,还呈现出以下三个特征。一是从依附男性犯罪向独立犯罪转化,即使在男女混杂的团伙内,女性也发挥着特殊的作用。二是女性青少年犯罪大多与性有关,涉性犯罪占到女性犯罪总数的80%以上,具有较明显的自甘堕落性和腐蚀性。三是拐卖妇女儿童犯罪、贩卖毒品犯罪、诈骗犯罪以及暴力犯罪也逐渐在女性青少年犯罪中开始出现,其中暴力犯罪又大多与性和钱财有关。女性青少年犯罪的增加以及其"质量"的提高,是我国青少年犯罪严重化的重要标志。[③]

(三)有辍学史的青少年犯罪比重增加

有辍学史的学生犯罪比重增加,是近几年我国青少年犯罪的一个趋势。据一份对八省市青少年违法犯罪情况的抽样调查,近2 000名违法犯罪人员中,有不同程度的辍学或逃学经历的占到90%以上。另据某市检察机关调查统计,20世纪90年代依法批捕的青少年罪犯中,无业和辍学青少年占到60%以上。[④]

研究表明,由于对辍学的青少年存在管理上的误区,导致部分辍学的青少年游离于有效的教育管理机制之外,缺少学校的约束和教育,难以进行社会动态管理,辍学青少年的合法权益难以得到保障。辍学期间,青少年自身时间充裕,却无处打发时间,很容易受到外界不良因素的影响,走上违法犯罪的道路。

---

① 张少侠:《当前我国青少年犯罪的九大特点》,载中国青少年犯罪研究会编:《中国青少年犯罪研究年鉴》(1987年·首卷),北京:春秋出版社1988年版,第290页。

② 周振想主编:《青少年犯罪学》,北京:中国青年出版社2004年版,第93页。

③ 张利兆主编:《未成年人犯罪刑事政策研究》,北京:中国检察出版社2006年版,第17页。

④ 黄教珍、张停运著:《社会转型期青少年犯罪的心理预防和教育对策》,北京:法律出版社2008年版,第98页。

三、犯罪类型"三上升两下降"

犯罪类型"三上升两下降"——杀伤犯罪、经济犯罪、危害公共安全犯罪呈现上升趋势,财产犯罪和涉性犯罪的百分比有所下降。

杀伤犯罪并非刑法学概念,是一个犯罪学概念,是指由于种种原因而对他人的人身进行杀害或伤害的犯罪。从外延具体来看,对应到《刑法》应该是第四章中侵犯公民人身权利罪中涉及人身伤害的犯罪。青少年的年龄基本处于青春期,他们有着强烈的自尊心和逆反心理,自控能力比较差,做事情情绪化、冲动不计后果,往往头脑一发热就可能大动干戈、拔刀相见。同时,青少年犯罪的团伙化特征又决定了青少年之间的个体冲突很容易演化为群体性冲突,发生群体性打斗事件。

危害公共安全犯罪是指《刑法》第一章和第二章所规定的各种犯罪。这类犯罪主体以年龄较大的青少年为主,行为方式上以私拉乱接电源电线、破坏计算机网络等为主。私拉乱接电源电线这种现象在一些限制用电时间和用电功率的学生宿舍较为普遍,由此引发的用电事故甚至火灾事故不断。另外,有些同学利用网络发表不实言论,引起公众恐慌,危害公共安全,甚至与境内外一些反动组织联系,危害国家安全。

经济犯罪既是一个刑法学概念,也是一个犯罪学概念。到目前为止,还没有一个能被学界普遍接受的、统一的经济犯罪概念。本书中对于经济犯罪的界定采用狭义说的观点,认为经济犯罪外延包括以下两类:①我国《刑法·分则》第三章规定的破坏社会主义经济秩序罪;②我国《刑法·分则》第五章侵犯财产犯罪当中的一部分,也即侵犯了国家整体经济运行的部分财产犯罪。

财产犯罪,是以非法占有公共财产和私人所有合法财产以及财产性权利为目的的犯罪。本书中所说的青少年财产犯罪,不仅包括刑法意义上的财产犯罪,还包括尚未达到刑法评价标准的犯罪学意义上的违法行为与不良行为。

我国法律虽然没有明确的关于涉性犯罪的概念,但是多数立法都有关于这方面内容的规定。例如《中华人民共和国刑法》中侵犯公民人身权利的强奸罪、强制猥亵、侮辱妇女罪、妨碍社会管理秩序的介绍卖淫罪、传播淫秽物品罪等;《中华人民共和国治安管理处罚法》中妨碍社会管理秩序行为中的卖淫嫖娼行为等。因此,笔者认为涉性犯罪主要是指以非法性行为、性侵害、性淫乱、传播淫秽物品等为特征的犯罪以及由此引发的其他犯罪行为。青少年涉性违法犯罪既包括在校大学生性犯罪,又包括青少年性违法与违反社会规范的行为。

四、组织结构、犯罪手段的变化

组织结构、犯罪手段表现为"一个发展,一个突出"——青少年团伙犯罪比重整体呈现出发展的趋势,实施的犯罪手段突出表现为暴力化、智能化。

(一)组织特征与趋势:团伙化

青少年犯罪团伙化,是指3个及以上青少年犯罪主体纠合或者结伙在一起,形成具有一定组织形态的团体,共同实施犯罪。因为青少年正处在心理断乳期,表现为在父母面前封闭自我,而喜好与年龄相仿、志趣相投的伙伴聚合一起,较易集群。一些青少年由于家庭或者学校的原因过早走入社会,组成或大或小的团体,减轻恐惧感和孤独感,作案时集体策划,相互帮忙掩护,互相壮胆,依仗人多势众,胆大妄为,作案频率增加。

自20世纪70年代开始,团伙化开始成为我国青少年犯罪的一个新特征,现在团伙犯罪在青少年犯罪中已经非常普遍。有调查证明,海南建省以来的青少年犯罪案件中,约有70%是团伙形式作案。尤其是在抢劫、寻衅滋事犯罪中,多半是3人以上作案,侵害对象多半是中小学生或者偏僻地带的单身人员。如西安警方抓捕过一个以绑架、抢劫、伤害为手段连续作案的青少年黑社会团伙"山合社"。①

许多青少年犯罪团伙已由一般的共同犯罪,演变成为与犯罪集团等同的专业化犯罪团伙,人数越来越多,组织越来越严密。有的犯罪团伙的主犯和骨干分子为刑满释放、解除劳教人员或者其他各类逃犯,他们仿效封建帮会,组成帮派、选立帮主、制定帮规,有组织、有计划地实施各种犯罪。如2004年年底,郑州市公安局打掉过一个平均年龄只有17岁、由辍学学生组成的青少年犯罪团伙"蝙蝠帮"。该团伙成员共22人,帮主26岁,是由"帮众"投票选举产生的。为便于管理所得赃款,帮内还"选举"了1名会计,每次盗窃和抢夺所得,均由会计入账。为行动方便和统一管理,"蝙蝠帮"还制定了"帮规":每人每月10元会费;每月集中到娱乐场所吃喝玩乐一次以加深成员感情;如果一人在外受了气,全帮成员集体出动为其报仇;如果集体活动或打斗时有一名团伙成员不去,帮内成员将对其惩罚。②

---

① 参见《23名青少年结成团伙"山合社",今日邪路走到头》,网址 http://news.sohu.com/83/92/news144289283.shtml,2011年6月21日访问。

② 参见《涉黑"蝙蝠帮"平均年龄17岁》,网址 http://news.sina.com.cn/c/2005-01-26/02194945748s.shtml,2011年6月21日访问。

（二）手段特征与趋势：暴力化、智能化

近些年来，由于互联网监管不力、文化市场良莠不齐，一些涉及恐怖、凶杀、色情题材的影视片泛滥，对青少年的心理产生了很大的消极影响，加之青少年辨别能力较弱，模仿能力较强，导致很多青少年模仿暴力犯罪，具有凶残性、暴力性、危险性，严重影响公众的安全感和治安稳定。不论是司法实务部门还是理论部门的研究者，都认为暴力化是中国青少年犯罪的特点与趋势。例如，公安部对未成年人犯罪的调查报告认为，20 世纪 80 年代，未成年人犯罪多表现为一般盗窃、打架斗殴、寻衅滋事等行为，到 90 年代末，则向抢劫、放火、杀人、伤害等方面发展。持枪持刀杀人、报复杀人、强奸杀人、盗窃杀人、伤害杀人、杀人碎尸等时有发生，暴力倾向明显。①

随着社会的进步和人们生活水平的提高，青少年受教育的机会增多，智力水平和科学文化水平较以前有了较大的提高，高科技成果被青少年广泛地运用于犯罪活动，许多国外新兴的犯罪手段和方法也通过各种途径传入国内。这些情况导致青少年的作案手段开始摆脱以前的原始、简单形式，变得智能化、成人化。他们犯罪前有计划、犯罪中有伪装、犯罪后有对策，他们利用灵活的思维、应变能力和现代科技手段实施隐蔽性较强的犯罪行为，犯罪手段比过去更加狡猾和隐蔽，作案后破坏现场、制造迷惑侦查人员的假象，反侦查和逃避打击的能力明显增强。

除此之外，随着 1997 年刑法的修改、市场经济的不断发展，青少年犯罪开始渗入到经济领域和其他社会领域，他们有计划、有目标、有组织地从事犯罪活动，销售伪劣产品、破坏金融秩序、危害税收征管、非法拘禁、敲诈勒索、伪造买卖公家证章、妨碍公务，新的违法犯罪行为不断出现。甚至有个别大学生利用其所掌握的计算机技能，非法侵入并破坏计算机系统，利用网络盗窃公私财物，制造电脑病毒与有害程序，盗窃商业秘密。更难料想的是，过去一般由成人才能实施的贩卖毒品、引诱容留妇女卖淫、制造贩卖淫秽物品以及赌博等违法犯罪行为居然也有青少年参与其中，而且人数达到了一定规模。这些新的违法犯罪行为的发生表明青少年犯罪智能化、成人化趋势加强，将对今后社会稳定产生不利影响。

五、"网瘾"引发的财产犯罪激增

高速发展的覆盖整个地球的互联网，给人类的生活带来了巨大的便利，为青

---

① 陆志谦、胡家福主编：《当代中国未成年人违法犯罪问题研究》，北京：中国人民公安大学出版社 2005 年版，第 2 页。

少年的成长提供了开阔的空间。但是互联网既没有中心和权威,也没有成型的规则,夹杂在网络上的诸多负面信息,同样给好奇心强、自我保护能力弱的青少年带来了很多负面影响,以致网络成瘾、行为失范甚至走向犯罪道路。据最新统计:我国网民已达 1.03 亿,其中青少年网民占 80%,他们中约有 14.8% 的孩子已染上"网瘾",且"网瘾"患者数量正呈几何级数上升。①

"网瘾"学理上叫作网络成瘾综合征,是由于反复使用网络所造成的一种着迷状态。有关统计资料显示,90% 的网瘾少年上网是玩网络游戏,其余是网上聊天和浏览不健康网站。因此,对于青少年而言,网络不是一种便捷、高效的信息检索渠道,而是在制造诱惑和罪恶。由于家长管制、指责等缘故,大多数青少年选择在网吧上网,支出较大。同时由于网瘾少年上网的主要目的是玩网络游戏,对游戏的痴迷往往让他们通宵达旦泡网吧,花钱买游戏点卡,同时为了能更快地在游戏世界里面升级,他们不惜花钱购买虚拟武器装备。父母给予青少年的零花钱往往有限,为了能过网瘾,他们只能缩减生活费或骗取父母钱财或向朋友借,当要不到或借不到或还不上的时候,他们中的一部分人就会走上盗窃、诈骗、抢劫的犯罪道路。据《中国教育报》报道,在湖北枣阳市某厂内曾发生一起命案。死者是工厂会计的岳母,今年 84 岁。警方查明,会计的儿子李某因无钱上网,翻窗户进入姥姥家盗窃,被姥姥发现。李某认为被姥姥认出来,以后不好做人,就顺手抓了一把剪刀把姥姥杀死。原来,李某在 20 多天的时间里,以网吧为家,每天都在上网,一上就是 20 多个小时,困了就趴在台上休息一会儿;饿了就吃快餐面。有时候,网吧老板见他有点痴痴呆呆,就赶他出去休息几个小时,他干脆就跑到附近的旅社睡上一觉。很快,他妈妈给的 400 元钱花光了。一天下午,网吧老板对他说:"你已经欠网吧 50 多元(两天两夜没交钱了),你先去筹钱,有钱再来上网。"离开网吧后,他有些迷迷糊糊,肚子又饿,便想去偷点钱,于是翻越姥姥住处的窗户实施盗窃,悲剧就这样发生了②。像李某这样由迷恋上网—逃学—辍学—盗窃,一步步走入歧途的网瘾少年还很多,《沉迷上网 15 岁

---

① 转引自王道春:《网瘾与青少年犯罪》,载《邵阳学院学报(社会科学版)》2007 年第 3 期。

② 参见《糊涂的"网虫"》,网址 http://www.dehua.net/info/2006/10/20736_1.shtml,2011 年 6 月 21 日访问。

少年成大盗》①《网瘾少年狂偷手机30部打算换了钱再去上网》②《网瘾少年犯罪要关注　三少年没钱上网抢劫被抓获》③，诸如此类的新闻屡见不鲜，财产犯罪已成为当前网瘾少年犯罪的主要类型。

---

① 参见《沉迷上网15岁少年成大盗》，网址 http://www.zibosky.com/jrzb/shxw/594359.shtml，2011年6月21日访问。

② 参见《网瘾少年狂偷手机30部打算换了钱再去上网》，网址 http://news.sohu.com/20080819/n259018934.shtml，2011年6月21日访问。

③ 参见《网瘾少年犯罪要关注　三少年没钱上网抢劫被抓获》，网址 http://www.beelink.com/20081215/2619805.shtml，2011年6月21日访问。

第三章

女性犯罪

中国是一个文化传统深厚的社会,女性一直以勤劳、贤惠、富有爱心为时代特征。在我国的社会转型期,女性逐渐从家庭走向社会,社会角色日渐明朗,独立人格特征愈来愈突出,在复杂的社会人际交往中,因女性自身的特性和弱点,逐渐出现一些不同于传统社会的犯罪新趋势。

当今社会结构的分化,冲击着社会中的每一个人。由于女性整体在社会中占有的资源很有限,使其原有的经济地位面临着威胁,女性整体在社会分层中所处的位置较以往更低,因而女性会在心理上产生贫困和相对剥夺感,而利益群体的重新分化使社会矛盾冲突加剧,人们对财富的欲望更进一步强化,这给处于较低社会地位的人,特别是女性带来了更多的诱惑。这直接导致了近年来女性犯罪率呈上升趋势。

第一节　概念之限定："女性犯罪"

　　女性犯罪,已经成为这个社会无法回避的现实问题。当世界变得匆忙和复杂,社会竞争愈发激烈,传统意义上女性的温柔、体贴、礼貌、谦让,被越来越多的人摒弃。因为生存的机会不会在问你是男是女之后才给你,"物竞天择,适者生存"是这个社会最为贴切的法则。除此之外,女性还担当着家庭生活中的重要角色。女性一样是独立的,没有任何依靠的。由于受到身体和精力等方面的局限,她们势必要付出更大的努力、更多的辛苦和更长久的坚持。

　　这些变化固然体现了女性思想的解放,也捍卫了女性的尊严;但是,如果这种变化在某种矛盾的激化下不断演变升级,就会成为真正的女性犯罪,而女性无疑就变成了美丽的"杀手"。

第二节　女性犯罪的动态趋势

一、女性暴力犯罪凸显

　　(1)女性犯罪,特别是女性的暴力犯罪呈上升趋势。女性犯罪一般比男性少,尤其是暴力犯罪,但近几年来,女性暴力犯罪呈现出递增的趋势,尤其是女性杀人犯罪。而且,从增长率上来讲,女性犯罪的增长率高于男性犯罪。

　　(2)女性暴力犯罪既是受害者又是害人者的居多。在女性暴力犯罪者中,绝大多数都有一段令人同情的经历,她们在成为犯罪者之前,或是受凌辱,或是丈夫另有新欢遭冷遇,或是被欺骗而失去贞操等。她们在受虐待遭凌辱欲避不能、反抗无力觉得绝望时,不会通过正确途径依法保护自己的合法权益,而是忍辱含恨、苦熬度日。当再一次遭受折磨后,一时冲动,铤而走险,进行了暴力犯罪,其犯罪行为主要是杀人、伤害等,这样,便从受害者演变成害人者。

　　(3)女性暴力犯罪多与被害人关系密切。一般说来,女性暴力犯罪与被害人之间并非素不相识,而是有一定的往来,甚至是密切的交往,有的还存在亲属关系,这主要表现在杀人、伤害案件中,大都指向本乡、本土甚至本家、本户及与自己交往较多的亲戚、近邻等。从司法实践看,抢劫对象也多指向与自己有利害关系或比较熟悉的人。

　　(4)女性暴力犯罪中,已婚的多,未婚的少。已婚妇女的家庭观念较重,多以家庭为中心,比男性更加重视家庭关系。但是,由于家庭关系处理不好,容易与家庭成员之间发生纠纷,往往矛盾激化而导致杀人、伤害等犯罪。

（5）女性暴力犯罪作案工具简单,犯罪手段原始。女性暴力犯罪往往就地取材,利用家中农药、农具、菜刀、斧头、绳索等,且常常采用扼、捂、卡等野蛮、粗暴的原始手段。

（6）纵观形形色色的案件,就主体而言,女性犯罪人的实际文化程度一般较低,大多为初犯且农民占绝大多数。那么,导致这些女性走向暴力犯罪的原因是什么呢?

（一）女性暴力犯罪的心理及生理性内因

1. 女性情绪稳定性差,缺乏发散思维方式

在情感和意志特征上,女性表现为高级神经兴奋程度较强,抑制力较弱,因而情感丰富、细腻,富于内心体验和敏感性,但情绪的稳定性差,行为举止容易受心境的影响;倘若多种性质的情绪体验交错刺激,则易被情绪所左右,引起内心的强烈冲突和矛盾。同时,又表现出情感的复杂多变,波动幅度大。所以女性比男性更容易吵架,更容易因情绪激动而冲动犯罪。行为人受的挫折感越强烈,心胸越狭隘,其实施暴力犯罪的可能性与强度就越大。

女性在处理问题尤其是突发性事件时,通常是在应激状态下的处理,心情从高度紧张到不知所措再到突然疲软的状态,使问题解决显得过于缺乏理智。例如,有的女性突然回家,发现了丈夫和情人在家的越轨行为,这种突发事件该如何处置? 情感成熟的人,首先控制住情绪,然后再想其他可能的应对策略。但许多女性遇到类似情况,要么气急败坏,直接采取暴力行为攻击第三者,要么"一哭二闹三上吊",寻死觅活。这些都是思维缺乏稳定性和发散性的表现。所谓思维的发散性,指面对需要解决的问题,尽可能列出各种可能的解决方案并选择最优化方案的思维特性。通过发散性思维,将多种可能的解决方案进行分析对比,选择既能保护自己又能有效解决问题的方案,从而避免了女性暴力行为的产生。事实上,丈夫过错在先时,女性采取暴力行为解决问题甚至犯罪,是最不理智的做法。从维护女性自身的权益来看,女性往往是先受到情感上的伤害或行为攻击,然后才出现暴力行为的。然而,一旦女性采取暴力行为,手段往往是很残忍的(这与社会对女性的角色期待形成了强烈的反差),甚至有的女性为了报复对方,联合自己的兄弟姐妹一同行动。其结果是不但自己要承担相应的法律责任,还有可能连累亲戚朋友,甚至要付出生命的代价。从理性的角度讲,女性采取暴力行为是最不合算的。在现实生活中,已婚女性面对男方的婚外恋或非法同居行为,解决的方案有多种,可以根据不同人和双方婚姻的不同特点,制定和采取不同的方案。

2. 人格缺陷直接导致妇女暴力犯罪

　　人格缺陷、人格不健全、人格失常等概念是公众比较熟悉的,常用来描述一些行为上容易走极端、言谈上偏激、人际交往上显得过于狭隘或过度自我中心的人的特征。事实上,人们对这些概念的科学界定还没有统一的标准,这些也不是严格意义上的人格障碍或变态人格。不管怎么说,与良好适应社会的人相比,上述性格特征的人就被人们看成了不够正常的异类。常见人格缺陷的表现如表1所示。

表1　人格缺陷者的具体表现

性格结构的不同方面	缺陷者的主要表现
表现在态度特征方面	敌视社会,仇视集体;对待他人缺乏诚意,怀疑他人;对自己缺乏正确认识和评价,过度以自我为中心
表现在情绪特征方面	情绪稳定性不足,大起大落,是内心不稳定型的人;虽然在他人看来情绪外露不明显,但其内心体验却比较深刻
表现在意志特征方面	遇到困难时缺乏主见,优柔寡断或草率决断;面对突如其来的事件缺乏坚韧性和克服困难的勇气和意志力,缺乏行为控制能力和采取决策的果断性
表现在理智特征方面	认识问题时很难进行认真的分析、比较;对自己或他人的行为缺乏理解,不能进行或不愿意尝试进行换位思考;对人或事物的认识比较极端,非黑即白;缺乏对人或事件的容忍力度,对负性事件或失败的结果缺乏客观性,如经常把失败原因归咎于丈夫,并不断埋怨或指责等

　　具有上述性格缺陷的人,常常容易被激惹。尤其对女性来说,她们缺乏对人际关系的正确认识,情感体验又相对深刻,一旦负面情绪被积聚和沉淀下来而得不到合理释放,就有可能产生暴力行为甚至犯罪。
　　有人格缺陷的人不一定都会发生暴力侵犯行为,但人格缺陷为暴力侵犯行为提供了基础。暴力侵犯行为产生的原因除了性格的影响之外还与环境因素和受教育水平有关。但不管环境是怎样的,外界刺激都必须经过人的大脑,对这些信息进行整合、判断、决策,最后付诸行动。有人格缺陷的人,面对外界刺激(事件或人际交往)不善于整合信息,如过度以自我为中心的女性,常常对别人要求很多,过多的希望可能也带来越多的失望,由于缺乏自我反省、自我剖析和自我成长的精神,因此容易把这种需求不满扩大化。事实表明,过多的抱怨、过多的欲求不满使人处于一种易激惹的暴力发作前期状态。
　　3. 特殊的生理状态直接导致妇女暴力犯罪

　　女性与男性不同,一方面有几个特殊的生理时期:青春期、月经期、哺乳期、更年期(有人认为男性也有更年期,但表现不明显)是女性特有的生理周期。在月经期来临之前的一段时期,部分女性心理上出现急躁、性格变异、易于冲动、无原因发火等现象,生理上产生头痛、腰痛、下腹痛、浮肿、过敏性皮炎等症状,医学上称之为"经前综合征"。在这一时期,她们会不自觉地产生一种发泄的冲动和欲望,如果条件具备,这种异常就会成为女性犯罪的导火索。1945 年,在法国巴黎发生的女性犯罪中,84% 的犯罪女性处于月经期①。哺乳期的女性因为体内激素发生变化而出现产后抑郁的情况也比较多见,病情严重的可能导致杀婴和自杀。研究发现,当女性更年期来临时,常出现心理失衡、情绪障碍甚至人格变态等身心不适反应,当遇到外界不良刺激时,容易发生攻击性行为。

　　另外,在青春期和更年期,这两个时期的女性心理上易烦躁、易忧郁、易产生攻击性行为,遇到冲突时,容易采取极端的方式,暴力型犯罪多在这段时期产生。

　　另一方面,大脑皮层发育的特点决定了她们平时对各种事和人的敏感倾向,也导致了女性行为前常常具有动机确定的冲动性、目的选择的盲目性和行为中自我控制的失当性。这些特征都易造成女性在过度的情感化的敏感状态中,实施"以自我为中心"的"不顾一切"的暴力犯罪。

(二)女性暴力犯罪发生的社会性外因

　　导致妇女暴力犯罪的社会性外因主要包括家庭因素和家庭之外的社会因素两个方面。

1.家庭因素

　　(1)家庭暴力因素。一些女性由于没有经济来源,在家庭中没有地位,经常遭受丈夫的打骂;一些丈夫受传统思想的影响,总是凌驾于女性之上,常常随便打骂妻子。这种不被扼制的家庭暴力,终因施暴者有恃无恐而变本加厉,使受虐女性在积愤难消的情况下,走向疯狂报复的极端。因而,家庭暴力往往成为女性暴力犯罪的最主要原因之一。

　　来自丈夫的性暴力是女性杀夫的一个重要原因。对许多女性来说,精神上的虐待和躯体上的虐待已经是很难忍受的了,而更难以承受的是丈夫的性暴力。而这两方面的暴力往往是交替或同时进行的,她们文化素质一般偏低,传统道德观念较深,抱有很浓厚的宿命论和从一而终观点,嫁鸡随鸡的思想支配着她们,使她们不想也不愿用法律武器来保护自己,而在忍无可忍时采取最古老也是最原始的方式——杀夫——来解脱自己。据北京城乡 30 个家庭暴力个案调查表

---

①　易旭夫:《女性犯罪与月经周期》,载《法医学杂志》2000 年第 3 期。

明,其中43.3%的家庭存在性暴力。

（2）家庭纠纷。家庭纠纷是诱发女性犯罪的一个重要原因。妇女作为家庭的重要成员对维护家庭的稳定、团结具有举足轻重的作用,同时,也极易成为被侵害的对象,成为家庭矛盾的焦点。然而,当女性自身受到侵害,矛盾发展到一定程度时,有的妇女就会冲破道德和法律的约束,进行反击和报复,走上犯罪道路。例如,1999年广东省轰动一时的王秀英毁容案即是典型一例。当王秀英被人贩子拐卖到这一偏僻山村时,绝食、反抗、逃跑都没有改变她的命运。后来,两个孩子的出生使她安心于此地生活。之后,家族间发生的矛盾纠纷使她成为焦点,家族人要赶走她,但不准带孩子;当年欲逃不成,如今想留不能的她产生了报复心理。终于在一日,用硫酸泼向其夫兄的儿子及六名无辜的小学生身上,酿成一起悲剧。

（3）婚姻和感情危机。婚姻和感情危机很容易使女性铤而走险,或者是产生消极思想。有些女性因第三者插足破坏了婚姻家庭关系,不能用法律手段妥善处理问题。又由于部分妇女受传统道德观念的影响较深,明知丈夫有新欢,也清楚丈夫企图用种种手段整死自己,但仍坚持宁死不离婚,当发展到一定阶段忍无可忍时,采取暴力手段杀死丈夫或第三者。在婚姻和感情方面,女性往往因处于受侵害地位,常常因难以改变自身处境而采取极端手段,从而走上杀人犯罪的道路。当然,还有一种情况是由于夫妻感情长期不和,一些女性为了家庭,极易形成自闭性格,扭曲的人格往往成为女性暴力犯罪产生的根本原因。

2. 社会因素

（1）婚外情、包二奶、非法同居等现象的日益蔓延。婚外情、包二奶、非法同居是无数家庭陷入危机的主导因素,受害者大多为女性。当女性因此受害时,往往导致心理失衡。在心理失衡的情况下,又常常以委曲求全地方式进行挽回,当得不到相应的回应后,极易将爱转化为愤怒和复仇心理,进而孤注一掷地选择极端的方式,实施暴力犯罪。

（2）"暴力美学"等不良文化的泛滥。社会的飞速进步导致了各类媒体的迅速发展与壮大,对现代人生活的方便与快捷起到了巨大作用,但其负面的影响更不容忽视。目前,社会媒体在传播过程中很多都带有暴力凶杀、恐怖情节的所谓"暴力美学"等不良文化色彩。这对女性特别是青少年女性的暴力犯罪无疑起到了推波助澜的作用。

（3）"重男轻女、男尊女卑"封建思想作祟。虽然男女平等的思想在我国大部分地方已广为人接受,但重男轻女、男尊女卑的封建思想在很多经济不发达地区仍根深蒂固,尤其是农村。在这些地方还有不少人认为,女孩长大要嫁人的,没有必要上学受教育;丈夫就是妻子的天。这就直接造成了女性文化素质较低,家庭地位较低,"双低"的结果无疑是女性暴力犯罪的原始根因。因为"双低"带来的是女性认知能力差、法制观念淡薄、自制力弱、感情用事、观察力与判断力不强。

(4)现行法律在妇女维权上的不足和苍白。当家庭主妇遭遇第三者插足后,常常感到投诉无门,劝说无力。虽然我国《民法》《婚姻法》对保障夫妻关系无过错方的正当权益做了较大调整,但在面对形形色色的现实婚姻和错综复杂的感情纠葛时,它仍然显得苍白无力。

(5)基层组织对家庭矛盾、邻里纠纷调解不力。长期以来,受"清官难断家务事""事不关己,高高挂起"等观念的影响,农村一些基层组织对家庭矛盾、邻里纠纷总是大事化小小事化了、和稀泥。加上缺乏明辨是非或通晓法律的调解人员,最终在街坊不问、村组不管、执法部门不理的"三不"环境中让矛盾由小积大,终到爆发。客观上导致了女性违法犯罪的升级和女性暴力犯罪的产生。

二、就业压力与色情犯罪

几十年来中国女性犯罪的类型结构特点:20 世纪 60 年代的女性犯罪以反革命、盗窃等为主;近 20 年来的女性犯罪则呈现一个变化的轨迹——女性犯罪集中在性犯罪(主要是卖淫、流氓淫乱)、盗窃、杀人、伤害、拐卖妇女儿童罪、诈骗罪等类型上,抢劫罪和贪污罪也占一定比例。尤其女性卖淫现象十分突出,在我国的一些地区尤其是沿海地区开放城市蔓延迅速,而且卖淫活动使性病恶性发展,并直接诱发和助长了盗窃、诈骗、伤害、凶杀等犯罪的增多。同时以性行为犯罪为主并形成团伙,女性犯罪团伙与"性"的联系最为紧密。直接或间接地性犯罪占全部犯罪的 90% 以上,对社会具有严重的腐蚀作用。女性吸毒也增长很快,引诱、容留妇女卖淫罪和聚众淫乱罪也有相应增加。

(一)女性犯罪的社会性诱因分析

女性犯罪作为一种反社会的行为,本质上是社会矛盾激化的综合反映,是社会关系失调、社会结构不平衡的一种具体表现。市场经济是一把双刃剑,它在加速我国现代化进程的同时,不仅没有消弭诱发女性犯罪的种种因素,反而因其刚刚起步,运行机制不完善等原因,在一定程度上使女性犯罪诱因有所增加。这些因素主要如下。

1. 拜金主义、利己主义、享乐主义盛行

随着市场经济的发展,人们的道德观、价值观、是非观发生了重大改变。金钱成为评价人生价值成败的重要标准,为了金钱,人们可以把肉体与灵魂当商品卖;市场经济重视个人价值,激发了人们的自我实现欲望。但个人的利益观念一旦膨胀起来,就会导致极端利己主义,"人不为己,天诛地灭"被许多人奉为人生

信条。处在这种社会氛围中的女性,更易受物欲的诱惑,产生不切实际的享乐欲望。当她们凭自身能力、靠正常手段难以满足这一欲望时,法律意识淡漠、自制力低下的女性便通过非法手段攫取钱财。我国社会转型期急剧增长的女性盗窃、抢劫、诈骗、贩毒犯罪以及贪污犯罪和卖淫犯罪等大都出于这种原因。据有关资料,女性侵犯财产的犯罪一般占到全部女性犯罪的 45%～50%,在女性犯罪中占据首位。[①]

2. 女性就业相对困难

(1)城市女性下岗失业。随着国有企业的改革,大量的下岗职工开始出现。在这些下岗人员中,女性占有较大的比例。1994 年,全国有 1 400 万人下岗,其中女性占下岗总数的 62%。考虑到同期女职工人数约占全国职工人数的 37%,因此推算,女工下岗人数是男性职工的两倍[②]。1996 年,女工下岗比例依然高达 60%。改革力度愈大,下岗女性就愈多。虽然有一些下岗女工经过艰苦创业,重新找到了自己的位置,但更多的下岗女性再就业困难。

(2)女大学生就业受阻。自 20 世纪 90 年代以后,女大学生就业一年比一年难,初中、高中和中专毕业的女生的就业状况更不尽如人意。她们长期找不到工作,就会萌发被社会抛弃、歧视的心理,而社会的另一面,则是一部分人在醉生梦死。强烈的反差很容易冲破自控力较差的女性的道德和法律底线。据统计,在卖淫人员中,下岗女工和未就业的大中专毕业生、城市低收入者三类人员占卖淫人员的 40% 多[③]。在其他犯罪中,下岗或失业女性所占的比例也有逐步增多的趋势。

(3)农村女性盲目进城。农村的改革使农民摆脱了对土地的依赖,许多农村女性带着发财梦涌入城市,在城市日益严峻的就业形势面前,发财梦很快化为泡影。由于身无一技之长,她们有的操起了"无本万利"的卖淫行当,有的加入了盗窃、诈骗、贩毒等犯罪行列。

(二)女性就业困难与犯罪问题分析

就业困难是指一个人达到劳动年龄,具有劳动能力和愿望而无法得到与之相匹配的劳动岗位及其待遇。我国就业困难问题的显现由来已久,其形成原因复杂。女性作为社会中的特殊群体,就业困难问题更显突出,并成为当前城镇女性犯罪的一个重要诱因。

---

① 康树华、赵国玲:《犯罪热点透视》,北京:群众出版社 1997 年版,第 163 页。

② 李慧英:《中国社会转型对女性的冲击》,载《山西师范大学学报(社会科学版)》2000 年第 1 期。

③ 赵军:《关于我国目前娼妓问题的调查报告》,载《中国青年研究》2001 年第 1 期。

1. 女性就业的不平等性成为当前城镇女性犯罪最重要的原因

（1）妇女就业结构中地位和收入偏低。由于文化素质偏低、技能单一，更多的妇女只能以廉价劳动力的角色参与社会经济活动，从事附加值低的服务性行业和劳动密集型产业，收入偏低。如我国就业结构方面，女性从业人口在卫生体育、社会福利业略高男性，在批发和零售、贸易、餐饮业大体与男性持平，在金融、保险、社会服务、教育、文化艺术及广播电影电视业略低于男性，在国家机关、政党机关、社会团体、科学研究和综合技术服务领域远低于男性①。瓦尔比曾指出，即使女性能找到工作，也多隔离在有限的女性工作的领域内，如护理、低工资行业（如招待员、服装业、秘书工作者），尽管有同工同酬的立法，她们做同样的工作却只能得到男性工资的3/4。②

（2）就业机会不平等。改革开放后，妇女有了较大的择业自主权，但是就业机会有限，主要受到三个因素——个人素质和意愿、市场需求、社会观念的制约③。随着改革的深入，许多行业逐步实行科学化、技术化，对职工的文化素质要求也越来越高，然而女性接受教育少，文化技术水平低，难以适应市场需求，只能在就业层次低的行业就业，甚至无法就业。"男主外，女主内"的传统观念依然盛行，女性担负着照顾家庭、赡养老人、抚育孩子的重任，兼顾工作和家庭的妇女不免以家庭为主，投入到工作的时间、精力少于男性，甚至没有时间进修、学习，客观上导致企事业单位不愿招用女工。

就业层次低和就业机会不平等，严重制约了女性提高自己的社会身份与地位，也控制了其家庭决策权的多寡。马克思曾指出"经济基础决定上层建筑"，在一个家庭中，家庭成员尤其夫妻之间地位也主要取决于双方的经济收入。由于地位不平等，女性占有少量资源甚至没有资源，只能对小事有决策权或根本没有决策权，没有控制自己生活的自主权，也就很难运用合法手段达到所处社会确定的文化目标。

2. 女性就业的不平等性引发了大量犯罪问题

据有关资料统计，1990年我国城镇女性就业率约37%，总数达5 294.2万人，这主要是在计划经济体制下行政干预的结果。20世纪90年代以后，由于国企改革、企业兼并、破产、下岗分流、减员增效、劳动力市场化等各种原因，城镇女

---

① 国家统计局人口和社会科技统计司：《中国人口统计年鉴》，北京：中国统计出版社2009年版。

② Wallby·S.："Theorasig Partriarchy"，Oxford：Blackwall，1990年版，第215页。

③ 李秋芳：《灵活多样的就业形式和妇女利益研究》，载《妇女研究论丛》2001年第5期。

性就业人数迅速下降,就业绝对数由 1990 年的 5 294.2 万人减少到 1999 年的 4 613 万人,下降率达 12.9%。这一时期,城镇女性下岗人数大约占下岗职工的 55% ~60%。而同期,中国农村这个人口基数巨大的社会区域,过剩劳动力达 1.5 亿之多,其中女性过剩劳动力约占 2/5。这些女性大部分被迫流向城镇,寻求就业机会,进一步加剧了城镇女性就业困难问题。预计未来一定时期内我国城镇女性就业水平仍会呈相对下降趋势,直接导致了女性就业率相对较低,无业、失业总数渐趋庞大的趋势。这是社会方面致使女性就业困难的原因。

再者,从女性自身来讲,女性择业面较窄,就业环境差,就业质量低。因为生理条件的限制,群体素质的不平衡和某些缺失,女性群体择业面较窄,被许多职业所排斥。而我国目前的就业结构中还没有形成典型的女性职业,女性就业质量普遍较低。据统计,目前我国分别有 70% 和 13.8% 的就业妇女主要从事第一产业、第二产业的体力型劳动,劳动强度大、条件差、待遇低,与男子相比,明显处于劣势,与发达国家妇女主要在第三产业中就业的情况相比差距也很大。

此外,我国女性就业环境也差。在当前市场经济条件下,女性即使是高层次的知识女性,在就业过程中也要遭受很多的性别歧视、容貌歧视、职业歧视、待遇歧视,等等。主要表现为许多招工用人单位要男不要女;重貌不重才;只利用女性,不重用女性;男女同工不同酬,因而女性在工种、工资、培训、晋职等多方面待遇均低于男性。如此种种,为女性就业设置下诸多障碍,造成许多女性大中专、高中毕业生滞留家中,长期处于待业状态。外来女农民进城务工,更是受到户籍、文化、年龄、待遇等诸多歧视,由于缺少文化和技能,许多人只能从事城里下岗女性甚至连男性都不愿干的笨、脏、重、苦、险等临时性工作,劳动条件恶劣,收入极低且不稳定,没有任何福利和社会保障,生计十分艰难。再者,女性失业者自身素质普遍较低,再就业难度大。年龄偏大,劳动技能差,学历低,这三大特点决定了城镇女性失业者再就业率低。

由此,就业困难成为诱发女性犯罪的重要因素。笔者将从心理学、社会学两个方面对两者的关系加以论述。

(1)从心理学角度分析,女性比男性更容易焦虑、更脆弱,她们情绪变化大,人际关系单纯,自我评价低,依赖性强,应变能力差,报复心重,虚荣心较强。因此,女性失业者对失业的心理承受能力较差,容易心理失衡,自暴自弃,消极沉沦,甚至堕落犯罪。

(2)从社会学角度分析,我国虽然是社会主义国家,但男尊女卑的封建意识仍然影响至深,在广大农村地区更甚。这种社会事实的存在造成绝大部分女性文化素质普遍偏低,加之女性特殊的生理条件,使得女性在社会就业竞争中处于劣势地位。同时,由于我国目前失业保障机制不健全,尤其是农村女性几乎没有任何社会福利保障。由于无法就业,大量的城镇下岗女工和待业女青年、外来女农民没有经济来源,生活贫困,生存无保障,社会地位和家庭地位低下,不但婚恋易受挫折,而且容易与社会各方面发生矛盾和冲突。其中有些女性不满现状,又不能通过合理合法的途径去改变,在生存的压力下,不惜铤而走险,以身试法。

(3)无业女性由于无所事事,游手好闲,精神空虚,心情苦闷,而社会对其又缺乏管理、控制、约束、教育和帮助,因而很容易接受社会消极因素的影响走上违法犯罪道路。

(三)就业压力导致的色情犯罪

女性的社会化过程经历了一个完全以家庭为阵地到以家庭和职业兼顾的艰难质变,这一质变过程正是女性的心理经受历练的过程。在这个过程中,大多数女性基本形成了较为成熟的、稳定的家庭和职业双重考验的"心智"。然而,社会的变迁、不稳定因素层出不穷,给女性刚刚趋于成熟的"心智"造成了很大的冲击,一些女性因承受不了这种巨变带来的压力而迷失方向。以这次金融危机为例,因受全世界金融风暴的影响,国内很多企业均采取"裁员计划"来寻求在恶劣环境下突出重围。由于传统的偏见和女性适应能力相对较弱,被裁员的女性再就业更加困难,女性创业同样会受到极大的阻力。这种突如其来的金融风暴使得女性刚建立起来的稳定感消失,继而会让她们失去在家庭和社会中的地位。这样下去,女性的心理会遭到巨大的打击,她们承受着超负荷的压力,如果这种压力不能得到及时的疏导和排解,女性往往会寻求一种代偿的方式,即去实施违法犯罪行为。

经历了西方性文化的熏染以后,人们的性意识和性心理发生了根本性变化,"贞操第一"的传统观念已在某些女性中失去了它原有的统治地位,这些女性对待性的问题已不再是盲目跟风,相反,她们变得非常理性。一些失业的女性在这双重的作用下走向了色情犯罪。同时,一种从没有过的性文化观悄然出现,并以迅猛的势头席卷每个被腐蚀的地方,形成了怪现象。首先,知识女性理性选择卖淫的人数明显增多。随着女性受教育程度的不断提高,有知识、有技能的女性大量涌现。但是,知识的丰富并没有抑制多元化的性观念的渗入,为了满足自己的各种各样的欲望,一些知识女性把传统的贞操观完全抛到脑后,理性做出卖淫的决定。与被迫卖淫的女性相比,她们更理智,对其行为后果及承担的责任有更清醒的认识。其次,对卖淫女性进行改造的难度不断加大。人们对性观念的新认识使得性越轨者不再被社会极力排斥,而是在社会的些许宽容中得到了进一步纵容。同时,卖淫女自身对其违法犯罪行为产生认同,并内化成个人畸形心理的一部分。

总的来说,女性参与的色情犯罪人员成分多元化,行为方式多样化,手段不断变化,有以下几种类型。

(1)享乐型。享乐主义人生观是这种人行为的指导,在享乐主义人生观的支配下,她们纵情淫欲,追求及时行乐,不择手段地弄钱,贪得无厌,挥霍无度,有的不惜出卖国格、人格。她们为了实现享乐的愿望,往往以性罪错的形式违法犯罪。

(2)淫乱型。这类犯罪的特点是群奸群宿,近亲相奸。在这类犯罪活动中,大多数女性先是受害者,后来发展成为加害者。

(3)依附型。这类犯罪的特点是依附于男性罪犯和团伙。出没宾馆、饭店、酒家,追求物质享受,过着花天酒地的糜烂生活;有的傍大款,抛弃家庭和子女,过着重婚的生活。

(4)报复型。这类犯罪的特点是常与恋爱、婚姻失败以及受到打击有关。她们中有的因恋爱失败、丈夫外遇、第三者插足、年幼失身等,遂产生报复男性的心理。报复行为主要是淫乱、勾引他人加害他人,同时进行自我麻醉。

(5)贿赂型。有些女性,为了达到某种目的,不惜以色情相贿赂,拖人下水,然后迫使其就范。贿赂的目的多种多样。有的为了获得某种经济利益,有的为了获得权力和地位,有的为了窃取国家机密和情报。贿赂型犯罪中,有的女性既是贿赂的"客体",又是贿赂的主体,干起害人又害己的勾当。

(6)"黄""毒"结合型。少数女性吸食毒品成性。吸食毒品的巨额开支,使得她们入不敷出,不得不走上以"毒"养"毒"、以"色"养"毒"、"黄—毒"结合的道路,靠出卖色相获得毒资。

(7)卖淫型。据有关资料统计,女性卖淫犯罪呈愈演愈烈之势。1992 年全国共查处女性卖淫 24 万人之多,比 1984 年增长了 19 倍。卖淫者年龄趋于低龄化,70% 左右的年龄在 18 至 25 岁。成分趋于多元化,由原来的以文盲、小学文化程度人员为主发展到有高层次的大学生、研究生和留学生人员,其中城市闲散待业下岗女性和农村女性占 83.5%。

三、女性受害者角色的转变

从女性犯罪的形成来看,大多数女性都经历了一个从受害者到加害者的过程。一些女性在其受害过程中,或受害之后,逐渐产生了怨恨不满的情绪,这种怨恨达到一定的程度,就会转化为一种强烈的报复泄恨心理。在这种强烈的报复泄恨心理支配下,一些女性便很"正常"地实施了暴力犯罪。①

(一)女性犯罪的角色转化分析

几千年来,中国女性的角色意识是温柔、善良、贤淑,直到今天,还有不少男性对女性的角色要求是"女子无才便是德",这种观念在农村尤其明显,越是落后地区,这种观念越是根深蒂固。文化水平相对较低的农村女性,却往往被束缚在家庭的角落,情感经历的挫折和长期封闭的生活状况很容易使她们形成自闭性格,人格变得扭曲,继而产生犯罪冲动。对女性自身来说,由于从小接受了这种角色期待,很多时候也这样塑造自我。现代社会中,随着社会竞争的加剧和大量女性加入到社会生活的方方面面,单纯的温柔、善良、贤淑已经不能满足人们对女性角色的期待。女警察、女经理、女教师、女列车长、女飞行员等,这些女性所具备的职业素质必须丝毫不亚于男性,甚至在某些素质方面还表现出优势。这时,女性的角色出现了很多的变化,如在家是妻子、母亲、儿媳,怎样温柔、贤淑都不为过;走上工作岗位时,却是独当一面的决策者、领导者,其角色要求可能是果断、机智,必要时要力排一切阻力实现既定目标。如果女性不能根据环境很好地转变角色,就面临角色冲突或自我的角色混乱。角色混乱给人带来的是焦虑、不安或烦躁。尤其是工作中不断取得成就的女强者,所取得的成就却不能得到家庭成员的理解和支持,在家中反而经常遭到抱怨;另外,当家中的某些方面不尽如人意时,更加重了女性的暴躁情绪。由于角色冲突和角色混乱,导致情绪的极度不稳定,可能导致女性暴力行为的发生。如一位女副市长,事业上飞黄腾达,但情感生活不稳定,引起了强烈的角色冲突,本想开枪了断她和丈夫的性命,在开枪击毙丈夫后,想到孩子会承受太多的生死离别的痛苦,又把孩子击毙,最后开枪自杀。

社会转型以来,角色冲突给女性带来的心理压力越来越大。传统女性的角色特征诸如柔弱、依赖、顺从等已不适合参与社会竞争,女性要想在充满竞争的社会中取得成功,就必须与传统的女性角色告别。但事实上,以男性为主导的社会,却希望她们保持传统女性"三从四德""忠贞""柔顺"等特质。种种无法调和的矛盾使得女性在生活中,尤其是在职业生活中,遇到更多的挫折和不如意,她们不得不忍受低工资、性骚扰、下岗等不公平待遇,从而导致女性隐忍、委屈等不正常心理的形成。此外,女性还面临着事业和家庭的两难选择。这些心理冲突常常使女性感到力不从心或无所适从,为了缓解心理压力,有的女性便选择降

---

① 魏平雄、赵宝成、王顺安:《犯罪学教程》,北京:中国政法大学出版社1998年版,第642页。

低对社会规范的遵守度,不择手段地满足自己的非法需要,由受害人逐渐转变成了加害人、犯罪人。

（二）女性受害者角色转变的特征

任何犯罪行为都是由加害和被害两方面构成的。当被害人突如其来地遭受不法侵犯后,心理上会有一种严重的挫折感和不平衡感。为了弥补自己的创伤,有人便"以牙还牙",从而由被害人变成了加害别人的犯罪行为人。这其中心理上的动机有一个转变过程。

女性犯罪大多具有这一转变过程,即先是受害人,后转为加害人。

（1）这类犯罪人通常存有性格缺陷。由于几千年来传统的观念"女子无才便是德"和重男轻女的思想,中国女性特别是农村女性,她们缺乏学习知识的机会,生活、日常交往局限在家庭的小圈子里,缺少与外界的沟通和交流,思维面狭窄,心胸狭隘,悲观厌世,容易走极端。

（2）缺乏法律知识,法律观念淡薄。有些女性受到丈夫虐待或丈夫有了外遇等突发事件的时候,她们需要周围人的理解、安慰和帮助,但却受到家庭、社会的冷遇,处于孤立无援的境地。在忍无可忍的时候,由于缺乏相关的法律知识,她们不懂得拿起法律武器保护自己,从而引发了犯罪事件。

（3）城市女性特别是受过高等教育的女性掌握的法律知识相对农村女性高了许多,但是她们为什么同样也存在暴力犯罪行为或者雇凶杀人行为? 原因是她们中的一部分人削尖了脑袋想要一夜暴富而不择手段,有的则是因为丈夫或者自己婚外恋造成的。

在家庭和社会生活中,女性较多地处于受支配的地位,甚至有的女性长期处于家庭暴力的阴影中。受害的女性在遭受侵害,特别是性侵害后,心理上受到巨大的创伤,对前途和生活失去勇气和信心,陷入迷茫的状态,找不到出路,在心灵的煎熬中,她们有的自暴自弃,有的与犯罪分子同流合污,有的为使内心强烈的情绪得到宣泄,通过极端的途径,如纵火、投毒、他杀后自杀等违法手段,使自己得到解脱。

（4）女性犯罪"受害角色转变"后所侵害的对象具有特定性。据相关研究表明,在女性杀人、伤害、投毒、纵火等犯罪中,犯罪侵害的对象多为自己熟悉的家人、同事、邻居。具有"恶逆变"经历的女性犯罪人,在自身被害过程中加害她们的也几乎是她们身边所熟识的人,如丈夫及家人、邻居等。当她们心中的怨恨积累到一定程度,心理发生畸变,犯罪动机随之萌发,为泄愤而报复犯罪,而报复犯罪的对象往往就是先前加害于她的特定对象。当然,也有些女性犯罪人将报复的对象扩大,如报复某男–报复某特定的家庭–报复社会等。

（5）女性由受害者向犯罪人的转变在暴力犯罪和性犯罪中比较突出。女性犯罪的"受害角色转变"现象，在女性犯罪的各种类型中都有不同程度的反映，尤其在暴力犯罪和性犯罪中最为突出。

一项调查发现，在217名女性杀人犯中，犯罪前有受害情节的占62%[①]，笔者对女性家庭暴力犯罪的调查结果也证实了这一点。这些女性犯罪人几乎全是初犯，犯罪前没有任何违法犯罪记录。她们往往受到各种非难、侵害，或是在感情上被欺骗、被玩弄，或是在家庭中成为家庭暴力的受害人，或是在家庭、邻里纠纷中长期处在劣势地位等。在忍受精神和肉体上的折磨、虐待的同时，她们心中的怨恨、绝望不断增长，当忍无可忍时，消极的反抗使她们成了犯罪人。调查发现，在女性家庭暴力犯罪人中，绝大多数为农村妇女。

性犯罪中的女性，"受害角色转变"现象也十分突出。据一些学者的研究表明，"童年时代遭受性蹂躏的女性，成年之后，其个性依然有受到伤害的痕迹"[②]。一些少女就是在被迫、被骗失去贞操后，"破罐子破摔"，走上性犯罪道路的。经对犯有性罪错的卖淫女的调查发现，早恋、失贞、失恋或遭强暴等不良经历是其走向卖淫的关键一步。江苏某劳教所102名卖淫妇女都是在失去贞操后，感情遭遇挫折，缺乏正确引导，或自暴自弃，或产生报复心理而走上卖淫道路的。[③]

（三）女性"受害者角色转变"的原因探究

首先，消极的不良情绪的长期积累，为泄愤导致"受害者角色转变"。家庭是社会的细胞，是人类社会生活的基本组织形式。每个人都出生和生活在特定的家庭之中，家庭的状况直接影响到家庭成员的心理和行为。在调查中笔者发现，"受害者角色转变"的女性犯罪人绝大部分首先是家庭暴力、家庭问题的受害者。

据湖南省妇联1998年对家庭暴力情况进行的调查，五年来，她们接待的涉及家庭暴力问题的8 009件来信来访中，施暴者一般是家中的成年男子，受害者一般为妇女、儿童。武汉市妇联在1998年所接待的家庭暴力问题中，丈夫殴打妻子的占92.04%[④]。这些事实表明，在当前社会中，仍有一些女性在家庭生活中处在被虐待、被歧视的境地，主要表现：一是大男子主义的迫害，丈夫长期打骂、虐待妻子；二是家庭纠纷中的不幸者，在婆媳、妯娌、姑嫂等家庭关系

---

① 孙兴中：《对217名女性杀人犯罪的调查》，载《青少年犯罪研究》1992年第4期。

② 佟新：《女性违法犯罪解析》，重庆：重庆出版社1996年版，第19页。

③ 张力：《关于当前女性卖淫情况的调查分析》，载《青少年犯罪研究》1994年第6期。

④ 《当代中国妇女权益保障的理论与实践》，北京：中国工人出版社2001年版，第299～300页。

中相处不好，受到非难、歧视和虐待；三是在婚恋感情生活中被欺骗、被抛弃，如丈夫喜新厌旧，背叛妻子和家庭等；四是遭到他人的性侵害。当女性受到这些侵害时，都会出现强烈的情绪反应，愤怒、怨恨、失望、悲伤等。在长期的被害过程中，一些女性不满、愤怒、怨恨等消极情绪日积月累，使其心理慢慢发生了变异，性格也渐渐发生变化，导致内向、忧郁、焦虑、冲动、偏执等。在这种情况下，这些女性极易在外界的不良刺激下萌发犯罪动机，由被害走向犯罪。

其次，急于摆脱当前不幸处境，以恶抗恶，导致受害的女性角色转变的发生。如果说第一种情形是矛盾、冲突缓慢变化的结果，那么这种"恶逆变"就是矛盾、冲突激化的结果。调查中发现，有一部分"受害者角色转变"的女性犯罪人性格较偏执、倔强，情绪较易冲动，当她们遭到不法侵害或受到某种威胁时，不知道用法律武器保护自己，为摆脱当前的不幸，在激情冲动之下，做出不理智的行为，导致违法犯罪。

激情是一种迅猛爆发、强烈而短暂的情绪。它往往是由对人有重大意义的刺激而引起的。人在激情下，由于大脑皮层的调节与控制作用减弱，往往容易做出一些过激的事。"受害者角色转变"的女性犯罪人，在她们曾遭到的不幸的侵害中，有一些侵害给她们带来的打击、刺激是巨大的，甚至令她们感到走投无路，如丈夫的背叛，家庭的破裂，恶意的中伤、侮辱，过分的欺凌等。她们急于摆脱当前这些不幸，情绪焦虑而冲动，在特定的情境中，极易在激情冲动下干出一些过激的事，有的就由被害人转化成了犯罪人。

最后，对人生的绝望，导致女性"受害者角色转变"发生。在"受害者角色转变"的女性犯罪人中，有一部分女性在遭到不幸时，由于感情过于脆弱，心胸过于狭隘，她们往往感到受到了巨大的打击，对家庭、亲人、社会感到失望甚至绝望，明知犯罪将受到法律的制裁，但也铤而走险，以身试法。

这种"受害者角色转变"的女性犯罪人最常见于因婚姻、家庭生活引发的矛盾上。在恋爱和婚姻的过程中可能出现偏差，导致感情破裂、家庭破裂，如婚外恋、第三者插足及欺骗、玩弄女性等丑恶现象。这种情况对某些女性的打击是致命的。特别在一些经济不发达地区，一些女性独立意识和独立能力差，对婚姻的人身依附和物质依附较强，狭小的生活圈子，使这些女性将全部的感情、精力都投入到婚姻、家庭之中。因此，一旦在婚姻、家庭生活中出现了问题，她们往往感到难以承受，对家庭和婚姻极度的失望和绝望，甚至感到了无生趣。在这种情况下，一些女性就有可能走向极端，产生同归于尽的报复念头，从而导致犯罪。

一般来说，避免这种悲剧出现的最好途径是加强沟通，未雨绸缪。女性最好将工作中取得的成就，用一种家庭成员能理解和接受的方式表达给大家，如对他们的支持表示感激或酬谢(有时根本不在于量的多少)。这里尤其是把婆媳关系处理好,也许这是家庭关系的关键点。婆媳关系顺畅,丈夫的角色就容易许多,丈夫对妻子的关心和爱护就更顺理成章,一个和睦的家庭气氛就形成了。这时,夫妻之间即使出现一些摩擦,女性也可以"不战而屈人之兵",因为男方的家庭成员可能是你有力的"同盟军"。

综合来看,女性犯罪受害者角色转变的发生,是一个犯罪动机形成的过程,这个过程或长或短,对"恶逆变"的女性犯罪人来讲都是一个痛苦、心理矛盾激烈冲突的过程。从被害人到犯罪人的转变,又充分反映了这一特殊主体的某些独特性。

(四)受害女性转变的心理分析

引起女性由受害人向犯罪人转变的原因是多种多样的,有主观、客观的,有生理、心理的,还有宏观、微观的等。在特定的社会历史条件下,女性犯罪与这一特殊的犯罪主体的消极心理密切相关,正是她们错误的认识、消极的情感、偏执的个性,导致她们由被害人转为犯罪人。

首先,"受害转变"的女性犯罪人,普遍具有感情脆弱、自控力差、情绪冲动的特点。这一特点应当说是这些女性犯罪人自身素质低下的一种表现。文化程度低,受教育少,社会交往和参与也较有限,心胸比较狭窄,情绪较为冲动,在遭遇生活中的挫折和不幸时,往往容易感情用事,缺乏理智,极容易在情绪冲动下干出违法犯罪的事,甚至造成极为严重的后果。还有的女性犯罪人,在被侵害的经历中往往积累种种不良的、消极的情绪,如仇恨、绝望、嫉妒等,这些消极的情绪不仅当时使人们的心理和行为失衡,还反过来影响人的认识和人的性格,久而久之,这些女性犯罪人失去了原有的温柔和同情心,变得冷酷无情,最终变成了犯罪人。

其次,是不良的性格特征。一是依附性强、独立性较差。"恶逆变"女性犯罪人绝大多数是农村妇女,文化程度低,没有什么技术特长,几乎没有独立稳定的经济收入。她们对婚姻、恋爱除了感情因素外,经济方面的因素也是考虑的重要方面。婚后,这些女性对丈夫、家庭依附性强,付出也较多,因此,当她们遭到丈夫和家人的欺侮、虐待时,总是尽力忍受,积怨日深。二是认识偏差,个性偏执。这类女性犯罪人往往认死理,固执己见,看问题片面偏激、绝对化,听不进别人的劝解和教育,易钻牛角尖,因而表现出个性倔强、偏执、难与人相处。三是心胸狭隘、自卑、多疑。许多受害的女性在转化为犯罪人之前,虽然多次受到来自家庭和其他方面的欺侮,也做出一些反抗和争斗,但由于种种原因,矛盾没有得以解决,因而在性格上慢慢变得内向、自卑,许多事压抑在心中,加上认识的偏差,往往又多疑,凡事往坏的方面去想,心胸狭隘。既不能正确对待自己，也不能正确对待别人，不能理解人、宽容人，遇到矛盾和冲突时，极易走向极端。①

① 林少菊著:《浅析女性犯罪人由被害人到犯罪的"恶逆变"》,载《公安大学学报》2002年第1期。

第四章

在校大学生犯罪

自云南大学马加爵杀人案震惊全国之后,在校大学生犯罪受到越来越多的公众关注,但是学界对于在校大学生犯罪概念的内涵和外延尚存有争议,对于在校大学生犯罪的概念没有明确统一的定义。争议主要包括"在校大学生"范围的界定和"犯罪"含义的理解两个方面,我们试图在本章论述展开之前从这两个方面对于在校大学生犯罪的概念进行厘定。

第一节　概念之限定:"在校大学生""犯罪"

一、"在校大学生"

根据公众的一般理解,在校大学生是指在普通高等学校学习的学生的统称。作为犯罪主体的在校大学生就是指被国内各类高等院校录取、具有正式学籍,在学校接受全日制教育并达到刑事责任年龄、具有刑事责任能力的在校大学生。

本研究中的"大学生",从学历上看,包括大专生、本科生、硕士研究生、博士研究生,不包括职、技校生;从培养类型上看,必须是具有正式学籍的全日制统招学生,不包括成人教育脱产班,夜大、电大的脱产班,自考脱产辅导班等,不包括函授生、短期培训班学员。需要特别说明的,本书只讨论在校(学)的大学生,不包括已毕业大学生。另外,由于军事院校的学生具有较强的特殊性,所以,本书也不涉及。

二、"犯罪"

如本书的前几章所述,本研究中所涉及的"犯罪"采用宽泛的概念,不仅仅从刑法学的意义上来考察,更多的是从社会学、犯罪学的意义上予以研究。不仅包括犯罪行为还包括一般的违法越轨行为。但是,这并不意味着把大学生所有反社会的不适当行为都纳入"犯罪"的范畴。如果一味扩大在校大学生"犯罪"的外延,一方面会对某些大学生的不适当行为小题大做,伤害他们的自尊心,在校大学生毕竟在年龄上有别于成年人;另一方面会给现实的预防大学生犯罪工作带来极大的负担,需要消耗更多的人力和物力,从而影响到正常的预防和遏制在校大学生犯罪工作。

具体来说,本章中的"犯罪"外延主要是指违反《刑法》的行为和违反《治安管理处罚法》的行为。后者主要包括扰乱公共场所秩序和妨害社会管理秩序、侵犯公民人身权利等情节轻微尚不构成刑法中规定的犯罪要求,但已经具有较为严重的社会危害性,需要加以制裁的违法行为,如聚众斗殴、赌博等行为。此外,本章"犯罪"的外延还包括部分越轨行为,虽然在校大学生大都是成年人,但是对于大学生越轨行为外延的界定,《预防未成年人犯罪法》中关于严重不良行为的规定依然具有参考价值。《预防未成年人犯罪法》中规定的严重不良行为包括:①纠集他人结伙滋事,扰乱治安;②携带管制刀具、屡教不改;③多次拦截殴打他人或者强行索要他人财物;④传播淫秽的读物或者音像制品等;⑤进行淫乱或者色情、卖淫活动;⑥多次偷窃;⑦参与赌博、屡教不改;⑧吸食、注射毒品;⑨其他严重危害社会的行为。

第二节 在校大学生犯罪的动态趋势

在校大学生犯罪同其他犯罪一样,是一种复杂的社会现象,既有某些青少年犯罪的特点,又有其自身的规律和特性。根据笔者的资料搜集和分析,当前"在校大学生"的犯罪现象主要表现出以下几种动态趋势。

一、犯罪总量增长

自改革开放和建立市场经济以来,社会风气逐渐开放,思想多元化发展,种种不良思想也开始走进国门。受不良社会环境的影响,一些被誉为"天之骄子"的大学生也开始走上犯罪道路。北京市海淀区人民法院刑二庭副庭长、知名青少年法律工作者尚秀云 2008 年 9 月透露,从 1987 年至今共有超过 6 000 名在校大学生在海淀区人民法院被判刑。"从最开始的一年一两名大学生,到这几年的 80 个、90 个,甚至 100 多个,这些年大学生犯罪呈现螺旋式上升的态势。"①大学生犯罪的突出案件,频频见诸各大报刊、网站:

——2004 年,云南大学曾发生一起轰动全国的"马加爵杀人案"。被告人马加爵采取用铁锤打击头部的同一犯罪手段,将唐学李等 4 名被害人逐一杀害,并把被害人尸体藏匿于宿舍衣柜内。②

——2001—2003 年,中国科学院上海有机化学研究所博士生黄小庭多次参与制造毒品,2003 年 2 月,黄小庭被判有期徒刑 8 年。③

——2006—2008 年,南京某大学学生梁某放弃本硕连读搞传销,在校大学生 834 人被骗。④

——2008 年,在校女大学生杨某伙同一个大学刚毕业无工作的青年莫某,为赚钱在网上介绍卖淫、赚取中介费。被告人莫某因犯介绍卖淫罪获刑 2 年;而在校大学生杨某也因此罪获刑 3 年。⑤

在校大学生犯罪人数的不断攀升,一方面与从 1999 年开始的大学大规模扩招有关,连年扩招导致生源质量下降,大学生教育和管理制度存在着大量的漏洞,对学生的心理教育疏导明显不够。另一方面与大学生犯罪占整个社会犯罪

---

① 参见《20 年来 6000 名在京大学生被判刑》,网址 http://news.cjn.cn/gn/200809/t753334.htm,2011 年 6 月 24 日访问。

② 参见《昆明中院一审判处马加爵死刑》,网址 http://www.yn.xinhuanet.com/topic/2004-04/24/content_2031050.htm,2011 年 6 月 24 日访问。

③ 参见《为赴美留学铤而走险、博士生参与制毒》,网址 http://studyabroad.tigtag.com/news/18983.shtml,2011 年 6 月 24 日访问。

④ 参见《理科状元弃学搞传销、"传销毒瘤"何时根除》,网址 http://news.sohu.com/20081103/n260397422.shtml,2011 年 6 月 24 日访问。

⑤ 参见《在校大学生组织卖淫获刑》,网址 http://www.thmz.com/folder488/folder498/2008/01/2008-01-02196910.html,2011 年 6 月 24 日访问。

的比率不断增加密切联系。据公安部统计,我国 20 世纪 60 年代青少年犯罪在整个社会犯罪中占 33%,其中大学生犯罪占 1%;"文革"期间,青少年犯罪开始增多,占到了整个刑事犯罪的 60%,其中大学生犯罪只占 2.5%;而近几年,青少年犯罪占整个社会犯罪的 70% ~80%,其中大学生犯罪占 17%。①

二、犯罪类型多样化

犯罪类型多样化是指大学生犯罪的类型表现出形式复杂、种类繁多的特点②。我国刑法分则中规定的犯罪有 10 大类 400 多个罪名,整体来看,社会上的各种违法犯罪类型(除渎职等特定局限型犯罪)在"在校大学生"犯罪中都有表现,可谓形式多样,种类繁多。据有关资料显示,在大学生中,以颠覆国家政权为目的,进行分裂国家、破坏国家统一的,向境外机构非法提供国家机密危害国家安全罪的有之;以非法获取他人财产为目的,进行暴力抢劫、诈骗和盗窃数额巨大的侵犯财产罪的有之;以泄私愤、打击报复为目的,实施放火、投毒危害公共安全罪的有之;以损人利己为目的,进行凶杀、伤害、强奸、绑架侵犯人身权利罪的有之;还有进行吸毒、赌博、贩卖或传播淫秽物品、卖淫嫖娼等妨害社会管理秩序罪的。可谓"五毒"俱全,种类繁多。③

在众多类型的违法犯罪案件中,"在校大学生"违法犯罪的类型又有其自身特点:以财产型违法犯罪、暴力型违法犯罪、涉性违法犯罪三个类型为主,如盗窃、抢劫、诈骗、绑架、伤害、强奸等。同时也出现一些新型案件,例如毒品犯罪、非法传销罪、私造枪支、卖淫嫖娼等一些在一般民众看来很难与特定身份的大学生联系起来的犯罪。在校大学生犯罪类型开始向多样化发展。

(一)财产型违法犯罪在"在校大学生"犯罪中居首位

财产型犯罪是指因为侵犯他人财产权利而触犯刑法,具有社会危害性,应受刑罚处罚的行为,包括盗窃、诈骗、敲诈勒索、赌博、抢劫等多种类型,此类案件在"在校大学生"的犯罪中居于首位。

社会转型期,经济发展不平衡,人与人之间收入差距加大。对物质利益的追求是人类的一种共性,一部分人的暴富更能刺激人们脆弱的神经,并且"在校大

① 蒋春雷、顾建国:《大学生违法犯罪现象剖析》,载《华东船舶工业学院学报(社会科学版)》,2004 年第 1 期。
② 鲍艳春:《理性透视与对策设计防范当代大学生犯罪的新思考》,载《前沿》2007 年第 3 期。
③ 颜小冬:《当代大学生犯罪问题研究》北京:中国检察出版社 2004 年版,第 135 ~137 页。

学生"大都处于青春期的中后期,其对物质利益的需求更为强烈,在依靠正常手段达不到目的的情况下,可能就会去实施盗窃、抢劫、诈骗等犯罪。同时物质上的贫困会直接削弱一些人的公共道德心,他们心目中的是非标准开始变得模糊,用狡猾或者暴力等不正当手段的思想会渐渐萌芽并最终占据上风,于是大量的侵犯财产型违法犯罪出现。还有一些大学生本身家庭贫困,不能正确看待客观存在的贫富差距,出现心理上的不平衡,基于报复社会的心理而走向犯罪。今后一个时期,财产型犯罪仍将是"在校大学生"犯罪的主要类型之一。

从犯罪手段的区别来看,财产型犯罪包括普通财产型犯罪和智能财产型犯罪两种。在普通财产型犯罪中,盗窃罪所占的比例最高。与普通财产型犯罪相对应的智能型财产犯罪最近几年呈现上升趋势,"据广东省统计,2004 年至 2006年,广东省网络侵财犯罪人员中大学生的比例分别为 40%、49% 和 54%,呈逐年上升趋势"[①]。由于在校大学生受过高等教育,具备较高的文化素质,具备一定的计算机网络知识,特别是计算机专业的大学生,熟悉计算机信息系统与网络系统,更容易成为智能财产型犯罪的主体。他们往往利用高科技手段,以互联网作为媒介,采用盗号木马、钓鱼网站等措施盗取用户的银行账号和密码、证券账号和密码及其他有经济价值的个人信息,以达到非法占有财物的目的。

(二)暴力型违法犯罪在"在校大学生"犯罪中占相当比例

在校大学生的犯罪中,暴力型违法犯罪案件占相当比例。所谓暴力犯罪,是指非法使用暴力或以暴力相威胁,侵犯他人人身权利和财产权利的极端的攻击性行为。这类案件包括轻微人身伤害、一般伤害、重伤害和故意杀人等。

在"在校大学生"犯罪的案件中,多数案件具有犯罪情境下的失控性、冲动性、偶发性和非预谋性的特点。"在校大学生"年龄很多都在 18～25 岁,年轻气盛,社会经验不足,心智尚未完全成熟。他们大都自尊心很强,特别敏感,容易受到负面情绪的纠缠,往往难以理性评价自己的行为和准确预见行为的后果,难以控制自己的过激行为反应。他们很容易在一些年长的人们看来微不足道的小事上大动干戈,尤其是酒后更容易发生冲突,甚至互相使用凶器,导致暴力案件发生。

(三)涉性违法犯罪在"在校大学生"犯罪中占一定比例

涉性违法犯罪在"在校大学生"的犯罪中也占一定比例。我国法律虽然没有明确的关于涉性犯罪的概念,但是相关立法都有关于这方面内容的规定。例如《中华人民共和国刑法》中侵犯公民人身权利的强奸罪,强制猥亵、侮辱妇女

---

① 张晓薇:《广东省网络侵财犯罪的实证分析》,载《中国刑事法杂志》2007 年第 4 期。

罪,妨碍社会管理秩序的介绍卖淫罪、传播淫秽物品罪等;《中华人民共和国治安管理处罚法》中妨碍社会管理秩序的卖淫嫖娼行为等。因此,笔者认为涉性犯罪主要是指以非法性行为、性侵害、性淫乱、传播淫秽物品等为特征的犯罪以及由此引发的其他犯罪行为。在校大学生涉性违法犯罪既包括在校大学生性犯罪,又包括在校大学生性违法与违反社会规范的行为。

近年来,随着市场经济的发展,"金钱万能"价值论的盛行,加上"性解放""性自由"等西方思潮被一些人不加辨别地接受,对人们的伦理观念、贞操观念产生了很大的影响。社会范围内的涉性犯罪发生了很大的变化,过去强奸行为在涉性类犯罪中,占有最大的比重,现在这种恶性犯罪有所减少,卖淫嫖娼行为、传播淫秽物品行为成为涉性犯罪的主流。社会大环境对于置身其中的大学生不可能不产生影响,在最近几年的在校大学生涉性违法犯罪中,除了传统的强奸犯罪有所减少,以谈恋爱为名玩弄异性、群奸群宿等流氓犯罪有所增长以外,卖淫嫖娼等违法犯罪行为有了更多的增加。

在"在校大学生"的涉性犯罪中,不仅有男生,也有女生。一些女大学生因为信奉拜金主义或由于失恋等原因加入卖淫的行列,以谋取财产或者谋取享乐;也有追求享乐为主要动机,捞取金钱和利益实惠。同时以色情为手段在女大学生抢劫、卖淫、诈骗等违法犯罪行为中表现也相当突出。

(四)新型案件的出现

随着社会转型的全面推进,大学不再是传说中的"象牙塔",大学生与社会的联系越来越紧密,在校大学生参与经济活动、接触金钱的机会也大大增加。有的大学生在校期间就受聘于一些经济组织,有的高校里出现了由学生自主经营的第三产业,这在某种程度上为在校大学生违法犯罪提供了新的温床。很多以前不可能发生在大学生中间的犯罪开始出现,如受聘于一些经济组织的个别学生,经受不住金钱的诱惑,就可能走上利用职务之便侵吞公共财产的犯罪道路。再如,还有些学生在毕业前夕的实习期间,由于从事一定的国家权力机关的工作,就开始走上了受贿的犯罪道路。此外,由于受经济利益的驱动和某些方面的影响,一些大学生铤而走险倒买倒卖非法出版物和音像制品,走私、贩卖毒品类犯罪也开始在大学生中间出现。

三、犯罪主体范围扩大

近几年,在大学生犯罪中,已经不像普通民众所想象的那样,走上违法犯罪道路的都是平时逃课、逃学,不服从学校管理,学习成绩不好的学生,而是各种类型的学生都有。有平时表现就比较顽劣的,也有一贯都是好学生的;有不爱学习的,也有学习成绩名列前茅的;有普通大专院校的学生,也有来自重点大专院校甚至名牌院校的在校大学生;有大专生、本科生,也有博士生和硕士生;有高年级学生,也有刚入学不久的新生;有来自贫困家庭的学生,也有家境富足的学生。犯罪主体涉及高校的各个年级、各种层次的学生,同时在校女大学生犯罪的比例也在增加。

(1)在大学生犯罪主体中,出现了"好学生"与罪犯的一体化。所谓"好学生",是指在学校、家长和同学眼中,学习成绩优异、听话、认真遵守学校纪律的学生。这些学生极少有逃课现象,上课认真听讲,没有打架、骂人、寻衅滋事、斗殴等不良记录。通常来说,他们是不会实施违法犯罪行为的。然而实践中,好学生犯罪并非个别现象,已经成为在校大学生犯罪的主体趋势之一。例如,清华大学电机系大四学生刘海洋,在校期间成绩一直名列前茅,并且已经顺利通过了研究生考试,但是为了验证"笨狗熊"的说法能否成立,竟然先后两次把掺有火碱、硫酸的饮料,倒在 5 只北京动物园饲养的狗熊的身上或嘴里。①

(2)在大学生犯罪主体中,女生犯罪有上升趋势。资料表明,尽管男性大学生犯罪在大学生犯罪中一直占据绝大多数,但女大学生违法犯罪的人数也在逐年增多。女大学生违法犯罪活动大都以追求"钱财"和"享乐"为目的,其中涉性违法犯罪与侵财型违法犯罪几乎各占一半,成为一个不容忽视的问题。这说明在社会转型期高消费和攀比风的影响下,少数女大学生勤俭节约、艰苦奋斗的作风逐渐淡化,追求享乐、爱慕虚荣之心日益膨胀,她们凭借自己"年轻、有知识、有文化"的优势,以追求高额金钱为内在驱动力、以享乐为目的,走上违法犯罪之路。

(3)各种层次的大学生皆有违法犯罪现象。重点大学占了不少比例,沿海发达地区的大学生犯罪率高于内地大学生。男生占犯罪人数的80%以上,但是女生犯罪已有上升趋势。犯罪大学生中以三四年级学生为多,但主体开始呈现低龄化,一二年级学生因心理问题而引发的犯罪日趋增多。大学生中有因缺乏法律知识而犯罪的非法律专业的学生,也有知法犯法的法律专业的学生。来自破裂家庭、单亲家庭的大学生的犯罪率明显高于家庭和睦的学生。在财产犯罪中,来自农村地区、困难家庭的学生占有相当大的比例。

---

① 参见《清华学子泼熊事件震惊社会》,网址 http://edu.sina.com.cn/l/2002-05-29/25218.html,2011 年 6 月 25 日访问。

第五章

职务犯罪

"让权力在阳光下运行"已成为中共十八大后的流行语。由于制度缺陷及监督漏洞,近 20 年来,虽然反腐败力度有增无减,但由国家工作人员实施的职务犯罪却与日俱增。目前的职务犯罪形势呈现级别越来越高、窝案越来越多、涉案金额越来越大、行业领域越来越庞杂等特征。

第一节 概念之限定:"职务""职务犯罪"

一、"职务"

职务是构成职务犯罪的前提和基础,对其内涵的理解是界定职务犯罪概念的关键。一般意义上的"职务",据《现代汉语词典》的解释,是指"职位规定应该担任的工作"。刑法意义上的"职务"外延要窄一些,仅仅是指工作中负责组织、指挥、监督和管理性质的事情。这种意义上的职务的本质是"公务性"，即代表统治者从事国家和社会公共事务管理职责。它涉及政治、经济、立法、行政、司法、军事、文化、教育、卫生、科技、人民团体等各个方面。具备一定的职务，意味着取得了代表国家、集体或社会公共团体依法行使一定的具有管理性质的公务权力的资格。职务与职权、职责密不可分，即具备一定职务身份的人，必然对其所从事的工作拥有一定的职权，同时又必须对其工作担负一定的职责。职务犯罪就是具备一定职务身份者利用其职务上的便利实施的犯罪，或者对其职务工作严重不负责任，不履行或不正确履行职责而构成的犯罪。这种犯罪应发生在公务活动中，并与其所承担的职务有关，否则，不能认为是职务犯罪。

二、"职务犯罪"

职务犯罪是一个十分复杂的问题，可以而且应当从多角度、多学科、多层次进行研究，从而为正确认识职务犯罪，预防职务犯罪提供科学依据。比如既可以从犯罪学的角度研究职务犯罪，也可以从刑法学的角度认识研究职务犯罪，还可以从社会学、伦理学的角度去研究职务犯罪，等等。但是，从刑法学角度研究职务犯罪与从其他学科的角度去研究职务犯罪，其侧重点显然是不同的。

基于上述对"职务"的理解，职务犯罪概念应体现职务犯罪的独特特征，只有这样才能发挥出职务犯罪概念的界限功能。任何犯罪行为都具备严重的社会危害性、刑事违法性和应受刑罚惩罚性三个基本特征。职务犯罪也不例外。但是，作为职务犯罪，还有其区别于其他类犯罪属性的两个显著特点。一是主体的特殊性。就自然人而言，行为人要成为职务犯罪的主体除了必须达到法定刑事责任年龄、具有刑事责任能力之外，还必须具有我国刑法所要求的法律赋予的某种特殊身份。就单位而言，单位并不能成为所有职务犯罪的主体，只有刑法明文规定的少数几种职务犯罪才可以由单位构成。同时，构成这些特定职务犯罪的单位也并非是所有的单位，它只能是刑法明文规定的"司法机关、行政机关"或者"国家机关、国有公司、企业、事业单位、人民团体"等具有公共管理职能的单位。二是行为的特殊性。即该行为应与行为人所担负的职务相关，是在依法执行公务活动的过程中所实施的犯罪行为，具有渎职性。

因此，我们认为，刑法中的职务犯罪概念应有广义和狭义之分。其中，广义的职务犯罪（即一般意义上的职务犯罪）是指依法从事公务的人员或者单位，在履行职责的过程中，利用职务之便进行非法活动，或者玩忽职守、滥用职权破坏国家对职务活动的管理职能，并依照刑法应当受刑罚处罚的行为。其自然人主体既包括国家工作人员和准国家工作人员，也包括公司、企业人员等非国家工作人员。狭义的职务犯罪（即特殊意义上的职务犯罪）是指依法从事公务的国家工作人员或者单位,在履行职责的过程中,利用职务之便进行非法活动,或者玩忽职守、滥用职权破坏国家对职务行为的管理活动,并依照刑法应当受到刑罚处罚的犯罪行为的总称。其自然人主体只包括国家工作人员和准国家工作人员。

第二节　职务犯罪的动态趋势

一、权力寻租,与市场经济共生共长

近些年来,市场经济的大潮不断涌动,一些政府的官员或企业的高层领导利用手中的权力,避开各种控制、法规、审查,从而达到寻求或维护既得利益,这种活动被称为"权力寻租"。权力寻租的概念本源于经济学中一个解释特定腐败现象的重要理论,即寻租理论。经济学意义上的寻租指利用垄断地位获得超过竞争价格的高额回报。在 20 世纪 80 年代后尤其指政府官员利用权力垄断,谋求不正当利益,即握有公权者以权力为筹码谋求获取自身经济利益的一种非生产性活动。简单地说,寻租中的"租"就是通过权力干预人为导致某些资源的稀缺从而形成的超额利润[①]。现在,我们则用权力寻租理论中的"租金"与"寻租"来研究职务犯罪问题。

(一)权力寻租的表现

所谓的"权力寻租"是公权部门或者掌握公权力的个人以权力为筹码获取自身利益的一种非生产性活动。这种利益既包含经济利益也包含其他的非经济利益,这种利益获取方式有较强的排他性和独断性。顾名思义,公权力即公众的权力,是为维护和增进公益而设的权力。公权力与私权利是矛盾的共同体,公权力的目的是为了更好地保证私权利的最大化。私权利实现的最大化必须以保证社会公平和不损害其他人的利益为前提。

然而,公权力也有其异化的特质。这种异化的外在表现形式就是,公权滥用,监督失衡,公权私化和扩大化。那么"权力寻租"无非就是这种表现形式的"聚集化"。"权力寻租"的最大危害就是腐化和对公平正义的践踏。党的十六届六中全会指出:制度是社会公平正义的根本保证,必须加紧建设对保障社会公平正义具有重大作用的制度,保障人民在政治、经济、文化、社会等方面的权利和

---

① 陈春霞:《行为经济学和行为决策分析:一个综述》,载《经济问题探索》2008 年第 1 期。

利益。这使我们对制度建设重要意义的认识有了进一步深化,对更好地维护社会公平正义、促进社会和谐将产生深远影响。可是"权力寻租"恰恰造成了公平失衡、社会流动性的固化、权力世袭的社会恶习。毋庸置疑,三十多年的改革开放,中国无论是经济发展还是社会进步都取得了骄人的成绩,可是"权力寻租"的现象也在一定程度上现实存在着。权力要转化为自己的私利,必须"寻租"。从近年的几起贪腐大案和社会焦点来看,"权力寻租"不仅仅对政府的公信力带来严重的负面影响,更深层次地损害了社会公平。

(二)"权力寻租"的成因

古今中外都有一种现象,即只要手中有权的人,就容易滋生腐败,现在职务犯罪的主体的范围在不断扩大。腐败是一种综合性的社会现象,也是世界各国从古至今普遍存在和流行的一种社会顽症。腐败的实质是公共权力的私化。它的最为根本的标志就是滥用权力。事实证明,任何掌权者都有可能滥用权力,绝对的权力就意味着绝对的腐败。因此,滥用权力是专制政治的主要特征,也是腐败的最大祸源。那么,腐败便成为"权力寻租"最根本的原因。

腐败的一个主要特征是权力商品化。权钱交易,就是一种"寻租现象"。一些国家工作人员采取非法的或者"合法"的手段,进行"权钱交易",大发横财。权力与租金相结合,构成寻租活动,两者狼狈为奸。例如,我国的一些国家工作人员利用由计划经济体制向市场经济体制转轨时期的法律不完善、制度不健全的情况,运用其手中掌握的职权,或者钻法律与制度的空隙,甚至毫无顾忌地大肆进行权钱交易、权色交易等,置国家和人民的利益于不顾,谋取个人的私利。

腐败的主体是掌握权力的人,也就是说各行业掌握一定国家权力的工作人员,利用手中的这种权力进行"权钱交易",以权谋私。其客观上则表现为利用手中掌握的国家权力,为个人或者集团谋取利益,使人民的"公仆"变成投机牟利的商人、人民的"主人",变成侵吞国家财产、社会公共财产或者他人财产的不劳而获的吸血鬼。

由此可见,职务犯罪的前提条件是职务,那么,什么是职务呢? 一般意义的职务,是指"职位所规定应该担任的工作"(《现代汉语词典》1976 年版第 1468 页)。犯罪学及刑法学意义上的职务,不是一般意义上的职位上所担任的工作,它是指行为人依法或受委托从事国家公务而取得的法律身份,以便执行相应的公务内容。也就是说,这里所说的行为人担任的职务,它意味着取得了代表国家机关、国有企业、事业单位,以及在人民团体中依法所进行的一定管理性质的公务资格。因此,职务犯罪属于身份犯的范畴。

我国职务犯罪以其身份而论有多大范围呢? 归纳起来说,有四类。我国《刑法》第八章贪污贿赂罪的主体,被规定为国家工作人员。什么是国家工作人员呢？凡是在国家机关中从事公务活动的人员都是国家工作人员。这是第一类。第二类指凡是在国有企业、事业单位，以及在人民团体中从事公务活动的人员。第三类国家工作人员是指第一、第二类机关、单位委派到非国有企业、事业单位、社会团体从事公务活动的人员。第四类是其他依照法律规定从事公务活动的人员，例如从事基层政权工作的干部等。由此可见，职务犯罪的主体有固定的含义，它不能随意扩大，之所以造成职务犯罪的主体范围不断扩大的现象，实际上这是职务犯罪蔓延所造成的。蔓延性是当前职务犯罪对策研究中必须引起高度重视的问题，这是一个涉及"腐蚀效应"的理论命题。职务犯罪等腐败分子总是努力制造一种适合其存在的乌烟瘴气的社会环境。因此，职务犯罪总是向周围扩散出去。从司法实践看，腐蚀效应的外化具体表现为垂直蔓延和水平蔓延两种方式。所谓垂直蔓延，就是上级向下级索贿，纵容下级贪污受贿、走私贩私、指令下级行贿受贿、贪污挪用、抗税骗税、制造假冒伪劣商品等。所谓水平蔓延或者叫水平扩散，它是指在同一层次中所进行的职务犯罪。由于腐蚀效应，在同一水平层次中相互感染，形成腐败现象的群害之患。因此，水平蔓延既可以在本单位、本部门、本行业内进行，也可以向社会扩散，形成网络状，造成"窝案""串案"。显然，职务犯罪的蔓延性，直接导致了"权力寻租"现象的扩散和严重化。

另外，交易机会增大，寻租成本不高，寻租的诱惑大。我国制度设计客观上为公权力创造了较多的交易机会。同时，经济改革放松管制、扩大决策权行使范围造成公权力寻租诱惑的增大。对那些利用公权力进行寻租的国家工作人员来说，他在进行腐败的同时，收益远大于成本，成为驱使其犯罪的直接利益动力。[①]

"权力寻租"的心理成因主要有：

——吃亏补偿心理。一些公职人员看到别人发财，就觉得自己吃亏，"我辛辛苦苦几十年还不如人家搞一年"，从而产生了以权谋私，趁势"捞一把"的心理。

——投资回报心理。有人把权力看成"一本万利"的致富工具，通过跑官、买官谋到一定职位后，便迫不及待地把权力作为资本投入不正当交易，以获取巨额回报。

——人之常情心理。中国传统文化中，人情主义、"面子文化"根深蒂固，而人情化和关系网很容易使人丧失原则，不少公职人员正是在"人之常情""情面难却"等心理驱动下而丧失心理防线的。

---

① 原永宁：《腐败的经济学分析及反腐败的经济对策》，载《山东经济》2006 年第 5 期。

——为公无过心理。一些人头脑中存在"只要为公,自然无过"的认识,"我不是为了自己"成为理直气壮的辩解。在这种心理支配之下,他们滥用权力谋取地方利益和单位利益,置国家和人民的根本利益不顾。

——法不责众心理。"法不责众"意识在传统法文化中由来已久,它在某种程度上为腐败分子提供了一个心理保护层,同时在客观上也成为反腐败的心理障碍。目前,"集体腐败"成为职务犯罪的一种新动向,其实质就是行为人期望通过集体决策分散责任以逃避惩罚。

——侥幸过关心理。这是腐败分子较为普遍的一种心理特征,其实质是一种心理自慰。正如有人指出,如果行为的后果给自己带来的利益要大大高于受惩罚的恶果时,如果在他之前的类似行为在逃避处罚方面都获得成功时,就会促使犯罪分子实施某种行为。在职务犯罪中,行为人的职权身份、靠山与关系以及作案手段的隐蔽性等,更是强化了其侥幸心理。

(三) 弱化"权力寻租"的出路

如何改变这种"权力寻租"带来的社会公平失衡,我们认为有以下几点。

(1) 大机构和"小政府"化。市场的归市场,市长的归市长,严格限制"公权力"滥用。用法律来保障公权力在正常的轨道上行驶,所谓的大机构就是办公集中化,避免出现不同部门之间责任的互相推诿和执法冲突。"小政府"化指的是政府不能随意地扩大政府权力,因为权力寻租有被动和主动两种寻租方式。被动寻租,是相关利益人主动与掌握公权力的部门或个人主动发生关系造成的权力被动寻租,因为权力本身就带有诱惑性。主动寻租主要是公权部门理不清公权力的界限即权力扩大化。法理上公权力应止步于私人领域、市场经济领域、思想领域、言论自由领域等。公权部门不能以公权力为借口打击报复,更不能以公权力为幌子来获取经济利益。大机构的目的是实现公权部门的工作效率最大化,"小政府化"是让权力的形式遵循正确的法律程序,即权力的自我控制。

(2) 监督多维化和常态化。公权力滥用和"权力寻租"究其本质来说是一种违法行为,既然是违法必然是见不得阳光的。对权力的监督应该是多维的,一维的公权部门的自我控制和约束很难从根本上扭转和杜绝"权力寻租"的现象。"高薪养廉"更是难填欲壑,高薪毕竟只是物质上的满足,"权力寻租"在一定程度上更是心理的刺激和需求,在某种程度上心理刺激远远高于物质满足。只有形成监督网络才能在一定程度上抑制"权力寻租"的不良风气。这种监督必须来自于媒体、监管部门、上级和下级、社会和群众,这样才能对公权部门形成压力,同样,这种监督必须是长久和持之以恒的。监督多维化只是一个静态的网络,常态化才是动态的高压线。只有静态监督和动态监督相结合才能始终对"权力寻租"保持高压的打击态势,让权力无"租"可寻。当然监督的前提是公权部门对监督的欢迎,而非利用公权力使监督网络和监督行为的"非法化"。

（3）提高公权部门和个人的违法成本。经济学上有机会成本的概念,那么任何违法行为同样存在机会成本的损失。通俗地讲就是违法的代价问题,如果违法的代价低于权力寻租带来的利益,那么会刺激公权部门或者掌握公权力的个人用"权"寻"租"。这里的机会成本并不仅仅指的是经济机会成本,同样包含道德上的机会成本。只有不断提高这种违法成本,让公权部门抑或个人在违法前必须考虑违法所带来的机会成本的损失。这样必然会导致违法的提前"流产",让权力止于"雷区"之前。如何制定违法的"机会成本"? 过高可能带来公权部门的不作为,过低可能造成公权部门的"权力寻租",所以制定公权部门的违法成本同样不能搞"一刀切"。不同部门之间,同一部门不同岗位之间必须根据权力的大与小来制定层级的违法成本。找到"违法成本"和"权力寻租"之间的动态平衡,既做到不打击公权部门利用正当权力为人民造福的积极性,又能抑制"公权力寻租"带来的社会危害。

（4）利用法的精神来制约权力的扩张本性。正如英国学者霍布斯曾经说过:"全人类的共同爱好,便是对权力永恒的和无止境的追求;这种追求至死方休。"只有用法才能约束这种扩张性,权力同样要在法的轨道上行驶。转型中的中国法律日益完善,"权力寻租"的空间毕竟会受到打压。作为采用大陆法的中国,法律也必有其滞后性。所以在制定法律约束公权部门之前,要进行详尽的调研和收集民意,既要吸收改革开放以来中国法律完善过程中的经验,又要吸收全人类抑制权力膨胀的先进成果,尽可能地弥补法律本身的滞后性,更大限度地挤压"权力寻租"的生存空间,从法律和政策上保障社会的公平正义! 让人活得更有尊严,让社会更和谐,让群众满意度更高。法律不是万能的,但是没有法同样是万万不能的,因为世间万物皆有法!

转型中的中国经济高速发展,如何让社会实现公平正义? 无论是政府还是群众都希望能有一个满意的答案,其中"权力寻租"带来的危害是显而易见的,抑制权力滥用不仅仅关系到政府的公信力、执政力、拒腐防变力,还关系到社会的公平正义、人的尊严、社会进步等。目前有部分"权力寻租"现象,毕竟是少数,但我们也必须防微杜渐,才能实现党中央、国务院党风廉政建设和反腐败斗争新目标。我们首先做的就是扭转"权力寻租"诱导下的社会失衡。

二、案情复杂,窝案串案连带"关系人"

（一）职务犯罪窝案串案的表现

职务犯罪的案件,通常是侦破一案,挖出一案,牵出一串,具有案情复杂,牵扯面广,对象众多,时间急、风险大、把握难度大等特点。

首先,从发案规律看,窝案串案多发生在一些重点行业和要害部位:从行业看,主要集中在金融、保险、医药、国有企业等部门和领域,还有乡镇政府、农村基层组织,主要发生在权力运行、工程发包、供销环节以及土地赔偿、计划生育、体制改革之机。

窝案串案多发生在"一把手"与财务人员合谋。由于"一把手"掌握着人权、财权,为了变公为私,"一把手"与财务人员合谋敛国家之财,以达到掩人耳目的目的。

窝案串案多发生在以亲属为"核心"的领导层。有的单位和部门严重违反国家工作人员任免规定,任人唯亲,形成了单位或部门的领导层大多有亲属关系,为职务犯罪窝案串案埋下祸根。如某镇农机站6案6人,站长与其中一副站长、会计是女婿、女儿关系;某供电局6案6人中,党委书记黎某某与农电科科长是父女关系。

其次,从发案特点看:窝案串案具有一定的表象性——不管犯罪分子多么狡猾和隐蔽,他们总会在语言心态、消费等方面表现出来。如成都天兴仪表集团公司系列案,发案之前群众对某些现象反映强烈,如总经理(正厅级)武某某财大气粗,不把一般人放在眼里,不仅养有情妇,还与其合伙办厂;总会计师(副厅级)颜某某与某厂关系非同一般,作案后,一方面表现自己很开朗,另一方面又常常过于谨慎、胆战心惊、睡不好觉;出纳员林某某出手不凡,好交朋友,摆阔气,后来司法机关在办案时,将这一系列现象联系在一起,查办了一起大窝案。

窝案串案具有"利益"一致性——从查办的案件看,窝案串案犯罪成员之间既有利益的一致性,又存在很大的矛盾。如犯罪成员深知自己罪孽深重,生怕东窗事发,所以反复密谋,甚至歃血为盟,为了共同的利益而铤而走险,但又因利益分配等缘由而各怀鬼胎。如某镇卫生院院长曾某某贪污案与该镇党委副书记曾某某贪污案,在建卫生院大楼和宿舍楼工程中,为了共同的"利益"他们走到了一起,在购建材上采取以次充好的手段,分别贪污公款13万余元和6.8万元,事发后又在承担法律责任上互相推脱,此现象是侦破案件的突破口。

窝案串案具有很大的反侦查性——窝案串案的犯罪分子为求安身自得,一方面成员之间相互配合,搞攻守同盟;另一方面又往往与自己的保护伞黏在一起,交叉重叠。因此有些犯罪嫌疑人案发后,会出现数个领导人出面打招呼,打探立案后的情况,有涉案关系的就销毁证据,隐匿赃物,转移财产,无异给检察机关侦破窝案串案增加了一定的难度。

(二)窝案串案的成因

在转型时期,之所以会出现如此多的窝案串案,主要有以下几个原因。

(1)宗旨意识缺乏,法律观念淡薄。近几年来,在新形势下,对一些党员干部普遍存在着重业务、轻教育,重使用、轻管理的现象,放松了对基层干部的思想政治教育、宗旨教育和法制教育,致使一些党员干部拜金思想、享乐思想滋生蔓延。一些干部动机不纯,把当官当成捞钱的资本,把"当官"与"发财"的概念等同起来,他们在金钱的诱惑下丧失了原则,放松了对自己的约束,无视党纪国法,利用职务之便大肆摄取不法利益,而堕入犯罪的泥潭。

(2)财务管理混乱,规章制度不健全。新形势下,由于改革开放搞活,一些政策和规定向发展经济方向倾斜,特别是招商引资,开发建设由单一的经济向多元化经济发展,以前的财务管理模式已跟不上新形势发展的需要,一些主要领导干部乘财务审批制度不严,多人多头签批报销,自收自支,捞国家之财,还有一些单位"一把手"把会计、出纳等重要岗位全部换成自己的亲信,从而使侵占公款行为更方便,也更具隐蔽性。

(3)权力过分集中,缺乏有效监督。一是多数单位或部门人员分工不清,职责不明,造成人、财、物、权集中在少数人手里;二是上级机关疏于管理,长期缺乏对基层组织工作及财务管理的实质性检查监督;三是有些单位部门等很少召开群众大会公开财务情况及重大决策,财务管理缺乏透明度,使群众无法监督也无从监督。

(4)打击惩罚不力,预防措施不到位。一是个别行业、部门、国有企业干部,特别是乡、镇、村等基层干部无视国家法律,损公肥私,对群众举报打击报复,造成群众不敢举报,检察机关打击无力;二是大多数群众发现犯罪线索后,没有及时到检察机关举报,而是大张旗鼓地集体到党政机关上访,使犯罪分子乘机销毁有关证据,订立攻守同盟;三是一些干部反侦查能力很强,钻法律的空子,作案不留痕迹,给检察机关查办案件工作造成了很大困难,费时费力且成案率低,造成查处不力;四是预防措施过窄,力度不够,一些个别干部对法制教育及现身教育讲在台上,台下还是我行我素,犯罪更加隐蔽了。

三、数罪并发,社会危害性越来越大

(一)数罪并发的具体表现

司法实践中,刑法的贪污贿赂罪一章的罪名如挪用公款罪、贪污罪、受贿罪、私分国有资产罪和巨额财产来源不明罪等属于相同性质;又因以"利用职务上便利"作为犯罪的前提条件,因此,往往会出现行为人构成挪用公款罪的同时,又会触犯《刑法·分则》第九章渎职罪一章中的玩忽职守、滥用职权、徇私舞弊等罪名。当然,有些金融行业的人员在挪用公款时,还可能涉及触犯《刑法·分则》第三章破坏社会主义市场经济秩序罪中的非法出具金融票证罪等罪名。

例如,2009年9月,山东省烟台市中级人民法院审理的交通银行烟台分行

青年路办事处原主任张吉华案件,以挪用公款罪、受贿罪、非法出具票证罪判处张吉华无期徒刑,剥夺政治权利终身①。

2001年4月,山东省济宁市中级人民法院审理的泗水县副县长曹恒学案件,以挪用公款罪、贪污罪、受贿罪数罪并罚,判处有期徒刑18年②。

2003年5月,山东省济南市中级人民法院审理的山东旅游展览总公司原总经理武广案件,最终以贪污罪、挪用公款罪、受贿罪、职务侵占罪数罪并罚,被判处无期徒刑,剥夺政治权利终身,并没收个人全部财产③。

2003年12月,北京市第二中级人民法院审理的红旗出版社原社长徐建一案件,以挪用公款罪、国企人员失职罪两罪并罚,判处徐建一有期徒刑7年④。

2003年12月,海南省海口市中级人民法院审结的原香港港澳国际(集团)有限公司董事长兼海南国投有限公司董事长李耀琪案件,同时构成贪污罪、挪用公款罪、私分国有资产罪三罪,最终经海口中院一审、海南高院二审和最高人民法院复核,被判处死刑,剥夺政治权利终身,并处没收个人全部财产⑤。

1997年10月,北京市第一中级人民法院审理的北京市延庆县财政局预算科科长王金秀案件,共涉及贪污罪、挪用公款罪、受贿罪、玩忽职守罪四罪,最终以数罪并罚而被判处无期徒刑,剥夺政治权利终身,没收全部财产⑥。

2003年12月,深圳市中级人民法院一审宣判的原深圳市能源集团有限公司董事长兼党委书记劳德容案件,也涉及受贿、挪用公款、滥用职权、巨额财产来源不明四个罪名,最终数罪并罚,被判处无期徒刑,剥夺政治权利终身,同时依法没收其个人财产。⑦

---

① 《山东烟台一银行官员因挪用公款和受贿罪被判无期》,载《齐鲁晚报》2000年9月18日。

② 《挪用公款罪、受贿罪、贪污罪数罪并罚 曹恒学被一审判刑18年》,载《大众日报》2001年4月21日。

③ 《贪污挪用公款 旅游业巨贪武广一审被判无期》,载《大众日报》2003年5月23日。

④ 《红旗出版社原社长挪用公款徇私舞弊 被判刑7年》,载《京华时报》2004年1月2日。

⑤ 《港澳国际集团有限公司原董事长李耀琪被查处》,载《北京青年报》2004年3月19日。

⑥ 《王金秀、孔繁丽、王金富贪污、挪用公款、受贿、玩忽职守案》,网址 http://www.lawyee.net/Case/Case_Display.asp? RID=13589,2011年6月11日访问。

⑦ 《国企女巨贪劳德容数罪并罚一审被判无期徒刑》,网址 http://news.sohu.com/2003/12/26/86/news217488610.shtml,2011年6月27日访问。

（二）数罪并发处罚的理论根据

上述主要是挪用公款罪与相关联行为数罪并罚的情况,在司法实践中,收受型贿赂的犯罪人也往往数罪并罚,这是因为收受型受贿罪的构成要件之一是为他人谋取不正当利益。"两高"《关于办理商业贿赂刑事案件适用法律若干问题的意见》第 9 条规定:"在行贿犯罪中,'谋取不正当利益',是指行贿人谋取违反法律、法规、规章或者政策规定的利益,或者要求对方违反法律、法规、规章、政策、行业规范的规定提供帮助或方便条件。"由于受贿犯罪和行贿犯罪是对合性犯罪,那么受贿罪中为他人谋取不正当利益就是违反法律、法规、规章或政策为他人谋取利益或为他人提供帮助或者方便条件。如果违反法规、规章或者政策为他人谋取不正当利益的,谋取不正当利益行为最多属于违法,为他人谋取利益的违法行为与受贿罪是轻行为和重行为的关系,根据重行为吸收轻行为的原则,以受贿罪论处。违反法律为他人谋取不正当利益的行为触犯其他罪名的,在一般情况下数罪并罚。根据 1988 年《关于惩治贪污罪贿赂罪的补充规定》和 1997 年《刑法》,国家工作人员收受贿赂为他人谋取利益的行为构成犯罪的,除刑法有特别规定的以外,应当认定为数罪,实行并罚。

首先,受贿罪的法益是职务行为的不可收买性,而"为他人谋取利益"的最低要求是只要许诺为他人谋利益即可,而且包含一定的虚假承诺,所以,客观上为他人谋取利益的犯罪行为,是超过受贿罪构成要件之外的行为。

其次,受贿罪是比较严重的犯罪,而其法定刑主要是根据受贿数额设定的,各种情节只能在相应的数额犯罪内起作用。国家工作人员收受贿赂为他人谋取利益的行为所构成的犯罪,都属于罪质严重的犯罪,对之实行并罚,有利于实现罪刑相适应。[①]

再次,受贿过程中"为他人谋取不正当利益"构成犯罪的,属于牵连犯,在这里有两个独立的行为,符合两个犯罪构成,应当成立两个犯罪。按照目前的理论来说,牵连犯是作为裁判的一罪,按照从一重罪论处原则来处罚。既然牵连犯是实质的数罪,那么,在特殊情况下,如立法有明确规定,就可能数罪并罚。可见,从一重罪处罚是原则,数罪并罚是例外。在某些特殊情况下,可以根据牵连犯数罪的本质特征,进行数罪并罚[②]。那么,受贿过程中为他人谋取不正当利益构成其他犯罪的,应当为实质上的数罪,而 1988 年《关于惩治贪污罪贿赂罪的补充规定》明确规定,受贿过程中触犯其他罪名的,实行数罪并罚,这一规定被 1997 年

---

① 　张明楷:《刑法学》,北京:法律出版社 2007 年第 3 版,第 886 页。

② 　陈兴良、张军、郎胜:《刑法纵横谈》,北京:北京大学出版社 2008 年版,第 476 页。

《刑法》所认可和继承,所以,在立法有明确规定的情况下,应当对该种情形适用数罪并罚。

(三)数罪并罚的危害性与预防对策——以完善审计制度为视角

近年来,党中央先后出台了一系列预防职务犯罪的政策规定和反腐工作方针,许多地方还制定了预防职务犯罪的地方性法规。司法机关查处了一大批职务犯罪的大案要案,大批高官纷纷落马,打击职务犯罪等腐败斗争取得了可喜的成果。然而,在反腐的具体实践中,职务犯罪的预防和查处基本上靠检察机关职务犯罪预防部门的"单打独斗"[①]。作为国家治理的重要工具,完善国家体制、强化国家经济管理的一个重要组成部分的审计(尤其是政府审计),虽然在其工作中发现和揭露了大量的职务犯罪分子,移送司法机关处治,为预防和查处职务犯罪做出了较大的贡献,但无论审计机关自身,还是相关法律规范都没有将预防和查处职务犯罪纳入其基本的工作目标,只是其工作成果的一个副产品,或附属职能。

预防职务犯罪,应始终针对职务犯罪行为的发生机理才能取得最好效果。以贪污、挪用、贿赂为代表的职务犯罪行为,需要借助权力、动机、机会三个必要条件才能完成。权力是指当事人能够掌握或支配的资源;动机是指其有滥用权力谋私的主观动机;机会是指其拥有确保自己在不被发现时以权谋私的机会。因此,预防职务犯罪行为应在上游发力,努力消除上述三个必要条件,从而达到釜底抽薪,防患于未然的目的。审计作为一项现代社会制约权力的制度安排,利用其独立的、专职的、经常的、全面的监督活动,对全面压缩权力、减少机会、抑制动机,有效防止职务犯罪发生有独到的作用。因此,在职务犯罪居高不下的社会转型期,应将预防和查处职务犯罪拓展为政府审计的基本职能之一。

将预防和查处职务犯罪拓展为转型期政府审计重要职能之一是否具有必要性和可行性呢?

审计机关虽然不是反腐败、预防和查处职务犯罪的主管部门,但具有反腐败、预防和查处职务犯罪的法定职责。《中华人民共和国审计法》明确规定,审计机关的主要职责是维护国家经济秩序,促进廉政建设,保障国民经济健康发展。审计机关作为国家专设监督机构,依据《宪法》规定"对国务院各部门和地方各级政府的财政收支,对国家的财政金融机构和企业事业组织的财务收支,进行审计监督",不仅是维护国家所确定的经济发展的方针、政策和法规,保证社

---

① 张立民、聂新军:《转型社会政府审计战略定位:一个分析框架》,载《当代财经》2007年第4期。

会主义市场经济健康发展的一项重要的法律制度,而且是加强对相关权力的监督,促进廉政建设和反腐败斗争的一项十分重要的政治任务。我国当前腐败和职务犯罪的特征,反腐败斗争和预防查处职务犯罪的客观要求,以及审计机关自身具备的专业特长、职能优势和客观公正性、独立性等特点,都决定了审计机关在反腐败斗争、预防和查处职务犯罪中具有不可替代的重要作用,理应将反腐败、预防和查处职务犯罪拓展为转型期审计的重要职能之一。审计预防和查处职务犯罪职能的发挥主要体现在以下几方面。

(1)为查处职务犯罪等腐败案件提供线索及时发现和揭露职务犯罪等腐败行为,既是反腐败斗争和预防、查处职务犯罪的需要,也是审计机关的重要职责和职能优势之所在。经济领域中的违法犯罪,尤其职务犯罪是我国当前腐败现象的最重要特征。据有关部门统计,经济案件占所有案件总数的70%以上,而且大案要案多,违法犯罪手法呈智能化发展趋势,案件隐蔽性强,潜伏时间长。凡是经济领域中的违法犯罪活动一般都是通过资金往来和账目反映出来,因此,审计机关在审计过程中,通过采取适当的技术方法,便可查出贪污、盗窃、行贿、偷税漏税、走私、造假账、化预算内为预算外、化大公为小公和化公为私,以及损失浪费等以职务侵占为特征的职务犯罪行为,掌握大量的第一手资料,及时发现职务犯罪等腐败案件的线索和信息。

(2)为查处职务犯罪等腐败案件提供证据。以事实为依据,以法律为准绳是我国查办案件、打击犯罪的基本原则,查处职务犯罪的关键是要能够收集到充分的犯罪证据。由于职务犯罪具有隐蔽性、复杂性、手段的智能化、认定罪行的艰难性等特点,给查处和惩治该类犯罪带来极大的难度。而"审计实施的过程实质上就是收集和评价审计证据的过程"[1],审计机关第一位的责任是发现和揭露问题,然后依法查处。对发现的职务犯罪等腐败嫌疑,审计机关都应将其作为重点予以追踪审查。通过追踪审查运用审计技术方法收集能够证明职务犯罪等腐败行为的一系列事实凭据和资料。在现行法规制度规范条件下,对于查实的职务犯罪等腐败案件,主要区别以下不同情况进行处理。一是对于审计机关处理权限内的腐败行为,依照法律规定,以下达审计决定的方式,直接做出通报批评、罚款和没收非法所得等处理。二是对于审计机关处理权限以外的腐败行为,依照法律规定,移送监察或司法机关处理并视情继续参与查证。实践证明:"审计机关先行突破,纪检、监察、检察、公安协同作战"的办案思路是卓有成效的,符合我国反腐败斗争和查处职务犯罪的客观要求。近年来告破的一些大案要案

---

① 秦荣生、卢春泉:《审计学》,北京:中国人民大学出版社1999年版,第119页。

充分证明,审计机关先行介入进行审计查证,对案件的突破、定性及扩大战果发挥着非常重要的作用。

（3）通过履行审计的监督职能预防职务犯罪。从根本上说,以各种职务犯罪为主要表现形式的腐败是一种权力的滥用和欺骗行为或在权力保护下的公然行为,是公共权力运作中的一种特殊现象,其本质特征是拿权力或原则做交易,侵吞国家和集体财富,为个人捞取好处,其结果必然构成对物质文明、精神文明的破坏和对社会生产力的阻碍。从大量的腐败案件中不难看出,多数大案要案都是掌管经济实权的行业、部门、单位的领导干部及企业负责人,利用职权和职务上的影响为本单位和个人、亲友及身边工作人员谋取不正当利益。正如有学者所言:"造成官德败坏的原因是多方面的,但最直接最重要的一点就是权力失去制约。在一个充满着机会和诱惑的环境下,手中又握有无限制的可以换取所需一切的权力就是危险的,要熄灭欲望之火仅凭官员个人良心的约束是困难的,必须有实质的外在的制约,这一点已被中外反腐败的历史反复证明。"①审计机关虽然不是惩治腐败、预防和查处职务犯罪的主管部门,但其职责的履行却是进行经济监督、制约权力滥用的重要手段。审计的强制性、广泛性和经常性使其具备了预防职务犯罪的功能。审计的强制是审计机关根据法律赋予的权力,对国务院各部门和地方各级政府的财政收支、国家的财政金融机构和企事业单位的财务收支实行强制审计,而不管被审单位是否愿意接受审查,都应依法进行;审计的广泛性是指只要存在委托—代理关系的地方就应实施审计;审计的经常性是指根据定期考核的需要,审计要在一定的间隔期内定期地进行。在审计实务中,通过财政财务审计、财经法纪审计、经济效益审计或专项审计调查等方式,对各地、各部门的经济活动情况实施有效监督。

（4）审计机关还应从全国反腐败斗争、预防职务犯罪的大局着眼,将过去单一的事后审计逐步向事前审计、事中审计和事后审计相结合的方面转变,坚持"审、帮、促"相结合,把发现问题和解决问题有机地结合起来,积极探索通过改革从源头上预防和治理职务犯罪等腐败的途径,特别是通过对经济领域里带有普遍性、倾向性的一些重要问题的研究分析,努力找出产生腐败问题的背景原因以及与此相关的体制根源、制度根源,在及时反馈各类审计信息的同时,提出在体制改革、制度完善、加强管理、健全机制等方面的建议,促使各级政府和决策机关及时采取措施,从宏观上、源头上解决问题。

（四）发挥审计预防和查处职务犯罪职能的路径设计

如何发挥审计在预防和查处职务犯罪中的作用,需要设计一个切实可行的

---

① 刘智峰:《道德中国》,北京:社会科学出版社 1999 年版,第 7 页。

制度路径。对此,有两种路径可供选择:一种是从加大审计职权上下功夫,即加大审计机关的处罚权。如有的学者针对我国审计查处不力,审计揭露的问题得不到及时处理,审计风暴流于形式的现实,提出了借鉴法国审计院和韩国审计检察院的做法,赋予审计司法权①。笔者认为,加大审计查处力度,给予审计司法权,对强化审计在预防和查处职务中的作用固然有效,可以起到立竿见影的效果,但审计职权的授予涉及审计体制改革和国家法律的修改,要实现尚有难度,在短期内不可能实现。同时,加大审计处罚权,将包括处置职务犯罪的司法权授予审计机关,实行查处合一,这不符合不相容职务相分离原则,势必造成新的权力膨胀带来的腐败,谁又来监督掌握了生杀大权的审计官员呢? 二是在现行法律规范架构下,通过对审计资源的整合来发挥其在预防和查处职务犯罪中的作用。实践证明,加强审计监督是从源头上打击职务犯罪、治理腐败的一项重要环节,是防范职务犯罪的有效途径。为此我们认为可从以下几方面着手。

(1)实行依法审计,注意发现大案要案线索。审计必须依法进行,严格审计执法,使审计工作在法律规范的范围内进行。完善审计结果公告制度,审计要敢于碰硬,敢于曝光那些权力强势部门的违法、违纪行为。对于大案要案,要加强与纪检、监察和司法等部门的联系与协调,充分发挥合力作用,加大打击职务犯罪的力度。如国家审计署驻南京特派办与人民检察院的合作经验就值得借鉴和推广。南京特派办在审计过程中,对于涉嫌贪污、贿赂、渎职等职务犯罪的案件,要求江苏省人民检察院派员提前介入,江苏省人民检察院将及时派员或指定有管辖权的检察机关派员配合审查。对厅级及以下干部涉嫌职务犯罪、被审计单位财政财务收支行为严重违反国家有关规定且存在职务犯罪可能的案件线索,移送后将被江苏省人民检察院作为信息资料备案,并根据管辖权限及时审查。国家要加强审计独立性、权威性,改进现行审计管理体制,加强审计业务自上而下领导,加强国家审计机关与内部审计的联系和合作,细化审计人员及审计部门履行职责的法律保障,鼓励审计人员通过财政财务收支审计积极发现职务犯罪线索。

(2)突出重点,加强对职务犯罪案件高发领域的审计监督。审计监督要瞄准职务犯罪案件的高发领域。在审计立项中,国家审计要关注掌握财政性资金分配、使用权,或经济活动频繁和群众比较关心的政府部门、国有企业、国有金融机构,尤其是"穷庙富方丈"型的国有亏损企业的审计监督。加强对社会审计的

---

① 郭强华:《廉政审计研究》,天津财经大学博士学位论文,2006 年 6 月,第 119～127 页。

再监督,并注意充分利用社会审计的审计成果,以加大审计监督的覆盖面。内部审计要重视会计、出纳、物资保管等岗位的审计监督,防范内部管理人员利用职务之便进行舞弊。

(3)改进审计方法,完善审计防范职务犯罪的手段。当前职务犯罪手段在不断翻新,手法越来越巧妙,情况越来越复杂,行为越来越隐蔽,给查实和认定犯罪带来了极大的难度。但也不是就真如有的犯罪分子所认为的那样"天衣无缝",那些贪污、挪用公款、职务侵占等职务犯罪都或多或少会留下痕迹,通过恰当的审计方法是能够捕获到大量线索的。

在具体的审计过程中可以从以下几方面着手。

1)从账户入手实施审计,从源头上预防职务犯罪。银行账户管理混乱,多头开户是当前产生职务犯罪和腐败的重要原因之一。许多贪污、挪用公款、职务侵占等都是利用账户作掩护或平台。因此,加强对被审单位账户的审计,促进被审计单位建立和完善账户管理制度,是杜绝挪用资金等漏洞的有效手段。

2)通过真实性审计,揭示本来面目。当前财经领域中做假账现象比较普遍,会计信息失真严重,在审计实施过程中通过真实性审计,从把握被审单位总体情况入手,通过对凭证、账簿等资料的真实性、合规性、合法性的审查和鉴别来收集审计证据,揭露职务犯罪。

3)搞好延伸审计,追踪犯罪线索。对审计中发现的需要进一步通过其他单位、其他途径查实的重要线索要实施延伸审计,为确证职务犯罪的存在收集充分的辅助证据。

4)强化内部控制制度审计,从制度上规避职务犯罪。内部控制制度的完善、有效与否是关系一个单位经济活动能否顺利进行的关键。审计通过对内部控制制度的评审,发现被审单位的薄弱环节,寻找突破口。同时,提出整改意见,完善内部控制制度,从制度上规避职务犯罪。

5)积极探索计算机辅助审计,规制智能化带来的新情况、新问题。当前职务犯罪出现了向智能化发展的特点,审计应适应新形势,借助计算机技术手段,提高自身素质,有效打击智能化职务犯罪。

(4)拓宽审计领域,发挥审计监督作用。随着经济体制改革的深入,经济活动的范围在不断扩大,经济责任不断加强,资金来源渠道不断增加,审计领域亦应随之拓展。即除了实施日常审计外,还应加强以下几方面的审计。

1)积极探索任期经济责任审计。通过审计手段对责任人的微观经济责任进行认定,有效地遏制领导人员利用职权弄虚作假、贪污受贿等职务犯罪行为。通过审计查处大案要案的警示作用促使公职人员不敢轻举妄动;而通过审计与纪检、监察、检察、法院等部门的联动效应,更能彰显任期经济责任审计对于职务犯罪的打击、防范作用。

2）加强预算外资金的审计监督。预算外资金的存在是我国经济转轨过程中特有的经济现象。由于管理上的不规范,加之新旧体制交替、政策不配套等多种原因,致使预算外资金在使用和管理上漏洞百出,从而导致预算外资金使用和管理过程中违纪违规现象得不到有效遏制,职务犯罪频频发生。因此,加强对预算外资金的审计监督是预防和查处职务犯罪的重点部位,必须花大力气进行审计。

3）探索计算机系统审计。在当今电子技术突飞猛进的时代,随着办公自动化的实施,计算机系统普遍应用于各单位。审计应该适应新形势,积极探索计算机系统审计。通过对被审计单位计算机系统内部控制制度的严密完整性、系统的合规合法性以及系统的可审计性等进行评价,确保系统运行后的数据处理结果的合法性和正确性,防止和减少舞弊行为的发生。通过定期对计算机系统的内控制度的健全性调查和实际运行情况的符合性测试,监督被审计单位完善计算机内控系统,来防范职务犯罪的发生。

第六章

有组织犯罪

有组织犯罪在人类历史上出现可谓源远流长。在西方,13世纪意大利西西里岛居民为抵抗法国占领者而成立反抗斗争组织,后来发展为有组织犯罪的典型——黑手党。在中国,有组织犯罪起源于封建社会的帮会,例如反抗清政府的天地会。新中国成立后,曾有一段时期完全消灭了这种有组织犯罪形式,在中国大陆形成了一个持续25年的有组织犯罪历史空白期[①]。但改革开放以来,经济体制的重大变革在推动我国向现代化迈进的同时,也带来许多问题,有组织犯罪也死灰复燃。据资料显示,犯罪团伙大量滋生于20世纪80年代。1983年第一次"严打"的主要目标就是犯罪团伙,被公安机关查获的

---

① 何秉松:《有组织犯罪研究——中国大陆黑社会(性质)犯罪研究》,北京:中国法制出版社2002年版,第92页。

犯罪团伙数量从 1986 年的数万个上升到 1994 年的几十万个①。有组织犯罪已呈现出明显的规模化、国际化发展趋势。发展至今,其规模和实力与改革开放初期相比已不可同日而语,有组织犯罪在从低级形态向高级形态的转化过程中,已经构成社会稳定、经济安全、基层政权的重大威胁,成为影响建设和谐社会的一大隐忧。因而加强对有组织犯罪的研究,提出切实可行的治理方略,对于预防和遏制这类犯罪具有重大意义。

第一节 概念之限定:"有组织犯罪"

有组织犯罪是当前社会的一大毒瘤,世界各国都受到有组织犯罪不同程度的冲击和困扰。基于预防和遏制有组织犯罪的需要,必须先明确什么是"有组织犯罪"。但迄今为止,关于有组织犯罪的含义,国际国内的有关机构和学者从不同视角对其进行界定,观点不一,至今尚未形成一个公认的、权威性的精确定义。正如联合国秘书长 1993 年在报告中指出的那样:"为有组织犯罪确定一个明确而又普遍能够接受的定义的一切努力已经失败。实际上,有关的资料文件曾提出许多不同的定义,但是没有一项定义能够获得人们普遍的接受。"②2000年 12 月份巴勒莫会议对有组织犯罪做出了迄今为止最为统一的定义,但是与七个月前由欧洲犯罪预防与控制委员会的定义依然存在较大差异。我们应首先确定有组织犯罪的含义,明确研究的前提条件和研究范围。

一、国外对有组织犯罪概念的限定

1991 年,日本为了打击和遏制有组织犯罪,制定了《暴力团对策法》,首次在法律上把有组织犯罪称为暴力团,该法第 2 条第 2 款规定:"暴力团是指有可能助长其团体成员(包括这个团体的构成团体的成员)的集团性,长期进行不法作为的团体。"在这部法律中,指出了暴力团是集团性、长期性地从事暴力型不法行为的团体,揭示了有组织犯罪最本质的属性和特征,但忽略了有组织犯罪的其他特征。③

《意大利刑法典》第 416 条第 3 款规定:"当参加集团的人利用集团关系的

---

① 参见浙江省刑事犯罪学学会课题组:《社会转型期有组织犯罪研究》(内部资料),第32 页。

② 赵秉志、赫兴旺:《跨国跨地区有组织犯罪及其惩治与防范》,载《政法论坛》1997 年第 4 期。

③ 莫洪宪、郭玉川:《有组织犯罪的界定》,载《国家检察官学院学报》2010 年第 2 期。

恐吓力量以及从属或互隐条件,以便实施犯罪,直接或间接地实现对经济活动、许可、批准、承包和公共服务的经营或控制,为自己或其他人取得不正当的利益或好处,意图阻止或妨碍自由行使表决权,或者意图在选举中为自己或其他人争取选票时,该集团即为黑手党型集团。"①根据此定义,黑手党型组织是为了直接或间接实现对经济活动的经营或控制,以谋取不正当利益或好处的组织。同时它还规定,为了妨碍选举自由或是为了争取选票是黑手党集团的一个特征。

1967 年,美国总统专门调查委员会报告指出:"所谓有组织犯罪乃指在人民及政府控制之外活动的社团,它拥有成千上万个如像在任何大公司一样复杂的机构中工作、并服从于比合法政府更严格的强制的罪犯。它的活动不是一时的冲动而是复杂的阴谋的结果,并依据计划长年累月地进行活动,其最终目的在于控制整个社会的活动,以便获得大量的利润与财富。"1970 年,美国国会制定了《联邦有组织犯罪控制法》。该法把有组织犯罪界定为"一个从事提供非法商品和非法服务,其中包括但不限于赌博、卖淫、高利贷、毒品、劳工欺诈以及其他该组织成员的非法活动的高度组织化、纪律化的社会团体"。该概念强调有组织犯罪的高度组织化程度,同时强调有组织犯罪实施的一系列严重犯罪行为。②

德国议会在 1992 年认为:"有组织犯罪是指由数个犯罪嫌疑人或组织有计划的实施的旨在获利的犯罪行为。各犯罪嫌疑人或组织在较长时间或不确定时间内,利用企业或商业组织,使用暴力或其他恐怖措施致力于对政策、传媒、司法、经济等施加影响。"③

联合国于 2000 年通过了《打击跨国有组织犯罪公约》,简称《巴勒莫公约》。该公约指出,有组织犯罪"系指由三人或多人所组成的,在一定时期存在的,为了实施一项或多项严重犯罪或根据本公约确立的犯罪以直接或间接获得金钱或其他物质利益而一致行动的集团。"这个概念是以有组织犯罪最低限度为起点界定的概念。

二、我国学者关于有组织犯罪概念的限定

有学者认为:"有组织犯罪是指三人以上故意实施的一切有组织的共同犯罪或者集团犯罪活动。它不仅包括有一定组织形式和组织关系的黑社会组织所

---

① 黄风译:《意大利刑法典》,北京:中国政法大学出版社 1998 年版,第 126 页。

② 何秉松:《有组织犯罪研究——中国大陆黑社会(性质)犯罪研究》,北京:法律出版社 2002 年版,第 238 页。

③ 徐久生编著:《德国犯罪学研究摘要》,北京:中国人民公安大学出版社 1995 年版,第 118 页。

实施的犯罪活动,也包括有一定组织机构和组织形态的犯罪集团所实施的犯罪活动,还包括有一定组织行为的某些松散型团伙所实施的犯罪活动。"①

有学者认为所谓有组织犯罪"是指三人以上故意实施的、以牟取非法经济利益为目的的、一切有组织的共同犯罪或者集团犯罪活动"。②

有学者认同刑法意义上的有组织犯罪,"指有故意犯罪者操纵、控制或者直接指挥和参与,人数众多的(三人以上)犯罪分子的结合体或几个犯罪集团的联合体,具有严密而稳定的组织机构——等级制、专业与分工及帮规戒律,有一套能逃避社会控制和法律制裁的防护体系,通过暴力、恐怖和贿赂腐蚀手段,已达到追求垄断,谋取经济利益,并对政治和社会问题施加影响的目的"。③

综观各国立法规定和我国学者主张,归纳起来,可以把有组织犯罪的内涵概括为如下几个方面:①从犯罪行为人的数量上讲,有组织犯罪应为三人以上;②从犯罪方式讲,它是有组织的集团性犯罪;③犯罪的主要目的是为了获取经济利益和其他利益;④犯罪的主要手段是使用暴力、阴谋、恐吓、腐蚀等;⑤犯罪集团内部等级森严,有严格的组织纪律、内部分工和行为规范;⑥组织相对稳定;⑦犯罪成员基本上是刑事犯罪的骨干和职业罪犯④。由此,可以得出,我国现阶段的有组织犯罪包括犯罪集团、黑社会性质组织犯罪和恐怖组织犯罪。

第二节　有组织犯罪的动态趋势

一、有组织犯罪的现状

从犯罪类型上看,我国大陆地区有组织犯罪多为黑社会性质组织犯罪以及组织结构相对较松散的团伙犯罪、集团犯罪。根据实证调查数据显示,我国中部地区犯罪组织结构以黑社会性质组织型为主。在全部76个有组织犯罪案件中,存在类型最多的犯罪组织是黑社会性质组织型,共有64个案件属于该种类型,所占比例超过全部案件总数的八成(84.2%);其次是团伙型犯罪组织,共12个

---

① 邓又天、李永升:《论有组织犯罪的概念及其类型》,载《法学研究》1997年第6期。
② 黄立:《有组织犯罪类型研究》,载《中国刑事法杂志》2000年第6期。
③ 康树华、魏新文:《有组织犯罪透视》,北京:北京大学出版社2001年版,第4页。
④ 康均心、刘爱军:《经济全球化下有组织犯罪发展的新特点》,载《贵州警官职业学院学报》2002年第4期。

案件属于这种类型,所占比例为 15.8% 。[1]

从犯罪主体上看,参加有组织犯罪的成员在年龄结构上存在低龄化趋势。根据调查,21~30 岁年龄段的有组织犯罪参加者最多,占全部参加者的 43.8% ,其次是 11~20 岁年龄段,占全部人数的 33.1% ,二者合计 76.9% 。参加有组织犯罪的成员在职业构成上以城市无业人员和农民为主体。根据调查,城市无业人员占全部有组织犯罪分子的 42.5% ,其次是农民,占全部犯罪人总数的 35.8% 。且绝大多数参加有组织犯罪的成员在文化程度上不高。根据调查,有组织犯罪成员达到大学文化程度的仅占全部犯罪人总数的 2.0% ,达到高中文化程度的占全部犯罪人总数的 11.3% ,初中文化的人最多,占全部有组织犯罪人的 65.1% ,小学文化的占总人数的 17.0% 。这说明我国有组织犯罪目前在教育程度上仍属于较低层次,这一点与西方有组织犯罪存在较大区别。[2]

从犯罪手段和方式上看,呈现出多样性是有组织犯罪的重要行为特征。犯罪团伙、犯罪组织实施各类违法犯罪活动,包括敲诈勒索、故意杀人、故意伤害等。调查数据显示,犯罪组织所涉及的具体罪名中,涉及罪名最多的是故意伤害罪,有 81.6% 的犯罪组织涉及故意伤害行为,其次是敲诈勒索罪,68.4% 的犯罪组织涉及该罪名,然后依次是赌博罪、抢劫罪和故意杀人罪。涉及罪名最少的是爆炸罪,所占比例仅为 2.6%[3]。这些数据所显示的只是有组织犯罪实施较多的犯罪,并且一定程度上受调查地域和年份的限制,现实司法实践中,除了上述列举的具体罪名以外,仍有多种侵犯公民人身财产权利、侵犯社会公共秩序的犯罪存在犯罪组织实施的犯罪中。

从犯罪组织的资金来源上看,绝大多数来源于该组织所实施的各种违法犯罪活动。调查显示,河南,湖北和湖南三省的 76 个犯罪组织中,其中 69 个通过各类违法犯罪获取资金,所占比例达全部案件总数的 90.8% ;通过商业经营获取犯罪资金的犯罪组织为数也不少,所占比例是 34.2% ;有 23 个犯罪组织通过被害人获取资金,所占比例为 30.3% ;另外,有 5 个犯罪组织通过地下钱庄的方式获取资金,所占比例为 6.6% ;只有 1 个犯罪组织通过犯罪成员内部集资的方式获取资金,所占比例仅为 1.3%[4]。尽管调查数据只包括我国中部三省,具有

① 莫洪宪、曾彦:《中部地区有组织犯罪实证研究——对湘、豫、鄂犯罪组织特征的调查分析》,载《社会科学家》2010 年第 1 期。

② 莫洪宪、郭玉川:《有组织犯罪特征的构成形态》,载《犯罪研究》2009 年第 2 期。

③ 莫洪宪、曾彦:《中部地区有组织犯罪实证研究——对湘、豫、鄂犯罪组织特征的调查分析》,载《社会科学家》2010 年第 1 期。

④ 莫洪宪、曾彦:《中部地区有组织犯罪实证研究——对湘、豫、鄂犯罪组织特征的调查分析》,载《社会科学家》2010 年第 1 期。

一定的局限性,但是犯罪组织的资金来源和犯罪目的可见一斑。

从有组织犯罪发展趋势上看,自20世纪90年代中期以来,有组织犯罪案件数量较以往有了较大增长,每年新成立的犯罪组织数量基本上维持在较高的水平。而且多数犯罪组织,尤其黑社会性质犯罪组织发展越来越成熟,有明确的犯罪目的,成员稳定且人数较多,作案和反侦查手段智能化,向基层政权领域渗透的同时,犯罪对象也日趋国际化,呈现出有组织犯罪在转型时期新的犯罪特征。

二、有组织犯罪的发展趋势

组织性是有组织犯罪的本质特征,有组织犯罪的组织性集中体现在它具有一定的组织结构。这种组织结构都经历一个有松散的共犯群体—半紧密团体—紧密团体—统一的"小社会"的发展过程[①]。改革开放以来,我国进入社会转型时期,计划经济向市场经济转化,文化从单一转向多元化,整个社会状态上由静态、封闭向动态、开放转化,无论在公民的迁徙还是思想的变化上,都处在前所未有的活跃状态下。在国家经济发展的同时,伴随着有组织犯罪从无到有,并呈现高发态势,成为现阶段国家打击的重点犯罪。有组织犯罪的组织结构更趋紧密,对社会的威胁更大,向高级形态发展,呈现出不同于一般犯罪的特征。

(一)呈现规模性发展趋势

与人类社会的发展进程相似,为适应犯罪组织犯罪的需要,犯罪组织往往会总结经验教训,同时发展一套自身管理的方法来进化组织体。现阶段我国城市化进程中产生大量的剩余劳动力、基层政权不力等现象,使得犯罪集团、犯罪组织大量滋生,并且由最初的松散的犯罪团伙向组织严密的高级形态发展。

就我国多发的黑社会性质组织犯罪来看,一些组织结构已经十分高级。其犯罪组织形式日趋严密,组织的规模由数人扩展为数十人、甚至百余人乃至更多人,对一些行业或者一定地域实施了非法的垄断。例如,沈阳刘涌黑社会组织经营范围包括商贸、服装、餐饮、娱乐、房地产行业,下属公司26家,员工2 500人,资产7亿元人民币。在沈阳最繁华的中街、太原街等黄金地段,均有刘涌的商场。其还获得上万平方米的房地产开发权。在他们的势力范围内,黑社会组织的权力是说一不二的。长春梁旭东案中,其控制的香格里拉大饭店、仙乐都夜总会和吉利亚洗浴中心,凡在此陪侍或按摩的小姐,必须向他们报到,听从安排,否

---

① 莫洪宪、郭玉川:《有组织犯罪特征的构成形态》,载《犯罪研究》2009年第2期。

则,不但要遭殴打,而且在长春无立足之地①。

(二)呈现谋取经济利益的目的性

行为人形成一个组织结构稳定和组织成员较为固定的犯罪组织,必定有极强的经济或政治目的性。尽管现代国外的一些有组织犯罪已经与经济因素相脱离,非经济的因素增加,如国际恐怖性活动以及国际邪教活动。但一般而言,有组织犯罪都具有强烈的趋利性。我国的有组织犯罪则更是深深打上谋取经济利益的烙印。

非法需求和"地下市场"的存在,为有组织犯罪提供了巨大的非法经济空间,越来越多的有组织犯罪把自己的犯罪目标投向提供非法商品和非法"服务"上,如提供高利贷、拐卖人口、走私、制运贩毒、买卖假币等;看场、强索保护费、开设色情场所、经营赌场、插手调解纠纷、组织偷引渡等,从而取得巨额的非法经济利益。

为了追求更多和看起来正当的经济利益,一些高级形态的犯罪组织一方面通过暴力方式实施犯罪,聚敛财富,牟取暴利;另一方面追求权力,积极向合法政权渗透,寻求与政治的结盟,以合法身份和地位谋取更多的经济利益。如沈阳刘涌被捕前系沈阳市人大代表、区政协委员、嘉阳集团董事长等,其企业的资产达7亿元人民币。

(三)呈现极强的破坏性特征

暴力是有组织犯罪最基本的犯罪手段,犯罪组织的形成与发展都是依靠暴力而逐步壮大的。一些传统的暴力型有组织犯罪都是直接与暴力有关,或者以暴力为实施其他违法犯罪行为为后盾的。

恐怖组织犯罪一个最本质的特征就是通过暴力手段制造恐怖气氛,1990年至2001年,我国境内外的"东突"恐怖势力,在新疆制造200余起恐怖暴力事件,造成各族群众、基层干部、宗教爱国人士162人丧生,440多人受伤。其中包括多次在乌鲁木齐公共汽车上实施爆炸,5辆汽车被炸毁,12人丧生,91人受伤。其所形成的恐怖氛围竟然使乌鲁木齐市居民"家近些的或走或骑自行车,家远的宁可天天打车上班,有半年多的时间乌鲁木齐的公共汽车是空的"。②

从黑社会性质组织犯罪来看,最初多是由黑恶势力通过暴力手段收取保护费,实施抢劫、绑架、敲诈勒索等犯罪行为,侵犯公民人身财产安全,同时赚取犯

---

① 周良沱:《黑社会性质组织:一种另类权力的解读》,载《江西公安专科学校学报》2006年第4期。

② 《揭开"东突"分子的恐怖面纱》,网址 http://www.peo-pledaily.com.cn/GB/guoji/24/20011103/596853.html.,2011年7月1日访问。

罪团伙的经济来源,完成原始资本积累,并以暴力为后盾,逐步控制某一行业或某一地域,形成和发展为严密的犯罪组织。经过最原始阶段的资本积累,犯罪组织开始参与合法事务,建立形式上合法的企业或社会团体,以保障其经济来源的稳定。某些具有有组织犯罪背景的企业通过参与、控制合法注册的商会、行会等维护其非法利益,严重扰乱正常的社会经济秩序。同时,黑社会性质犯罪组织向政治领域渗透,他们以违法犯罪手段寻求政治、法律上的保护,如沈阳刘涌被捕前系沈阳市人大代表、区政协委员、嘉阳集团董事长等,有效地掩盖了其黑色权力形态的本来面目,严重破坏了正常的社会管理秩序。无论是2000年跨湘渝鄂三省的张君黑社会犯罪集团,2005年郑州宋留根黑社会性质组织犯罪,还是2009年轰动一时的重庆文强涉黑案,黑社会性质组织犯罪使得当地的百姓谈"黑"色变,公民正常的生活秩序和社会秩序受到严重的破坏,可见此类犯罪对社会的危害程度极深。

(四)呈现出国际化发展趋势

伴随着全球化的快速发展,世界各国政治经济联系日益密切,同时也为有组织犯罪的发展提供了便利。全球化时代资本和人员在全球范围内的自由流动,使得有组织犯罪更加猖狂、也更容易逃避追捕和惩罚,而全球化时代信息技术的发展,大大便利了有组织犯罪的活动。

首先,从组织成员构成看,许多有组织犯罪集团已成为"多国部队"。据统计,1983年至80年代末,广东、福建、上海、江苏、广西、海南、黑龙江、辽宁等十多个省市区先后发现并查获国外、境外黑社会成员千余人,涉及黑社会组织80多个[①]。境外黑社会与境内黑社会势力相互勾结,交叉影响,进而使得我国跨国、跨境绑架,持枪杀人及敲诈勒索等案件频频发生;贩毒越来越猖獗;印制假币、盗窃文物越来越多;偷渡、拐卖人口越演越烈。

其次,有组织犯罪集团实现了行动方面的国际分工与合作。从恐怖组织犯罪来看,近年来,许多恐怖组织开始进行跨国性扩展,共享情报、技术、金钱和人力资源,作案地区不断扩展。在南亚活动的"东突"恐怖组织,不但得到本·拉登的大力支持,而且同时又是本·拉登恐怖势力的重要力量。在受过本·拉登恐怖组织训练后,一些"东突"恐怖势力骨干分子被秘密派遣到中国境内发展恐怖组织,策划和从事恐怖活动;有的还加入阿富汗塔利班武装。这说明,中国的

---

① 康树华:《我国有组织犯罪的现状及其治理》,载《法学家》2008年第3期。

"东突"恐怖势力已成为国际恐怖主义的一个组成部分①。从毒品犯罪集团来看,目前毒品的生产、运输和销售有一个全球性网络。在这个网络中,东南亚的"金三角"、西南亚的"金新月"、南美洲的"银新月"和黎巴嫩贝卡谷地成为世界上的主要毒品产地。在贩毒集团的控制操纵下,成百上千吨的各类毒品从这些地区源源不断地流向世界各地。②

第三节　　有组织犯罪的原因

任何事物的产生、发展都有其内在深层次的原因,通过对原因的寻根溯源,再结合某种或某些社会情势的变动,才能真正把握某一事物发展的方向和趋势,从这个意义上讲,对有组织犯罪产生的原因进行研究,才能预防和控制有组织犯罪的发生。

一、社会转型为有组织犯罪产生提供了环境条件

改革开放以来,我国由计划经济转向市场经济,经济的发展必然伴随着社会人口大量的流动,包括大量农民工流入城市,也包括城市之间人口的流动。现行的户籍制度下,大量的人口流动必然会带来一系列问题。

首先,原有的依赖户籍所在地进行社会管理的模式无法实现对流动人口的控制,而流入地同样也缺乏现实有效的途径管理和控制流入人口。这使得流动人口在外部监督上基本丧失了控制力,一旦遇到其他诱因,很容易被吸纳到有组织犯罪中。③

其次,我国的市场经济体制还不够完善,同时与之配套的市场交易规则等也尚在发展阶段,这些制度的缺失给不法分子提供了空隙,他们往往会采取非法手段打击、排挤竞争对手,司法实践中很多有组织犯罪都是通过强买强卖,收取市场保护费等方式直接从事某一行业,垄断市场,牟取暴利。

因此,社会转型时期原有社会控制机制的失效管理,新的管理体制尚未健全完善,国家对社会的管理出现真空地带,这是有组织犯罪得以滋生的有利条件。

---

①　康树华、胡戎恩:《论恐怖主义犯罪》,载《铁道警官高等专科学校学报》2003 年第 1 期。

②　朱素梅:《当代有组织犯罪的发展趋势及成因》,载《国际关系学院学报》2008 年第 5 期。

③　张远煌、姚兵:《社会流动视野中有组织犯罪发展趋势探析》,载《山东警察学院学报》2008 年第 4 期。

二、社会阶层收入差距不断拉大是有组织犯罪产生的社会根源

大量流动人口涌入城市,市场竞争加剧,伴随经济快速发展的同时,城市失业人口也在不断增多,人们收入差距不断拉大,造成强势阶层和弱势群体的分化明显。强势阶层,主要是指由于各种因素如市场机制、政治权力、社会利益、文化传统等产生的社会精英阶层,拥有着较大份额的社会资源;弱势群体主要是以农民、城市下岗工人、失业者为主体的阶层;中间阶层少①。我国贫富差距越来越大,呈现金字塔式的结构方式,因中等收入水平的人群少,中间阶层的群体就少。

处于社会底层的弱势阶层的人们长期处于贫困和收入低下的境况,他们受教育水平不高,缺乏谋生技能,想改变现状,但又缺乏合法的手段和途径。这个群体又具有同质性、集中性的特点,价值观偏离社会正轨,法律意识薄弱,行为方式上表现出明显的从众心理,易被煽动,容易产生反社会情绪,一旦受到犯罪组织的亚文化影响,极易走上犯罪道路。

三、犯罪组织成员对正常社会归属感的缺失是实施有组织犯罪的个体原因

有组织犯罪之所以社会危害性大,除了严密的组织结构,对社会的非法控制以外,另一个重要原因在于其成员对于正常社会归属感的缺失,而对这一组织和群体形成了共同的价值观和团体观念。

美国著名心理学家马斯洛提出人的五种基本需要中就有归属的需要。由于社会地位的不平等,收入差距的拉大,使得处于社会底层的人们在情感上丧失对正常社会公平正义的信念。尤其在失业、情感受挫等现实障碍出现时,一部分人便在这种归属需要受挫时,脱离了正常的社会组织和系统,流落社会的边缘,反社会的心理油然而生。而犯罪组织均是被社会抛弃或有着共同兴趣的人组成,为这些群体成员的反社会行为和心理进行合理化解释,提供归属的情感需要。归属感可以说是任何犯罪组织或有组织犯罪行为者都具备的一种主观心态,是犯罪群体得以形成的凝聚剂,没有意识就没有犯罪群体,也就没有犯罪组织和有组织犯罪。②

---

① 朱治善:《转型期的中国黑社会(性质)组织犯罪成因及其防治对策研究》,中国政法大学优秀硕士论文,2009 年。

② 莫洪宪、郭玉川:《有组织犯罪特征的构成形态》,载《犯罪研究》2009 年第 2 期。

中编　社会转型期若干犯罪的司法认定

第七章

绑架罪

2009 年 2 月 28 日全国人大常委会第七次会议通过了《中华人民共和国刑法修正案(七)》,该修正案第 6 条对绑架罪进行了修改完善,降低了绑架罪的最低法定刑,细化了绑架罪的量刑档次。

修正前的刑法规定"以勒索财物为目的绑架他人的,或者绑架他人作为人质的,处十年以上有期徒刑或者无期徒刑,并处罚金或者没收财产;致使被绑架人死亡或者杀害被绑架人的,处死刑,并处没收财产"。《刑法修正案(七)》在上述规定中增加一档刑罚:情节较轻的,处五年以上十年以下有期徒刑,并处罚金。

按照全国人大常委会法工委对本条的说明,之所以要增加一个"情节较轻的"法定刑幅度,是因为从实践中看,刑法对该罪设定的刑罚层次偏少,不能完全适应处理这类情况复杂的案件的需要,有必要对绑架罪法定刑的设置作适当调整。这次修正,既考虑了绑架罪严重危及公民人身安全应予严惩,又考虑到实际发生的这类案件的具体情况比较复杂,因此在刑法设置上适当增加了档次。这样的规定有利于按照罪刑相适应的原则惩治此类犯罪。

根据修正后的《刑法》第 239 条的规定,绑架罪是指以勒索财物或其他不法要求为目的,用暴力、胁迫或者其他方法劫持或实力控制他人,以及以勒索财物为目的偷盗婴幼儿的行为。

第一节　索债型的非法拘禁罪与勒索财物型　绑架罪的区分

非法拘禁罪,是指以拘留、禁闭、扣押等方式非法剥夺他人人身自由的行为。绑架罪,是指以勒索财物或其他不法要求为目的的,用暴力、胁迫或者其他方法劫持或实力控制他人,以及以勒索财物为目的偷盗婴幼儿的行为。非法拘禁罪与绑架罪都是侵犯他人人身自由权利的犯罪,二者在客观上都表现为非法剥夺他人人身自由的行为,剥夺的方法也是没有区别的,都可以是暴力、胁迫或其他方法;两罪中将被害人绑架、劫持的空间特点也一样,既可以是就地不动,也可以是将被害人掳离原所在地。二者的区别主要在于:绑架罪的构成不仅要求有侵犯人身自由的行为,而且要求有勒索财物或满足行为人的其他不法要求的目的,而非法拘禁罪在主观上仅要求行为人具有剥夺他人人身自由的目的。实践中,涉及绑架罪与非法拘禁罪界限区分问题的主要是索债型的非法拘禁罪与勒索财物型绑架罪。

所谓索债型的非法拘禁罪,是指为索取债务而非法拘禁、扣押他人的,符合非法拘禁罪的构成要件的行为;勒索财物型绑架罪,是指为勒索财物而绑架他人的行为。我国《刑法》第 238 条第 3 款规定"为索取债务非法扣押、拘禁他人的",依照非法拘禁罪的规定处罚。立法之所以这样规定,主要是考虑到,为索取债务而非法扣押、拘禁人质,行为人往往是出于无奈,没有非法占有他人财物的意图,主观恶性明显较轻,且客观上通常不会加害人质,仅仅侵害人质的人身自由,其行为性质与非法拘禁罪相当,而与绑架罪这种严重犯罪根本不同。依循此理,笔者认为,索债型非法拘禁罪与勒索财物型绑架罪的区别主要在于以下几方面。

一、犯罪的目的不同

索债型非法拘禁罪中行为人的目的在于以拘禁、扣押的方式索要被害人欠自己的债务;绑架罪的简单表述就是,以人为质,勒索第三者,满足其不法目的。

勒索财物型绑架罪中行为人的目的是为了勒索根本不属于自己的财物。

二、在是否存在债权债务关系方面有所不同

索债型非法拘禁罪的成立以债务关系的存在为前提。关于债务的性质，存在两种观点：一种观点主张，行为人与被害人之间的债权债务关系应当是合法有效的，索取非法债务的，应当定绑架罪；另一种观点主张，无论为索取合法债务或非法债务，都只能定非法拘禁罪。

2000 年 7 月 13 日最高人民法院公布的《关于对为索取法律不予保护的债务，非法拘禁他人行为如何定罪问题的解释》指出："行为人为索取高利贷、赌债等法律不予保护的债务，非法扣押、拘禁他人的，依照刑法第二百三十八条（即非法拘禁罪）的规定定罪处罚。"最高法的这一司法解释，看似解决了索债型非法拘禁罪中的债务问题，实则该司法解释是不完善的。主要原因在于，从主观恶性方面考量，索取合法债务与非法债务反映的是行为人不同的主观恶性，是应当区别对待的。

所以笔者在认可最高法司法解释的前提下，主张应该对适用条件进行限制，即并非一切为索取非法债务扣押被害人的行为都是以非法拘禁罪论。详言之，索债型非法拘禁罪中的债务既可以是合法债务也可以是非法债务，但如果是非法的债务则勒索的内容不能涉及重大人身安全，若威胁的内容涉及人的生命健康，就应该认定为绑架罪。例如，行为人将欠有赌债的被害人扣押后，打电话给被害人的妻子说"马上把赌债归还，否则将被害人的腿打折"。由于行为人威胁的内容是被害人的重大人身安全，就不宜认定为非法拘禁罪。因为，绑架罪的本质是，以人为质，勒索第三者，勒索是通过第三者对人质安危的担忧实现的。但无论是合法债务还是非法债务均要求债务到期，因为《合同法》规定，合同义务的履行应当按照约定，否则将承担违约责任，况且，站在法益衡量的角度，与被害人的人身自由权利相比，债权人未到期的债权是不能优先于人身自由权的。

三、侵犯的客体不同

非法拘禁罪侵犯的客体是单一客体，即他人的人身自由权利，虽然索债型非法拘禁罪也涉及财物，但该财物属于行为人合法债权的内容，并不侵害到被绑架人的财产权；勒索财物型绑架罪侵犯的客体是复杂客体，包括他人的人身自由权利和他人的财产权。

四、侵犯人身自由权利的侧重点不同

虽然在表述上，两罪都侵犯到被害人的人身自由权利，但是索债型非法拘禁

罪中侵犯的人身自由强调的是行动自由,而勒索财物型绑架罪中侵犯的人身自由更强调的是人身安全。因此,为索取赌债、高利贷等非法债务而非法拘禁他人在客观上表现为"扣押""拘禁",如果行为人超出这个范围,在控制债务人之后又以伤害、杀害相威胁并使得与债务人有关的人对债务人的安危感到担忧的,应当以绑架罪论处。对于合法债务,就不能轻易地由索债型非法拘禁罪转化为勒索财物型绑架罪。

除了上述列举的几点之外,实践中有一种情况需要特别注意,即索取难以查清的债务的。民间的债权债务关系有时由于证据的缺乏,而难以查清。如果行为人主观上没有"勒索他人财物的目的",确系出于索取合法债务的目的而实施绑架行为的,应以非法拘禁罪定性。

司法实践中,也会遇到索债型非法拘禁罪向勒索财物型绑架罪的转化问题。那么索取财物的数额超过合理债务数额,会使索债型非法拘禁罪变成勒索财物型绑架罪吗?

笔者认为,这种情况不能一概而论。索要的财物数额虽超过实际债务,但如果是为了弥补债务人不履行债务而造成的损失,如交通费、债务利息等,这种情形仍应以索债型非法拘禁罪定罪。理由在于一方面数额较小,另一方面超出部分属于合理费用。如果索要的数额超过合理债务数额太大,尤其是发现被害人在给付先前索取的债务之后还有财物而产生顺便捞一把的犯罪故意,此时则表明犯罪行为人的主观意图、行为动机已发生了根本性的转化,从最初的、纯粹的追索债务变成了既要追索债务又想勒索他人的财物,主观恶性变得更为恶劣,已同时触犯了索债型非法拘禁罪和勒索财物型绑架罪,属于想象竞合犯,应从重处罚,以绑架罪定罪量刑。

综上所述,在司法实践中我们应严格按照法律规定的非法拘禁罪和绑架罪的犯罪构成对索债型非法拘禁行为和勒索财物型绑架行为定性,进而确定犯罪行为人应得到的刑罚,尤其要注意分析犯罪行为人的主观方面、真实意图究竟是为了追索债务还是勒索他人财物,索取财物的具体数额与实际债务的数额相差的幅度大小,客观行为方式上犯罪行为对人身自由的剥夺程度、人身安全的威胁程度,这三个方面是索债型非法拘禁罪和勒索财物型绑架罪的最主要的区别所在。特别是在面对非法债务的情形中,行为人的威胁内容是否涉及被绑架人的重大人身安全对于索债型非法拘禁罪向勒索财物型绑架罪的转化有着重大影响。

第二节　绑架罪中的罪数问题

实践中,行为人在实施绑架的过程中往往伴有伤害、杀人、强奸、猥亵、出卖等行为,而在某些情况下,行为人在实施其他犯罪(主要是组织犯罪)的过程中也会伴有绑架行为。对于上述两种情形,都需要科学认定行为人的罪数形态问题,以便准确地定罪、量刑。

一、绑架过程中有实施其他犯罪行为的罪数认定

在绑架案件中,行为人通常为达到勒索财物的目的,既实施了绑架行为,又实施了其他犯罪行为,这给审判实践带来了一定的难度,正确地区分一罪与数罪,才能做到定罪量刑的准确。

(一)绑架过程中,造成被绑架人死亡的

关于绑架过程中,造成被绑架人死亡的情况,可以分成两种类型:过失和故意。《刑法》第 239 条第 2 款规定,犯绑架罪的,"致使被绑架人死亡或者杀害被绑架人的",以绑架罪处死刑。"致使被绑架人死亡"属于过失致人死亡,"杀害被绑架人"属于故意杀人,有学者认为,"致使被绑架人死亡的",是绑架罪的结果加重犯,"杀害被绑架人的",在理论上应该属于结合犯①。笔者赞同"致使被绑架人死亡的"是绑架罪的结果加重犯,但不赞同"杀害被绑架人的"是结合犯的观点。理由如下:首先,结合犯是指数个原本独立的犯罪行为,根据刑法的明文规定,结合为另一个独立新罪的情况,从结构上看,绑架后杀人的行为与结合犯独立新罪名的形式不相符合;其次,立法上出现该款规定,是出于方便司法实务操作的考虑,因为即使没有这一规定,适用数罪并罚理论也是完全能够解决问题的。

如上所述,"致使被绑架人死亡",属于绑架罪的结果加重犯,所以该条款限于绑架行为过失致人死亡及与行为人有直接因果关系的被绑架人自杀的情况,要求绑架行为与死亡结果之间具有直接性因果关系。如甲为勒索财物绑架乙,在看守乙时,随手将烟头扔在地上导致火灾,乙被烧死。甲的行为不属于绑架致人死亡,应该成立绑架罪和过失致人死亡罪(或者失火罪),实行数罪并罚。

"杀害被绑架人"是指在绑架罪既遂后,杀死被绑架人,此种情形,当然是以绑架罪一罪论处,且处死刑。如行为人先因其他原因故意杀害被害人,而后又临

---

① 参见张明楷:《绑架罪中"杀害被绑架人"研究》,载《法学评论》2006 年第 3 期。

时起意对第三人谎称绑架了被害人而勒索财物或提出其他不法要求的，是构成两个独立的犯罪，应以故意杀人罪和敲诈勒索罪进行数罪并罚。绑架他人后，又实施故意伤害、故意杀人行为的，在立法上被绑架罪所包容，不单独定罪，但实施强奸、猥亵等行为的，则应实行数罪并罚。

（二）绑架过程中意图杀害被绑架人，但被绑架人没有死亡的

在绑架过程中故意杀害被绑架人并造成死亡的情况下，适用《刑法》239 条的规定对行为人以绑架罪处死刑，是不存在异议的，然而，对于没有造成死亡结果的，应该如何处理却是争议极大。有的学者认为，应当进行数罪并罚，即绑架罪与故意杀人罪（未遂）并罚，有的学者认为，此种情形构成想象竞合犯，从一重处罚。

王志祥教授认为，行为人在绑架犯罪过程中的非法控制人质阶段对被绑架人实施故意杀人行为，但并未发生死亡结果，无论是行为人自动中止犯罪有效防止了死亡结果的发生还是由于行为人意志以外的原因使得死亡结果没有出现，都应当适用《刑法》第 239 条第 1 款后半段关于"杀害被绑架人"的规定，同时适用刑法总则中关于未完成形态犯罪从宽处罚的规定[1]。

笔者认为这一观点是值得商榷的，理由如下：《刑法》第 239 条第 2 款是一个"绝对死刑"的条款，明明是故意杀人罪和绑架罪两罪，立法上却故意以绑架罪一罪论处，之所以如此规定，也仅仅是为了司法操作上的简便易行，因为即使按照故意杀人罪和绑架罪数罪并罚，处罚结果也是处死刑，出于最终处罚结果的一致性的考虑，立法者便直接以绑架罪处死刑。但是在故意杀人未遂或中止的情况下，则不能想当然地仍然适用该条规定，其根本原因在于本条规定没有法理，完全是一个立法技术处理的结果，纯粹是立法者试图借助严厉刑罚"进行一种'宣传'以此使得行为人觉得杀害被绑架人成本过于高昂，以致不敢轻易杀害被绑架人，从而达到保护被绑架人生命的目的"[2]。鉴于此，对于绑架过程中意图杀害被绑架人，但被绑架人没有死亡的情形，应当以绑架罪的基本犯和故意杀人罪（未遂或中止）进行数罪并罚。

（三）杀死被害人后，临时起意谎称被害人被绑架，索要财物的

绑架罪的成立，从实际发生的案件看，其逻辑过程一般包括：非法剥夺被绑架者的自由→向其亲属或其他相关人员提出勒索财物或其他要求→相关人员产

---

① 参见王志祥：《绑架罪中"杀害被绑架人"新论》，载《法商研究》2008 年第 2 期。
② 李立众：《绑架罪》，载高铭暄、马克昌主编：《中国刑法解释》（下卷），北京：中国社会科学出版社 2005 年版，第 1641 页。

生内心恐惧→相关人员向绑架行为人交付财物或者满足其要求→犯罪人实现犯罪意图。绑架罪的这个过程必须有时间的先后顺序,扣押人质在前,提出要求在后,这一顺序不能颠倒,并且这种扣押且只能是真实地将被害人置于自己的控制之下。若行为人在杀死被害人后,临时起意向被害人家属勒索财物的,属于在故意杀人后另起犯意,不符合绑架罪的特征,此种情形,应以故意杀人罪和敲诈勒索罪进行数罪并罚。

(四)在非法拘禁等犯罪过程中,临时起意勒索财物的

绑架罪从总体上划分,可以分为两种:一是典型性绑架罪,二是非典型性绑架罪。前者指主观上有不法目的,客观上实施了绑架行为,并向第三人进行勒索;后者是指行为人在非法拘禁或故意伤害的场景中,临时起意勒索财物的行为,属于"转化型绑架罪"。因而,在非法拘禁或故意伤害等犯罪活动中,被害人主动提出或者行为人自己提出以钱来赎回自由或者免受伤害,是分为两种情形的:其一,直接向被害人或不知情的人索要财物的,以抢劫罪论处;其二,向知情的第三人索取财物的,以绑架罪论处。

(五)绑架过程中又实施强奸、猥亵、出卖等行为的

司法实践中,行为人在实施绑架犯罪过程中还往往伴随有强制猥亵、侮辱甚至强奸、出卖被绑架的妇女、儿童等行为。主要有几种情形:①强制猥亵、侮辱、强奸妇女或奸淫幼女后又绑架的;或者实施绑架行为后,对被绑架的妇女或幼女进行奸淫或强制猥亵、侮辱的;②绑架妇女、儿童后,因勒索财物未遂或是提出不法要求未得到满足,从而将被绑架的妇女、儿童予以出卖的。对这些行为,均应按绑架罪和所构成的犯罪实行数罪并罚。因为在我国刑法中,强制猥亵、侮辱妇女罪,猥亵儿童罪,拐卖妇女、儿童罪,强奸罪与绑架罪都是刑法分则明确规定的独立的故意犯罪,如果在实施绑架行为前或实行绑架行为后,对被绑架者有猥亵、侮辱、拐卖行为的,构成相应犯罪的,则必须数罪并罚,情节显著轻微、危害不大的,可以作为绑架罪的量刑情节考虑,不需要数罪并罚。

(六)绑架过程中又实施抢劫行为的

一般来说,绑架伴随抢劫行为的情形有如下两种:抢劫后绑架、绑架后抢劫两种行为。正确认定行为人的罪数形态,应该针对两种情况分别进行分析。

第一,抢劫后绑架的情形。即行为人在抢劫故意的支配下劫取被害人财物后,又出于勒索财物或其他不法要求之目的,将被害人作为人质,实施绑架勒索行为。笔者认为此种情形应定性为抢劫罪和绑架罪数罪并罚,因为此种情形中,行为人是基于两个不同的犯意,实施了两个不同的行为,完全符合两个独立的、不同种类的犯罪构成要件,因此应当定性为两罪,进行数罪并罚。

第二,绑架后抢劫的情形。即行为人在绑架过程中又实施劫取被绑架人随身携带财物的行为。对于行为人在控制被绑架人后实施抢劫行为,只定绑架罪,其理由为:行为人在犯罪之前仅有绑架勒索的故意,在绑架被害人后,发现被害人随身带有财物而将其劫走是一种自然而然的现象,这种劫财行为应为绑架罪吸收。若进行数罪并罚,实际上是将实质上是将一个暴力劫持或拘禁行为既用作绑架罪的构成要件,又用作抢劫罪的构成要件,有违"禁止重复评价"的原则,司法实务界的主流做法也是仅定一个绑架罪,而将当场取财的行为作为绑架罪的量刑情节考虑,以此做到不枉不纵。这在 2001 年 11 月 8 日的最高人民法院《关于对在绑架过程中以暴力、胁迫等手段当场劫取被害人财物的行为如何适用法律问题的答复》得到了印证①。

二、实施其他犯罪行为过程中实施了绑架行为时的罪数认定

(一)恐怖活动犯罪中的绑架行为

《刑法》第 120 条规定:"组织、领导和积极参加恐怖活动组织的,处三年以上十年以下有期徒刑;其他参加的,处三年以下有期徒刑、拘役或者管制。犯前款罪并实施杀人、爆炸、绑架等犯罪的,依照数罪并罚的规定处罚。"依据此规定,行为人在组织、领导、参加恐怖组织的过程中实施绑架行为的,应当将两罪并罚。

(二)黑社会性质组织犯罪中的绑架行为

按照《刑法修正案(八)》对 294 条的修改,本条第 4 款规定"犯前三款罪(笔者注,即组织、领导、参加黑社会性质组织罪,入境发展黑社会组织罪,包庇、纵容黑社会性质组织罪)又有其他犯罪行为的,依照数罪并罚的规定处罚"。该条所指的其他犯罪行为包括绑架罪在内。

恐怖组织、黑社会性质组织的成立目的均是为实施其他违法犯罪活动,这两种组织对社会治安均有着极大的威胁,因此组织、领导、参加恐怖活动组织、黑社会性质组织的人员犯其他罪的,必须从严惩处,数罪并罚。

第三节 绑架罪中的"情节较轻"

《刑法修正案(七)》增设了绑架罪的减轻构成之后,绑架罪中的"情节较轻"的具体含义就需要厘定。

---

① 该答复内容为:"行为人在绑架过程中,又以暴力、胁迫等手段当场劫取被害人财物,构成犯罪的,择一重罪处罚。"

一、"情节较轻"的出台背景

在拟定《刑法修正案（七）》（草案）的时候，最高人民法院和公安部提出，从实践中看，刑法对该罪设定的刑罚层次偏少，不能完全适应处理这类情况复杂的案件的需要，建议对绑架罪法定刑的设置作适当调整。有些全国人大代表建议规定，对绑架他人后主动放人的，从轻处罚。

最高人民法院、最高人民检察院、公安部研究认为，绑架罪严重危及公民人身安全，应予严惩；同时，考虑到实际发生的这类案件的具体情况比较复杂，在刑罚设置上适当增加档次，有利于按照罪刑相适应的原则惩治犯罪。据此，建议在《刑法》第239条规定的绑架罪中增加一档刑罚：情节较轻的，处三年以上十年以下有期徒刑，并处罚金［《刑法修正案（七）》（草案）第5条］。经过几番论证，最终形成的条文是"情节较轻的，处五年以上十年以下有期徒刑，并处罚金"。

二、"情节较轻"的性质

就刑法来说，"情节"可以分为定罪情节和量刑情节，而我国刑法条文中的"情节较轻"仅仅是一种量刑情节，不是定罪情节，它是在行为本身已经成立犯罪既遂的情形下，在刑罚裁量中予以考虑的事实情况。

量刑要素分为法定要素和酌定要素。法定要素系法律明文规定在量刑时必须考虑的因素；酌定要素系虽无法律的明文规定，但根据刑事政策和审判实践经验，在量刑时可以酌情考虑的因素。由于我国刑法典并没有对"情节较轻"的内容加以明确规定，因此司法机关在适用"情节较轻"的规定是需要自由裁量权的，是一个需要考虑主客观事实的综合指标。在这点上，刑法中关于"情节较轻"的规定与刑法中明确规定的"自首""累犯"等法定量刑情节显然不同，与酌定量刑情节是一致的。

所以，笔者认为，从性质上来讲，"情节较轻"是一种酌定量刑情节。

三、绑架罪中"情节较轻"的认定

虽然在拟定《刑法修正案（七）》（草案）时，一些全国人大代表建议规定，对绑架他人后主动放人的，从轻处罚。但是在绑架案中，这并不是唯一"情节较轻"的情形。正如有的学者所指出的，绑架罪"情节较轻"的判断基础是能够影响罪质轻重的事实要素①。如前所述,"情节较轻"是一种酌定量刑情节,根据2010年9月最高人民法院印发的《人民法院量刑指导意见(试行)》第16条的规定,"酌定的量刑要素一般包括犯罪对象、犯罪手段、犯罪时间、地点、犯罪动机、起因、犯罪前的一贯表现、犯罪后的态度、退赃和赔偿情况等"。由于绑架罪情节本身的复杂性和多样性,加之"情节较轻"具有高度的概括性、抽象性和一定程度的模糊性,因此,绑架行为危险性程度的判断,需要对前文所述的影响罪质轻重的主客观具体事实要素进行全面把握和综合分析,是一个复杂的司法评价的过程。

在司法实践中,要认定绑架行为是否属于"情节较轻",除了要考虑行为人是否主动释放人质,还要综合考察其他影响绑架的社会危害性的复杂因素。为此,司法人员要克服这样一个误区,即凡是主动释放人质的绑架,一律认定为"情节较轻";反过来,凡是没有主动释放人质的,都一概不认定为"情节较轻"。司法人员应该确立这样一个基本认识和辩证思维,对于绑架罪,即使行为人主动释放了人质,也并不必然要认定为"情节较轻";即使行为人没有主动释放人质,也可能认定为"情节较轻"。换言之,在认定绑架行为是否属于"情节较轻"时,既要考虑行为的客观危害,也要考虑行为人的人身危险性,总的来说需要考虑以下一些复杂因素。

(一)绑架目的与动机

犯罪的目的与动机属于主观要素的范畴,它是行为人主观恶性的体现。就犯罪目的而言,"勒赎型"绑架犯罪中行为人意图勒索财物数额的多少以及"人质型"绑架犯罪中行为人提出不法要求的内容也存在程度的差别。犯罪动机的差异也会表明行为人的人身危险性程度的大小。在司法实践中,有的人绑架是为了满足个人私欲,有人则是迫于生活压力实施绑架,有的属于非法拘禁中索取超额债务从而构成绑架罪。不同的动机,会影响到社会危害性程度。

(二)绑架手段

绑架行为的手段一般包括暴力、胁迫、麻醉等,行为人采取不同的手段及程度,直接影响到社会的危害性程度。如果绑架所采取的暴力程度很重(可以造成重伤以上的后果),手段非常残酷(长时间拘禁、控制人质),就不宜认定为"情节较轻"。

(三)绑架后果

绑架罪的危害后果是直接体现社会危害程度的指标。绑架罪的危害后果可

---

① 参见吴情树:《绑架罪中"情节较轻"的辩证分析——基于对〈刑法修正案(七)〉第六条的思考》,载《政治与法律》2010年第3期。

以从人身损害和财产损害两个方面考察：从人身损害方面看，绑架行为造成被害人重伤以上伤害，或者造成被害人精神损害甚至影响到其正常生活的，不能认定为"情节较轻"；从财产损害方面看，行为人通过绑架获得的数额多少，也是应当纳入"情节"的评价之中的。实践中，有的行为人绑架被害人后幡然醒悟主动释放被绑架人的，或者虽提出了勒索要求但随即被抓获的且人质也没有受到任何伤害的，以"情节较轻"论就比较合适，因为在绑架罪中，人质的人身安全和勒索的数额对绑架罪的量刑有着重要影响。

（四）绑架对象

绑架对象的不同也在一定程度上反映了社会危害性程度，以老、弱、病、残、孕妇等一些弱势群体为人质的，不仅极易造成人员伤亡，而且违背社会伦理道德，具有更强的可责性，其情节就显得比较恶劣，社会危害性较普通人群大。此外，被害人特定的社会地位和身份也会影响到社会危害性程度。如以外国使节、国际友人或社会知名人士等为绑架对象，其社会影响就很恶劣，危害性也更大。

（五）被害人过错

此种情形是以刑法中的被害人自我答责理论为依据。所谓被害人自我答责是指，在判定行为人的刑事责任时，应同时考虑行为人和被害人双方面原因，如果被害人有过错且过错程度较大，则应相应减轻行为人的刑事责任，也就是我们通常说的"罪无可赦，但情有可原"。

除上述事实因素外，实施绑架犯罪的时间、地点以及环境条件的不同，行为人和被害人之间的特殊关系，也会对行为的社会危害程度产生影响。这些都是评判绑架罪罪质轻重需要考虑的因素。将以上要素从逻辑和经验的角度上升为相应的量刑情节，能使刑罚的层次划分更加明确有序、易于操作，刑法规范的引导功能能得到更好的发挥。

笔者认为，结合司法实践之中的绑架案现状，参照《人民法院量刑指导意见（试行）》，这里所谓的"情节较轻"可以归纳为：①绑架之后，主动释放被绑架人的；②绑架之后实力控制被绑架人时间较短就被查获的；③绑架之后没有对被绑架人进行严重殴打、虐待，甚至对被绑架人较为优待的；④绑架之后勒索的财物数额不大的；⑤事出有因（或情有可原）的绑架行为，尤其表现在被害人有严重过错或者行为人为实现自己合法权益而绑架他人的过激行为的案件中；⑥其他的表明行为人的人身危险性不大、对于被害人的人身安全的侵害也不严重的情节。

第四节　绑架罪的停止形态

一、停止形态的含义

所谓犯罪的停止形态，是指在犯罪过程中由于某种原因停止下来所呈现的状态，这种停止不是暂时性的停顿，而是终局性的停止，即该犯罪行为由于某种原因不可能继续向前发展。犯罪的停止形态有两种类型：犯罪的完成形态与犯罪的未完成形态。其中，犯罪既遂是犯罪的完成形态，犯罪的预备、未遂和中止是犯罪的未完成形态。

二、绑架罪的既遂标准

我国刑法中，对犯罪既遂的认定标准是"基本构成要件齐备说"[①]，即以犯罪构成要件是否齐备作为认定犯罪既遂的标准，具备了犯罪构成的全部要件，就是犯罪既遂。

关于绑架罪的客观方面，存在单一行为说和复合行为说之争。单一行为说认为，绑架罪的客观方面仅有绑架的实行行为，不包括实际的勒索行为；复合行为说主张，绑架罪的客观方面是由绑架行为与勒索财物或提出不法要求两方面组成的。笔者认为，单一行为说具有合理性。因为在绑架罪中，行为人只要出于勒索财物或满足不法要求的目的，并在此目的支配下实施了绑架行为，就已经具备了该罪的全部法定构成要件。绑架他人是绑架罪构成要件的实行行为，这是没有疑义的，而与勒索目的相对应的勒索行为，只是犯罪情节，而非客观方面的构成要件的行为[②]。法律明文规定以勒索财物为目的绑架他人即可构成绑架罪，说明立法者认为，勒索目的只需体现在绑架行为上就能认定，没有理由认为"绑架"与"勒索"都是实行行为。因而绑架行为的有无对成立本罪既遂有根本影响，至于是否提出勒索要求，对成立犯罪既遂无关紧要。这是刑法学界的通说，也是司法实践的一贯做法。

综上所述，本罪的既遂与未遂的区分应当以被绑架者是否丧失行动自由处于行为人的实际支配状态为标准，使用实力控制人质就是本罪既遂，而不管行为

---

① 马克昌主编：《犯罪通论》，武汉：武汉大学出版社 1999 年版，第 413 页。

② 参见王作富主编：《刑法分则实务研究》，北京：中国方正出版社 2010 年第 4 版，第 878 页。

人是否提出勒索财物的要求或其他非法要求。

三、犯罪中止和犯罪未遂

犯罪中止是指在犯罪过程中,自动放弃犯罪或者自动有效地防止犯罪结果发生。犯罪未遂是指行为人已经着手实行犯罪,由于犯罪分子意志以外的原因而未得逞的情形。在绑架罪中,行为人着手实施扣押人质的暴力行为,但由于被害人反抗而未得逞的,成立本罪未遂。当然这并不意味着绑架行为实施后不存在犯罪的中止形态。例如行为人着手实施暴力绑架他人,但在未以实力实际控制他人之前,由于害怕法律惩罚或被害人亲属的报复、怜悯被绑架人或懊悔而自动放弃犯罪,将被绑架人放走的,有成立犯罪中止的可能①。由于笔者赞同单一行为说,因此,只要行为主观上具有不法目的,客观上实施了控制人质的行为即构成绑架罪的既遂,所以绑架罪的中止只能在犯罪预备阶段,或者行为人着手实施绑架行为之后,尚未实际控制人质之前的阶段。

实践中,绑架后将人质放回可否认定为犯罪中止?在采纳上述既遂标准的前提下,控制他人并且在勒索到财物之后或者在未勒索到财物之时主动释放人质的场合,由于已经具备了"以实力控制他人"的要件,此时行为人的行为已经构成绑架罪既遂,自无成立中止犯的可能,此时不能适用《刑法》第24条犯罪中止的规定,只可能认定为"情节较轻"而适用绑架罪的减轻构成。

简言之,绑架罪的犯罪中止只能存在于犯罪预备阶段和犯罪实行但未达既遂之阶段,其犯罪后释放被绑架人的行为可以作为量刑从轻的情节来考虑。

四、绑架罪的停止形态与绑架罪中"情节较轻"之关系

(一)绑架罪的未完成形态与绑架罪中"情节较轻"之关系

从我国刑法关于犯罪预备、犯罪未遂和犯罪中止的规定来看,犯罪未完成形态的处罚程度是要低于犯罪既遂的,而"情节较轻"也是犯罪减轻构成的一个酌定量刑情节。在笔者看来,犯罪的停止形态和"情节较轻"都是可以作为量刑的考虑因素,既然如此,能否将犯罪的停止形态作为"情节较轻"之一呢? 如果可以,二者之间又是什么关系呢?

众所周知,无论是"情节较轻",还是一般的情节,都是以犯罪既遂为前提的,因为我国刑法分则的罪状,不论是基本罪状还是加重、减轻的罪状设计都是以犯罪既遂为前提,即便是"情节较轻",也是因为已然成立犯罪既遂而无再行

---

① 参见周光权著:《刑法各论讲义》,北京:清华大学出版社2003年版,第36页。

成立犯罪中止的可能性,因而,犯罪的未完成形态就不能作为认定"情节较轻"的依据。另一个原因是,上文给"情节较轻"定性为酌定量刑情节,而故意犯罪的未完成形态则是刑法总则明文规定的从轻、减轻处罚的法定量刑情节,这是最大的一点区别。所以,绑架的预备、未遂、中止不能成为认定绑架罪"情节较轻"的依据。

简言之,犯罪预备、犯罪未遂或者犯罪中止的情形本身不能作为绑架罪(或者其他犯罪)的"情节较轻"的认定内容,是否"情节较轻",应该剔除犯罪停止形态的因素,根据犯罪本身的情节予以认定。

(二)绑架罪的完成形态与绑架罪中"情节较轻"之关系

绑架罪既遂后,被害人的法益已经受到了侵害,在法益侵害程度判断的基础上,具有下列情形的一般应认定为"情节较轻":

(1)绑架后未勒索财物而主动放人的。绑架罪系行为犯,绑架后并未勒索财物而主动放人的也成立绑架罪既遂。但行为人绑架他人后出于悔悟或慑于法律威严等原因,未勒赎而主动放人的,社会危害性和人身危险性较小。若对此种危害性较小的行为也一律处以十年以上有期徒刑的刑罚,罪刑明显不相适应,故可将其归入情节较轻的情形之一。

(2)因合法要求、利益得不到满足、保护而实施绑架人质的过激行为构成犯罪的。例如在城市拆迁过程中合法权益被侵害、农民工为追讨欠薪等情形下,为引起社会、政府关注和重视而绑架人质的。

(3)被害人有严重过错,行为人出于气愤、报复等原因实施绑架犯罪的。例如因婚姻、感情问题产生纠纷,感情受欺骗方出于泄愤、报复、索取赔偿等目的实施绑架行为的。由于此种犯罪有一定的起因,被害人负有不可推卸的责任,并且通常发生于特定人之间,对治安秩序及人民群众的社会安全感破坏较小,相比之下危害性也较小,故可认定为情节较轻。

(4)发生于亲属之间的绑架犯罪。对发生于亲属之间的绑架犯罪,若被害方在事后表示谅解被告人的,认定情节较轻有利于发挥刑罚教育、感化功能和增加社会和谐因素,符合宽严相济的刑事政策。

(5)为索取债务而绑架债务人,索要财物数额过大的。根据刑法及相关司法解释的规定,行为人为索取债务而非法扣押、拘禁他人的,应以非法拘禁罪定罪处罚。但是对于行为人索要财物的数额明显超过债务本身的,以绑架罪追究刑事责任并无不当。但考虑双方之间毕竟有一定的债务存在为基础,仍有别于单纯为勒赎而随意选择目标作案的绑架犯罪。在行为人索要的财物数额过大而应以绑架罪追究刑事责任的情况下,可结合具体案件认定是否属于情节较轻。当然,对于仅以索债为名,以并不存在的债务为借口绑架并勒索财物的,应以绑架罪追究刑事责任,并且一般不得认定为情节较轻。

(6)行为人索取的财物数额确实较小的。对于行为人因生活所迫等原因实施绑架行为,仅勒索少量财物的,如已构成犯罪,亦可认定为情节较轻。

第五节 绑架罪的死刑适用

截至《刑法修正案(八)》颁布,我国刑法典中存在七个绝对适用死刑的罪名,绑架罪是其中之一。现行《刑法》第 239 条规定"致使被绑架人死亡或者杀害被绑架人的,处死刑"。从罪刑均衡和严格限制死刑适用的角度出发,在适用该条时应当采取十分慎重的态度,严格掌握适用的条件。而法典中看似明确、具体的规定,面对纷繁复杂的社会生活,难免捉襟见肘,因而合理的解释刑法就显得尤为重要。

一、如何理解和执行"致使被绑架人死亡"的规定

笔者认为,"致使被绑架人死亡"属于绑架罪的结果加重犯,这一加重要素首先包括绑架行为过失致被绑架人死亡和故意伤害致死两种情形。另有学者认为还应包括引起被害人自杀的情况[①]。笔者认为对此应该具体问题具体分析。

由于"致使被绑架人死亡"属于结果加重犯,按照结果加重犯的要求之一——结果加重犯的加重结果必须由基本行为造成,即基本犯罪行为与加重结果之间具有刑法上的因果关系。关于因果关系的学说一般来说分为三种:条件说、原因说和相当因果关系说。条件说认为,在行为与结果之间,只要存在着"没有前者就没有后者"这种条件关系,就认为有刑法上的因果关系。原因说主张,在某一个案件里,在先行的诸事实中,对结果的产生发生原因力的事实就是立于因果的关系。所谓相当因果关系说,是以条件关系的存在为前提,认为由其行为发生该结果在经验上是通常的,即限于被认为是"相当"的场合。

笔者的态度是,对于轻罪的结果加重犯因果关系认定遵循条件说,对于重罪的结果加重犯因果关系认定遵循原因说,这样区别对待以体现罪刑均衡原则。针对属于重罪的绑架罪来讲,绑架行为与被绑架人的死亡必须具有直接因果关系,即适用因果关系学说的原因说。所以对于自杀来说,应限于绑架之后对被害人虐待、侮辱、猥亵等,致使其不堪忍受而自杀,要求行为人对此至少有过失。如

---

① 高铭暄主编:《新编中国刑法学》(下),北京:中国人民大学出版社 1998 年版,第 711 页。

果行为人对此主观上没有罪过,仅因被害人性情刚烈、内心恐惧等原因而自杀,则不应包括在内。

综上所述,"致使被绑架人死亡的",是指行为人的绑架行为与被绑架人的死亡必须具有直接因果关系,主要包含三种情形:第一,绑架行为过失致使被绑架人死亡的,如在实施暴力劫持过程中,因用力过猛伤及要害部位,或绳索过紧致使被绑架人窒息,或堵嘴捂鼻引起窒息,或注射麻醉剂过量等原因,过失致被害人死亡;第二,绑架后故意伤害致死,如在绑架后故意殴打、虐待、折磨被绑架人致使在押期间因重伤死亡的;第三,与行为人有因果关系的被绑架人自杀,如绑架后对被害人虐待、侮辱、猥亵等,致使被绑架人不堪忍受而自杀的。这里需要高度注意的是,实践中还有一些情形,如被绑架人逃跑时意外身亡或者因自身身体状况原因造成死亡的,也不能认定为"致使被绑架人死亡",毕竟绑架行为不是导致被绑架人死亡的直接原因。

二、如何理解和执行"杀害被绑架人"的规定

"杀害被绑架人",按照笔者理解,是指在绑架过程中故意杀死被绑架人。理由如下。

首先,在《现代汉语大词典》中,对"杀害"一词的解释是"杀死、害死",多指"行为人为了不正当的目的杀人致死"[①]。可以看出,杀害强调的是死亡的结果,而非行为本身。

其次,符合罪刑均衡的刑法基本原则。"杀害被绑架人"的刑罚是绝对死刑,如将"杀害被绑架人"仅理解为一个行为过程,即只要行为人有杀害行为就可以一律适用死刑,司法实践中就会出现罪刑失衡现象。"杀害被绑架人"不是指着手实施故意杀害被绑架人的行为,而是指实施杀害行为并导致死亡结果。在未发生死亡后果的场合,不能对行为人适用死刑。此时,对其判处 10 年以上有期徒刑或者无期徒刑,完全能够做到罪刑相当[②]。因为这里忽视了一个基本事实,那就是司法实践中杀害被绑架人会出现停止形态,即预备、未遂和中止。既遂状态适用死刑,自不待言,但是,将预备、未遂和中止与既遂状态同等对待一律适用死刑,也与我国"少杀""慎杀"的死刑政策背道而驰。

最后,有利于降低犯罪的危险系数。反过来讲,如果只要行为人实施了杀人行为,即便被绑架人未被杀死,也要处以死刑,就会促使绑架人采取更加激烈、更

---

① 参见《现代汉语大词典》,商务印书馆 2007 年版,第 655 页。

② 周光权著:《刑法各论讲义》,北京:清华大学出版社 2003 年版,第 39 页。

加残忍的手段去杀死被绑架人,因为对行为人而言,杀死或杀而未死的处罚结果是一样的。这样一来,该条俨然成为一种置被绑架人生命于不顾的"恶法",显然于情于理是不合的。

基于上述原因,我们认为,"杀害被绑架人"宜理解为杀害的结果,而不是杀害的行为。杀害的时间,可以是在着手实施绑架之时,因被害人坚决反抗而将其杀死,也可以是在拘禁期间发出勒索之前或之后杀死被害人。如果是在绑架行为已经结束,将被害人释放以后,又以其他原因将被害人杀死,应独立构成故意杀人罪,不属于"杀害被绑架人",对于行为人应定绑架罪和故意杀人罪,实行数罪并罚。

至于"杀害被绑架人"的情形,在司法实践中笔者认为应包括以下几种:①在绑架被害人的阶段,行为人由于遇到被害人的激烈反抗而将被害人杀害;②实际控制人质后,被绑架人因逃跑、反抗而招致杀害或者行为人在逃避追捕过程中故意杀害人质的;③勒索不成或非法要求得不到满足而杀害被绑架人的;④绑架目的达到后,因害怕案发等其他原因而杀害被绑架人以灭口;等等。这些情况本属于实质数罪,但刑法明文规定只定绑架罪一罪,不实行数罪并罚。

以上的故意杀害被绑架人必须是在绑架过程中,实践中还存在一种数罪并罚的情形,即行为人先将被害人杀死,然后再隐瞒被害人已经死亡的消息向被害人的亲属或特定关系人谎称被害人被绑架,进而提出勒索财物或其他不法利益要求的,在这种情形下,应当对行为人按照故意杀人罪和敲诈勒索罪实行数罪并罚。因为当行为人杀死被害人之后,实际上已经不可能实际地控制和支配被害人,所以也就丧失了绑架的前提条件,此行为也就不构成绑架罪。由于绑架行为不存在,那么行为人向被害人亲属或特定关系人发出的勒索财物或不法利益的要求就只能构成敲诈勒索罪。

笔者在解释"致使被绑架人死亡"和"杀害被绑架人"时,将两者分别解释为"绑架行为致其死亡、绑架后故意伤害致死及与行为人有直接因果关系的被绑架人自杀"以及"故意杀害被绑架人致其死亡",之所以要做出这样的限制解释,一方面是刑法基本理论使然,另一方面是为了通过刑法的适用解释,为削减死刑做出贡献,这是"是一种务实的、同时也是理性的选择"①。

----

① 付立庆:《论绑架罪的修正构成的解释与适用——兼评修正案对绑架罪的修改》,载《法学家》2009 年第 3 期。

第八章

金融诈骗犯罪

▎第一节 非法占有目的的认定

一、非法占有目的存在的必要性

从刑法条文的表述来看,只有第 192 条集资诈骗罪和第 193 条贷款诈骗罪明确将"以非法占有为目的"作为构成要件,而其他六个金融诈骗罪均没有类似规定。能否就此认为,除了集资诈骗罪和贷款诈骗罪以外,其余六个金融诈骗罪无需将"以非法占有为目的"作为必备要件? 对此,我国刑法理论界主要存在两种对立观点:①肯定说,认为对于在法条上未规定以非法占有为目的的金融诈骗罪,并非不要求行为人主观上具有非法占有的目的,而是因为这种欺诈行为本身就足以表明行为人主观上是具有非法占有的目的①。换言之,在金融诈骗罪中,无论法律条文是否规定了以非法占有为目的,行为人主观上都应具有非法占有的目的,这是因为金融诈骗罪具有财产犯罪的性质,其主观上具有非法占有的目的是理所当然的②。②否定说,认为凡是法条没有规定以非法占有为目的的, 均不宜主观方面将其限定为以非法占有为目的。③

我们认为,金融诈骗罪的八个罪名,均应包括"以非法占有为目的"的主观要件。在认定金融诈骗罪时,除了考察行为人具有金融诈骗的行为之外,还必须考察行为人主观上是否具有非法占有的目的。

第一,基于立法功利主义的考量,除了贷款诈骗罪和集资诈骗罪之外的金融诈骗罪,未明确规定非法占有目的。我国台湾学者林纪东先生指出,法律是以其极少数的条文,网罗极复杂的社会生活,为便于适用和遵守起见,条文固应力求其少,文字应力求其短,以免卷帙浩繁,人们有无所适从之叹④。由于立法语言简洁性的要求,对于理论界和司法实践中公认的构成要件要素,在刑法条文的表述中可以省略,但这并不影响该构成要件要素在犯罪构成要件中的客观存在地位。比如我国刑法有关盗窃罪和诈骗罪的条文并未明确规定"以非法占有为目的",但是我国理论界和司法实践一致认为,"以非法占有为目的"是盗窃罪和诈骗罪的必备构成要件要素,只要构成盗窃罪和诈骗罪,就必须具有非法占有目的,无此目的不构成该种犯罪。可见,即使未将"以非法占有为目的"明确规定于法条之中,也不能就此认为该目的不是成立该种犯罪的必备要件。

第二,在金融诈骗罪这一类罪之下,之所以存在有的罪名明确规定"以非法占有为目的",而大多数罪名并未明确规定该目的的现象,是出于立法技术的需要。刑法明确规定贷款诈骗罪和集资诈骗罪必须以非法占有为目的,意图在于提示司法者注意主观目的是区分该罪与其他类似罪名的关键。以集资诈骗罪为例,如果不明确规定非法占有目的,单从行为方式上来看,很难将该罪与非法吸收公众存款罪区别开来,因为两罪客观方面均表现为非法集资的方式。因此,如果行为人以非法占有为目的,进行非法集资行为,那么行为人构成集资诈骗罪;如果行为人以欺骗方式进行非法集资行为,但是并不以非法占有集资款为目的,那么就只能构成非法吸收公众存款罪,而不能构成集资诈骗罪。

第三,从刑法条文的关系来看,金融诈骗罪是从诈骗罪分离出来的,两者之

①　陈兴良:《当代中国刑法新境域》,北京:中国政法大学出版社2002年版,第617页。
②　陈兴良:《当代中国刑法新境域》,北京:中国政法大学出版社2002年版,第617页。
③　单长宗主编:《新刑法研究与适用》,北京:人民法院出版社2000年版,第406页。
④　转引自张明楷:《保险诈骗罪的基本问题探究》,载《法学》2001年第1期。

间存在普通法条与特殊法条的竞合关系。这种法条竞合关系表明,特殊法条除了具备普通法条所要求的构成要件要素之外,还具备其他特殊的构成要件要素。换言之,特殊法条相较普通法条而言,在构成要件要素方面,只可能增加,而不可能存在减少的情形。那么,与普通诈骗罪的构成要件要素相比,金融诈骗罪也只是增加了特定的行为手段与对象等构成要件要素,而没有减少任何构成要件要素①。普通诈骗罪要求以非法占有为目的,成为理论界和司法实践所公认之事实,那么从普通诈骗罪中分离出来的金融诈骗罪理应具备非法占有目的。

二、非法占有目的的司法认定

非法占有目的是行为人的一种主观心理活动,需要通过一定的外在行为表现出来,因此,在司法实践中,通常采取事实推定的方法对非法占有目的加以认定。

1996 年 12 月 16 日最高人民法院通过的《关于审理诈骗案件具体适用法律的若干问题的解释》(以下称《解释》)中对集资诈骗罪非法占有目的的认定上就有提及。《解释》指出,具有下列情形之一的,就应当认定其行为属于以非法占有为目的,使用诈骗方法非法集资:①携带集资款逃跑的;②挥霍集资款,致使集资款无法返还的;③使用集资款进行违法犯罪活动,致使集资款无法返还的;④具有其他欺诈行为,拒不返还集资款,或者致使集资款无法返还的。

《全国法院审理金融犯罪案件工作座谈会纪要》在谈到金融诈骗罪中非法占有目的的认定问题时指出,金融诈骗犯罪都是以非法占有为目的的犯罪。在司法实践中,认定是否具有非法占有为目的,应当坚持主客观相一致的原则,既要避免单纯根据损失结果客观归罪,也不能仅凭被告人自己的供述,而应当根据案件具体情况具体分析。根据司法实践,对于行为人通过诈骗的方法非法获取资金,造成数额较大资金不能归还,并具有下列情形之一的,可以认定为具有非法占有的目的:①明知没有归还能力而大量骗取资金的;②非法获取资金后逃跑的;③肆意挥霍骗取资金的;④使用骗取的资金进行违法犯罪活动的;⑤抽逃、转移资金、隐匿财产,以逃避返还资金的;⑥隐匿、销毁账目,或者搞假破产、假倒闭,以逃避返还资金的;⑦其他非法占有资金、拒不返还的行为。但是,在处理具体案件的时候,对于有证据证明行为人不具有非法占有目的的,不能单纯以财产不能归还就按金融诈骗罪处罚。

---

① 参见张明楷:《诈骗罪与金融诈骗罪研究》,北京:清华大学出版社 2006 年版,第 407 页。

　　由上述司法解释可见,在金融诈骗罪主观目的的认定方面,司法实践始终坚持以主客观相统一的原则为基础,既不盲目轻信被告人供述,也不单凭"未返还"的客观结果,而是以行为人实施活动为基础,综合所有事实,通过周密论证,排除其他可能性,才能准确认定行为人的非法占有目的这一主观心理活动。

　　由客观事实反推出行为人主观目的的方法,我们称之为事实推定,这是一种由果溯因的反向思维模式。在"一因一果"或"一因多果"的情况下,这种认定方法能够符合客观事实。但是,在"多因一果"的情况下,原因与结果之间不存在一一对应的关系。也就是说,行为人在非法占有目的的支配下实行金融诈骗行为,必然会导致未返还的结果;不过,仅根据未返还的事实并不一定得出行为人具有非法占有的目的。因为未返还的结果完全有可能由其他原因引起,比如经营不善、被骗等。如果在未排除其他可能性的情况下,仅凭未返还的事实认定行为人具有非法占有的目的,则无疑使认定犯罪的过程陷入客观归罪的泥沼。

　　在运用事实推定方法认定非法占有目的时,应注意其他可能性原因是否存在以及能否将这些可能性原因予以排除。同时,应当允许被告人提出相反证据以克服推定在特殊情况下的虚假性,换言之,如果被告人能够提出证据表明其在行为时确实没有非法占有目的,就不能根据客观事实认定行为人在行为时具有非法占有目的。以贷款诈骗罪主观目的的认定为例,《全国法院审理金融犯罪案件工作座谈会纪要》(以下称《纪要》)中指出,对于确有证据证明行为人不具有非法占有的目的,因不具备贷款的条件而采取了欺骗手段获取贷款,案发时有能力履行还贷义务,或者案发时不能归还贷款是因为意志以外的原因,如因经营不善、被骗、市场风险等,不应以贷款诈骗罪定罪处罚。另外,在集资诈骗罪非法占有目的的认定方面,《纪要》指出对于以非法占有为目的而非法集资,或者在非法集资过程中产生了非法占有他人资金的故意行为,均构成集资诈骗罪。但是,在处理具体案件时要注意以下两点:一是不能仅凭较大数额的非法集资款不能返还的结果,推定行为人具有非法占有的目的;二是行为人将大部分资金用于投资或生产经营活动,而将少量资金用于个人消费或挥霍的,不应仅以此便认定具有非法占有的目的。

　　总而言之,对于金融诈骗罪主观目的的认定,必须坚持主客观相一致的原则,尤其是在运用事实推定方法时,注意排除其他可能性,如果有证据表明行为人在行为时不具有非法占有目的,就不能单纯以财产未返还的客观事实认定行为人具有非法占有的目的。

第二节　合同诈骗罪的法定行为

　　为了完善社会主义市场经济的监管制度,维护市场经济秩序,保障市场交易安全,将合同诈骗罪置于我国刑法典第三章破坏社会主义市场经济秩序罪中,并且隶属于扰乱市场秩序罪这一类罪。虽然未将该罪放置于刑法典金融诈骗罪一章,但是合同诈骗罪在金融领域属于多发犯罪。因此,本节在论述金融诈骗犯罪的司法认定时,将合同诈骗罪列于其中。

　　根据《刑法》第224条的规定,合同诈骗罪的法定行为包括以下五种:①以虚构的单位或者冒用他人名义签订合同;②以伪造、变造、作废的票据或者其他虚假的产权证明作担保;③没有实际履行能力,以先履行小额合同或者部分履行合同的方法,诱骗对方当事人继续签订和履行合同;④收受对方当事人给付的货物、货款、预付款或者担保财产后逃匿;⑤以其他方法骗取对方当事人财物。

一、以虚构的单位或者冒用他人名义签订合同

　　合同主体是合同的权利享有者和义务履行者,是合同的基本要素。一些犯罪分子在进行合同诈骗活动中,为了虚构、扩大自己的履约能力,或是为了事情败露后能够逃避责任,往往违背诚实信用原则,以虚构的单位或者冒用他人名义签订合同,骗取财物。

(一)以虚构的单位签订合同

　　以虚构的单位签订合同是指行为人自己编造根本就不存在的单位名称,骗取对方信任,使对方当事人依照合同规定履行义务而自己获取不法利益的行为。实践中常见的情形有:伪造假身份证,使用假名字与他人签订合同进行诈骗;掩盖企业已经倒闭、破产的情况,使用原有企业的印章、介绍信、支票等,骗取对方信任;以租用的房屋谎称为办公地点,使用假营业执照、联系电话,用根本就不存在的公司的名义与对方签订合同,骗取钱财;使用伪造的行车证、驾驶证,使用虚假的名字,与对方签订承揽运输合同,骗取对方钱财。

(二)冒用他人名义签订合同

　　冒用他人名义签订合同,一般是指未经委托人许可,擅自冒用其他单位或个人的名义与他人签订合同,骗取对方信任,使对方当事人依照合同规定履行义务而自己获取不法利益的行为。在这种方式中,行为人冒用的主体是合法单位或者真实个人,且被冒用者往往具有良好的资信记录和履约能力,从而使对方产生信任。通常来讲,行为人往往与被冒用的单位或个人存在一定的关系或进行过

一定的交往,对被冒用主体的情况有一定了解,或者掌握着被冒用主体的相关材料,从而使对方容易受蒙蔽。实践中常见的情形有以下几种。

(1)行为人曾是某企业的员工,盗用原企业的空白介绍信、合同专用章或者将作废、过期的介绍信进行改动,冒用原单位的名义与老客户签订、履行合同从而骗取钱财。

(2)行为人冒用其父母、子女的名义,伪造授权代理书,谎称代其亲属卖房,与对方签订合同骗取钱财。

(3)一些房屋租赁者,对外谎称是房屋的所有权人,伪造产权证和身份证,并冒用房主的名义对外称要卖房,在骗取对方保证金、预付款后,全部挥霍。①

在上述情形中,行为人的行为往往还构成了伪造、变造、买卖国家机关公文、证件、印章罪,伪造、变造居民身份证罪,伪造公司、企业、事业单位、人民团体印章罪。由于此行为属于行为人进行合同诈骗罪的手段行为,因此属于牵连犯罪,根据刑法的规定从一重罪处罚。在此情形下,对行为人以合同诈骗罪追究其刑事责任,对其手段行为不再予以评价。

二、合同虚假担保的行为

合同虚假担保的行为,是指以伪造、变造、作废的票据或者其他虚假的产权证明作担保,诱骗当事人与其签订合同、履行合同,从而骗取财物。在签订、履行合同中,无论是以票据还是以产权证明作担保,目的在于为债权人实现债权提供保障,降低交易的风险性,确保合同的顺利履行。实践中,一些行为人正是利用虚假担保做伪装使对方当事人信以为债权实现有保障,从而仓促签订、履行合同,被骗取财物。

关于同时使用票据和合同为手段进行诈骗的行为如何定性的问题,实践中存在不同意见。如钱某与某商贸公司签订合同,购买该公司的螺纹钢,并用一张支票作为付款方式,某公司依约将螺纹钢送到指定地点,钱某随即将上述物品用于抵付自己的债务。后商贸公司用钱某给付的支票入账时,发现支票为空头支票,后商贸公司因联系不到钱某而报案。对此,有人认为钱某以非法占有为目的,在签订、履行合同过程中,骗取他人财物,数额较大,其行为构成合同诈骗罪。有人认为,钱某在实施犯罪行为时是以签发空头支票为支付手段骗取对方信任,而后在签订、履行合同的过程中,骗取对方财物。钱某的行为同时符合票据诈骗

---

① 殷玉谈、丁晶:《合同诈骗罪的司法认定》,载《中国刑事法》2009 年第 1 期。

罪和合同诈骗罪的构成要件,属法条竞合,应当认定钱某的行为构成票据诈骗罪[1]。我们认为,本案中钱某构成票据诈骗罪。钱某利用空头支票作为支付手段,骗取对方当事人信任,对方当事人基于此信任,按照合同约定履行,被钱某骗取实际履行的货物,符合合同诈骗罪的犯罪构成;同时,钱某利用空头支票支付货款的行为,属于使用伪造、变造、作废的票据进行诈骗,并取得他人财物的行为,符合票据诈骗罪的犯罪构成。实质属于一行为符合两个法条规定的犯罪构成,两个法条之间存在交叉竞合关系,属于法条竞合,根据特别法优于普通法的原则,按票据诈骗罪处理。

三、合同虚假履行的行为

合同虚假履行,是指没有实际履行能力,以先履行小额合同或者部分履行合同的方法,诱骗对方当事人继续签订和履行合同。这种骗术俗称"钓鱼",具有相当的迷惑性和欺骗性。在实践中,"钓鱼"术主要分为两种情况。

一是行为人并无履行合同的真意或者没有实际履行合同的能力,却与他人签订数额较大合同,并且先付给对方当事人小额贷款或者少量货物,摆出准备履行合同的姿态,使对方当事人误以为行为人具有真实履行合同的诚意和能力,将全部货物或者货款发给行为人,待到行为人取得财物后,便以种种借口不履行合同的其他义务,卷款潜逃或者拒不归还已收到的款物。

二是行为人在没有实际履约能力的情况下,意图骗取他人数额较大的财物,先采取与对方签订数额较小的合同并积极履行的方法,骗取对方当事人的信任,然后与对方当事人签订数额较大的合同,从而骗取合同对方当事人的财物。[2]

四、逃匿行为

此处的逃匿行为,是指行为人收受对方当事人给付的货物、货款、预付款或者担保财产后,不履行或者不完全履行合同义务,卷款潜逃致使对方当事人财物无法追回的行为。逃匿行为具有以下特征:第一,从时间上看,逃匿行为发生于收到对方当事人给付的财物之后;第二,从行为表现上来看,逃匿行为表现为逃跑、躲藏、隐匿,使对方当事人无法与其取得联系,通常表现为更换住址、联系方式等。同时,对逃匿行为的认定还应当结合主观方面来看,行为人之所以逃匿,目的在于不履行合同,将收到的对方当事人给付的货物、货款、预付款或者担保财产等财物非法据为己有。

---

[1] 殷玉谈、丁晶:《合同诈骗罪的司法认定》,载《中国刑事法杂志》2009 年第 1 期。
[2] 参见沙君俊:《合同诈骗罪研究》,北京:人民法院出版社 2004 年版,第 111 页。

五、其他方法

以其他方法骗取对方当事人财物是一个兜底性的条款,对除了上述四项之外的其他合同诈骗手段做出概括性的规定,目的在于应对纷繁复杂的社会现实,弥补列举式立法的僵化性和局限性。

"其他方法"究竟如何认定? 我们认为,合同诈骗罪无论任何方法,都应以"利用合同诈骗"为前提。司法实践中,常见的"其他方法"大致可以归纳如下。

(1)伪造合同骗取对方当事人及其代理人或者权利义务继受人财物的。

(2)虚构货源或其他合同标的,签订空头合同。

(3)行为人将暂时借来充数、并不属于自己的货物向被害人出示,在取得被害人信任签订合同后骗取货款(这种情形主要是行为人为了向被害人证明自己有实际的履行能力)。

(4)诱使、蒙蔽对方当事人违背真实意思签订合同,即行为人利用欺骗手段,诱使对方签订原本无意签订的合同(包括掩盖严重影响对方预期利益的事实而与对方当事人签订合同)。

(5)作为债务人的行为人,向第三人隐瞒未经债权人同意的事实,将合同的义务全部或部分违法转移给第三人,从而逃避债务的。例如,实践中一些皮包公司以非法占有为目的,在与他人签订供货合同,取得对方当事人货物、定金或部分货款后,采取欺诈方法将合同义务转让给第三人,或者通过贿赂对方单位的有关负责人而取得非法的债务转移承诺,待被害人发现上当受骗后仍借故不履行合同义务,也不返还合同货物、定金货款等。

(6)利用虚假广告和信息,诱人签订合同,骗取中介费、立项费、培训费等费用。例如,行为人在没有相关资质和能力的情况下,散布虚假广告宣称其开设的司法考试培训班两个月包过司法考试,为保证教学质量,授课规模和名额有限,有意者速来报名,前二十名报名者培训费有优惠,被害人在听信其虚假广告后,缴纳了所谓的培训费后,行为人逃匿。

(7)假冒联合经商、投资、合作协作名义,签订、履行合同骗取对方当事人财物的。

(8)通过贿赂签订、履行合同,骗取国有资产等。

(9)使用虚假的证明文件、批文等进行合同诈骗的。①

---

① 赵秉志、肖中华:《合同诈骗罪中的疑难问题》,载《检察日报》2002 年 8 月 13 日。

第三节　信用卡诈骗罪的法定行为

信用卡是当今世界上广为流行的一种先进的支付手段,是消费信贷、结算的工具。信用卡是指银行、金融机构或者专营公司向资信良好的单位和个人签发的,可以在指定的商店或场所进行直接消费,并可在发卡银行及联营机构的营业网点存取款、办理转账结算的一种信用凭证和支付工具①。信用卡以其安全、便捷的结算方式,赢得了消费者的普遍欢迎,拥有极为广阔的市场,但由于信用卡的使用是以持卡人的个人信用为基础,因此,信用卡业务有其与生俱来的风险性。加之目前国内信用卡管理滞后、制度不健全、章程不统一、银行风险防范意识薄弱、内部监督制约机制不健全,也给违法犯罪分子实施信用卡诈骗活动提供了可乘之机,信用卡诈骗犯罪日益猖獗,犯罪手段呈现出多样化、复杂化,涉案金额增大的趋势。

针对这一现象,我国于1997年在《刑法》设置了信用卡诈骗罪,用刑法这一最后的防线维护信用卡管理秩序,保障信用卡在市场交易中作为支付手段的可信性。《刑法》第196条规定信用卡诈骗罪的法定行为包括以下四种:①使用伪造的信用卡,或者使用以虚假的身份证明骗领信用卡;②使用作废的信用卡;③冒用他人信用卡;④恶意透支。

一、使用伪造的信用卡,或者使用以虚假的身份证明骗领的信用卡

(一)使用伪造的信用卡

1.“使用”的含义

使用伪造的信用卡,是指将伪造的信用卡冒充真实有效的信用卡,依照信用卡的通常功能予以使用的行为。使用行为包括三层含义:

(1)行为人使用伪造的信用卡目的在于欺骗他人做出处分财产的行为。持伪造的信用卡在自动取款机上提取现金的,不成立信用卡诈骗罪。理由在于,信用卡诈骗罪是从诈骗罪中分离出来的特殊诈骗类型,所以信用卡诈骗罪的成立以符合普通诈骗罪的构成要件为前提。然而,机器是不能被骗的,因为机器不可能陷入错误认识,因此,持伪造的信用卡在自动取款机上提取现金的行为,不存在欺骗行为,就不符合诈骗罪的基本构造,因而也就不属于信用卡诈骗罪的行为方式。

---

① 参见单惟婷主编:《商业银行信用卡业务与案例》,成都:西南财经大学出版社1998年版,第1页。

（2）使用伪造的信用卡，必须是功能性使用，即按照信用卡的通常功能加以使用。出售伪造的信用卡的行为，虽然从某种意义上讲，也是利用伪造的信用卡获取利益的行为，但是并不属于"使用伪造的信用卡"行为。因为这种获利方式，并非对伪造的信用卡进行功能性的使用，也就是说，并未把伪造的信用卡作为消费支付、信用贷款、转账结算、支取现金的工具加以利用，因此，不能被认定为"使用伪造的信用卡"行为。

（3）行为人必须明知所使用的信用卡是伪造的信用卡。当行为人使用自己伪造的信用卡骗取财物时，容易认定其明知是伪造的信用卡；当行为人使用他人提供的信用卡时，则需要根据各种事实进行合理判断，得出行为人是否明知是伪造的信用卡的结论①。例如，行为人拾得信用卡后，使用该信用卡骗取财物，后经鉴定发现该卡系伪造的信用卡，如果行为人称并不知道该卡是伪造的信用卡，就不能仅从事后鉴定盲目推定该行为人明知自己使用的是伪造的信用卡。但是，如果行为人通过低价购买信用卡再使用的，通过鉴定发现该卡确系伪造，则可以推定行为人明知自己使用的是伪造的信用卡，因为根据信用卡管理制度规定，信用卡是不允许被买卖的。

2.伪造信用卡的含义

最高人民法院、最高人民检察院《关于办理妨害信用卡管理刑事案件具体应用法律若干问题的解释》第 1 条规定，《刑法》第 177 条第 1 款伪造金融票证罪中第四项伪造信用卡包括两种情形：一是复制他人信用卡、将他人信用卡信息资料写入磁条介质、芯片或者以其他方法伪造信用卡的行为；二是伪造空白信用卡的行为。信用卡诈骗罪中的伪造信用卡不包括伪造的空白信用卡，因为伪造的空白信用卡并不直接具有功能性使用的可能，也就是不能直接使用伪造的空白信用卡提取现金、刷卡消费等。刑法理论一般认为，伪造的信用卡包括两种情形：一是完全采用非法材料伪造的信用卡，即模仿信用卡的质地、模式、板块、图样以及磁条密码等制作的信用卡；二是使用真卡材料伪造的信用卡，即信用卡本身为合法制作，但发卡行未将其发给用户正式使用时（即在信用卡面上未加打用户的账户或者姓名，在磁条上也未输入密码等信息），行为人对其进行加工，使其成为已经发行给用户的信用卡。②

---

① 张明楷著：《诈骗罪与金融诈骗罪研究》，北京：清华大学出版社 2006 年版，第 646 页。

② 参见郎胜主编：《〈关于惩治破坏金融秩序犯罪的决定〉释义》，北京：中国计划出版社 1995 年版，第 81 页；李文燕主编：《金融诈骗犯罪研究》，北京：中国人民公安大学出版社 2002 年版，第 283 页。

(二)使用以虚假的身份证明骗领的信用卡

《刑法修正案(五)》将使用以虚假的身份证明骗领的信用卡作为一种独立的行为类型加入信用卡诈骗罪的行为方式之中。所谓"使用以虚假的身份证明骗领的信用卡"是指行为人所持有、使用的信用卡是由发卡银行发行的,并非伪造的,但是行为人在领取该信用卡时是以虚假的身份证明骗领的①。根据《银行卡业务管理办法》等有关规定,信用卡申请人应当向发卡银行提供真实的申请资料,并按照发卡银行规定,向其提供符合条件的担保;持卡人的通讯地址、职业等发生变化时,应当及时书面通知发卡银行②。如果申请人使用虚假的身份证明申领信用卡,那么持卡人就不是申请人,无人履行资金支付义务,最终将导致发卡机构或者特约商户遭受损失,在性质上属于诈骗行为。这种行为不仅骗取财物,而且对信用卡管理秩序造成妨害,应当受到刑法规制。

根据《银行卡管理办法》第 28 条的规定,信用卡申请人要向发卡银行提供公安部门规定的个人有效身份证件。根据相关规定,个人有效身份证件既包括居民身份证,也包括军官证、警官证、文职干部证、户口簿、护照、港澳居民来内地通行证、台湾居民来往大陆的通行证等符合法律、行政法规以及国家有关规定的身份证件。

司法实践中,"使用以虚假的身份证明骗领信用卡"主要包括两种情况:第一,虚构一个并不存在的申请人的身份证明信息,利用该虚构身份证明骗取银行信任取得信用卡;第二,在他人并不知情的情况下,利用他人的真实身份信息骗领信用卡,供自己使用。第一种情况较容易理解和把握,而对于第二种情况易与"冒用他人信用卡"的行为相混淆。司法实践中存在这样一类案件,行为人盗用他人的真实身份证件,向银行申领信用卡,用于透支消费③。这类案件形似"冒用他人信用卡",实为"使用以虚假的身份证明骗领信用卡"的情况。"冒用他人信用卡"所使用的信用卡是合法持卡人用自己的真实身份证明在银行等发卡机构办理的真实有效的信用卡,对发卡机构不存在欺骗行为。而"使用以虚假的身份证明骗领信用卡"所使用的信用卡是行为人利用他人的真实身份信息使发卡机构产生错误认识,误认为行为人是其所提供真实身份信息属于行为人本人的,基于这种误认,将信用卡发放给行为人。如果发卡机构了解到行为人申领信用卡的过程中存在该种欺骗行为,就不会将信用卡发放给行为人,所以,发卡机

---

① 王作富主编:《刑法分则实务研究》(上),北京:中国方正出版社 2007 年第 3 版,第 633 页。

② 参见施天涛:《商法学》,北京:法律出版社 2004 年版,第 529 页。

③ 参见刘宪权:《信用卡诈骗罪疑难问题研究》,载《政治与法律》2008 年第 10 期。

构对该信用卡的申领行为持反对和否定态度。从上述情况看，行为人利用他人的真实身份证件，为自己申领信用卡，进行透支消费，供自己使用，在此过程中，显然存在欺骗发卡机构的行为，故而，这种行为从本质上看属于"使用以虚假身份证明骗领信用卡"的行为。

另外，还有一个问题值得探讨。是否只要在办理信用卡的过程中采用了欺骗手段，骗领信用卡后加以使用，就属于"使用以虚假身份证明骗领信用卡"的行为？有论者持肯定态度，认为这里所说的骗领信用卡，是指"行为人在办理申领手续时，弄虚作假，使用伪造的或虚构的身份或资信等证明材料，骗取发卡银行发放信用卡的行为"[①]。笔者认为，这里所说的骗领应仅限于以虚假身份证明骗领的信用卡，而不包括以虚假的保证人的身份证明骗领的信用卡。如果行为人以本人真实的身份证明，但是以虚构资信证明、提供虚假担保等欺骗手段骗领了信用卡，并用以恶意透支，可以认定为恶意透支，而不宜被认定为"骗领"。因为判断是否虚假身份证明的关键在于发卡机构能否按照申请材料上所提供的信息找到相关责任人，即使行为人提供虚假的资信证明或者虚假担保申领到信用卡，也不妨碍发卡机构找到还款的责任人。

二、使用作废的信用卡

作废的信用卡是指因法定的原因失去效用的信用卡[②]。根据有关规定，有学者指出，作废的信用卡主要存在于以下几种情形：①超过有效使用期限而失效的信用卡；②持卡人在信用卡有效期限内中途停止使用，该信用卡虽未满有效期，但在办理退卡手续后归于作废；③因挂失而失效的信用卡。[③]

对于"涂改卡"是否属于作废的信用卡，学界存在争议。有人认为，涂改卡也应视为"作废的信用卡"；也有人认为，涂改卡不应视为"作废的信用卡"，而应视为"伪造的信用卡"，因为被涂改前的信用卡既然已因挂失或取消而被列入止付名单，就说明已失去效用，此后再在此作废的信用卡上所实施的涂改、加工行

① 刘宪权、张宏虹：《涉信用卡犯罪刑法修正案及立法解释解析》，载《犯罪研究》2005年第3期。

② 王作富主编：《刑法分则实务研究》（上），北京：中国方正出版社2006年第3版，第633页。

③ 李文燕主编：《金融诈骗犯罪研究》，北京：中国人民公安大学出版社2002年版，第284页。参见王晨：《诈骗犯罪研究》，北京：人民法院出版社2003年版，第202页；刘远：《金融诈骗罪研究》，北京：中国检察出版社2002年版，第429页。

为纯粹就是一种伪造行为①。由于实践中存在着不同类型的涂改卡,因此,我们认为,应根据涂改卡的不同类型对其性质作出具体分析。司法实践中,主要存在着两种类型的涂改卡:一种是对失效卡进行涂改、加工形成的信用卡;另一种是在真实有效卡上涂改、加工形成的信用卡。对于第一种情况的涂改卡,应属于"伪造的信用卡",因为在行为人涂改、加工之前就不存在真实有效的信用卡;第二种情况的涂改卡应视为"作废的信用卡",原因在于行为人在涂改、加工之前,该卡属于真实有效的信用卡,只是由于某种原因不能使用。

关于作废信用卡的使用主体是否限于持卡人的问题,理论界主要有以下两种观点:第一种观点认为,使用作废的信用卡的主体既可以是持卡人本人,也可以是其他人,如持卡人丢失信用卡,拾得人在持卡人挂失后使用该作废的信用卡的,也属于使用作废的信用卡②。第二种观点认为,使用作废的信用卡的主体只能是持卡人,"使用作废的信用卡进行诈骗主要是利用'时间差'进行的,这只有原持卡人本人最清楚,如果不是持卡人本人,一般是无法利用此时间差的。而且,根据主客观相统一的原则,行为人构成使用作废的信用卡之信用卡诈骗罪在主观上必须明知是作废的信用卡而使用,如果该行为的主体包括非持卡人,则犯罪分子会以其不知是作废的信用卡为由否认信用卡诈骗行为,从而给司法机关办案造成难题。事实上,对于非持卡人使用他人作废的信用卡的行为,完全可以按'冒用他人的信用卡'定性,这是符合主客观相统一的定罪原则的"③。我们赞同第一种观点,无论行为人是否利用"时间差"作案,都不能排除除了持卡人本人以外的其他人成为"使用作废的信用卡"的行为主体。比如,行为人拾得他人的超过有效使用期限的信用卡后进行透支消费,信用卡上载有该卡的有效使用期限,但行为人在明知该卡为作废的信用卡进行透支消费的行为属于"使用作废的信用卡",可见,除了持卡人本人之外,其他人也有可能构成"使用作废的信用卡"的行为主体。

三、冒用他人的信用卡

"冒用他人的信用卡",是指非持卡人以持卡人的名义使用合法持卡人的信

---

① 参见王志祥、杨卉青:《信用卡诈骗罪若干问题研究》,载赵秉志主编:《新千年刑法热点问题研究与适用》(下),北京:中国检察出版社2001年版,第1391页。

② 参见侯放、柯葛壮主编:《信用证信用卡外汇违法犯罪的防范与处罚》,北京:中国检察出版社1999年版,第298页。

③ 赵秉志、徐成磊:《金融诈骗司法认定中的若干重点疑难问题研讨》,载姜伟主编:《刑事司法指南》(总第4辑),北京:法律出版社2000年版,第48~49页。

用卡骗取财物的行为。比如使用拾得的信用卡加以使用,或者在未经持卡人同意的情况下擅自使用代为保管的信用卡,或者通过欺骗手段获得他人信用卡,并以持卡人名义使用该信用卡等。信用卡必须由合法持卡人本人使用是各国普遍遵循的一项原则。根据我国发行信用卡的各银行的规定,信用卡必须由持卡人本人使用而不得转借、赠予或转让。但这并不意味着非持卡人对持卡人信用卡的使用都是冒用。冒用他人信用卡的本质在于这种使用行为违反持卡人的意志,如果得到合法持卡人的许可而使用,虽然违反了信用卡的管理秩序,但由于行为人没有信用卡诈骗罪的故意与非法占有目的,故不能成立信用卡诈骗罪。

"冒用他人的信用卡"中的"信用卡"必须是他人的真实有效的信用卡,不包括伪造的信用卡、骗领的信用卡和作废的信用卡。如果行为人明知是伪造的、骗领的或者作废的信用卡而使用,则分别属于使用伪造的信用卡、使用以虚假证明骗领的信用卡或者使用作废的信用卡的行为。

如果行为人并不知道所取得的信用卡是伪造的、骗领的或者作废的,而把它当作真实有效的信用卡进行使用,是否属于冒用他人信用卡,理论界对此看法不一。一种观点认为,这种情形属于使用伪造的、骗领的或作废的信用卡。另一种观点认为,这种情形属于冒用他人的信用卡[①]。我们认为,这种情形属于冒用他人的信用卡。行为人对所取得的信用卡的性质产生误认,属于事实认识错误。虽然行为人所使用的信用卡客观上是伪造的、骗领的或者作废的信用卡,但是行为人对信用卡的性质并不明知,并且也不具有知道的可能性,那么,不能仅凭客观事实即信用卡的客观性质认定行为,否则易陷入客观归罪的泥沼。必须结合行为人主观方面的认识,即行为人认为该信用卡属于他人真实有效的信用卡并进行使用,符合冒用他人信用卡的行为。因此,从主客观相一致的角度来看,这种情形应当属于冒用他人信用卡的行为。

四、使用信用卡进行恶意透支

根据《刑法》第 196 条第 2 款规定,恶意透支是指持卡人以非法占有为目的,超过规定限额或者规定期限透支,并且经发卡银行催收后仍不归还的行为。从上述规定可以看出,该种行为模式的构成要件包括如下几个。

(一)行为主体是信用卡的持卡人

信用卡的持卡人仅限于合法持卡人,不包括非法持卡人。对于以非法途径获取信用卡并使用的行为,应按照使用伪造的信用卡、作废的信用卡、冒用他人

---

① 　马克昌主编:《刑法》,北京:高等教育出版社 2007 年版,第 406 页。

信用卡的行为方式认定。例如,冒用他人信用卡恶意透支的,不以信用卡诈骗罪的"恶意透支"方式认定,而是以"冒用他人信用卡"方式认定。

(二)行为方式表现为超过规定限额或者规定期限透支

所谓透支,是指在银行及其他金融机构设立账户的客户在账户上已无资金或资金不足的情况下,经过银行批准,允许客户以超过其账上资金的额度支用款项的行为。透支在实质上是银行等发卡机构给予持卡人的短期信贷,即允许持卡人在资金不足的情况下,先进行消费,以后再由持卡人补足资金,并按规定支付一定的利息。对于在国内使用的各种人民币信用卡,各发卡机构一般都规定可以在一定期限内在一定限额内进行短期的善意透支。可见,发卡银行对信用卡透支业务规定有最高限额和相应的最长透支期限,如果超过规定限额透支消费,或者超过规定期限未履行还款义务的,符合恶意透支的客观行为表现。需要明确的是,各发卡机构对透支的规定限额和规定期限不同,因此,在认定透支限额和期限时,应根据信用卡的不同种类分别加以认定。[①]

(三)主观方面以非法占有为目的

以非法占有为目的,是区分善意透支和恶意透支行为的关键。持卡人讲求信誉,在规定的时间内及时归还透支款及利息,这种透支就是善意透支。如果持卡人利用信用卡透支的特点,使用信用卡大肆透支,骗取发卡机构的资金,则属于恶意透支。如何认定恶意透支犯罪的"非法占有目的",应当结合持卡人的客观行为及其他主客观因素综合认定。对此,2009 年 12 月 15 日最高人民法院、最高人民检察院联合发布的《关于办理妨害信用卡管理刑事案件具体应用法律若干问题的解释》第 6 条规定,恶意透支中以非法占有为目的的具体情形包括:①明知没有还款能力而大量透支,无法归还的;②肆意挥霍透支的资金,无法归还的;③透支后逃匿、改变联系方式,逃避银行催收的;④抽逃、转移资金,隐匿财产,逃避还款的;⑤使用透支的资金进行违法犯罪活动的;⑥其他非法占有资金,拒不归还的行为。

司法实践中,非法占有目的的认定通常采用推定的方式,在本节第一个问题"非法占有目的的认定"中已有详细论述,在此就不再赘述。应当注意的一点是,由于采用事实推定的方法有可能导致推定结果与客观事实不一致,因此,允许被告人提出反证,只要被告人能够提出确切证据证明其超过规定期限或者规定限额透支,经过发卡银行催收后仍不归还的行为,不是基于主观上故意不愿归

---

① 冯涛:《恶意透支信用卡诈骗罪的认定及立法完善》,载《中国刑事法》2004 年第 1 期。

还,企图占为己有的目的,而是存在其他客观方面的因素导致未归还的结果,就不能认定被告人具有非法占有的目的。比如,持卡人因长期出差或出国,不在居住地,未能及时收到发卡银行的透支通知而造成拖欠透支款项的现象,虽然从客观上看,持卡人的行为造成未归还透支款项的结果,但是该结果的产生并非持卡人不愿意归还,而是由于客观条件限制加之主观存在一定疏忽大意的过失,造成该结果,因此,不能认定持卡人具有非法占有的目的。

(四)以"经发卡银行催收后仍不归还"作为限制条件

2009 年 12 月 15 日最高人民法院、最高人民检察院联合发布的《关于办理妨害信用卡管理刑事案件具体应用法律若干问题的解释》第 6 条规定,持卡人以非法占有为目的,超过规定限额或者规定期限透支,并且经发卡银行两次催收后超过 3 个月仍不归还的,应当认定为《刑法》第 196 条规定的"恶意透支"。两高的《解释》将原来刑法中规定的"经银行催收超过 3 个月仍未归还"替换为"经发卡银行两次催收后超过 3 个月仍不归还",正是基于现代社会人员流动性大等原因导致一次催收不能有效送达的必要性反应。两次催收应当如何界定呢?我们认为,催收应当以持卡人收到确定的、现实的催收通知为必要,并且两次催收之间具有一定的时间间隔。原因在于:

首先,如果以发卡银行发出催收通知为确定催收的标准,就难以排除因客观因素不能导致透支款项未归还的情况,无法确定"非法占有目的"。

其次,两次催收通知之间间隔一定的时间,可以给持卡人一定的准备时间筹款、还款,如果在具备一定筹款时间的基础上,仍然未归还透支款项,就更能确定持卡人主观方面的非法占有目的,而非客观不能。

最后,对催收作出如此严格意义的界定,目的在于尽可能排除因某些客观原因导致还款不能的情况,尽量避免这些客观不能的情形进入刑法评价领域,缩小刑罚处罚范围,坚持贯彻宽严相济的刑事司法政策。

第四节　贷款诈骗罪的法定行为

贷款业务是金融机构的基本业务之一,在国民经济建设和社会发展中发挥着巨大作用。贷款发放利用得当,会产生积极有效的经济效益和社会效益;反之,不但无法产生预期的良好效益,而且可能造成贷款无法收回,资金流通失序,进而引发金融危机。在引起金融风险的诸多原因之中,违反贷款管理制度的违法犯罪最为突出,尤其是贷款诈骗犯罪。因此,刑法将贷款诈骗罪从一般诈骗罪中分离出来单独成罪,一方面基于贷款诈骗罪所呈现的愈演愈烈的现实状况考虑,另一方面则是出于贷款诈骗罪法益的特殊性考虑,即金融管理秩序的专业性。

《刑法》第193条规定了骗取银行或者其他金融机构贷款构成贷款诈骗罪的具体行为方式包括以下五种:①编造引进资金、项目等虚假理由诈骗贷款的;②使用虚假的经济合同诈骗贷款的;③使用虚假的证明文件诈骗贷款的;④使用虚假的产权证明作担保或者超出抵押物价值重复担保的诈骗贷款的;⑤以其他方法诈骗贷款的。

一、编造引进资金、项目等虚假理由诈骗贷款

在以经济发展为中心的改革开放中,资金成为推动发展的必备条件。各地政府为了吸引投资,纷纷出台一系列的投资优惠政策,其中包括贷款优惠政策。正是利用政府、企业急需资金的迫切心理,一些犯罪分子以引进资金为名,行贷款诈骗之实。编造引进资金诈骗贷款的具体骗术多种多样,包括有的行为人以引进投资需要配套资金为由,得到配套贷款后卷款潜逃;有的行为人要求银行在提供担保的前提下,才能把资金划入当地银行账户,在取得银行担保票据或信函之后,利用该票据或信函到其他银行骗取贷款;等等。

司法实践中,编造具有良好社会效益和经济效益的虚假投资项目,骗取银行或者金融机构贷款的情形,比编造引进资金的虚假理由诈骗贷款的情形更普遍,并且更具欺骗性和迷惑性。行为人的惯常骗术是先投入一些资金,故意安排项目所需要的配套设施,如场地、施工队,进行前期施工,给银行或金融机构负责放贷的考察人员以项目确实存在的假象;有的行为人还会假装成实力雄厚的大老板,与政府官员、金融机构高层频繁接触,骗取他们的信任;有的行为人还会利用虚假的评估机构证明,证明项目具有广阔的市场前景和相当高的投资回报率,然后再以项目资金周转暂时出现困难为由,向银行贷款。一些银行或者投资机构由于相信行为人制造的上述假象,以为项目确实存在并且具有相当发展前景,进而发放贷款。最后,行为人得款后,卷款潜逃。

需要注意的是,这里的编造,实际上是指行为人向银行或者其他金融机构工作人员捏造根本不存在的虚假理由。如果行为人确实具有引进资金、项目等理由,只是对引进资金、项目做了部分夸张,以确保得到贷款或者为了得到较多贷款的,不能轻易认定为贷款诈骗罪。

二、用虚假的经济合同诈骗贷款

使用虚假的经济合同诈骗贷款,是指行为人使用伪造、变造、无效、作废的借

款人与贷款人以外的其他人之间签订的经济合同诈骗贷款的行为①。关于伪造、变造、无效、作废的含义,学界已经基本达成共识,在此不再赘述。

虚假合同的范围仅限于经济合同,而非一般的民事合同。通常来讲,贷款人发放贷款的前提有二:一是确定借款人取得贷款后的投款方向具有正当合法性;二是确定借款人归还本息的能力以确保贷款本金及利息的及时回收。正是由于这个原因,行为人诈骗贷款所要利用的虚假合同一般具有两个特点:一是表明贷款资金投向符合国家相关法律法规的规定,符合国家经济发展的需求,符合宏观调控的要求;二是表明贷款到期具有还本付息的能力。经济合同是当事人为了满足生产、经营需要,在社会主义市场经济运行过程中,据以确定相互间涉及财产及与财产有关的权利义务而签订的合同,直接或间接体现了合同当事人的资金投向及资产状况或者潜在的经济实力。因此,符合上述两点的合同类型只能是经济合同。

所谓"使用",是指向银行或者其他金融机构工作人员出示、提供虚假的经济合同,从而使银行或者其他金融机构的工作人员信以为真,误以为行为人符合贷款条件进而发放贷款。司法实践中,使用虚假的经济合同贷款诈骗的表现形式繁多,比如合同双方恶意串通,签订根本不打算实际履行或者不具有履行可能性的合同,并利用此合同骗取银行或其他金融机构贷款。再如,贷款人伪造合同另一方当事人的公章和法定代表人的私章,制作虚假的经济合同,进而利用该合同诈骗贷款。

三、使用虚假的证明文件诈骗贷款

此处的"证明文件",是指贷款申请人向银行或者其他金融机构申请贷款时应当提交的能够证明其身份、资信状况、还款能力和其他相关情况的书面材料。虚假的证明文件,包括伪造的、变造的、作废的、过期的各种证明文件。

有关贷款人身份的证明文件,主要包括自然人的身份证、企业法人执照、营业执照、工商部门的年检手续、法定代表人的身份证、法人授权委托书、代理合同等。关于个人资信状况和还款能力的证明文件,主要包括贷款人单位出具的个人收入证明、贷款人的纳税单、银行或其他金融机构对个人的诚信评级证明、贷款人获得保证额度所需的保证人同意提供担保的书面文件、社会认可的评估部门出具的抵押物的评估报告等。我国对企业资信能力的评价主要是通过对企业的各种财务报表、长期的经营信誉的社会调查以及会计师事务所、审计事务所、

---

① 刘远著:《金融诈骗罪研究》,北京:中国检察出版社 2002 年 6 月版,第 353 页。

资产评估机构等中介机构提供的有关证明文件来获得。财务报表主要包括资产负债表、损益表、财务状况变动表、利润分配表以及会计报表附注。国家有关部门颁发的有关荣誉证书证明,如国家一级企业证书等,因为能够表明企业经营信誉状况,在一定程度上反映企业的资信情况和还款能力,也被视为证明文件的范畴。

对于行为人以伪造的银行存单作抵押,骗取银行或者其他金融机构贷款行为的认定,司法实践中存在争议。有学者主张定为金融凭证诈骗罪,因为《刑法》第193条贷款诈骗罪第(三)项中的"证明文件"不包括银行存单。也有观点主张定为贷款诈骗罪,因为存单也是一种"证明文件",完全可以涵盖在《刑法》第193条第(三)项所规定的"证明文件中"[1]。还有学者运用法条竞合的理论对此作了分析,认为相对于普通诈骗罪来说,贷款诈骗罪与金融凭证诈骗罪都是特殊规定:贷款诈骗罪是对象特殊,金融凭证诈骗罪是手段特殊,因为刑法对贷款诈骗罪的方法没有限制,只要诈骗的是银行等金融机构的贷款,即构成贷款诈骗罪;而刑法对于金融凭证诈骗罪的对象也没有限制,只要采取的是金融凭证的诈骗方法,即构成金融凭证诈骗罪,因而在两罪之间存在一种交叉竞合的关系,根据法条竞合理论,排斥轻法。因此,应依金融凭证诈骗罪对行为人定罪量刑[2]。我们认为,银行存单是银行凭以办理储蓄业务的一种信用凭证,伪造的银行存单具有证明行为人还本付息能力的作用,可以归入此处所讲的"证明文件"范围。同时,银行存单作为信用凭证属于金融凭证的一种,利用伪造的金融凭证进行诈骗的有可能构成金融凭证诈骗罪。可见,利用伪造的银行存单诈骗银行或者其他金融机构贷款的,构成贷款诈骗罪和金融凭证诈骗罪的想象竞合犯,根据想象竞合犯的处罚原则,从一重处断,应当以金融凭证罪定罪处罚。

四、使用虚假的产权证明作担保或者超出抵押物价值重复担保诈骗贷款

虚假的产权证明,是指伪造的、变造的或者作废的证明行为人对房屋等不动产或者汽车、货币、可即时兑付的票据等动产具有所有权的一切文件。使用虚假

---

① 参见《朱成芳等金融凭证诈骗、贷款诈骗案——使用伪造的银行存单作抵押诈骗银行贷款的行为如何定性》,载最高人民法院刑事审判第一庭编:《刑事审判参考》(合订本第1卷),北京:法律出版社2000年版,第51~57页。

② 陈兴良:《使用伪造的银行存单作抵押诈骗贷款行为之定性研究——从朱成芳案切入》,载姜伟主编:《刑事司法指南》(总第17辑),北京:法律出版社2004年版,第155~157页。

的产权证明作担保包括两种情形:一是使用虚假的产权证明作抵押证明诈骗贷款;二是使用虚假的产权证明作权利质押诈骗贷款。根据《担保法》第75条规定,可以质押的权利包括汇票、本票、支票、债券、存款单、仓单、提单;依法可以转让的商标权、专利权、著作权中的财产权;依法可以转让的其他权利。

超出抵押物价值重复担保诈骗贷款是实践中常见的一种诈骗贷款的方法。根据我国担保法的规定,在同一财产上可以设定多个抵押权,但是只有前面债务抵押担保后的余值,才能为后面的债务作抵押担保。抵押人所担保的债权不能超出其抵押物的价值。财产抵押后,该财产的价值大于所担保的债券的余额部分,可以再次抵押,但不得超过其余额部分。利用同一财产的同一价值进行重复抵押,明显违反法律规定,使超出抵押物价值重复担保的债权人的债权处于无担保的风险之下,损害这部分债权人的利益。因此,超出抵押物价值重复担保得到贷款,会使银行或者其他金融机构基于担保信任而贷出的款项处于无担保的风险之下,故而,刑法将超出抵押物价值重复担保诈骗贷款作为贷款诈骗罪的法定行为方式之一。

五、以其他方法诈骗贷款

实践中,贷款诈骗的行为方式多种多样,层出不穷,这是列举式立法无法穷尽的,因此,在列举上述四种具体的贷款诈骗的行为方式之后,以该“堵截性”条款弥补列举式立法的不足,保持立法的开放性和司法适用的弹性,以期应对此类犯罪现实的复杂性。

这里的“其他方法”,刑法理论上有两种不同的理解。一种观点认为,“其他方法”应与前面四项具有性质上的同一性,即行为人在申请贷款的过程中,未得到贷款之前采用上述方法以外的其他虚构事实、隐瞒真相的手段,将银行或其他金融机构的资金骗出来并非法据为己有[1]。另一种观点认为,尽管立法者在前面四项中所列举的欺诈手段,行为人都是在申请贷款之前就产生了非法占有之故意,并为达到这一目的而采取了相应的欺诈手段,但这并不表明立法者因此而在“其他方法”的内涵中否定了行为人的欺诈手段可以出现在取得贷款之后。也就是说,如果行为人出于正当目的并采取合法手段取得贷款后,又基于某种原因,为自己私利产生了不归还贷款的故意,致使银行无法收回贷款的,应认定是

---

① 赵秉志:《金融诈骗罪新论》,北京:人民法院出版社2001版,第164页。

这里的"其他方法"①。我们认为,第一种观点更具合理性。第一,基于罪刑法定原则的要求,刑法必须具有明确性和可预测性,如果对"其他方法"不作任何限制,会导致"其他方法"的解释范围无限扩大,有可能产生远超出国民预测可能性的解释,破坏刑法的人权保护机能。第二,从立法技术来看,"其他方法"应当是与前述四项列举的行为方式在性质和作用上具有相当性的欺骗方法,因此,合法借贷后转移资产逃避还贷的,与在申请贷款时采取欺诈手段的性质不同,不能视为"其他方法"。第三,第二种观点承认"事后故意"的存在,这种解释违背行为与责任同时存在的原则,不符合主客观相统一的原则。

司法实践中通过其他方法诈骗贷款的情况主要有:①行为人在设定抵押获取贷款后,减少或者隐匿、转移抵押财产,实现诈骗贷款目的。②以贿赂等非法、不正当手段骗取贷款的;③用假币作担保诈骗贷款;④伪造、盗用以虚张声势或九真一假的方法骗取贷款。所谓"九真一假"的方法,是指行为人在以前多次借款中都做到了按期还本付息,等到取得金融机构的充分信任后,便借一笔大数额的款项,然后携款潜逃②。总之,对"以其他方法诈骗贷款"的认定,不能离开贷款诈骗罪的本质特征,只要行为人不具备偿还能力或者超出其偿还能力,以非法占有为目的,采取捏造事实或隐瞒真相等不正当手段骗取贷款,或者以非法占有为目的,采取欺诈手段拒不偿还所骗贷款的,即可构成本罪。③

第五节　保险诈骗中的罪数问题

保险诈骗罪是指投保人、被保险人或者受益人违反保险法规,用虚构事实、隐瞒真相等方法,骗取数额较大保险金的行为④。保险诈骗是金融领域中的严重刑事犯罪之一。由于行为人在实施保险诈骗行为的过程中,为了达到骗保的目的,必须要制造一些条件形成保险合同约定的保险事故,因此,很容易在行为方式或结果上又触犯刑法规定的其他罪名,所以,保险诈骗中的罪数问题常常成

---

① 李邦有、王德育:《贷款诈骗罪若干问题探讨》,载赵秉志:《新千年刑法热点为题研究与适用》(下),中国检察出版社2001年版,第1191～1192页。

② 参见《北京预防和控制金融欺诈国际研讨会论文集》第201页。转引自周艳红:《贷款诈骗罪若干问题研究》,郑州大学硕士学位论文,2009年5月,第29页。

③ 王晨:《贷款诈骗罪定性问题研究》,载《法律科学(西北政法学院学报)》2004年第2期。

④ 刘宪权著:《金融犯罪刑法理论与实践》,北京:北京大学出版社2008年版,第519页。

为司法实践中的疑难问题。

一、自然人主体的罪数问题

《刑法》第 198 条第 2 款规定,有前款第四项、第五项所列行为,同时构成犯罪的,依照数罪并罚的规定处罚。其中第四项是指"投保人、保险人故意造成财产损失的保险事故,骗取保险金的",第五项是指"投保人、受益人故意造成被保险人死亡、伤残或者疾病,骗取保险金的"。对此,刑法理论上存在不同的观点。

第一种观点认为,从刑法理论上分析,这种情况与牵连犯原理较为吻合,即故意杀人、放火、故意伤害、毁坏财物等行为是行为人实施保险诈骗犯罪行为的手段行为,而以此骗取保险金的行为则是行为人的目的行为①。还有学者赞同前述两种情形属于牵连犯的观点,但是对数罪并罚的原因有不同认识,认为此两种"制造保险事故的行为本身已经严重侵犯法益,构成独立犯罪,而骗取保险金便是利用制造的保险事故实施的另一犯罪行为,理应以数罪论处"②。

第二种观点认为,在实施保险诈骗行为时,兼其他诸如故意杀人罪等的案件中,虽然行为人的诈骗行为与杀人等行为之间,具有一定联系,但并不符合刑法理论中牵连犯的构成要件。因为牵连犯在主观上应具有一个犯罪目的,客观上方法行为与目的行为或原因行为与结果行为在法律上应包含于一个犯罪构成客观要件之中。但是上述保险诈骗犯罪中,行为人的诈骗与杀人等行为,在构成要件上并没相互包含的关系,即杀人等行为无法被保险诈骗罪中"虚构事实、隐瞒真相"的客观特征所包涵,所以不能将这种情况视为牵连犯。③

上述两种观点的争议归根到底取决于对牵连犯的定义不同。通说认为,牵连犯是指以实施某一犯罪为目的,其方法或结果行为又触犯其他罪名的犯罪形态。据此,牵连犯可以分为两部分:本罪与他罪,本罪即行为人基于其犯罪目的而实施的直接体现其犯罪目的的具体犯罪;他罪即行为人的方法行为或结果行为所构成的犯罪④。关于牵连犯的处罚原则,传统刑法理论认为一律实行"从一重处断"原则。目前,该原则正在受到诸多挑战,存在"一律并罚说""从一重处断说"和"双重处断原则说"。我们认为,根据牵连犯概念的通说观点,上述两种

---

① 参见高秀东:《论保险诈骗罪》,载赵秉志主编:《新千年刑法热点问题研究与适用》(下),北京:中国检察出版社 2001 年版,第 1453 页。

② 于改之:《保险诈骗罪的司法认定》,载《法律适用》2003 年第 7 期。

③ 刘宪权著:《金融犯罪刑法理论与实践》,北京:北京大学出版社 2008 年版,第 534 页。

④ 张凌:《保险诈骗罪犯罪形态研究》,中国政法大学 2006 年硕士学位论文,第 26 页。

情形属于牵连犯。但是刑法为什么将此处的牵连犯按照数罪并罚而非"从一重处断"原则处罚呢? 本罪所保护的法益是保险制度(或秩序)和保险人的财产所有权,不能包含财产安全和人的生命健康,换言之,财产安全和人的生命健康已经超出保险诈骗罪法益保护范围;另外,从牵连两罪的法定刑来看,保险诈骗罪的最高法定刑是有期徒刑,而故意杀人罪、放火罪等最高刑是死刑。因此,以上述两种手段进行保险诈骗的犯罪,单用手段行为或目的行为都无法对全过程的严重社会危害性进行全面评价,应实行数罪并罚,符合罪责刑相适应原则。

《刑法》第 198 条第 2 款仅规定有保险诈骗罪第四项、第五项所列行为,同时构成犯罪的,依照数罪并罚的规定处罚,如果行为人实施保险诈骗罪前三项所列行为,同时构成犯罪的,应当如何处罚呢? 我们认为,应当按照牵连犯"从一重处断"的一般原则处罚。对牵连犯的处罚,从一重处断是原则性的规定,例外需以刑法明文规定为限,既然刑法仅将保险诈骗罪第四项、第五项所列行为构成犯罪的与保险诈骗罪实行数罪并罚,并未将前述三项行为列入其中,那么就不能将这三项行为与第四项、第五项行为类比,从而纳入数罪并罚的范畴。

如果仅实施了制造保险事故的犯罪行为,还没有向保险人索赔时,应否实行数罪并罚? 比如行为人在故意杀人后,尚未向保险公司提出理赔申请便案发,是否应当数罪并罚? 我们认为,这种情况不应当实行数罪并罚,应当属于想象竞合犯的情况。因为故意杀人行为是一个独立的犯罪行为,只是相对于保险诈骗罪而言处于手段行为的地位。同时,由于行为人在故意杀人后,没有提出索赔要求,就不可能实际骗取保险金,该故意杀人行为只是为了骗取保险金制造条件而已,属于保险诈骗罪的预备行为。虽然行为人同时具备保险诈骗和杀人两个故意,但是却只有故意杀人一个行为,并因此触犯两个罪名,这完全符合想象竞合犯的概念,故而,这种情况应当按照想象竞合犯从一重处断的原则处理,而不应该实行数罪并罚。

二、单位犯罪的罪数认定

《刑法》第 197 条第 3 款规定,单位可以成为保险诈骗罪的主体。单位制造保险事故,骗取保险金的,能否对单位实行数罪并罚? 既然刑法规定,单位能够成为保险诈骗罪的主体,那么理应适用该罪第 2 款的规定,也就是说,如果单位采取放火、爆炸等手段制造保险事故,骗取保险金,应当实行数罪并罚。但是,从刑法的规定来看,放火罪、爆炸罪等相关条文均未规定单位犯罪,如果对单位追究放火罪、爆炸罪等犯罪的刑事责任,就违反罪刑法定原则。可是,如果仅追究保险诈骗罪的刑事责任,而忽略对放火、爆炸行为的社会危害性评价,就有放纵犯罪之嫌。要解决此问题,我们认为,可以根据两罪的具体情况具体认定。由于单位能够成为保险诈骗罪的主体,因而,就保险诈骗罪而言,成立单位犯罪,既追究单位的刑事责任,也追究直接负责的主管人员和其他直接责任人员的刑事责任;就放火罪、爆炸罪而言,追究直接负责的主管人员和其他直接责任人员的刑事责任。

第九章

聚众犯罪

转型时期,群体性事件呈多发态势。群体性事件的性质较为复杂,不能一律视为聚众犯罪用刑法加以规制,应当从量的要素和质的要素予以判断。对于涉及聚众犯罪的,处罚的关键在于主体的认定。因此,对于转型期聚众犯罪在认定中需要注意以下几点。

▎第一节　群体性事件的法律分析

聚众犯罪是我国刑法中规定的一种犯罪类型。聚众犯罪均以首要分子聚集多人,形成群体实施危害行为为特征,对社会秩序具有很大的破坏性,其在刑事司法的实践中也具有较大程度的复杂性。大量的事实表明,聚众犯罪大多由突发性的群体性事件演变而来,要深入地研究我国刑法规定的聚众犯罪,有必要从宏观上了解和把握我国现阶段群体事件的现状、特点、规律及处置策略,从而为研究聚众犯罪奠定现实基础。

一、我国群体性事件的概念和特点

(一)群体性事件的特点

当前在理论和实践中,关于群体性事件的概念还没有达成共识,在运用上比较混乱。比如,与群体性相关的概念,存在着群众性、聚众、集群、集体行为等多种称谓;与群体性冲突相关的概念,存在着群体冲突、群体矛盾、群体纠纷、闹事、人民内部矛盾等多种称谓;与群体性事件相关的概念,也是群体事件、群体非法事件、突发事件、治安事件、群体性治安事件、治安紧急事件、群众治安事件、群众闹事事件、群体性暴力事件诸说并用。群体事件在社会学和法学还未形成统一的概念,在我国台湾地区称为"聚众活动"或"群众事件"。西方社会学称之为"集群行为"或"集合行为",无论怎么称谓,群体性事件都有本质上的共性,即具有群众性、突发性、非理性、反复性、局部对抗性和可控性等特点。

从我国的国情和现实情况来分析,我们认为所谓群体性事件,是指某些利益要求相同、相近的群众或者个别团体、个别组织,在其利益受到损害或者不能得到满足时,采取不当方式寻求解决问题,并产生一定社会危害的集体活动。群体性事件是人民内部矛盾激化后的一种社会心理的外在表现,群体性事件虽然形式多变,但通过对众多群体性事件的构成和表现方式进行分析,可以归纳出以下几个主要特点。

(1)事件的突发性。事件往往会因某种事由在短时间内突然诱发,并迅速扩大升级。

(2)扩展性。参与的外延扩大,但仍以工人、农民为主;数量递增,规模呈扩大化趋势。

(3)利益的趋同性。组织和参与事件的一些人有相同或相近的利益要求。

(4)起因具有一定的合理性。从一些突出的群体性事件的起因分析,应该说绝大多数集体上访甚至闹事都有一定的理由,即有其合理的部分,而真正无理取闹是极个别的,因此往往容易引起社会的关注。

(5)情绪的对立性。群体性事件的主体同处置事件的有关责任部门或另一部分有关利益争端的群众,在情绪、观点和要求上往往都有一定的对立性。

(6)对常态的冲击性。部分群体性事件的参与人员,采取到党政机关门口静坐、上路堵塞交通、聚众示威等偏激方式反映问题,以施加压力、扩大影响,个别群体性事件还伴有打、砸、抢、烧等违法犯罪行为。

(7)矛盾的反复性。从群体自身来看,以聚众闹事的方法来达到某种目的,事实上确实促使一些问题得到了解决与落实,这难免会在一定程度上强化部分群众"不闹不解决,小闹小解决,大闹大解决"的心理,从而造成群众长期缠诉闹事,处置难度加大。

(8)性质的变异性。突发性群体事件的发生,特别是超大型群体性事件,如果由于某种因素或条件影响,引起矛盾激化而导致围攻、游行或局部社会动乱,容易使矛盾走向对抗性,严重时事件性质还会发生转化。

(二)群体性事件的危害

群体性事件作为当代中国社会矛盾网络系统中的一种类型,对社会的发展具有双重效应:一方面,它作为人民内部矛盾的一种特殊形态,以特有的形式暴露我国社会的一些深层问题。如果认识正确、处理到位、方法得体妥当,对于克服党和政府中少数工作人员的官僚主义,密切党同人民群众之间的联系,化消极因素为积极因素,调动人民群众的积极性具有重大的意义。另一方面,它作为人民内部矛盾的一种激化倾向,矛盾双方在冲突过程中所表现出来的过激行为和非理性因素,对社会生活和生产发展造成巨大危害。群体事件尤其是其中的暴力冲突事件,对社会具有严重的危害性。

(1)破坏社会生活的正常秩序,引起治安的混乱。大规模的集体上访、罢工、罢课、静坐、游行、械斗等,不仅耗费大量的时间,贻误生产和工作,而且由于人群的大量聚集而堵塞道路,影响车辆、行人通行,严重的还造成停水、停电、交通瘫痪等,严重影响人们正常的生产、生活秩序,甚至造成社会局部动荡。

(2)影响人民群众之间的团结。群体性事件本属于人民内部矛盾的范畴,在事件发生之前,矛盾双方本应用行政的、法律的手段来解决,但由于矛盾的一方或双方在对立和斗争的过程中错误地运用具有外部对抗性质的形式和方法,其结果造成事件对抗程度的进一步加剧。这样,既无助于问题的解决,也破坏和伤害了人民群众之间、群众与政府之间、领导干部和群众之间的感情,增加了矛盾双方的仇怨和不信任感。

(3)破坏法律规范,损害政府形象。群体事件由于其案发的突发性、矛盾主体的群体性、行为的非理性等特点,很难在较短时间内得到解决。此类事件一经产生,就立即使政府处于十分被动的地位,稍有不慎就会使矛盾进一步激化。尽管产生群体事件原因是多方面的。但是,无论怎样,其产生的社会效应往往会给党和政府带来巨大压力。同时,也严重损害了党和政府的形象,削弱了领导机关和干部在人民群众中的威望。

(4)破坏经济的正常发展。当前我国正处在社会大变革的历史阶段,改革开放,使得我国的经济建设取得了举世瞩目的成就,人民的生活水平有了一定程度的提高,社会主义市场经济体制已经逐步步入良性发展的轨道。但是,在短时期内,新旧的社会利益格局的冲突会进一步加深。群体事件作为具有一定破坏力的群体行为,必然对社会生产产生极大的破坏作用。它破坏着社会经济秩序,转移了人们的注意力，使人们在一定时期内无法集中精力搞建设，严重时甚至会导致经济停滞的严重后果。

群体性事件大多没有事前的预谋，众多的参与者是在受到某种刺激或个别人的鼓动后，为了发泄内心的积怨而自然哄起，行为不受理性控制，肆意践踏和破坏社会准则。群体性事件涉及人员多、波及面广、极易诱发某些人的"凑热闹心理"，处理时政策性强，认定其性质和适用法律时一旦有偏差，则有可能导致事态的进一步扩大，形成一种恶劣的社会声势，从而给一些不法分子以可乘之机，进而引起更大规模的社会骚乱，严重影响社会稳定。因此，研究群体性事件，能够使我们对群体性事件现象有更为全面的认识；从而也使我们能够更深入地掌握由此演化而来的聚众犯罪的规律和原因，充分发挥聚众犯罪的理论研究成果对社会治安综合治理的参谋作用。

（三）新时期群体性事件的特点

从发生的一系列群体性事件来看，新时期的群体事件除了具有以往类似事件的群体性、突发性，处理难度大等特点外，还具有以下特点。

（1）目的具有确定性。参与群体性事件的人虽然各不相同，单个多样，但是他们"走到一起来了"。利同者集，利异者离。他们能够"走到一起"，就是因为他们为了一个共同的目标。聚集者之所以要邀约众多的人参加，是因为他们认为只有这样才能达到他们既定的目的。因此，不论是操纵者还是一般成员，当聚集成群体时，就已经有了比较明显的主观意图。当前，总的来看，绝大多数群体事件都是直接或间接因经济利益而引发的，因政治等其他原因引起的较少。其中，直接因自然资源权属纠纷以及为争夺眼前经济利益、职工经济收入减少等引起的较多。一些企业职工把企业经营不善，经济发生困难全怪罪于企业领导人，常常找其"算账"，进行围攻、谩骂和殴打；社会上有些人对改革开放的政策不理解，妨碍国家工作人员执行公务的事件不断发生，有的参与人数较多，形成群体性闹事事件。

（2）参与对象具有广泛性。群体性事件一旦发生，就会牵涉到许多人，其成员是多方面的：有男有女，有老有少；有操纵者、组织者、策划者，也有骨干和一般成员。其组织、煽动及闹事的骨干成员中，有的是被调整下来的基层干部，有的是游手好闲之徒，有的是被公安机关依法处理过或系"两劳"回归人员，还有的是仇视党和政府的不法分子，其中掺杂着个别反动非法宗教组织的骨干分子，一旦发生闹事事件，他们混迹于群众中间，蛊惑人心、煽风点火、起到推波助澜的作用。另外还有一些不明真相的群众。

（3）表现形式具有多样性。不同的社会矛盾，作用于不同的当事人，就会形成不同的思想意识，选择不同的时机和不同的方式来解决矛盾。有的采用较为温和的方式,如集体上访、集体请愿等;有的既用和平方式又以暴力方式相补充或者相互渗透;而有的则采用野蛮、暴力的方式,冲击政府和有关部门,并围攻有关人员。

(4)闹事的时机具有选择性。群体性事件发生的时间不同,发生的地点不同,其行为的社会压力也不尽相同。群体性事件的聚集者所希望的是有较大的压力。他们一般都带有"大闹大解决、小闹小解决、不闹不解决"的思想,认为所找的领导级别越高越容易解决问题,越是一些特别的日子,就越是他们选择的最佳时机。如每逢县、市主要领导调换时,由于群众对新上任的领导期望值较高,都将引起一次群众性集体上访、请愿的高潮;每逢各级党委、政府、人大召开"党代会""人代会"期间,都会有一部分群众借机聚集请愿,给政府施加压力。

另外,很多群体性事件表现为泄愤性冲突,该类冲突事件一是没有明确的组织者,找不到磋商对象,绝大多数参与者与最初引发的事件并没有直接利益关系,主要是路见不平或借题发挥,表达对社会不公的不满,以发泄为主。泄愤性冲突的参与者一般与事件没有直接的利害关系,这也是它区别于维权事件和其他事件的最主要特点。二是在事件发生和发展过程中,信息的传播有新的特点,其中短信和网络传播的各种信息,对事件的发生和发展起到了非常重要的作用。三是泄愤性冲突事件中的打、砸、抢、烧等违法犯罪行为,不仅造成财产方面的损失,而且会产生较大的社会影响。

二、我国当今群体性事件频发的原因

群体性事件的逐年增多,其形成的原因也呈现多样性,涉及政治、经济、法律、思想、道德、管理体制等社会的方方面面。主要体现在以下几个方面。

(一)社会转型引发的矛盾是群体性事件产生的基础性根源

在社会转型期,社会整体结构、资源结构、区域结构、组织结构及身份结构都在发生着重大转变。而这些转变必然会在社会成员的思想观念和意识形态结构中有所反映,人们的价值观念、思维方式等将不断趋于多元化,而各种各样的价值观念的冲击,导致价值体系的紊乱,从而使人们无所适从,诱发出许多社会问题。我国正处在社会转型期,当前研究群体性事件也离不开社会转型这个特定的历史环境。中国社会的转型,就是从结构社会转向现代社会,从农业社会转向工业社会,从封闭社会转向开放性社会。新的社会变革迅猛地弱化着旧体制,促发新体制,这一时期新旧体制相互碰撞、排斥,从而形成双轨体制并存的格局,并伴发体制缺口、体制倒错和体制逆转的特征。由于这种错综复杂的新旧体制、新旧社会结构之间的矛盾和对抗,势必引起社会环境的剧烈变动,引起各社会阶层利益格局的变化,刺激人们各种需求的增加。而伴随各种资源的短缺和群众利益诉求反映机制的不健全,各级政府部门决策上的错误和公职人员工作上的失误,极易成为某些人要挟政府满足其不合理要求的把柄,一旦受到别有用心者的挑唆和煽动,就会激化群众中的不满情绪,或许一个小事情就会被引爆为一场矛盾冲突烈度强、破坏性大的聚众犯罪事件。

（二）个别干部的官僚主义和腐败行为是群体性事件发生的政治因素

近年来,群体性事件的增多,既有随着改革的深化,经济领域不可避免地会出现一些纷繁复杂的矛盾和问题的客观原因,也因为在很大程度上有的干部脱离群众,腐化变质,从而导致干群矛盾激化。从这个意义上讲,官僚主义、腐败行为也是致乱之源。

大量群体性事件的背后至少有三只手在推波助澜:一是幕后"黑手",他们大多先隐藏在阴暗的角落里,待到看准时机就使用挑拨离间的手段,点燃不明真相的群众的"情绪",并不断煽风点火把火情闹大,以实现其不可告人的目的;第二只手是"推手",大多由地方官员充当,他们对百姓所反映的问题大都视而不见或充耳不闻,或推三阻四或敷衍搪塞,这些地方官客观上起到了"火上浇油"的作用,把人们的不满情绪激发到极点,给黑手创造条件;第三只手就是所谓的"枪手",即事件的主要利害人,为了解决自己的问题,他们很需要一批同情者或同盟者,他们往往因某一个问题而情绪亢奋,理智失控,这个时候再加上"推手"的加压,"黑手"在幕后煽风点火,"枪手"此时自然就成了忘乎所以的急先锋,一场群体性的事件就这样爆发了。

社会泄愤事件表明,国家管理社会秩序的有效性存在危机,主要有两大直接原因,即社会不满群体的存在和政府管制能力的低下。受目前经济衰退的影响,社会底层群体,特别是下岗工人、不能就业的大学生、退休职工、复转军人、拆迁户等的实际生活水平下降,甚至连基本生活也难以保障,社会不满心理会更为严重。如果不能正确引导,对各类偶发事件不能合理处置,就可能发生各种较大规模的社会泄愤事件。

（三）群众的民主意识不断增强,但政治参与能力相对较低,法制观念淡薄,这是群体性事件产生的文化因素

改革开放以来,群众的民主意识逐步增强,对民主的要求越来越高,参政的愿望越来越强烈,但政治参与能力相对较低,法制观念淡薄。当群众之间、上下级之间出现利益摩擦或纠纷时,一些群众错误认为聚众闹事可以对领导造成压力,能较快解决问题,使本来能在法律程序中得到解决的矛盾演化成突发性群体事件。

（四）各种具体的利益冲突是引发群体性事件的导火索

一是因对政府出台的政策、措施不满而引发的群体性事件。

二是因企业经营亏损、破产、转制而引发的群体性事件。

三是因征地搬迁问题而引发的群体性事件。

四是随着环境问题日益严重和人们环保意识的提高,环境污染问题已成为引发群体性事件的一个新的诱因,此类事件呈上升趋势。

经济纠纷已经成为引发官民冲突甚至骚乱事件的一个重要的导火索。非法集资、非法传销、地下钱庄等经济犯罪突出,由此引发的群体性事件增多,成为影响社会稳定的重要因素。在各类经济纠纷面前,如果政府不作为或乱作为,利益受损一方可能会要求政府承担相应的责任,并最终演变为对政府机关、无关的商铺和无关民用设施进行打、砸、抢、烧的骚乱行为。因经济纠纷引发的事件正以多种形式发生。一定程度上,它表现了维权与社会泄愤事件的双重特征。导致这类经济纠纷向官民冲突及社会骚乱转变的直接原因是制度性的,与中国各级政府长期充当全能主义政府的角色及缺乏法治精神有关,经济纠纷利益受损者深谙"小闹小解决,大闹大解决,不闹不解决"的管治逻辑,知道执政者希望社会稳定。虽然地方官员害怕上级政府"一票否决"下的责任追究,但解决这类问题的能力却十分有限。这就使这类经济纠纷向官民冲突转变并经常会向社会骚乱方向发展。我国目前因各类维权引发的群体事件,有增加趋势。在农村,因土地、林地和环境等问题还会产生大量纠纷,尤其土地所有权之争的征地冲突和涉及土地承包经营权问题的占地冲突;因金融危机,一些企业可能降薪维持企业生产,易引发新的劳资纠纷,尤其是农民工的工资和劳动保障问题;行业性的群体如出租车、教师的正当权益问题;还有被拆迁居民、下岗职工、离退休干部、复转军人、不能就业的大学生、大学生村官等群体的诉求。如这些年频发的"医闹"事件,就是一种典型的弱势群体以"私力救济"解决医患纠纷的"快捷方式"。受雇于医疗纠纷中的患者方与患者家属一起,采取堵门谩骂、放哀乐放鞭炮、打横幅摆花圈、抬尸陈列焚烧祭品、毁坏财物等聚众闹医的手段,迫使医院方最后不得不"举手投降",而患者一方从而可以取得迅速、实惠的"战果"。据广东省卫生厅统计,2006 年上半年,广东省 200 起医疗纠纷暴力事件中,95%的患者试图通过聚众扰乱医疗秩序达到赔偿目的,且最终有 129 起"闹医"成功。这些维权事件,直指社会群体的利益冲突,大都由弱势群体的合法利益受损而引发,是一种反映性的抗争行动。

需要指出的是,群体性事件都不具有明确的政治诉求,目的不是推翻政府并取而代之。执政者在积极应对时,要有充分的政治自信,防范一些地方政府和官员以"维护稳定"为名,以影响政府执政合法性为幌子,形成官官相护的利益共同体,甚至胁迫上级为其胡作非为"背书"。各级政府要切实调整好各种利益关系,维护不同社会群体的合法权益。如果仍然以"经济发展"和"维护社会稳定"

为由,动辄使用警力打压维权者,就可能引发恶性暴力事件,产生十分恶劣的社会后果。群体事件反映了公民意识和权利意识的觉醒,是我们这个民族不得不上的一堂课。但是我们相信,随着反腐败力度的加大,贫富差距的缩短,政府执政能力的提高,执政公平的增强,群体事件会越来越少。

三、预防和处置群体性事件的基本策略

在现代社会里,维护社会稳定,其实有很多办法。普及法律知识,教育群众遵守法律,是一个办法;为群众提供了解和沟通的渠道,帮助群众在法制的框架内解决问题,是一个办法;重视群众的诉求,及时有效地处理问题,是一个办法;容忍群众的抗议,倾听群众的呼声,同时告诉群众不要越过法律的底线,也是一个办法。总之,法制社会,不能再用简单粗暴的办法处理社会问题。抓几个人容易,让人心服口服不容易。给一个人定罪或许不难,让天下人认可不容易。严厉打击刑事犯罪分子,人民群众都拥护,但是,如果并非真正的犯罪,司法部门还是实事求是为好。正视问题,解决矛盾,舒解怨气,抚平民愤——这有利于社会和谐,也有利于社会文明。民意是反映社会真相的一面镜子。如果一件事遭到绝大多数人的质疑或反对,有关部门的领导是否要问一句:这件事处理得合理合情合法吗? 这也是对官员水平和能力的考验。

群体性事件的处置应在党委和政府统一领导下,各部门力量积极配合,协同制止和平息事件的过程,必须要从有利于社会稳定的前提出发,坚持"教育疏导,缓解矛盾,内紧外松,依法办事"的方针,迅速制止事态的扩展,并以最快的速度查清群众反映的问题,落实针对措施,避免事件的再度爆发。

(一) 未雨绸缪,建立全面系统的防范机制

防范突发性群体性事件要治本,即要从根本上、源头上消除事件发生的土壤和条件。为此,需要有一种程式化的、稳定的、一系列配套的制度安排。

首先,要坚持社会公正原则,协调利益关系。要建立系统规范的社会保障制度和社会福利网络,努力解决城乡人口的低收入和贫困问题,以释放社会成员所承担的社会风险。要下大力气营造让每个社会成员、社会细胞、社会单元"各得其所"的公平的社会环境。政府必须对于改革过程中的公正性给以足够的重视,无论是在所有制形式、分配体制、社会管理体制上,还是在生产、流通、交换、分配等重要环节上,要通过改革过程中的统筹兼顾,切实避免部分群体的利益损失过大;对改革过程中不可避免的利益调整应形成有效的补偿机制,使改革中利益相对受损者能得到应有的补偿,以保证改革过程中利益调整的相对优化状态。

其次,要建立健全社会安全阀系统。

(1)构建理性化的社会沟通系统。理性交往的通畅渠道是现代社会的特征

之一,也是实现社会稳定的主要制度之一。一般来说,较畅通的理性化沟通渠道与较高程度的政治稳定之间有着深刻的内在联系。理性化的沟通系统可以让群众通过各种渠道及时充分地表达自己的利益要求,政府可以适时地根据群众意见做出政策调整,这等于在政府与群众之间安装了一个安全有效、双向互动的"缓冲阀",使社会张力得以释放,社会免于脆性崩塌。当然从更积极的意义上说,理性化的沟通系统也是人民实现权利的保障。这些渠道包括:获取信息自由的制度,如信息公开制度,立法、执法和司法公开制度等,这是理性沟通的前提,信息严重不对称无法进行理性的交往;表达自由的制度,无表达自由就谈不上理性沟通,任何社会主体均有表达自己利益与见解的自由,如言论自由、出版自由;人民个体或群体向政府表达意愿的制度,如申诉制度、信访制度、请愿制度、游行示威制度、公民参与立法的制度、全民公决制度等。

(2)培育社会缓冲与消融机制。各种社会中间组织是社会成员交流感受、诉说委屈、发泄情绪、提出建议的渠道,能及时、适当地让不满情绪和不同意见得以宣泄,避免矛盾和冲突在社会领域的过度压抑、聚集甚至总爆发,减缓甚至避免社会成员对政府的直接对抗。以社会中间组织为主体的缓冲与消融机制,实际上具有社会安全阀的作用。因而,在当前要进一步加强、引导、规范社会中间组织建设,通过建立各种社团组织,确立公民政治,建立兴趣社团,构建国家与社会、精英与民众之间以及富人和穷人之间的中介机制和传导沟通机制,使之发挥理顺关系、处理矛盾等保障社会安全运行的积极作用。

最后,要建立明察秋毫的社会监控与预警机制。如果我们对社会偏离现象做到明察秋毫,予以重视和警觉,作出科学的判断,防患于未然,就能及早地预防和纠偏,为解决、防范社会问题提供先决条件,奠定稳固基础。因而,建立预警机制是防范和解决社会矛盾的基础,是社会稳定和发展的指示器,是科学决策的可靠手段。

(二)切实做好群众工作,化解社会矛盾

群体性事件涉及面广、规模大,对社会稳定有着十分严重的影响和危害。因此,政法机关要主动了解民意,分析社会动态和潜在的矛盾,及时向党委、政府汇报。根据党委和政府的指示精神,积极协助有关部门做好群众的思想工作,并采取必要措施,力争把群众性事件消除在萌芽状态,防止造成危害。在做群众工作中,要树立群众观念,讲究工作方法,切忌言行不当而激化矛盾。

引发群体性事件的各种矛盾纠纷能否得到有效化解,关键在基层。要加强基层干部的思想作风建设和基层干部的培训,逐步规范对基层干部管理和监督;要充分发挥基层组织作为化解群体性矛盾的第一防线作用,加强基层调解组织和基层政法组织建设,充实人员,改善装备,提高基层组织的整体素质。

在改革开放和现代化建设中,我们需要稳定的社会环境,这是毫无疑问的。群众的诉求,应该引起各级政府机关的注意。能够解决的,应该把问题及时解决在基层,免得群众越级上访。如果暂时无法解决,也应该在认真听取群众意见的基础上,做好说服解释工作,给群众信心。把怨气撒在群众身上,把责任推到群众头上,是官员能力低、水平低和缺乏责任心的表现。从这个角度说,那些不负责、不作为、对群众没有感情、对问题没有办法甚至官僚腐败的官员,与某些地方发生群体性事件是脱不开干系的。

解决群体上访,有关部门和工作人员必须要认真倾听群众的意见,尊重他们的合理诉求,政府机关和地方官员要有所作为,尽可能地帮助群众解决实际问题,把矛盾解决在基层,解决在萌芽阶段。在处理群体诉求时,要做细致的思想工作,化解矛盾而不是进行强压,在遇到暴力刺激下,群体性越级上访很容易马上升级为"攻击政府"的群体性事件。

(三)建立处理群体性问题协调机制,积极解决群众合理性要求

导致群体性事件产生的直接原因,有时是因为群众的合理要求得不到解决。要预防和减少群体性事件的发生,就必须探讨出一条解决群众合理性要求的路子。由于群众的合理性要求往往涉及多个方面,涉及众多职能部门,因此要建立起处理群体性的问题的协调机制,对预防和处置工作进行统一指导和协调,政府各职能部门要相互配合,按照职责共同参与预防和处置工作,努力确保社会的政治和治安稳定。积极预防和妥善处置群体性事件,必须在党委、政府的领导下,带着对人民群众的深厚感情做工作。各级党委、政府要时刻牢记群众利益无小事的道理,始终把群众的安危冷暖放在心上,设身处地地为群众着想,积极主动地为群众排忧解难。特别要千方百计地帮助下岗职工、失地农民、库区移民、农民工、城镇和农村贫困人口等解决生产生活中的实际问题和困难,真正把预防和处置群体性事件的过程,变成密切联系群众的过程,变成疏导群众情绪的过程,变成为群众解决实际问题的过程。

在处理群体事件的过程中,应当协调有序,把握问题处理的主动权,具体地讲,就是要求把握好三个环节。

第一,在事件发生之前,要全面地、及时地、准确地搜集信息,特别是要善于捕捉策划和酝酿闹事的信息,做到见微知著,明察秋毫,以便把各项工作做在前头,把闹事事件消灭在萌芽状态。

第二,在事件形成之后,要靠及时准确的情报信息,及早判明事件性质,有针对性地采取处置对策,密切注视事态的发展,全面了解参与者的态度和表现,为充分分化瓦解和依法查处奠定基础,从而牢牢掌握主动权。

第三,职能部门应对各种群体性闹事事件制定预案,临阵不乱。首先,明确任务分工。根据不同群体性事件的性质和规模大小明确规定各警种和部门的职责、任务、权限,使各部门和单位迅速、紧张、有序地开展工作,各负其责、协同配合,充分发挥整体作战的优势。其次,明确处置程序。明确规定各级公安机关在突发事件发生后的工作程序:包括组织指挥方法、处置力量,应携带的装备、出动时间、处置工作纪律,提高反应速度。再次,形成处置预案系统。根据群体性事件的形成、发展的过程,分别制定或分层制定具体处置预案,形成分别处置、整体配套的处置预案系统,使处置人员明确现场各自的工作岗位、工作任务和工作方法,发挥主动性与积极性。

(四)建立群体性事件的预警机制,积极预防、化解、处置好群体事件

我国正处在改革发展的关键时期,社会生活深刻变革,社会矛盾相互交织,由此引发的群体性治安事件时有发生,严重危害着社会政治稳定,这就要求我们比任何时候都要更加重视维护社会稳定。因此,政法机关必须在党和政府的统一领导下,分析群体性事件性质、特征及形成的原因,遵循"先于调解,调防结合,区别对待,依法处置"原则,采取强化法制宣传教育,帮助人民群众知法、懂法、守法;建立群体性事件的预警、预案机制,积极稳妥地做好群体性事件的发现、预防和处置工作,固本强基,把矛盾化解在萌芽状态,化解在基层;职能部门形成合力共同参与群体性事件的预防和处置工作等有力措施,积极预防和处置各类群体性事件,为构建社会主义和谐社会,全面建成小康社会,提供和谐稳定的社会环境。

(五)遵循处置群体性事件的原则,慎用法律手段

对群体性事件的处置,还应该遵循以下原则。

一是坚持疏导为主的原则。目前,群体性事件基本上是利益纠纷而起,是属于人民内部矛盾。因此,在处置过程中,尽量坚持疏导教育为主的原则,多做说服教育工作,特别是对因群众的合理要求未得到满足而引发的群体性事件,在做好教育疏导工作的同时,更应该及时答复和解决群众提出的合理要求。尤其是领导干部要敢于同群众见面,深入到群众中去,面对面地做工作,晓之以理,动之以情,增强工作效果。

二是适时介入与"冷处理"相结合的原则。一方面,要在做好超前工作的同时,准确地把握政法机关介入群体性事件的"火候",绝不能过早地动用执法力量,特别是针对那些按政策、法律程序并比较理智的闹事群众,更不能轻易动用警力,以免强化闹事群众的逆反心理,从而将矛盾激化。但是,也不能等事件闹大后再出动警力,致使事态不可收拾,具体何时出动较为有利,除了遵循所制定的预案外,还需要在工作中灵活掌握。另一方面,也可采用"冷处理"的策略,对于那些已经形成的闹事事件,特别是坏人与不明真相的群众搅在一起的时候,要

尽量不在闹事现场抓人,以免当场激化矛盾,而要采用公秘结合的方法,利用各种技术手段,摸清情况,获取证据,在群众情绪平静以后,再对其中的骨干、违法犯罪分子打击处理。

三是分化与威慑相结合的原则。对那些参与人数较多,群众情绪激烈,极易发生越轨行为的事件,要在党委、政府的统一领导下,派出足够的警力,配备精良的装备,迅速赶赴现场,形成大兵压境之势,使闹事人员不敢轻举妄动;同时利用各种关系和有效的形式做宣传教育工作,讲明真相,讲明政策、法律,以分化瓦解闹事人群,孤立少数为首的闹事者,迅速平息事态。

四是群体性事件的发生引发的原因较多,涉及社会生活的诸多方面。因此,必须坚持在党委、政府的统一领导下,各部门通力协作,多管齐下,综合整治,充分发挥其各自的职能作用,切忌公安机关孤军作战、简单从事,激化矛盾。

(六)要切实加强舆论引导工作,提高联系沟通的能力

要完善新闻发布制度,健全突发事件舆论引导机制,争取在第一时间发布权威信息,第一时间公布事实真相;要坚持用事实说话、用数字说话,以正视听,消除不实传闻。应该说,群体性事件跟流长飞短的小道消息是孪生兄弟,实践证明,只要社会出现了突发性事件,多半流言也就出世了。因此,当务之急,政府处理突发性群体事件,首先要做的,是改变长期以来处理此类事件的官僚习气,学会在信息开放时代处理突发事件的技巧和方法,使流言传播对社会稳定的伤害隐患减小到最低程度。

中共中央十七届六中全会《决定》强调指出:"坚持依法办事、按政策办事,发挥思想政治工作优势,积极预防和妥善处置人民内部矛盾引发的群体性事件,维护群众利益和社会稳定。"把积极预防和妥善处置群体性事件首次写进党的重要文献,并且作为构建社会主义和谐社会的一项重要任务突出地摆到全党同志的面前,充分表明了我们党对我国经济社会发展阶段性特征的清醒认识,充分表明了我们党直面现实的政治勇气。

总体而言,当前我国社会是和谐稳定的,总的形势是好的。但是,必须看到,由于我国正处于经济转轨、社会转型的特殊历史时期,由于我国正处于工业化、城镇化加快推进的特殊历史阶段,经济基础和社会结构剧烈变动,利益关系和利益格局深刻调整,影响社会稳定的不确定因素明显增多,由人民内部矛盾引发的群体性事件面广量大,已经成为严重影响社会稳定的最为突出的问题。一是重大群体性事件接连发生,涉及面越来越广。二是在一些群体性事件中,出现经济问题政治化的趋向。三是暴力对抗程度明显增强,处置中稍有不慎就有可能酿成流血事件。四是境内外敌对势力、敌对分子千方百计地插手、利用群体性事件,企图煽动、制造动乱。当前,我国重大群体性事件之所以多发、高发,原因是多方面的。从总体上看,这是我国改革进入攻坚阶段、发展处于关键时期各种社会矛盾和社会问题的集中反映。能否积极预防、妥善处置好群体性事件,是对我们党执政能力、执政水平的重大考验。

积极预防和妥善处置群体性事件,必须切实做好现场处置工作,有效控制局势、平息事态。要坚持慎用警力、慎用武器警械、慎用强制措施的原则。既要防止因使用警力和强制措施不当而激化矛盾,又要防止因警力和强制措施当用不用而导致事态进一步扩大。对严重影响社会稳定,伴有严重暴力行为,如不及时果断处置将造成更为严重后果的群体性事件,应依法果断采取措施,坚决予以制止。

必须切实做好善后工作,坚决防止群体性事件出现反复。群体性事件现场事态平息后,各级党委、政府要组织干部,深入到有关单位中去,深入到群众中去,做好回访调查工作,了解群众的思想动态,了解已经采取措施的实际效果,特别是对群体性事件可能出现反复或者可能引发连锁反应的苗头、信息,要迅速采取有效措施,坚决消除在事件反复之前。

群体性事件过去屡有发生,将来也将继续存在,对于伴有严重暴力行为,严重影响社会稳定的聚众犯罪事件,应当依法追究组织和参与聚众犯罪者的刑事责任,尤其要坚决惩治其中的首要分子,维护社会治安,创造良好的社会环境,发挥刑法在构建社会主义和谐社会中的重要作用。

聚众犯罪是我国刑法中一种常见的犯罪类型。对于聚众犯罪,需要我们在深入了解其发生原因和规律的基础上,准确理解和把握该类犯罪的成立条件、注意解决刑事司法过程中遇到的疑难问题、合理适用刑罚措施,以便准确适用刑法,发挥刑法在打击和遏制聚众犯罪中的积极作用。在我国刑法中,不但在《刑法·总则》第97条明确提出了"聚众犯罪"的概念,而且在《刑法·分则》多个犯罪的罪状中将"聚众"规定为犯罪的构成条件。聚众犯罪在我国刑法中的罪名总数达18个,且分布在《刑法·分则》第三、四、五、六、七章之中。在刑事司法实践中,由于聚众犯罪是多发性犯罪,参与人数众多,行为人的主观故意内容和犯罪目的宽泛,客观上所起作用各异,加之刑法对聚众犯罪的规定采取了不同的责任模式,归责的原则不尽相同,确实给司法处理带来了诸多的困惑。在刑事政策方面,我国对聚众犯罪历来采取首恶必惩、胁从不问、打击少数、教育多数的政策,既注重严厉打击,又注意区别对待,秉承依法打击、谨慎行事的精神。对于聚众犯罪,如果司法处理得当,使首要分子和积极参加者得到稳、准、狠的打击,就会极大地教育广大人民群众,有效地维护一方平安。如果处理不当,打击不准或打击面扩大,判决结果就不足以服人,反而可能会引发更大规模的聚众犯罪。因此,结合刑法规定和我国聚众犯罪的客观实际,从理论上认真深入地研究探讨聚众犯罪,有利于准确地把握和解决该类犯罪的基本特征、犯罪构成、刑事责任的范围、定罪量刑中的疑难问题等,从而为司法实践提供理论指导。

第二节　聚众犯罪的认定标准

一、聚众犯罪的概念

目前,国内刑法文献中关于聚众犯罪的概念表述,主要有以下观点。第一种,聚众犯罪是一种共同犯罪(因为这是二人以上共同故意犯罪,符合刑法规定的共同犯罪的概念)[1]。第二种,聚众犯罪是指聚集纠合众多人进行犯罪,也可以说是一种以聚众作为犯罪构成必备要件的共同犯罪[2]。或者认为聚众犯罪是行为人聚集多人一同实行犯罪的共同犯罪形式,是以聚众作为犯罪构成的必要要件[3]。或者认为聚众犯罪就是指首要分子聚集多人一起实施以"聚众"作为构成犯罪的必要条件,以刑法分则为特别规定的共同犯罪[4]。第三种,聚众犯罪是聚集特定或者不特定的多人实施犯罪,这些众多的人之所以能够聚集在一起实施犯罪,是由于其中的首要分子组织、策划、指挥的结果[5]。第四种,聚众犯罪是法律规定以聚众作为构成犯罪必备条件的犯罪[6],或者认为是法律明文规定以聚众作为构成要件的犯罪形态[7]。第五种,聚众犯罪是我国刑法明文规定的以聚众的行为方式实施的犯罪[8]。第六种,《刑法》第 97 条的聚众犯罪,是指在首要分子的作用下,三人以上纠合在一起并以此方式实施的一种法定犯罪类型[9]。

笔者认为,以上诸观点虽然从不同方面解释了聚众犯罪所具有的某些特征,但都没有揭示出聚众犯罪的全部内涵。第一、二种观点,把聚众犯罪限定为共同犯罪的一种形式。从刑法分则的规定来看,我国刑法中的聚众犯罪并不等同于

---

① 何秉松主编:《刑法教科书》,北京:中国法制出版社 1995 年版,第 302 页。

② 高格主编:《刑法问题专论》,长春:吉林大学出版社 1996 年版,第 138 页。

③ 吴明夏等主编:《新刑法通释》(上),北京:人民出版社 1998 年版,第 149 页。

④ 李宇先:《聚众犯罪研究》,长沙:湖南人民出版社 2004 年版,第 8 页。

⑤ 高铭暄主编:《中国刑法学》,北京:中国人民大学出版社 1989 年版,第 196 页。

⑥ 陈兴良:《共同犯罪论》,北京:中国社会科学出版社 1992 年版,第 150 页。

⑦ 姜伟:《犯罪形态通论》,北京:法律出版社 1999 年版,第 240 页。

⑧ 张正新、金泽刚:《论我国刑法中的聚众犯罪》,载《法商研究》,1997 年第 5 期。

⑨ 李文凯:《聚众犯罪的构成特征及司法认定》,载《河南省政法管理干部学院学报》2008 年第 4 期。

共同犯罪,如果把聚众犯罪作为共同犯罪的一种特殊形式,就无法理解为什么刑法总则在"其他规定"而不是在"共同犯罪"中规定"聚众犯罪",研究聚众犯罪也就没有实际意义了。事实上,我国刑法总则中的"其他规定",既包括对犯罪和刑罚基本问题的补强性解释,也包括统辖刑法全部内容的概念的创设,后者则与犯罪和刑罚都有一定的联系。"聚众犯罪"的概念,之所以没有出现在刑法总则"犯罪""刑罚"和"刑罚的具体运用"章节中,就是因为它既是犯罪构成中的一个特殊问题,也是刑罚运用中的一个特殊情节,包括了犯罪和刑罚两个方面。因此,将我国刑法采用特殊立法方式规定的法律概念"聚众犯罪",仅简单地认为是一种特殊的共同犯罪形式,显然不符合我国刑法的立法旨趣。第三种观点指出了聚众犯罪的"聚众"性特征,认为多人一起犯罪是首要分子作用的结果。犯罪的聚众性不是聚众犯罪的唯一和独有的特征,集团犯罪也有聚众的情形,其他一般的共同犯罪也可能以聚众的形式出现,这种观点扩大了聚众犯罪的范围,没有揭示聚众犯罪的本质特征。第四种观点科学地揭示出了"聚众"犯罪的法定性,但仅将"聚众"作为构成聚众犯罪的必备要件看待,是把聚众犯罪作为"犯罪论"的一个特殊问题进行研究的,忽视了刑法分则中作为量刑情节的聚众犯罪的存在,缩小了聚众犯罪的范围。第五、六种观点,不但指出了聚众犯罪的法定性,也指出了"聚众"是这类犯罪的行为方式,对聚众犯罪具有较强的概括性。但是,这两种观点也有某些不足。第五种观点没有明确指出聚众犯罪的理论定位,只指出其仅在行为方式上不同于其他犯罪,而没有指出其因"聚众"实施而由刑法将其规定为一种特殊的犯罪类型。第六种观点克服了第五种观点的不足,但是,其用语不够精练;在解释对象上仅局限于《刑法》第97条的内容,似乎没有考察和概括刑法分则中的相关规定。我国刑法中的聚众犯罪,虽然在总则中有概括的提示性规定,但它仅仅只是一个笼统的概念,没有具体的内容,无法据此归纳其本质特征。对聚众犯罪的研究和概念的总结,必须要全面考察刑法分则对各个具体聚众犯罪的规定,因为,聚众犯罪是从刑法分则的明文规定概括出来的概念,因此,聚众犯罪的法定性,主要表现为刑法分则的明文规定,而不取决于刑法总则的内容。

借鉴以上概念的可取之长并结合我国刑法的规定,笔者认为,在概括聚众犯罪的概念时,必须要包括"刑法分则的明文规定""首要分子""聚众"的实行行为性等要素。这是因为,我们考察聚众犯罪的依据是刑法分则的条文规定,既要看到刑法将"聚众"作为构成聚众犯罪必备要件的情况,又不能忽视刑法把"聚众"规定为某些犯罪选择性实行行为的情形;无论何种形式的聚众犯罪,我国刑法在惩罚聚众犯罪的行为人时,首先规定要惩罚其中的首要分子,"首要分子"是聚众犯罪中必不可少的要素;将"聚众"作为实施犯罪的实行行为,是聚众犯罪在客观方面的一个主要特征,无论作为犯罪的构成条件,还是作为加重法定刑的情节,刑法分则都将"聚众"作为犯罪的实行行为的一部分加以明文规定。据此,我国刑法中的聚众犯罪,是指刑法分则明文规定的、在首要分子的作用下以聚众的行为方式实施的一种犯罪类型。

二、认定聚众犯罪的法律标准

我们认为,对于聚众犯罪的认定标准,应当遵循以下原则:一是要能够全面地展开聚众犯罪的概念,以既定的概念论证聚众犯罪的法律特征。二是能够揭示聚众犯罪的特殊性,仅就某一方面而言可能无法区分聚众犯罪与其他犯罪,但若干特征的有机综合,能够使其明显地成为不同于其他犯罪的鉴别标志。如虽然"首要分子"同时也是犯罪集团的必备要素,但犯罪集团却不具备聚众犯罪的其他特征。三是要具有高度的概括性,能够囊括所有的聚众犯罪形式,反映刑法分则关于此类犯罪的共性特征。根据以上原则,认定聚众犯罪的法律标准可以概括如下。

(一)聚众犯罪的法定性

聚众犯罪作为一种法定的犯罪类型,来自于刑法的明文规定,而不是理论的总结和司法解释的扩大。不像共同犯罪、犯罪集团那样,规定聚众犯罪的刑法条文并不存在于刑法总则之中,而是散见于刑法分则的有关条文。刑法分则规定的聚众犯罪,不仅指以"聚众"冠名的犯罪,也包括以"聚众"方式实施的选择性罪名。前者主要是法律将"聚众"作为犯罪构成必备要件的犯罪,在罪名表述上表现为"聚众×罪",如聚众斗殴罪、聚众淫乱罪等。后者则是在其他犯罪的罪状描述中,将"聚众"作为构成该罪的行为方式之一而非全部,聚众犯罪是这种犯罪的选择性要件,即该种犯罪中包含有聚众犯罪的形式。例如,扰乱法庭秩序罪中有明文规定的"聚众哄闹、冲击"的行为,赌博罪中包括"聚众赌博"的行为方式等。另外,刑法明文规定的聚众犯罪,还包括将"聚众"实施其他犯罪而加重其基本犯罪法定刑的量刑情节,这其中的"聚众",不是犯罪构成的客观条件,不决定相关犯罪是否成立,仅仅作为提高相关犯罪法定刑的法定情节。如《刑法》第237条规定的是强制猥亵、侮辱妇女罪,其基本犯罪的法定刑为"五年以下有期徒刑或者拘役",如果"聚众"实施该犯罪,其法定刑加重为"五年以上有期徒刑"。以上三种情形的犯罪,其共同特征集中表现为刑法分则都明示了"聚众"二字。这一法律特征是区分聚众犯罪与其他犯罪的第一个标志性特点。

对于聚众犯罪的处罚,也都是由刑法分则条文明确规定的。关于共同犯罪的聚众犯罪,对其首要分子的处罚只需要依照刑法分则的规定即可,而不需要再引用刑法总则关于主犯处罚原则的规定。在处理单独犯罪的聚众犯罪时,因承担刑事责任的只有首要分子一人,对其决定刑罚时,也只需要依照刑法分则的相应条款量刑。

那么,聚众犯罪是否包括司法解释文件中列举的情形呢? 如:

(1)破坏选举罪在刑法规定的罪状表述中,并不属于聚众犯罪。但是,在2005年12月29日《最高人民检察院关于渎职侵权犯罪案件立案标准的规定》中,有关于国家机关工作人员"聚众冲击选举现场或者故意扰乱选举场所秩序,使选举工作无法进行"从而构成犯罪的情形。

(2)刑法规定的抗税罪也不是聚众犯罪,而在2002年最高法院《关于审理偷税抗税刑事案件具体适用法律若干问题的解释》第5条,把"聚众抗税的首要分子"列为《刑法》202条规定的"情节严重"之一,从而加重首要分子的刑罚。

(3)2001年6月4日,最高法院、最高检察院《关于办理组织和利用邪教组织犯罪案件具体应用法律若干问题的解释(二)》第5条规定:"邪教组织被取缔后,仍聚集滋事、公开进行邪教活动,或者聚众冲击国家机关、新闻机构等单位,人数达到20人以上的,或者虽未达到20人,但具有其他严重情节的,对于组织者、策划者、指挥者和屡教不改的积极参加者,依照《刑法》第300条第1款的规定,以组织、利用邪教组织破坏法律实施罪定罪处罚。"

(4)2007年8月30日,最高法院、最高检察院、公安部《关于依法严肃查处拒不执行判决、裁定和暴力抗拒法院执行犯罪行为有关问题的通知》规定"聚众哄闹、冲击执行现场,围困、扣押、殴打执行人员,致使执行工作无法进行的",以妨碍公务罪论处。

根据以上司法解释,破坏选举罪,抗税罪,妨碍公务罪和组织、利用邪教组织破坏法律实施罪,也存在聚众犯罪的形式。笔者认为,"聚众"行为只是上述犯罪中可能出现的一种行为方式,由于未在刑法分则相应条款中明示"聚众"二字,不符合聚众犯罪的法定性特征,不能将类似的犯罪情形归入聚众犯罪的类型之中,否则,就会出现聚众杀人罪、聚众抢劫罪、聚众盗窃罪等罪名,使聚众犯罪的范围无限扩大,也失去了研究聚众犯罪的实际意义。因此,司法解释文件不能成为聚众犯罪法定性特征的判断标准。

(二)聚众犯罪的"聚众"性

聚众犯罪都是在首要分子的纠集下实施的行为,"聚众"是所有聚众犯罪的必要元素。尽管聚众犯罪的实行行为还表现为其他的形式,但聚众犯罪的整体实行行为在客观上以"聚众"为前提,没有"聚众"就不称之为"聚众犯罪"。

聚众指把分散的人聚集在同一时间和同一地点。在英语中,聚众一般表示为 assemble,gather,muster,rally,call together,assembly place or point。

我国学者对"众"的内涵有不同的看法。"众"指许多(跟寡相对),"众人"

指许多人。从汉字"众"的构成看,三人以上的才为众,故人们一般把"众"理解为三人以上(包括三人)。

对我国刑法规定的"聚众"的含义,学界有不同的理解:一种观点认为所谓聚众,是指聚集多人,多人应为三人以上,而且不应包括纠集者在内。聚众的众人或多人中既有犯罪分子即首要分子或其他积极参加者,也有其他不属于犯罪分子的参加者①。也有观点认为,聚众是指犯罪分子为满足其某种无理要求,纠集、煽动、诱骗三人以上(包括犯罪分子本人在内)参与扰乱社会秩序的犯罪活动②。还有观点认为聚众犯罪的众,泛指三个以上的参加者,并非仅指三个以上的犯罪人员③。另有观点认为,所谓聚众是指聚众纠集多人实施的犯罪行为,一般应当是纠集三人以上。纠集三人以上是指包括聚首和积极参加者三人以上。如果是一人或两人闹事引得众人围观起哄的,不构成本罪④。

由上可知,我国刑法学者几乎无一例外地把聚众犯罪中的"众"理解为三人以上,至于三人以上是否包括三人,则有不同的见解。我国现行刑法对"众"究竟为多少人也没明确规定,在相关司法解释中,多把多次、多人解释为三人次以上(包括三人)。如《最高人民法院、最高人民检察院关于执行〈全国人民代表大会常务委员会关于严禁卖淫嫖娼的决定〉的若干问题的解答》第9条规定:《决定》和本《解答》中的"多人""多次"的"多",是指"3"以上的数(含本数);另外《最高人民法院、最高人民检察院关于办理赌博刑事案件具体应用法律若干问题的解释》第1条"聚众赌博"之(一)规定:组织三人以上赌博——把"众"认定为三人以上(含三人)。但作为例外,《最高人民法院、最高人民检察院关于办理组织和利用邪教组织犯罪案件具体应用法律若干问题的解释(二)》第5条规定:邪教组织被取缔后,仍然聚众滋事、公开进行邪教活动,或者聚众冲击国家机关、新闻机构等单位,人数达到20人以上的——该解释把"众"认定为20人以上。我国刑法重视"聚众"的量化标准,具有可操作性,但没有考虑到聚众行为造成社会危害性的实际可能性。

国外刑法对"众"也有不同的观点。意大利刑法典在违警罪分则第655条煽动性聚众中规定:参加十人或十人以上煽动性聚众的,仅因实施该行为,处以

---

① 赵秉志、刘志伟:《论扰乱公共秩序罪的基本问题》,载《政法论坛》1999年第2期。

② 陈兴良、曲新久、顾永中:《案例刑法教程》(下卷),中国政法大学出版社1994年版,第392页。

③ 张正新、金泽刚:《论我国刑法中的聚众犯罪》,载《法商研究》1997年第5期。

④ 赵秉志主编:《扰乱公共秩序罪》,中国人民公安大学出版社1999年版,第254~255页。

一年以下拘役——把"众"限定为十人以上。在日本,是不是众人,不能仅从人数,还必须考虑参加者的性质、所持有的凶器、集合的场所和时间,以一般人的标准,看其是否会对不特定或多数人的生命、身体、财产的安全造成不安,即是否足以危害公共秩序,进行客观的判断①。据此,日本刑法第 208 条规定,两人以上的人出于对他人的生命、身体或财产共同加害的目的而集合的场合,准备凶器或知道有此准备而集结的,处两年以下的有期徒刑或 30 万日元以下的罚金。在此场合,准备凶器或知道有此准备而集结他人的,处三年以下的有期徒刑。上述规定把聚"众"的基本人数界定为两人就可构成,但在日本刑法实践中,也有把 30 人、100 人认定为"众"的,却很少把 10 人以下的认定为"众"。我国台湾地区的刑法学者林山田先生也认为:"至于集合多少人才算为聚众之问题,则须从个案加以判断,其决定之关键点乃在于聚众之人数是否足以妨害公务之执行? 如执行职务之公务员只有一人,而行为人只聚集三人,当然足以该当聚众,但如执行公务之公务员有数百人之众,而行为人只聚集三人,则非聚众。②"以上观点是从犯罪构成的"该当性"判断"聚众"行为性质的,即使纠集的人数在形式具备了构成条件的"符合性",也并不当然地构成聚众犯罪。

　　关于聚众的"众"是否包括纠集者本人 。有观点认为,纠集者本人应包括在聚众的"众"之内。首先,纠集者纠集众人之后,纠集者本人也成为众人之一,只不过是较为特殊的众人之一;其次,纠集者一般不仅实施了纠集众人的行为,而且往往也是直接危害行为的实施者,也就是说,纠集者纠集与实施具体犯罪行为于一身,纠集者直接实施犯罪行为实际上是利用了聚集的众人的人多势众;再次,把纠集者排除在众人之外,就要求聚众犯罪至少由四人以上才能构成,不符合我国通说众人为三人以上的概念;最后,聚众犯罪的人共同实施了危害社会的行为,这种聚众性恰是其社会危害性的表现之一,应包含参与犯罪的所有人员。③ 但笔者认为,根据汉语的文词构成原理,聚众中的"众"是"聚"的宾语,而纠集者是"聚众"的主语,聚众是指为首的人聚集其他的众人,不应包括为首的人,否则就要犯逻辑循环的错误。至于说要求聚众犯罪至少要四人以上才可构成,对此并不产生影响,实际上,笔者认为在刑法上"众"的含义应超越三人,甚至四人,否则难以体现该类罪的特点,难以体现"众"在该罪的意义,体现不出该类犯罪的社会危害性,也与司法实践不相吻合(司法实践中认定的"众"一般要

---

① 【日】大谷实著,黎宏译:《刑法各论》,北京:法律出版社 2003 年版,第 262～263 页。
② 林山田:《刑法特论》(下),台北:三民书局股份有限公司 1980 年版,第 929 页。
③ 王作富主编:《刑法分则实务研究》,北京:中国方正出版社 2007 年版,第 1252 页。

达到三人以上）。但如果聚集起来的众人均是首要分子，即共同故意聚集起来或共同预谋聚集起来，共同从事扰乱社会秩序的犯罪行为，则纠集者本人可包含在"众"内，但是他是属于他人聚众的"众"，而不是本人聚集的"众"。

（三）聚众犯罪"首要分子"的必备性

根据罪刑法定原则，结合聚众犯罪的概念，无论是何种情形的聚众犯罪，其中必须具备进行"聚众"行为的"首要分子"。

首先，《刑法·总则》第97条将"首要分子"规定为成立聚众犯罪的必备要素，以区别于集团犯罪以外的犯罪。虽然，犯罪集团中也有"首要分子"的法定成分，但犯罪集团是一种犯罪形态，而聚众犯罪是一种犯罪类型，二者中的"首要分子"具有不同的含义和功能。《刑法》第97条规定聚众犯罪和犯罪集团中的"首要分子"，都是起组织、策划、指挥作用，前者的"首要分子"的作用是临时、偶然、简单、一次性的，并且一般都要亲自参与具体的犯罪活动；后者的作用则是长期、稳定、复杂、多次性的。由于"首要分子"的存在，犯罪集团的犯罪构成是对刑法分则中一人犯基本罪构成的修正，聚众犯罪中的"首要分子"则可以单独成立刑法分则中的犯罪，其犯罪构成是原始的、完整的。

其次，对聚众犯罪"首要分子"的定罪和处罚，源于刑法分则相应条款的明确规定。在规定聚众犯罪的实行方式时，除了强调犯罪的主体是特殊主体外，刑法分则条文在行为方式前并不明示犯罪的主体。因此，刑法分则条文虽然仅使用了"聚众"这一动词词组，但必然表明实施"聚众"者只能是"首要分子"。在关于聚众犯罪的处罚时，刑法条文则将"首要分子"予以明示，或规定只处罚首要分子，或规定首要分子的法定刑有别于其他参与者。以上说明，首要分子是所有聚众犯罪的必备条件，"首要分子"是表明聚众犯罪的明示性标志之一。

判断某个具体犯罪是否属于聚众犯罪的类型，以上三个法律特征组成一个完整的鉴别体系，缺一不可。仅以其中一个或两个特征为标准，都不能全面地反映聚众犯罪的本质特征，也无法准确地区分聚众犯罪与其他犯罪的界限。

第三节 聚众犯罪与犯罪集团中首要分子的关系

一、聚众犯罪与共同犯罪的关系

聚众犯罪之所以与共同犯罪容易发生混淆，是因为它与共同犯罪存在着以下客观上的相似之处：①行为主体在两人以上，并且其中的首要分子类似于共同犯罪中的主犯、教唆犯，聚众犯罪的积极参加者也类似于共同犯罪中的主要实行犯。②犯罪的实行行为都有可能是多个人实施的,多个人之间也都可能存在着一定的分工。③多个人的行为与危害结果之间都存在着一定的因果关系。从我们在前面的论述中可以看出,相对于共同犯罪而言,聚众犯罪可能会出现三种形式:一是以不特定的多数人的犯罪行为为构成要件的聚众犯罪,属于必要共犯的聚众犯罪。此时的聚众犯罪为聚合犯,是与犯罪集团、对向犯相并列的必要共同犯罪的一种形式。二是任意共犯的聚众犯罪,犯罪主体仅为首要分子且为两个以上,他们之间构成任意的共同犯罪。三是单独聚众犯罪,其犯罪主体仅为首要分子且只有一人,属于一人单独构成的聚众犯罪。从这里可以看出,聚众犯罪可能表现为共同犯罪,但聚众犯罪不是必然的共同犯罪形式。

聚众犯罪与共同犯罪的区别表现如下。

(1)法律规定首要分子与其他参与人均构成的聚众犯罪和仅由多个首要分子构成的聚众犯罪,是共同犯罪中的必要共犯和任意共犯,并非所有的聚众犯罪都是共同犯罪。只有一个首要分子构成的聚众犯罪不是共同犯罪的形式。

(2)在构成共同犯罪的聚众犯罪中起组织、策划、指挥作用的人,不是刑法总则规定的主犯,而是刑法分则规定的首要分子;对共同犯罪主犯的处罚适用刑法总则的规定,而对聚众犯罪中的首要分子,要在刑法分则条文规定的法定刑幅度内量刑。

(3)在聚众犯罪中首倡犯意的组织、策划者,是首要分子,不是共同犯罪中的教唆犯。即使在共同犯罪的聚众犯罪中,起组织、策划作用的人,仍然都属于首要分子的范围,不再适用共同犯罪的处罚原则再区分出所谓的教唆犯。在非聚众犯罪的共同犯罪中,则可以将犯罪的组织、策划者定为教唆犯。

(4)作为必要共犯的聚众犯罪,刑法分则在具体条文中,根据不同参与者的主客观情况进行了区别,不再对参与者区分主、从犯,而是根据情况对情节显著轻微的参与者不以犯罪论,对首要分子从严惩办,对积极参加者则视不同的具体个罪的规定定罪处罚。对构成任意共犯的聚众犯罪,也不适用总则关于共犯的处罚原则,而是直接适用刑法分则的法定刑处罚,但可以根据各自主观恶性大小、危害轻重,予以区别对待。对于一般共同犯罪的处理,尤其是对一般的任意共犯,则必须适用总则的规定,区分主、从犯等,并且要适用对不同共犯的处罚原则,实现罪刑一致。

二、聚众犯罪中的首要分子

我国《刑法》第 97 条规定:"本法所称首要分子,是指在犯罪集团或者聚众犯罪中起组织、策划、指挥作用的犯罪分子。"该条规定说明,首要分子是聚众犯罪的必备要件。聚众犯罪是在首要分子的纠集下实施的一种犯罪类型,没有首要分子的存在也就不称其为聚众犯罪。

根据《刑法》第 97 条的规定,在犯罪集团或者聚众犯罪中起组织、策划、指挥作用的犯罪分子是首要分子。可见,在犯罪中所起作用的表现方式,聚众犯罪与犯罪集团中的首要分子具有一致性,由于其所属刑法范畴的差异,聚众犯罪中的首要分子与犯罪集团中的首要分子不能完全等同。

聚众犯罪的首要分子可细分为:聚众犯罪的组织者、聚众犯罪的策划者、聚众犯罪的指挥者。一个首要分子可能只实施组织、策划或指挥行为之一,如果某犯罪分子同时具备上述两种以上的行为特征,仍属于首要分子。

刑法规定首要分子在聚众犯罪中所起的是组织、策划、指挥作用。其中,起组织作用的人是犯罪活动的发起人或引诱、串联他人实施犯罪的核心成员。在犯罪活动中起策划作用的人,主要是指在预谋犯罪中提出犯意或者主动献计献策的人。在犯罪活动中起指挥作用的人,通常是在犯罪活动中确定成员分工,明确实施具体行为的地点、方式、范围、对象、程度等并下达行为命令的人。因此,首要分子是聚众犯罪的发动者,也是聚众犯罪能够继续下去的最主要、最关键的推动者。

(1)聚众犯罪的组织者,是指将分散的多人纠集、纠合、聚合、聚集在一起成为一个群体的犯罪分子。这种首要分子,一般在聚众犯罪之前或聚众犯罪之时,采取拉拢腐蚀、收买人心、拉帮结派、煽风点火、蛊惑人心、编造是非、煽动教唆、加油打气等手段,刺激一些人产生狂热、冲动的情绪,并鼓动他们进行激烈的情感、行为互动,自然哄起参与群体犯罪。在实践中,有些首要分子利用其在平日里形成的尊严、地位、影响纠集一特定区域里的人员,或者利用与参与者之间的亲情关系进行游说。无论采取什么样的方式,只要能够起到纠集、聚合的作用,均不影响组织者身份的认定。在人员规模较大的聚众犯罪中,组织者可能不止一人,可能还存在第二、三层组织者,即被组织后又主动去组织他人。被组织的人员只要是三人以上,不要求必须是年满 16 岁以上或具有刑事责任能力的人。因此,这种首要分子通常被视为是聚众犯罪的首谋者,但首谋者并不一定与参与人之间形成意思畅通、计划周密、组织完整的关系。

(2)聚众犯罪的策划者,是指在聚众犯罪前阴谋规划犯罪方案、制订犯罪计划、进行部署安排的犯罪分子,其一般负责犯罪对象的选择、犯罪时间地点的确定、犯罪方法的采用、参与人员的分工、犯罪工具的准备、具体步骤的实施等整个犯罪过程的谋划。首要分子的策划应是全局性的,仅对某个环节、步骤提出建议或意见的不是策划者。聚众者的犯罪计划大多在聚众犯罪直接危害行为开始之前,就已经在首要分子内心形成,被聚集的参与者事先可能并不了解,谋划的具体内容也不得而知,我们应根据首要分子的客观实际表现行为进行判断认定。

（3）聚众犯罪的指挥者，是指在聚众犯罪之前及其犯罪过程中起领导部署、统帅调配、全面调度作用的犯罪分子。他一般在犯罪之前布置犯罪计划、传达分工任务或者在犯罪时坐镇指挥、幕后操控、现场指使、沟通协调。这种首要分子不但是聚众犯罪的召集人，也往往在现场发号施令、命令分配人员或带头作案，也是直接危害行为的主要实施者，在聚众犯罪中始终居核心地位。

从司法实践看，认定是否属于首要分子，应区分情况：①直接在现场组织、策划、指挥整个犯罪过程的人，他既是众参与人的纠集者，也是具体危害行为的组织、策划、指挥者，有时还是具体危害行为的实施者，集聚众行为和具体危害行为于一身。②纠集者虽未在现场直接组织、策划和指挥，而是隐于幕后，并在幕后组织、策划、指挥和操纵他人实施具体危害行为，也同样属于首要分子。③纠集者纠集他人后，并未对具体危害进行实际的组织、策划和指挥，也没有在现场直接实施具体危害行为，如果被聚之众所实施的具体危害行为与纠集者的纠集行为没有必然联系，纠集的纠集行为与后者的具体危害行为发生了脱离，不应再认定纠集者为首要分子，否则仍然是聚众犯罪的组织者。④"事件起因人"。既未纠集他人，也未直接参与具体危害行为，只是提出了实施某种危害行为的犯意，事件因其所起，该"事件起因人"既非纠集者，更不是首要分子。

总之，聚众犯罪中的首要分子是聚众犯罪犯意的发起者、参与人员的纠集者、犯罪过程的操控者，它在聚众犯罪中起领导指挥、协调制约作用，是聚众犯罪中的核心人物。首要分子是聚众犯罪必备的犯罪主体，首要分子在数量上不受限制，对规模大、人数多的聚众犯罪，可能出现组织者、策划者、指挥者等多名首要分子并存的情况；首要分子的认定不要求必须出现在具体危害行为的现场。首要分子可能直接到现场实施犯罪，但也可以指挥或利用他人来间接实施犯罪，这都不影响其在聚众犯罪中的实行犯身份。但是，刑法在区分是否是聚众犯罪首要分子的标准，是看行为人是否实施了"聚众"行为。在聚众犯罪的幕后起组织、策划和指挥作用的，不论其是否直接实施具体的危害行为，都应认定为首要分子。首要分子的认定不以纠集的成员成立犯罪为前提。

三、聚众犯罪首要分子和犯罪集团首要分子的区别

《刑法》第 97 条在解释刑法中的"首要分子"时，是把聚众犯罪首要分子与犯罪集团首要分子并列看待的，从而使二者有了一些相似之处：二者在客观行为上都表现为组织、策划、指挥作用；在共同犯罪中均居核心地位，危害性最大；都对所组织、领导的全部罪行承担刑事责任。但是，聚众犯罪首要分子与集团犯罪首要分子的实质含义是有诸多区别的。

（一）二者的行为形态不同

聚众犯罪首要分子属于分则条文规定的聚众犯罪实行犯,而犯罪集团首要分子则属于总则规定的犯罪集团的主犯。在刑法总则关于"共同犯罪"的内容中,没有规定聚众犯罪的"首要分子",即使多个首要分子构成共同犯罪的聚众犯罪,也属于一般的任意共同犯罪形式,其中首要分子的"组织、策划、指挥"行为是刑法分则规定的实行行为,不属于非实行行为,这时的首要分子是实行犯而非共同犯罪中的主犯。俄罗斯刑法典第 33 条第 3 款规定,组织犯是组织犯罪的实施或领导犯罪实行的人,以及成立有组织集团或犯罪团体(犯罪组织)或领导这些集团或组织的人。一般来说,组织犯是开始预备犯罪和策划犯罪的造意者,他所实施的组织行为仅完成组织犯的职能,不直接完成犯罪构成,其刑事责任依刑法典总则的规范确定。如果组织犯同时是共同实行犯时,有组织集团或犯罪团伙被规定为加重责任的情节或者基本构成的必要要件,则他的责任由分则的规范确定①。我国《刑法》第 26 条规定的犯罪集团首要分子,属于总则规定的实施非实行行为的犯罪人,理论上也有将其称为组织犯的,他在犯罪集团中起组织、领导、策划、指挥等组织行为。因为,犯罪集团是一种有组织犯罪,其组织性就表现为实行犯在组织犯的领导、策划、指挥下,有预谋、有计划地实施犯罪活动。结合我国刑法的规定,组织犯只存在于犯罪集团中,聚众犯罪首要分子的聚集行为是实行行为的一种分工形式,聚众犯罪中没有理论上的组织犯。

（二）二者归属的刑法范畴不同

聚众犯罪首要分子既可以存在于共同犯罪的聚众犯罪,也可以存在于单独犯罪的聚众犯罪中;有的与共同犯罪的主犯发生竞合,有的则与主犯毫无关系。而犯罪集团首要分子则必须从属于犯罪集团,是当然的主犯。聚众犯罪首要分子是立法解释中的首要分子,是《刑法》第 97 条中占主要成分的"首要分子",当然,第 97 条还包括了刑法分则明文规定为必要犯罪集团的首要分子(即刑法分则明文规定为犯罪集团的首要分子);犯罪集团首要分子是共同犯罪人分类中的首要分子,它虽然也包括在立法解释的首要分子中,但是,刑法立法解释中只包括刑法分则明文规定为犯罪集团的首要分子,任意犯罪集团的首要分子是由《刑法》的 26 条规定的,因此,犯罪集团首要分子只是第 97 条首要分子中一少部分。笔者以上归纳的依据就是:聚众犯罪首要分子和必要犯罪集团首要分子是由刑法分则明文规定的,有独立的法定刑和幅度,不需要在处罚时引用刑法总

---

① 黄道秀:《俄罗斯刑法教程》(总论),北京:中国法制出版社 2002 年版,第 399~400 页。

则关于主犯的规定;任意犯罪集团首要分子的认定和处罚,则必须同时适用相关刑法分则条文和第 26 条的规定。

(三)二者刑事处罚的原则不同

对聚众犯罪首要分子的处罚,无论存在一个还是多个首要分子,也不论是否构成聚众犯罪的共同犯罪,刑法分则都对其规定了特定的法定刑和量刑幅度,应当直接适用相关的刑法分则进行处理,而不需要再引用刑法总则关于共同犯罪的规定。犯罪集团首要分子的情况比较复杂,对于一般的犯罪集团即任意的犯罪集团,如贩毒集团、盗窃集团等,首要分子的处罚原则规定在刑法总则之中,处罚时要引用关于犯罪集团首要分子的总则规定,令其对集团所犯的全部罪行负责,首要分子对其建立犯罪集团本身的行为,不单独定罪量刑。对于特殊的犯罪集团即必要的犯罪集团,如黑社会组织、恐怖组织等,首要分子的组织、领导行为本身就构成了犯罪,其行为兼具组织犯的组织行为和实行犯的实行行为。当这两种行为形态发生竞合时,法律将其规定为具体犯罪的实行犯,在刑法分则相关条文中为其中的"组织、领导者"即首要分子,专门规定了处罚原则和相应的法定刑,处罚时直接适用刑法分则的规定,不再引用总则关于主犯的刑事责任原则。特殊犯罪集团中的首要分子,不但要对其组织成员的犯罪负责,而且要对其组织行为本身构成的犯罪负责。正如《刑法》第 120 条的规定:"组织、领导恐怖活动组织的,处十年以上有期徒刑或者无期徒刑。""犯前款罪并实施杀人、爆炸、绑架等犯罪的,依照数罪并罚的规定处罚。"

(四)存有首要分子的共同犯罪特点不同

聚众犯罪可以表现为任意的共同犯罪形式,而犯罪集团一般是必要的共同犯罪,其中都有起着"组织、策划、指挥作用"的首要分子,但是,这两种共同犯罪表现出的犯罪特点是不同的。参与聚众共同犯罪的人数,虽然不少于三人,显示出"聚众"性特征,具有一定的组织性。但是,聚众共同犯罪一般具有临时性、纠合性、松散性、偶然性等特点,首要分子和其他参与人不以长期实施某种犯罪为目的、内部组织不稳定、成员联系不紧密、犯意沟通不全面、不特定的众多人,虽然首要分子将一群乌合之众纠集在同一时间、同一地点参加犯罪,但他们往往是因情势变化而一哄而起、一哄而散。犯罪集团则犯罪目的明确、犯罪持续时间长、成员稳定、组织严密、纪律森严、变换有序。从此也可以看出,聚众犯罪首要分子与犯罪集团首要分子,在共同犯罪中的作用特点是有较大差别的,前者无序,后者规范。

第四节　聚众犯罪刑事责任的承担

我们认为我国刑法规定的罪责刑相适应原则,在聚众犯罪中的贯彻是比较彻底的。为了使聚众犯罪中的首要分子和其他参与人的刑事责任能够得到充分的实现,也为了控制对聚众犯罪的打击面,刑法在分则中专门就聚众犯罪的犯罪主体范围和法定刑作出规定,而避免在司法处理中引用总则的原则性规范,导致裁量上的随意性或不平衡。

一、聚众犯罪首要分子的刑事责任

无论是共同犯罪的聚众犯罪还是单独聚众犯罪,我国刑法都在相应条款中规定了首要分子的法定刑,这也是确定首要分子刑事责任范围的法律依据。在司法实践中,对于首要分子的刑事处罚,应注意以下问题。

(1)对于单独聚众犯罪的首要分子,其要对被利用者造成的所有行为后果承担责任。因为,在该类聚众犯罪中,参与者不负刑事责任,他们是受首要分子的行为和意志支配的犯罪工具,这些人员的行为是首要分子行为的延伸和组成部分,作为间接实行犯的首要分子就是特殊形态的实行犯,对其应直接依照刑法分则关于聚众犯罪的条款定罪处罚。

对被利用者存在认识错误的首要分子,其刑事责任要认真对待。首要分子对被利用之"众人"所实施行为的法律性质的认识错误,不影响对其聚众犯罪刑事责任的追究。但是,如果作为犯罪工具的被利用者,又完全出于自己的犯意或因其认识的错误,导致了超越首要分子犯罪故意范围以外的危害结果,首要分子对此超越部分的行为和结果并无形成意志支配力,不应承担刑事责任。首要分子对被利用者发生的对象错误或因果关系的错误,由于被利用之众的行为仍属于首要分子利用的结果,首要分子仍要负刑事责任。

(2)对于共同犯罪的聚众犯罪首要分子,应对其策划、指挥的参与者的所有行为和危害结果承担刑事责任。对于在聚众犯罪中,个别参与者在行为过程中实施了超出首要分子策划、授意、指挥的共同犯罪计划,并发生了首要分子事先明确禁止的危害结果的,首要分子对此过限的行为和后果不承担刑事责任,而由过限者单独负责。

二、聚众犯罪中积极参加者的刑事责任

积极参加者只能存在于必要共同犯罪的聚众犯罪之中。我国刑法在聚众犯

罪的规定中,将"积极参加者"分为两种责任类型。一是与首要分子并列的积极参加者,刑法对二者规定了相同的法定刑,如《刑法》第 292 条规定的聚众斗殴罪。二是与首要分子分列的积极参加者,刑法对二者规定了轻重不同的法定刑,如第 371 条规定的聚众冲击军事禁区罪。这种不同的规定,表明立法者已对不同性质的聚众犯罪,在其发展过程中出现严重危害后果的可能性,有预见性地对积极参加者的刑事责任程度进行了区别。对暴力冲突性质严重、严重危害后果发生概率高的聚众犯罪,积极参加者往往是严重危害后果的直接导致者,他与首要分子在聚众犯罪中的实际危害性,差异不大,刑法就把积极参加者与首要分子等同对待。对于暴力性不强、严重危害后果发生概率较低的聚众犯罪,则认为积极参加者的刑事责任程度低于首要分子,对前者规定轻于后者的法定刑。首要分子与积极参加者的法定刑设置相同,不能说明积极参加者在聚众犯罪中的刑事责任范围与首要分子是相同的。

积极参加者不是聚众犯罪中的首要分子,而是在聚众犯罪中积极主动实施重要行为的人或者在聚众犯罪中造成严重后果的人,他受首要分子指挥和支配,是首要分子犯罪计划的重要实现者。在必要共同犯罪的聚众犯罪中,作为起着重要作用的积极参加者,可能是一个人,也可能是几个人。首要分子应当对一个或数个积极参加者的行为及其危害结果承担全部刑事责任,但数个积极参加者中的某一个积极参加者,则只能对其自己参加的行为负责,而不能对其他积极参加者或整个聚众犯罪承担刑事责任。所以,积极参加者刑事责任的范围,只能限定于其参与实施的聚众犯罪,并且只对自己的行为及危害后果承担责任。如某首要分子要对其策划、指挥的数起聚众斗殴犯罪负责,而其中的一个积极参加者只能对其参与实施的某一起或几起犯罪承担责任,而不能将其刑事责任的范围扩大到没有参加的犯罪,也不能令其对其他积极参加者的行为后果承担刑事责任,更不能将其与首要分子刑事责任的范围完全等同起来。

对于积极参加者不但实施了首要分子策划的聚众犯罪,而且还基于自己的犯罪意图,又实施了超出共同犯罪故意的犯罪。此时的实行过限者,既是聚众犯罪的积极参加者,又是单独犯罪的行为人,对其应以聚众犯罪与单独实施的犯罪进行并罚。

三、聚众犯罪中其他参加者的刑事责任

聚众犯罪中的其他参加者,是指除首要分子和积极参加者以外的一般参加者。为了控制打击面,在我国刑法规定的聚众犯罪中,对首要分子和积极参加者以外的"其他参加者"即一般参与者,都不以犯罪论处。从法条的字面表述上看,只对参与聚众持械劫狱罪的一般人员,才明确规定追究其刑事责任。这主要

考虑到该罪是极为严重的犯罪,行为人的主观恶性也比较大,实际造成的社会危害和对社会秩序形成的侵害危险,远远大于其他聚众犯罪。正如前面已论述的,聚众持械劫狱罪中的"其他参与者",包括了这种必要共同犯罪中的从犯和胁从犯,相关刑法分则条文已经为其规定了具体的法定刑,其只对自己参与实施的行为负责,直接按照刑法分则的规定定罪处罚。

第五节 聚众犯罪的转化问题

转化犯是近年来在我国刑法理论研究中涉及的一种新的犯罪形态。尽管在中国的《唐律·贼盗》中有"先盗后强"的转化型抢劫罪的规定,《大清新刑律》第 371 条也规定:"盗窃因防护赃物、脱免逮捕、湮灭罪证,而当场施强暴、胁迫者,以强盗论。"《德国刑法》第 252 条将盗窃转化的抢劫称之为窃后抢劫,《日本刑法》第 238 条将该种情形规定为事后抢劫,但是,真正将这种犯罪形态命名为"转化犯"的是当代中国的刑法学理论。

何谓转化犯,大多数学者认为是指行为人在实施某一较轻犯罪(本罪)的过程中,由于出现了特定的犯罪情节又符合另一较重的犯罪(转化罪)的构成,因而刑法规定以较重的犯罪论处的犯罪形态。也有学者认为,转化犯是指某一违法行为或犯罪行为在实施过程中或者在非法状态持续过程中,由于行为人主、客观表现的变化,而使整个行为的性质转化为犯罪或者转化为更严重的犯罪,从而应以转化后的犯罪定罪或应按法律拟制的某一犯罪论处的犯罪状态[1]。该观点将转化犯分为两种情况:一是非罪(即不法行为)转化为犯罪,属于特殊的拟制的转化犯;二是轻罪向重罪的转化。其中,我国学者针对第一种情况能否构成转化犯有两种观点:一种观点认为转化犯成立的前提是其行为构成犯罪,不构成犯罪就无转化的可能[2];而另一种观点则认为转化犯是否以本罪行为构成犯罪为前提,不能一概而论。在特殊情况下,行为人的行为不足以构成本罪,符合转化条件的也可以按转化犯处理[3]。以上关于转化犯的两种观点,前者可称之为狭义的转化犯,后者为广义的转化犯。

笔者采广义转化犯的观点。这是因为,转化犯既是我国刑法理论所倡,其要义应来自我国刑法的规定和司法实践;在我国刑法中确实存在非罪行为转化为

---

① 杨旺年:《转化犯试析》,载《法律科学》1992 年第 6 期。
② 陈兴良:《转化犯与包容犯:两种立法例之比较》,载《中国法学》1993 年第 4 期。
③ 姜伟:《犯罪形态通论》,北京:群众出版社 1993 年版,第 319 页。

犯罪的规定;司法实践也认可非罪转化犯的情况。例如,2005年最高法院《关于审理抢劫、抢夺刑事案件适用法律若干问题的意见》规定:行为人实施盗窃、诈骗、抢夺行为,未达到"数额较大",为窝藏赃物、抗拒抓捕或者毁灭罪证当场使用暴力或者以暴力相威胁,情节较轻、危害不大的,一般不以犯罪论处;但如果接近"数额较大"标准、入户作案、使用暴力致人轻微伤以上后果、使用凶器或以凶器相威胁的等,可依照《刑法》第269条的规定,以抢劫罪定罪处罚。这个司法解释显然表明,不构成盗窃、诈骗、抢夺罪的非罪行为,在一定情节下也可以转化为抢劫罪。聚众犯罪中,也同样存在着转化犯问题,而且在刑事实务方面有诸多疑点、难点,刑法理论上争议颇多大。我们需要将转化犯的一般理论原理运用到聚众犯罪之中,用以论证和解决聚众犯罪转化犯的疑难问题,释疑解惑,统一司法。

一、聚众犯罪转化犯的概念和特征

根据刑法规定,在我国刑法规定的18种聚众犯罪中,能够发生犯罪转化的罪名包括《刑法》第292条聚众斗殴罪和第289条聚众"打砸抢"犯罪。我们认为,聚众犯罪的转化犯是指在实施聚众犯罪的犯罪行为或聚众违法行为的过程中,由于出现了某种特定的严重后果,刑法规定以特定的犯罪定罪处罚的犯罪形态。

关于聚众犯罪转化犯的基本特征,我们认为应包括以下几个方面。

(一)聚众犯罪转化的条件性

转化犯的前提条件,最主要的是其原因条件。关于转化的原因,归纳起来有以下这些:①出现了特定的严重后果。这是最常见的一种转化原因。聚众"打砸抢"犯罪和聚众斗殴罪,是因为发生了重伤、死亡、财物毁损等后果而发生罪质转化的。②行为人又实施了新的犯罪行为。如《刑法》第208条第2款的规定,是因为行为人购买发票后又虚开或出售。③使用了特定的方法。如《刑法》第267条第2款的规定,是因为行为人"携带凶器"抢夺。④犯罪目的发生变化。如《刑法》第393条规定"因行贿取得的违法所得归个人所有的,依照本法第389条、第391条的规定定罪处罚"。由单位行贿罪转化为行贿罪。转化犯转化的前提条件中,还涉及以下三个争议问题:①是否要求必须有基本罪的存在;②是否要求基本罪必须达到既遂形态;③基本罪与转化罪是否均为故意犯罪。

一般而言,转化犯应当是罪与罪之间的转化,即转化犯是罪质的转化,由于行为人在实施基本罪的过程中,出现了超出这一犯罪的主、客观方面的事实因素,且完全符合了彼罪的构成要件,从而法律规定以彼罪定罪处罚。因此,基本罪的存在是转化的前提条件。例如,《刑法》第292条第2款的规定,就是在构成聚众斗殴罪的前提下,由于出现了致人重伤、死亡的严重后果,从而转化为故意伤害罪、故意杀人罪。那么,《刑法》第289条规定的"聚众打砸抢"是否能够转化为其他犯罪呢? 该条规定在聚众"打砸抢"的过程中,如果致人伤残、死亡,以故意伤害罪、故意杀人罪定罪处罚;毁坏或抢走公私财物的,对首要分子以抢劫罪定罪处罚。有学者认为,聚众"打砸抢"行为本身不构成独立的罪名,它只是故意伤害、故意杀人罪的特殊形式而已。如果不发生"致人伤残、死亡"的结果,聚众"打砸抢"行为就不构成故意伤害罪或故意杀人罪,而只是一般违法行为。同样地,如果不发生"毁坏或者抢走财物"的情况,也不构成抢劫罪。所以,《刑法》第289条"聚众打砸抢"行为本身不能独立构成犯罪,本条不是转化犯①。这是我国刑法理论界较为通行的观点。正如笔者前述,我国刑法中的转化犯并不要求必须是罪与罪之间的转化,也包括非罪行为向罪行为的转化。对于那些在实施某种行为过程中,极易出现特定后果或其他情节的严重违法行为类型,立法者有预见性地将前行为和后情节结合起来,预设一种可能转化的特定犯罪进行刑事处理,以该特定的犯罪定罪处罚。对于聚众"打砸抢"这种危害性较大,行为方式不确定,行为类型无法预先归类到已定的具体犯罪之中,可能出现的危害后果呈多样性特征,立法者针对聚众"打砸抢"过程中可能出现的后果,设定了可能转化而来的若干罪名,并以这些犯罪定罪量刑。这种立法模式,实际上就是针对特殊情况的违法行为类型,根据其行为发展过程中能够出现且出现几率较高的实际危害后果,刑法规定按照这些不同的后果使其转化为法律拟制的某几种犯罪,并以相应的拟制犯罪定罪处罚。我们不能因为聚众"打砸抢"不是一个独立的罪名,就可以无视其作为聚众犯罪的一个类型的存在,我们也可以将其理解为是由《刑法》第六章"危害社会管理秩序罪"这一概括的犯罪,向刑法拟制的故意杀人、故意伤害、抢劫罪的转化,是"准转化犯"。纵观我国刑法规定的转化犯罪类型,就连学界最无争议的非法拘禁罪的转化犯,也并不一定都是行为人先构成了非法拘禁罪并在此基础上转化为杀人、伤害罪的。因为,《刑法》238条第1款规定的是常态性的非法拘禁罪,其定罪标准是拘禁时间长或时间短且有侮辱、殴打等其他严重情节,如果时间短暂,情节显著轻微,没有造成多大危害的,不依犯罪论处。但是,如果行为人采取非法拘禁的行为,时间短暂,而受害人在此短暂的时间内被暴打致死的,根据刑法第238条第2款的规定则要以转化后的故意杀人罪处理。此时,由于时间短暂又无其他严重情节,拘禁行为并不构成犯罪,行为人仅是实施了非法拘禁的行为,但因其在拘禁过程中使用暴力致人

---

① 　参见金泽刚:《论转化犯的构成及立法例分析》,载《山东法学》,1998年第4期。

死亡,刑法规定其应按照转化的故意杀人罪定罪处罚。因此,不能把我国独具特色的转化犯范围仅限定在罪与罪之间的转化,根据法律的明文规定,它也包括法定违法行为向犯罪的转化。这样的概括,既不违背罪刑法定原则,也更加客观充分地揭示了我国刑法中转化犯的全貌,使转化犯的理论具有了普遍的适用性。

将特定的违法行为纳入转化犯的前提条件中,也可以使转化犯与包容犯更好的区别开来。例如,我国《刑法》第241条第5款规定:收买被拐卖的妇女、儿童又出卖的,依照本法第240条的规定定罪处罚,即认定为拐卖妇女、儿童罪。对类似的规定,很多人将其归类为转化犯。而实际上,类似规定应属于包容犯的范畴。包容犯是指行为人在实施某一种犯罪的过程中,又实施了构成另一种犯罪的行为,原本属于数罪,但刑法明文规定将后一犯罪行为作为前一犯罪加重处罚的情节而排除数罪并罚适用的情形。包容犯与转化犯的相同之处就是,二者都是刑法明文规定依照后罪定罪处罚。但是,包容犯的危害行为,必然是两个以上不同的犯罪行为,可以独立构成两个罪,立法者规定包容犯的目的在于克服数罪并罚的限制,实现刑种的升格,加重处罚该类犯罪,使得按照数罪并罚无法判处死刑、无期徒刑的犯罪,能够被加重处罚为死刑、无期徒刑。因此,作为其前提的被包容之危害行为必须构成独立的罪名。转化犯从自然行为上观察,行为人实施了数个行为动作,但实际上是一个整体的行为,只是由于在行为发展的过程中,行为的罪质发生了变化并符合了另一重罪的构成,法律规定以较重的罪定罪处罚。立法规定转化犯的目的不是要加重处罚,而是实现罪刑均衡、罪刑一致。因此,转化犯的前提不要求必须构成犯罪。

对于转化的前提条件是否以基本罪的犯罪既遂为必要呢? 对违法行为向犯罪的转化,只要行为人着手实施了该违法行为,并且该违法行为仍在持续,均可转化为法定的犯罪。我们这里讨论的是罪与罪发生转化时,是否要求基本罪必须达到既遂状态。

(1)关于罪与罪之间的转化是否要求基本罪必须达到既遂状态问题。对于基本罪达到既遂可以转化,理论界没有异议,但是,对于未完成形态的基本罪是否可以转化,则存在争议。一种意见认为,预备犯罪、未遂犯罪均能成为转化犯的基本罪:转化犯的转化发生在行为人实施基本犯罪的过程中,行为人正在实施基本犯罪而未达到既遂和犯罪已既遂但不法状态处于继续之中,都可以发生转化,强调转化犯必须以基本犯罪的既遂或未遂为必要[1]。这种意见是排除预备犯罪转化的。另一种意见认为,预备犯罪也可成为转化犯的基本犯罪,主张在行

---

[1] 赵岿:《论转化犯》,载《法制与社会发展》,1997年第6期。

为人实施基本罪的预备行为以后,一旦加入法定的转化条件,则可以向重罪的预备犯转化。即不论是犯罪既遂、未遂还是犯罪预备,都是构成犯罪的行为,都可以发生转化。该意见以《刑法》第 267 条第 2 款的规定为佐证:"携带凶器抢夺的,依照本法第 263 条的规定定罪处罚。"①从理论上讲,无论是预备犯罪还是未遂犯罪,均属于犯罪的范畴,将它们作为转化犯的基本罪是符合逻辑的。但是,我们认为以上论证的基础是错误的,基本罪转化的前提不是静态的犯罪形态的转化,即转化犯的基本罪不是在停止形态情形下的转化,而是基本罪在其犯罪行为动态进行过程中的罪质改变。如果基本罪在犯罪的预备行为或着手实行过程中被迫停止,成立了犯罪的预备或未遂形态,说明基本罪已经不再向下一个犯罪阶段发展,也就不可能再出现基本罪所无法容纳的严重后果,当然就不会向异质的重罪转化。因此,在基本罪的整个发展过程中都可以发生犯罪的转化,不要求必须达到既遂的状态。

（2）关于转化犯是否仅为故意犯罪之间的转化问题。从我国刑法关于转化犯规定的现状看,转化犯都是故意犯罪之间的转化,学界一般对此没有争议。但是,最高法院在 2000 年 11 月发布的《关于审理交通肇事刑事案件具体应用法律若干问题的解释》第 6 条规定:"行为人在交通肇事后为逃避法律追究,将被害人带离事故现场后隐藏或遗弃,致使被害人无法得到救助而死亡或者严重残疾的,应当分别依照《刑法》第 232 条、第 234 条第 2 款的规定,以故意杀人罪或者故意伤害罪定罪处罚。"这是唯一的一例由过失犯罪向故意犯罪转化的犯罪形态。这种转化犯形态是特例,不具有普遍的适用性,这种司法解释是否科学、是否符合罪刑法定的精神,也都值得探讨。该解释将交通肇事的违法行为和构成的交通肇事罪,都作为转化的前提,倒与我们的观点有契合之处。

据上所述之观点,我们认为,聚众犯罪中的聚众"打砸抢"犯罪和聚众斗殴罪转化的前提条件是:行为人在聚众犯罪的过程中,其主观故意内容发生了变化,出现了聚众犯罪所不能容纳的严重后果。

（二）聚众犯罪转化的法定性

依照法律规定是转化犯本身具有的外部法律特征,这一特征往往表现出法律形式的特定性。1979 年《刑法》及其以后的单行刑法、附属刑法中关于"依……处罚""依……论处"的字样很多。按照规范的刑事立法要求,"依……处罚"应当专指量刑处罚,"依……论处"则同时包括定罪和量刑。由于立法技术的不科学,这两个用语的使用却极其混乱,很不确定,"依……处罚"有时被用于

---

① 参见金泽刚:《论转化犯的构成及立法例分析》,载《山东法学》,1998 年第 4 期。

定罪层面,"依……论处"有时却仅指量刑,从而使转化犯的法律形式丧失了统一的标志,也给理论研究和司法实务带来不必要的混乱。由于转化犯的处理,是要求按照转化后的犯罪定罪量刑,1997年《刑法》在关于转化犯的条文描述中,统一使用了"依照本法第……条规定定罪处罚"的法律标志,从而使转化犯的立法用语在形式上具有了鲜明的特征。但是需要明确指出的是,并非所有规定以"依照本法第……条规定定罪处罚"的都是转化犯,而有此标志者则是进行法律形式判断的一个主要方面。在关于聚众犯罪转化犯的法律条文中,"依照本法第……条规定定罪处罚"是转化犯一个明显标志。《刑法》第289条规定:聚众"打砸抢",致人伤残、死亡的,依照本法第234条、第232条的规定定罪处罚。毁坏或者抢走公私财物的,除判令退赔外,对首要分子,依照本法第263条定罪处罚。《刑法》第292条第2款规定:聚众斗殴,致人重伤、死亡的,依照本法第234条、第232条的规定定罪处罚。我们认为,在司法实践中,不仅聚众斗殴罪可以发生犯罪的转化,实际上其他聚众暴力性犯罪也极容易发展成为转化犯,如聚众扰乱社会秩序罪、聚众冲击国家机关罪、聚众哄抢罪等,刑法在条文中没有明示这些犯罪可以转化,应该是立法上的缺漏,应予完善。

(三)聚众犯罪转化的趋重性

转化犯是在基本罪的发展过程中,由于法定条件的出现,使罪质发生了变化,变化后的犯罪事实满足了另一犯罪的构成,法律规定依照另一罪定罪处罚。之所以法律规定犯罪的发生转化,主要是出现了基本罪所不能容纳的严重后果,需要以重罪论处以实现罪责刑的一致性。因此,转化犯不但是罪质的转化,也是轻罪向重罪的转化,趋重性是其基本特征之一。另外,转化犯还具有基本罪犯罪事实延伸性和重合性的特征。由于犯罪的转化是发生在基本罪的实施过程中或基本罪造成的不法状态持续期间,但是转化犯的本身不能脱离基本犯罪的事实而单独构成犯罪。其延伸性体现了基本罪与转化罪在客观方面的联系性,即行为人在实施了基本行为之后,有实施后续行为并与基本行为相结合而构成转化罪的可能性。如果前后两个行为或不同质的两罪在客观上毫无联系、无持续可发展性,法律就不可能做出转化犯的规定。从对立法例的考察可以看出,转化罪是基本罪在实施的同一场所或该场所合理持续时间的延伸发展结果。其重合性,体现了基本罪与转化罪在构成要件内容上发生部分重合,在此重合部分,基本罪有之,转化罪亦有之。转化罪虽然具有自身的相对独立性,其内容包含了基本罪所不能包含的事实和因素,但是,如果它没有基本罪的危害行为做前提,与基本罪没有密切的联系,那么,所谓的转化罪就会具有与转化犯完全不同的意义。所以,转化犯的趋重性是建立在罪质转化基础上的,法律规定的一定条件或要素的出现,使得基本罪在主观和客观两个方面都发生了性质的变化,引起了犯罪行为整体性的转化。基本罪在转化过程中,行为人的主观罪过、主观恶性趋重,客观危害性趋重,必然使整体犯罪向异质的重罪转化发展。趋重的罪质转化,也是转化犯不同于结果加重犯的一个重要标志。对于聚众犯罪的转化犯而言,聚众"打砸抢"犯罪所内含的"破坏公共秩序罪",一般都是轻罪,聚众斗殴罪也是较轻的罪,当其在犯罪的现场或不法状态持续期间,造成重大人员伤亡、财产损失时,都是其犯罪构成和法定刑所不能容纳的,其罪质发生了整体转化,刑法规定以故意杀人、故意伤害、抢劫等重罪定罪处罚。作为暴力性犯罪,在聚众"打砸抢"或聚众斗殴的过程中,犯罪的场面很容易失控,行为向趋重方向发展的可能性极大,其行为往往会导致人员伤亡、重大财产损失后果的出现,而这些都是与聚众犯罪的骚乱性、传染性、"爆炸性"等特点密切相联系的。聚众犯罪的转化罪,不是原本意义上的故意杀人、故意伤害、抢劫罪,它是在聚众犯罪过程中出现了特定的后果并且包含了聚众犯罪的作用力,法律将其拟制为这些罪名的。因此,在聚众犯罪的转化罪中必然包含了聚众犯罪的主客观事实,否则就直接构成这些犯罪了。

二、聚众犯罪转化犯的犯罪主体

聚众"打砸抢"过程中,毁坏或抢走财物的直接行为人可能不是首要分子,刑法规定只能由首要分子对此负担抢劫罪的刑事责任。既然首要分子对造成财产损失的,已经以转化的抢劫罪处罚,那么,其他参与者对此是否不再负刑事责任?根据罪刑法定的原则,答案应当是肯定的。聚众"打砸抢"致人伤残、死亡或者聚众斗殴致人重伤、死亡的,刑法规定转化为故意杀人、故意伤害罪,但没有明示由谁来承担刑事责任,是否该转化犯的主体只能是直接导致伤、亡结果的行为人,而未实施致死、致伤行为的首要分子对此不负刑事责任吗?对于此问题,理论界有"全案转化""部分转化"的分歧观点。全案转化说认为,所有参加聚众犯罪的人员均应对他人的伤亡后果负责,全案转化为故意杀人或故意伤害罪。持该观点的学者认为,如果仅将直接实施伤害、杀害行为的犯罪成员以转化犯对待,而对其他共同犯罪人仍以聚众斗殴罪处罚,无异于承认行为人具有不同的犯罪故意,并进而否认了聚众斗殴的共同犯罪性质。因而,无论是根据立法意图还是根据法理,都应当将全体共同犯罪人以转化犯对待,以转化后的犯罪进行处罚①。部分转化说认为,在聚众斗殴中,部分成员或其中某个成员实施了超出全

---

①　高铭暄、马克昌主编:《刑法学》,北京:北京大学出版社、高等教育出版社2001年版,第474页。

体成员故意范围的犯罪行为,致人重伤、死亡的,应坚持罪责自负的原则,由具体实施行为的人承担故意杀人或故意伤害罪的刑事责任,仅将直接实施加害行为的人转化定罪[①]。

　　我们认为,对聚众犯罪转化犯的主体要分别情况对待。无论是聚众"打砸抢"还是聚众斗殴,对于致人伤残、重伤、死亡的行为均表现为殴打,其确定转化犯主体的原理应当是一致的。对于在聚众犯罪中,首要分子没有特别强调或禁止参与者致人伤亡的,其主观故意内容是概括的,如首要分子在聚众时放话让被聚之众去"教训""收拾"他人等,不论首要分子是否属于伤亡后果的致害人,对其都应当以转化犯定罪处罚。首要分子在聚众犯罪中,其聚众行为是聚众犯罪实行行为的有机组成部分,他所实施的组织、策划、指挥行为,不但直接影响着具体危害行为人的主观意志和行为,也与整个犯罪的后果之间存在着客观上的因果关系,应对其策划、指挥的全部犯罪行为后果承担刑事责任。但是,如果首要分子在聚众时有明确的故意内容,明确禁止携带致命工具,反对参与者在犯罪中有过激行为,排斥人员伤亡后果的发生,那么,某个参与者的行为导致人员伤亡后果的,就超出了共同犯罪的故意,属于实行犯在共同犯罪中的过剩行为,应当按照实行过限的基本原则,由直接实施伤亡行为的参与者单独承担伤亡后果的刑事责任,首要分子不构成转化犯的犯罪主体。聚众犯罪中的积极参加者,一般是直接导致人员伤亡的行为人,无论其是否与首要分子构成共同犯罪,他都构成转化犯(故意杀人罪或故意伤害罪)的犯罪主体。对于在聚众犯罪中作用不大,没有直接致人伤亡的一般参加者,不构成转化犯的犯罪主体。聚众犯罪中的严重结果,一般不是一个人或一种行为造成的,而是由所有成员或某几个人的行为所共同造成的;聚众犯罪的场面一般比较混乱,事后无法查清致伤或致死的行为是何人所为。因此,司法实践中,在无法确定伤亡后果直接实施人时,是最难以确定转化犯主体的。此问题将在后文一并论述。

　　三、聚众犯罪转化犯主观罪过的认定

　　根据聚众犯罪的特点,转化犯的罪过形式通常应是间接故意。如果行为人基于犯罪的故意参与聚众犯罪,在犯罪过程中实施杀人、伤害的行为,对伤亡后果是积极追求的态度,对行为人就应当直接认定为故意杀人罪或故意伤害罪,而不是拟制的转化犯罪了。对此,2002 年 10 月 25 日,江苏省高级法院、省检察院、公安厅联合下发的《关于办理涉枪、涉爆、聚众斗殴案件具体应用法律若干

---

①　参见周少华:《现行刑法中的转化犯之立法探讨》,载《法律科学》,2000 年第 5 期。

问题的意见》指出："聚众斗殴致人重伤、死亡的,在适用《刑法》第234条和232条时,要结合案件的具体情况,对照故意伤害和故意杀人两个罪名的具体犯罪构成来认定,不能简单地以结果定罪。行为人具有杀人故意,实施了杀人行为,即使仅造成被害人重伤的,也可以第232条定罪处罚;行为人仅具有伤害故意,造成被害人死亡的,应依照第234条定罪处罚。行为人对杀人和伤害后果均有预见并持放任态度的,也可以结果定罪。"我们基本上赞同该指导文件的意见,但该意见没有把聚众斗殴罪的转化犯限定在聚众犯罪的过程中,容易导致理解上的歧义。

对于聚众犯罪转化犯罪过形式的判断,必须要明确两个前提条件。

首先,聚众犯罪的转化罪是法律拟制的罪名,它不属于注意规定。因为,注意规定的设置并改变法定犯罪的基本内容,只是对已有规定内容的重申,有无此设置都不能改变相应法律适用根据的客观存在,注意规定是提示性的,其表述的内容与基本规定完全相同。如果行为人在聚众犯罪过程中的致人伤亡行为,完全符合故意杀人或者伤害罪的规定,其罪过形式就应当是直接故意,不应按照转化犯处理。而聚众犯罪转化的故意杀人罪或者故意伤害罪,在某些方面并不完全符合《刑法》第232条或第234条的规定,其故意内容不确定,刑法主要根据重伤、死亡后果而拟制规定为相应的故意杀人罪、故意伤害罪。

其次,转化犯发生在聚众犯罪的过程中,在此过程中,很难有充分的证据证明行为人的主观罪过前后发生了明显的变化,即无法证明行为人有明确的杀人、伤害犯罪故意。从司法实践考察,行为人参与聚众犯罪,故意参与打斗行为,其犯罪故意内容具有概然性特点,对打斗可能造成他人伤亡后果的严重性估计不足,对可能性的危害结果没有明确的认识,而且在混乱中对受害人身体的打击部位、打击方式和打击力度不加节制,很多情况下对打击工具都是就地取材。正是在这种环境和放任心态支配下,造成了他人重伤、死亡结果的。在这种情况下,我们几乎无法分清楚行为人对发生的严重结果,在主观上是伤害故意还是间接故意杀人的故意,只能依据客观上出现的危害结果确定:致人重伤结果的,认定为故意伤害罪;致人死亡的,依照故意杀人罪定罪处罚。这种法律的拟制规定,不但符合我国刑法理论关于间接故意的原理和罪责刑一致的原则,而且便于司法操作,也避免了在此问题上理不清、理更乱的诉辩争议。

作为抢劫罪,法律规定其为目的犯,其在主观罪过形式上只能是直接故意。《刑法》第289条规定聚众"打砸抢"造成公私财物毁坏或被抢走的,对首要分子依照抢劫罪定罪处罚。但是,《刑法》第263条规定的抢劫罪,并不包括毁坏公私财物的行为方式;第289条规定的财物被抢走,也非均属抢劫罪中严格的暴力夺取,不排除在财物所有人或看管人被轰跑、被驱散、被惊吓逃跑后,参与打砸的参与人顺手牵羊拿走现场的财物。在聚众犯罪中的财物受损,不论是否已被行为人所控制或使用,但其本质都使财物所有权人的合法财产形成实际侵害。尽管在很多内容方面,第289条规定的情况并不完全符合抢劫罪的构成要件,但是,鉴于公私财物受损并且发生于暴力聚众犯罪的过程中,刑法将该情形规定为拟制的抢劫罪。拟制的抢劫罪,并不能说明首要分子的主观罪过就是直接故意,他对最终的财物损失仍然是放任的态度,对危害后果持间接犯罪的故意。

四、聚众犯罪转化犯刑事责任的承担

根据以上问题的分析,结合聚众犯罪的特点,对于聚众犯罪转化犯的责任承担问题,应当区别情况,分别处理。

(1)在聚众犯罪中,某一个或几个参与者的加害行为,明显超出了共同犯罪的故意内容而造成伤亡后果的,属于共同犯罪中的实行过限,应由加害人单独对过限的伤亡后果承担故意杀人或故意伤害罪的刑事责任。这种实行过限包括内容如下。

1)加害人行为后果明显超出了首要分子聚众的初衷和故意内容。如聚众者当时仅为了显示一下自己的淫威,不想把事情闹大,在纠集众人时反复强调只是给对方点"颜色"看看,要求不得造成人员伤亡后果。而在实际作案过程中,某个或某几个参与人直接将他人致死、致残的,其应对此伤亡后果承担刑事责任。

2)加害人在犯罪之前擅自藏带致命凶器,或者在犯罪过程中突然加重打击力度,造成他人伤亡。例如,在聚众斗殴中,某个参与人突然掏出藏带的尖刀刺死他人,这种超乎其他参与人和首要分子意料之外的重度加害行为,应属加害人个人举动,由其单独对该过限的死亡结果承担刑事责任。

(2)各加害人之间没有犯意联络,但相继或同时对同一对象实施侵害行为的,各自的加害行为属于同时犯,因其不成立共同犯罪,应各自对自己的行为及其后果负责。造成他人重伤、死亡的,依法单独按照转化的故意杀人、故意伤害罪承担刑事责任。没有造成他人伤亡后果者,不负责任。首要分子按照转化犯处理。

(3)在多人参与的一对一或分散的聚众犯罪案件中,如果加害人的行为始终针对各自固定的对象实施,相互之间没有协调配合的,各加害人只对自己加害行为及其结果负责。如果有人造成他人伤亡的,除加害人外,首要分子也要对(本次策划、指挥的)此严重后果承担转化犯罪的责任。

(4)各共同加害人对发生他人伤亡后果均有概括性认识,客观上其行为之间存在相互协调配合,对伤亡后果的发生具有因果关系的,尽管能够查明伤亡后

果的直接加害人,仍应当认定全案转化。但对于各共同加害人的行为,可依据各自对他人伤亡后果的原因力大小,分别裁量刑罚。如果共同加害人既造成他人重伤又造成死亡后果的,因其出于聚众犯罪的一个概括故意,对重伤、死亡后果均在预料之中,是行为人在一个故意支配下实施的不同程度的加害行为,应采用重度行为吸收轻度行为的原则,只认定故意杀人一罪,无须实行数罪并罚。首要分子对转化犯承担刑事责任。

(5)对于共同加害他人造成伤亡后果,但难以查明具体加害人的,所有有证据证明参与了直接加害行为的人应共同对此严重后果负责,但在裁量刑罚时,应根据各加害人实施的不同行为酌情从轻判处刑罚。如果发生死亡后果,综合全案难以认定加害人具有杀人故意的,可以故意伤害(致人死亡)罪论处;如果参与了直接加害行为的人均难以查清或确定,则应由本次聚众的首要分子对此严重后果承担刑事责任,对其他积极参加者以聚众斗殴罪从重处罚。对于参加多起聚众斗殴的,对其中一起或数起致人伤亡的(为了叙述的方便,在转化犯论述中的"伤亡",是指"重伤、死亡"之义),转化为故意杀人或故意伤害罪,对其他未造成重伤、死亡后果的,仍构成聚众斗殴罪,应将转化的犯罪与未转化的聚众斗殴罪实行数罪并罚。[该部分借鉴参考了1999年7月15日,上海市高级人民法院刑庭庭长会议纪要《关于执行刑法若干问题的具体意见(试行)》,第三部分中的《关于聚众斗殴、寻衅滋事造成他人重伤、死亡结果的定罪问题》。]

总之,只有在聚众犯罪过程中致人重伤(包括伤残)、死亡的,才发生定罪转化问题。如果聚众犯罪已经结束,行为人又故意致其他人重伤或死亡的,则不能转化定罪,而应以就聚众斗殴罪与故意杀人或故意伤害罪,实行数罪并罚。首要分子一般应对其组织、策划、指挥的全部犯罪承担责任;首要分子在聚众时明确要求参与者不能造成他人伤亡的,积极参与者致人伤亡时,对首要分子不转化定罪,而以聚众斗殴罪从重处罚;首要分子没有明确禁止致人伤亡的,积极参加者致人重伤、死亡时,对首要分子应当转化定罪。

五、聚众犯罪转化犯的处罚

由于聚众犯罪的转化犯,刑法规定是依照转化罪定罪处罚的,因此,转化罪的法定刑是确定的,即按照刑法中相应转化罪条文规定的法定刑决定其刑罚。但是,在决定聚众犯罪转化犯的刑罚时,要注意以下问题。

1.分清责任,区别对待

对于在聚众犯罪中,多人共同加害导致被害人重伤、死亡的,例如,数人殴打一人的情况下,有人刀捅、有人棒击、有人砖砸,还有人在一旁拳打脚踢,实施共同加害,而最后的死亡结果被确定系刀捅所致。尽管已经确定了具体的加害人,其他人的加害行为并非造成死亡的直接原因,但其他加害人的对直接加害人的行为,明显是一种帮助、支持、配合、助威的行为,应被看作是整个共同加害行为的组成部分。对所有的参与人,都应认定为转化犯的共同实行犯,但在具体处罚时,应当根据各自在此整体行为中的地位、作用、所使用的工具、行为的积极性程度等,综合评价其应承担的刑事责任,分别处罚。我们应把聚众犯罪转化犯中直接致人重伤、死亡的参与人,认定为聚众犯罪的积极参加者,是转化罪共同犯罪的主犯,其他共同实行者则可能是该转化罪中的从犯。一般来讲,聚众犯罪中,责任主体不存在胁从犯,尾随、裹挟、被强迫参加聚众犯罪且在犯罪中作用不大的,可按情节显著轻微论以无罪。

2. 动态地考察转化罪行为主体的情况,体现罪责刑一致原则

在司法实践中,司法者分析认定聚众犯罪的主体,必须充分认识到,由于聚众犯罪活动是一个动态的发展过程,各个参与者也会随着其在聚众犯罪中的作用而发生角色的变化,因此,在处理聚众犯罪转化犯时,要根据参与者各自变化的身份和实际作用,实事求是地进行处罚,以实现罪责刑一致的原则。例如,原来是一般的参加者,但随着犯罪活动的发展,他有可能成为积极参加者,甚至是首要分子;最初是聚众犯罪的组织者,而在整个犯罪中所起作用不大,尤其可能根本没有参与聚众犯罪的转化过程,他也可能变为积极参加者或一般参加者,甚至有些最初的组织、策划者还中途退出了整个犯罪活动。无论是行为人由轻度行为实施者向高度行为实施者转变,还是由重度行为实施者向轻度行为实施者变化,我们都应始终根据案件的实际情况,准确地评价每个参与者的罪行和应承担的刑事责任,公正地对其判处刑罚,必须改变聚众犯罪的首要分子与犯罪集团首要分子等同、积极参加者是转化罪的实行犯的固定观念。

3. 关于聚众犯罪转化中的罪数问题

在聚众犯罪中,尤其是在聚众斗殴的过程中,存在着致人重伤、死亡的罪数认定问题。对于参加多起聚众斗殴的行为人,如果其中一起或数起致人重伤、死亡的,按故意伤害罪或故意杀人罪定罪;对其他未造成重伤、死亡后果的,仍为聚众斗殴定罪,而后实行数罪并罚。但是,对聚众斗殴行为人致不同对象重伤和死亡的,应如何处罚,是存在争议的。一种意见认为,行为人出于一个概括故意,实施了一个聚众斗殴行为,造成了轻重不同的损害结果,应以重罪故意杀人罪为转化罪进行处罚。另一种意见认为,行为人致不同对象重伤和死亡后果,是两个相对独立的犯罪行为,不能以重罪吸收轻罪,应分别定罪,数罪并罚。我们认为,行为人在聚众犯罪中,针对不同的对象实施打击行为并造成重伤和死亡结果,从其自然行为看,是两个以上的举动,但其性质仍在刑法上属于一个聚众犯罪,属于一个犯罪行为造成了两个以上的危害结果,应以转化的一重罪定罪处罚,认定

为故意杀人罪一罪即可。

对于在聚众犯罪中,既有部分积极参加者致人重伤又有部分积极参加者致人死亡,并且分别转化为故意伤害罪、故意杀人罪的,如该重伤、死亡的后果均在首要分子概括的犯罪故意内容内,对首要分子是以故意杀人这一重罪定罪,还是应数罪并罚。我们认为,其基本立场与上述处理方法相同,对首要分子应以重罪故意杀人罪转化定罪,也不实行数罪并罚①。根据刑法的规定,无论是聚众犯罪的首要分子,还是其中的参与人,如果仅因一次聚众犯罪而发生转化的,都只能按照转化罪定罪处罚,原来的基本罪就不再处罚,即不再以转化罪与基本罪实行数罪并罚。如首要分子在一次聚众斗殴中转化为故意杀人罪,就不再对其聚众斗殴定罪量刑。

对于聚众"打砸抢"犯罪而言,对首要分子存在着数罪并罚的可能。如果首要分子因打砸抢致人死亡转化为故意杀人罪,其中的参与人又毁坏或抢走公私财物的,因刑法规定首要分子必须对财物损失承担抢劫罪的刑事责任,此时,对首要分子就要以故意杀人罪和抢劫罪并罚。

4. 对聚众犯罪转化犯应从重处罚

我国刑法关于聚众犯罪的转化犯,只是规定了转化犯定罪量刑的依据,并没有强调是否在处罚时要从重处罚。我们认为,应将聚众犯罪的转化犯从重处罚作为一个原则,其原因如下。

(1)聚众犯罪的转化罪中,实际上还含有被吸收的基本罪部分内容,如基本罪的危害行为、基本罪危害社会公共秩序的结果或情节、基本罪所反映的行为人主观恶性等,仅以转化罪正常处罚而不在其基础上从重处罚,就不能反映转化罪是基本罪延伸的关系,也不能反映二者之间的重叠性特征。

(2)我们倾向于将转化犯归类到吸收犯的范畴中,而"吸收犯是指数个犯罪行为因一个被另一个吸收而失去独立意义,仅按吸收的犯罪行为处断的犯罪形态"②。把转化罪作为吸收犯对待,就必然表现出转化罪是社会危害性大、刑度高的行为,它吸收社会危害性小、刑度低的聚众犯罪的基本罪。以转化罪定罪量刑,就不再与被吸收的基本罪数罪并罚,但仅以转化罪的法定刑处罚而不从重处罚,并不能达到数罪并罚的处罚效果。如一般聚众斗殴罪的法定刑是三年以下有期徒刑,而转化罪故意伤害罪(致人重伤)的法定刑是三至十年有期徒刑。如

---

① 参见:《刑事审判参考》(总第60期),北京:法律出版社2008年6月版,第134~135页。

② 吴振兴:《罪数形态论》,北京:中国检察出版社1996年版,第298页。

果数罪并罚则可能判处十年以上有期徒刑,而按照转化罪故意伤害罪(致人重伤)一罪处罚,则不可能在三至十年幅度内被判处三年有期徒刑。这种转化犯只是在罪名上体现了趋重性,在实际量刑上并未得到体现。因此,只有同时强调按照转化罪从重处罚,才能做到罪刑相适应。

(3)我国司法实践中,有关于对聚众犯罪转化犯从重的司法文件规定。例如,2003 年 5 月 14 日,最高法院、最高检察院《关于办理妨害预防、控制突发传染病疫情等灾害的刑事案件具体应用法律若干问题的解释》第 9 条规定:"在预防、控制突发传染病疫情等灾害期间,聚众'打砸抢',致人伤残、死亡的,依照《刑法》第 289 条、第 234 条、第 232 条的规定,以故意伤害罪或者故意杀人罪定罪,依法从重处罚。对毁坏或者抢走公私财物的首要分子,依照《刑法》第 289 条、第 263 条的规定,以抢劫罪定罪,依法从重处罚。"

第十章

强奸罪

█ 第一节　强奸罪的主体范围

　　根据我国现行刑法的相关规定和理论界的通说一般认为,强奸罪的主体,是年满14周岁、具有刑事责任能力的男性。女性不能单独构成本罪,但可以成为本罪的教唆犯或帮助犯。最高人民法院《关于当前办理强奸案件具体应用法律的若干问题的解答》亦指出,妇女教唆或帮助男子实施强奸犯罪的,是共同犯罪,应当按照她在强奸犯罪活动中所起的作用,分别定位教唆犯或从犯,依照有关条款论处。

　　随着社会的发展,特别是人权的张扬、女性运动和对同性恋的宽容等社会现实引起了性文化观念的革新,同时现实中出现越来越多的非传统意义上的"强奸行为"无法用刑法进行规制,导致了法网的疏漏。例如,案例一,湖南某地吴某(15岁)被婶婶胁迫,被迫长期多次与婶婶发生性关系,吴某身心健康受到严重摧残。案例二,《合肥晚报》报道,成都一入赘青年王某,多次被其岳母李某用安眠药迷倒后进行奸淫,被害人王某的名誉和心灵遭受了严重的伤害。案例三,深圳市罗湖区公安局长安惠君长期生活糜烂,多次以升迁等手段引诱和胁迫青年男性民警与其发生性关系。与此同时,女性对女性的性侵犯即"同性强奸"案件亦有发生,这种伴随着人类性交形式多样化而出现的性攻击行为对被害人的身体和精神上的伤害比传统的强奸行为有过之而无不及。法来源于生活,来源于现实的存在,现实中女性作为强奸行为直接实施者的大量出现是对现行刑法进行修改从而实现强奸罪主体向女性扩张的现实依据,所以基于以上的考虑,越来越多的学者认为有对强奸罪的主体进行扩张的必要,也就是说女性可以成为强奸罪的单独直接正犯。

扩张强奸罪的主体应当以作为基本人权内容之一的性权利为视角进行重新审视。性权利属于基本人权的范畴,男女的性权利应当得到平等保护,无论是异性之间的性侵犯还是同性之间的性侵犯都是法律所不容许的。传统刑法理论认为,强奸罪保护的是女性的性权利,男性的性权利不值得用刑法来保护。这个立论的潜台词是,男性和女性是不同的,女性是一种稀缺的性资源,而男性不是。这不仅是对性权利作为基本人权的平等性的忽视,而且从主观上将女性从社会关系的主体降格为作为资源的客体,本质上是对女性的歧视。给予男女的性权利以平等的刑法保护,从而承认与维护男女性权利的平等,是实现真正意义上的宪法层面上的人权平等的重要保障。

进一步从现实可能性的角度出发,考量扩张强奸罪的主体,也是有根据的。在当今社会,妇女利用胁迫、利诱、药物或者其他方法或手段,违背男性意志,在男性不敢反抗、不能反抗或者处于不知反抗的状态下,强行与之发生性关系已成为可能。主张男子不会为强奸对象的理论通说主要基于如下认识:由于男女生理上的差异,男方不愿意就不可能性交,只要发生性交就必然表明男子是同意的,故永不可能存在侵犯男方拒绝性交的权利的情况。最后得出结论——男子不可能成为强奸罪对象,妇女不可能成为强奸罪单独犯罪的主体。其推论方式就是,因为男子基于本能的反应而使性交得以完成,所以说明性交是男子同意的,其并不违背男子意志。英美刑法在认定强奸行为时,强调区分同意与屈从,对于因威胁等所产生的屈从不能认为是同意,应当认定强奸罪的成立。从现实生活看,女性对男性实施性侵犯的手段和方式主要包括以下四种:①女性利用职权、地位胁迫男性与其发生性关系,比如女上司以辞退工作、升迁等为由要求男下属与其发生性关系、女教师以辅导功课等方式强奸男学生等。②女性通过使用致幻药、壮阳药等药物使男性产生幻觉或难以自控,使男性在药物的作用下与之发生性关系。③女性利用男性酒醉或生病等处于迷糊或兴奋状态的机会,乘机与其发生性关系。④女性使用暴力手段强奸男性,这主要存在于成年妇女强奸幼男和男女在人数、身高、体重、体质等方面悬殊的情况下。这些情形毫无疑问是违背了男子意志,侵犯了男子拒绝性交的权利。传统的观念似乎与男性是天生的性动物、性主动者的错误认识有关。

第二节　婚内强奸行为的性质

所谓婚内强奸,是指夫妻关系存续期间,丈夫违背妻子意愿,以暴力、胁迫或者其他手段,强行与妻子发生性关系的行为。由于婚内强奸发生在婚姻关系这样的特殊环境下,所以我国刑法理论一直以来对这种行为存在很大争议。

一、关于婚内强奸的观点

我国刑法理论上对婚内强奸是否构成犯罪存在肯定说、否定说、折中说三种观点。肯定说认为,夫妻在婚姻关系中地位平等,夫妻互负同居的义务,但在过性生活时,一方无权支配和强迫对方,即使一方不接受对方的性要求,也不能产生任何法律后果,丈夫更不能采取强制手段违背妻子意愿而与之发生性关系,否则丈夫就构成强奸罪①。否定说,也就是"婚内无奸"论认为,在夫妻关系存续期间根本就不存在成立强奸罪的可能。其原因主要是基于以下理论:一是"婚姻契约"论。认为男女双方一旦确立夫妻关系,便会随之形成夫妻之间特定的权利义务关系,而同居过性生活既是夫妻双方享有的权利,也是夫妻双方所负担的义务,这种权利义务关系是合法的、受法律保护的,只要夫妻关系存在,相互之间发生的性行为就是合法的,任何人都不得干涉。二是暴力伤害论。认为对婚内强奸行为应惩罚的是丈夫的暴力、胁迫手段,而非性行为本身。三是促使女方报复论。认为允许妻子告丈夫强奸自己会使妻子的报复手段合法化。四是道德调整论。认为合法夫妻双方有过性生活的权利和义务,即使丈夫违背妻子意愿进行性行为,也只属于道德调整的范畴,法律尤其是刑法不应介入。折中说认为,对于丈夫强行与妻子发生性关系的行为,不能一概都肯定或者否认该行为构成强奸罪。从法律上讲,合法的夫妻关系不存在丈夫对妻子性权利的侵犯问题,但是在如下特殊情况下,应认定已构成强奸罪:一是男女双方虽然已登记结婚,但并无感情,并且尚未同居,也未曾发生过性关系,女方坚决要求离婚的;二是夫妻

---

① 董邦俊:《侵犯公民人身权利、民主权利罪立案追诉标准与司法认定实务》,北京:中国人民公安大学出版社2010年版,第116页。

感情确已破裂,并且长期分居的①。目前,折中说是我国现行司法实践中的多数做法。

　　我们认为②,对婚内强奸行为纳入刑法规制的范畴是具有社会基础和法律依据的。随着女权主义的兴起和平等观念的深入人心,"婚内无奸"论日益显示出与时代的差距甚至相悖性。许多人已意识到,在婚姻关系中夫妻双方的性权利仍然是平等的,任何一方都不应强迫对方进行性行为。如果法律对进入婚姻围城的家庭性暴力视而不见,无疑是对男女平等这一现代法治社会的基本理念和原则的严重违背,是对妇女性自主权的严重践踏。

　　(1)立法规制"婚内强奸"行为不会促使妻子报复丈夫。实际上,仅从婚内性行为所涉及的隐私权来看,婚内性行为是极为隐秘的事,作为被害人的妻子不到万不得已、忍无可忍之时是不会将之公之于众的。即便在美国以婚内强奸罪起诉丈夫已无任何法律障碍的情况下,状告被自己丈夫强奸的案例也是十分少见的,更何况是在如此注重夫妻伦理的中国社会。

　　(2)"婚内无奸"论实际上是将妻子视为丈夫的附属,而非将夫妻关系建立在平等的基础上。《婚姻法》虽然保护合法的夫妻关系,但婚姻不等于性权利的让渡。而且在对社会关系调整的效力上,《婚姻法》并不具有阻却刑法的效力。

　　社会观念上的进步反映在立法上,就是对强奸罪等相关法律规范进行修改,将婚内强奸也纳入法律规制的范畴。20世纪70年代,美国新泽西州刑法典规定,"任何人都不得因年老或者无性能力或者同被害人有婚姻关系而推定为不能犯强奸罪",率先打破了普通法认为"婚内无奸"的传统。到1993年,北卡罗来纳州成为美国最后一个废除丈夫除外(即丈夫不能成为强奸妻子的主体)原则的州③。英国在1991年的一个判例中认定:"没有规则规定丈夫不能被判定强奸其妻子。"④法国1994年刑法典也明确排除了"丈夫豁免"原则。1996年修订的《瑞士联邦刑法典》第190条规定行为人是被害人的丈夫的,也构成强奸罪。德国1998年刑法典第177条对强奸罪下了新的定义,"恐吓他人忍受行为人或者第三者对其进行的性行为或者对行为人或者第三者实施性行为的"为强奸罪,明确放弃了丈夫除外原则。我国台湾地区的"刑法"原来也不承认婚内强

　　①　参见赵秉志主编:《中国刑法案例与学理研究(第四卷)》,北京:法律出版社2004年版,第87页。

　　②　以下关于婚内强奸行为的刑法规制的观点参见本书副主编张阳:《对"婚内强奸"行为法律定性的再思考》,载《中州学刊》2006年3月第2期(总第152期)。

　　③　【美】哈里·D.格劳斯:《家庭法》,北京:法律出版社1999年版,第148页。

　　④　【英】J.C.史密斯等:《英国刑法》,北京:法律出版社2000年版,第13页。

奸罪,但其1999年通过的"妨害性自主罪章"第229条规定,对配偶也可犯强奸罪,但告诉乃论。可见,国内外相关法律并未将妇女是否已婚作为其是否享有性权利的前提条件,因此妇女的性权利绝对不能因为婚姻关系的缔结而丧失,已婚妇女对其丈夫仍享有独立的、不可侵犯的性的自由和权利。由此,婚内强奸行为可由刑法作出适当反应也就具有了法律上的依据。

基于以上分析,我们认为,刑法对"婚内强奸"行为予以规制是不容置疑的,但重新定性时应考虑以下三个方面。第一,我们不能忽视国情,不能无视以人伦人情为本、强调和谐家庭关系的传统理念,只能在兼顾中国国情的基础上强调对妇女性权利的保障,追求二者的完美整合。因此,婚内强奸罪只能在有限的范围内成立。第二,婚内强奸行为是否可以构成强奸罪,不仅是一个法律问题,而且是一个极其复杂的社会问题。目前,世界各国都确立了婚姻制度,并且大多数国家都确立了男女平等和婚姻自由的原则,男女两性基于地位平等和婚姻自由可以自由选择异性,并与其缔结婚姻关系,这就使得男女两性的性关系具有了自愿性,因此,按社会公众所认可的结婚程序或法定程序所缔结的婚姻关系和婚姻关系存续期间的男女两性的性关系就具有了合法性。由此看来,婚内强奸行为所产生的背景和环境大不同于普通强奸行为。因此,一是不能将婚内强奸行为与普通强奸行为完全等同而将其一概认定为强奸罪;二是不能以普通强奸罪的标准对婚内强奸行为进行定罪和量刑;三是从司法实践的角度看,全面确立婚内强奸行为以强奸罪论处是不现实的。强奸罪本身就具有很强的隐匿性和隐私性,婚内强奸行为发生在婚姻家庭内部,因而在调查取证上比一般强奸罪难度更大。从这个角度考虑,婚内强奸罪的司法可操作性极低,全面承认婚内强奸行为构成犯罪是行不通的。

二、婚内强奸的刑法规制

对"婚内强奸"行为在多大限度内可以动用刑法进行规制,采取什么方式进行追究和追诉才能真正起到保护妇女合法权益的效果? 我们认为应当考虑以下五个方面。

(1)从刑事政策的角度出发,对情节、后果比较轻微,尚未超出婚姻道德范围的婚内强奸行为,不应予以法律追究,而应将其视为不具有公共危害性质的夫妻私生活冲突。对此,亲友、邻里或同事的批评、规劝或责难,当事人所属单位和组织的批评教育和纪律制裁,以及作为社会自治组织的妇女权益保护组织等的批评和调解,都是对这种轻微的婚内强行性行为的可以选择的解决措施。①

(2)对手段、情节、后果相对比较严重的婚内强奸行为,如果运用婚姻法、家庭法、行政法等法律规范干预(如采用民事警告,强制赔礼道歉,善行保证,解除婚姻以及行政执法机关的警告、批评乃至必要的强制措施如拘留等方式)仍然达不到在最大程度上保护妇女权益的目的,那么,刑法即必须对之作出强有力的反应。但在现有的法律体系下,将婚内强奸行为专门设置刑法条款而对刑法进行修订的时机尚不成熟,最佳方案是由司法机关以司法解释的形式明确将婚内强奸行为纳入强奸罪的范畴。这种做法可能会被认为有以司法解释替代刑事立法之嫌,但是司法解释确实具有极强的可操作性,在中国这样一个地域辽阔、情况复杂的国度里,完全否定司法解释是不现实的。当然这种做法也只是权宜之计,因为婚内强奸行为侵犯了妇女的性自主权利,具有相当严重的社会危害性,所以一旦时机成熟,还是应该通过修改刑法而将之纳入刑法规制的范畴。

(3)对婚内强奸行为的范围应该严格界定。否则,不但不利于保护妇女的合法权益,而且会扩大刑罚适用面,造成婚姻家庭和社会的不稳定。有鉴于此,民众的感情接受度和司法的可操作性应当成为衡量婚内强奸行为罪与非罪的标准。具体而言,必须考虑以下环节。

1)犯罪主体与受害人之间具有合法婚姻关系。不具有合法的婚姻关系如属于非法同居、姘居、通奸等关系的,不能以婚内强奸罪论处,其要么构成一般强奸罪,要么不构成犯罪。

2)夫妻感情确已破裂。婚姻关系存续期间即使夫妻双方出现了一定的矛盾和冲突,但只要夫妻感情尚未破裂,其婚姻关系仍然合法、有效,同居权利与义务对夫妻双方也仍然具有约束力。在此阶段中,丈夫对妻子实施强行性行为并且手段或情节恶劣、后果严重的,不宜将其直接界定为强奸罪,否则有违婚姻制度的本质。但对丈夫的这种性暴力、性虐待行为不依强奸罪论处并不等于置若罔闻,置妇女的合法权益于不顾。对此,笔者主张应根据其行为的具体情况,分别按虐待罪、侮辱罪、故意伤害罪等相关罪名论处。

3)在有些情况下(主要指在买卖或包办婚姻中),男女双方虽然办理了结婚登记手续,但双方并无感情,女方也始终决意不从、坚决反抗,双方一直未曾同居。此时,如果男方违背女方意志,强行与之发生性关系,宜以强奸罪论处。

(4)夫妻分居的事实或者诉请离婚的意思表示,是认定丈夫严重暴力侵犯

① 梁根林:《刑事政策视野中的婚内强奸犯罪化》,载《法制与社会发展》2003 年第 4 期。

妻子性权利是否构成强奸罪的关键。只要夫妻关系发展到了这一阶段，就已经清楚地表明夫妻双方或一方已经中止了对婚内性关系的承诺，或者作出了具有法律意义的撤消婚姻的意思表示。此时，丈夫如果用暴力手段强行与妻子性交，自然就具有了强奸罪的实质——违背妇女意志，因而充当了强奸罪的构成要件。

（5）在追究婚内强奸行为人的刑事责任时，宜采取自诉的方式。因为此类案件极有可能涉及夫妻双方的隐私，隐匿性极强，因而调查取证十分困难，而由被害人自己承担举证责任，就可保证诉讼的顺利进行，提高诉讼效率。并且，婚内强行性行为毕竟有别于婚外的一般强奸案件，对婚内强奸行为的刑事追诉，还应考虑是否能够最大限度地挽救处于危机中的婚姻关系，应当留给被害人相当大的自主决定是否控诉的权利，但被害人受其丈夫暴力或者精神控制而不敢告诉或不能告诉的情况（如妻子自杀、残疾、精神失常的）除外。当然，在将婚内强奸罪作为刑事自诉案件处理的情况下，应当允许被害人撤回告诉。案件审理后、判决前，法官应当对冲突双方进行调解，调解成功的，可以不作有罪判决。

第三节　　性骚扰、猥亵行为与强奸罪的界限

一、性骚扰的含义、形式及分类

近年来，随着物质文化生活水平的不断提高和人们性观念的开放，现实生活中的性骚扰事件时有发生，有关性骚扰的案件也频繁出现，人们对于如何解决性骚扰问题越来越关心。那么，什么是性骚扰呢？ 其与强奸罪又如何区分呢？ 现阶段，性骚扰的含义在我国仍然是一个有争议的问题，但从总体上看，目前在我国广义的性骚扰概念占有主导地位，虽然有人将广义的性骚扰含义视为性骚扰含义的泛化，反对把一切与性有关的问题全部归为性骚扰和把有关性的犯罪都用性骚扰来归结①。但出于对社会公众对性骚扰理解的尊重，我们认为应采纳广义的性骚扰含义，认为性骚扰就是通过语言或动作表达出来的、为人所不愿接受但确实受到的、常常是持续不断的对于性的关注。性骚扰表现形式尚无统一界定，一般认为有口头、行动、人为设立环境三种方式。口头方式：如以下流语言挑逗异性，向其讲述个人的性经历或色情文艺。行动方式：故意触摸碰撞异性身体敏感部位。设置环境方式：在工作场所周围布置淫秽图片、广告等，使对方感

①　沈奕斐：《"性骚扰"概念的泛化、窄化及应对措施》，载《妇女研究论丛》2004 年第 1 期。

到难堪。性骚扰不单局限于身体上的接触,一些带有性意识的言语、动作都属于性骚扰,在实践中的表现多种多样,老百姓通常将性骚扰表述为耍流氓,调戏,动手动脚,占便宜,提出性要求,以性为内容的玩笑、谈话、辱骂、下流动作或写信、电话等都是性骚扰,其实质是社会中相对的强势者对弱势者实施使弱势者反感的性行为。性骚扰对公民尤其是女性的性权利造成了一定的危害。从目前国内性骚扰的相关案例看,比较常见的是直接以身体实施侵犯的性骚扰行为。现实生活中最为老百姓痛恨并且经常发生的身体性骚扰行为就是在公共场所实施的公然性骚扰和乘机性骚扰行为。老百姓将此类在公共场所公然猥亵他人的性骚扰者动手动脚称为"咸猪手",其主要行为方式有:用生殖器顶擦妇女身体,用手抚摸妇女臀部、胸部或阴部等。除此之外,趁妇女酒醉、生病、昏迷等机会对妇女进行性骚扰的也很多。

　　如前所述,性骚扰一词的范围比较广泛,现实情形又复杂多样,应当适用什么法律对其加以调整,还需要对性骚扰行为本身加以分类研究。根据社会生活中出现的性骚扰行为的危害程度不同,一些学者比如台湾学者杜正治把性骚扰行为划分为五个等级:性别骚扰、性挑逗、性贿赂、性要挟和性攻击①。台湾的小红帽组织也采取了上述分类。我们认为这种划分兼顾了性骚扰的行为类型和伤害的程度,有一定的合理性。但是,这种划分过于细致,难于一目了然地明确各个类别之间的危害程度大小。因此,我们认为从性骚扰行为的危害性看,可将性骚扰分为三个层次:第一层次的性骚扰是最广义性骚扰,最广义性骚扰侵犯他人的性权利最轻微,比如一个挑逗的眼神等引起他人反感的行为、语言都属于最广义性骚扰,由于这类性骚扰的社会危害性较小,因此,属于道德调整领域;第二层次的性骚扰属于广义性骚扰,比如向他人发送黄色信息、打黄色骚扰电话等都属于广义性骚扰,这类性骚扰是违反民法、行政法等法律的违法性骚扰行为,但在社会危害程度上没有达到犯罪的程度;第三层次的性骚扰属于狭义性骚扰,这一层次的性骚扰主要表现为性骚扰者公然或乘机故意触摸、侵犯他人的性敏感部位或以自己的性敏感部位触摸、侵犯他人身体等。这类性骚扰行为对社会性秩序和公民的身心健康危害较大,社会危害性达到了比较严重的程度,应当由刑法加以调整。最广义性骚扰、广义性骚扰和狭义性骚扰属于性骚扰的不同层面,这三个层次的性骚扰就像金字塔一样,数量由多逐渐减少。最广义性骚扰是金字塔的最底下一层,数量最多,情节最轻微,损害后果也最小;狭义性骚扰是金字塔

_____

　　① 许冉:《性骚扰的法律界定及其法律后果》,武汉大学2005年硕士学位论文,第16～18页。

的最上层,数量较少,情节最恶劣,损害后果最严重,已经达到犯罪的程度。从性骚扰的分类可以看出,并不是所有的违背社会性观念的性骚扰行为都进入刑法调整领域,而只有那些达到犯罪概念量要求的性骚扰行为才进入刑法调整领域。

二、刑法对猥亵行为的规制

《刑法》第 237 条规定:以暴力、胁迫或者其他方法强制猥亵妇女或者侮辱妇女的,处五年以下有期徒刑或者拘役。聚众或者在公共场所当众犯前款罪的,处五年以上有期徒刑。我国现行刑法没有对猥亵行为的含义作出规定,也没有司法解释对其含义予以明确,因此,理论界对猥亵行为含义的理解存在争议。争议观点主要有以下几种。

(1)就刑法上所谓的猥亵妇女而言,一般是指对妇女实施奸淫以外的,能够满足性欲和性刺激的有伤风化的淫秽下流行为。[①]

(2)猥亵妇女,即是针对妇女实施的,能够刺激、兴奋、满足行为人或第三人性欲,损害善良风俗,违反良好性道德观念,且不属于奸淫的行为。[②]

(3)猥亵是以妇女为侵害对象而实施的,能够刺激、兴奋、满足行为人或第三人性欲,损害善良的社会习俗,违反良好的性道德价值观念,且不属于奸淫妇女但又具有明显的"性"内容的行为。[③]

由以上的观点我们可以得出,对猥亵行为本身如何界定存在争议,但是对于猥亵行为与强奸罪的界限是毫无争议,也就是说猥亵行为,是指对妇女实施奸淫行为(性交)外的、能够满足性欲和性刺激的有伤风化的淫秽行为,例如,搂抱、接吻、捏摸乳房、抠摸下身等。猥亵行为不能包含奸淫行为,奸淫行为是强奸罪的规制对象。

从以上对猥亵行为的分析,我们认为,猥亵行为能够涵盖狭义性骚扰行为。强制猥亵、侮辱妇女罪能够调整狭义性骚扰行为,同时猥亵行为与强奸罪的所调整的奸淫行为具有本质的区别,强制猥亵罪行为人没有强行与妇女性交的意图,而强奸罪的行为人则有希望通过强行行为与妇女性交的意图,故行为人主观上是否有强行与妇女发生性交的意图,是区分两罪的关键。

---

① 高铭暄、马克昌主编:《刑法学》(下编),北京:中国法制出版社 1999 年版,第 831 页。

② 肖中华著:《侵犯公民人身权利民主权利罪》,北京:中国人民公安大学出版社 1998 年版,第 200 页。

③ 韩轶:《强制猥亵、侮辱妇女罪的几个问题》,载《河南公安高等专科学校学报》2002 年第 3 期。

第四节　强奸罪与非罪的界限

一、强奸与通奸的区别

通奸，是指有配偶的男女双方之间或者已有配偶的一方与他人之间，自愿发生两性关系的行为。通奸行为虽然妨害了正常的婚姻家庭关系，但通奸行为没有违背妇女意志，因而不构成犯罪，属于道德评价的范畴。在是否违背妇女意志上，强奸行为与通奸行为存在着本质的不同，二者不能混淆。最高人民法院《关于当前办理强奸案件中具体应用法律若干问题的解答》（以下简称《解答》）中指出，要对强奸行为同通奸行为加以区别。特别要注意的是：

（1）有的妇女与人通奸，一旦翻脸，关系恶化，或者事情暴露后，怕丢面子，或者为推卸责任、嫁祸于人等情况，把通奸说成强奸的，不能认定为强奸罪。

（2）第一次性行为违背妇女的意志，但事后并未告发，后来女方又多次自愿与该男子发生性行为的，一般不宜以强奸罪论处。

（3）犯罪分子强奸妇女后，对被害妇女实施精神上的威胁，迫使其继续忍辱屈从的，应以强奸罪论处。

（4）男女双方先是通奸，后来不愿继续通奸，而男方纠缠不休，并以暴力或以败坏名誉等进行胁迫，强行与女方发生性行为的，以强奸罪论处。

二、关于男子以欺骗手段与妇女发生性关系的定性

以欺骗手段而与妇女发生性关系的特点就是妇女在谎言的迷惑下，自愿甚至是主动地与男子发生性行为。这类情况是否为强奸，不能一概而论。如果谎言纯粹是对妇女所实施的精神上的强制如谎称降妖驱魔，驱除妇女体内的妖孽，妇女在极度惶恐中不得不与其发生性关系，那么，可以认定为性行为是在胁迫下进行的，可以认定为强奸。而如果谎言本身并不对妇女造成相当程度的精神强制，甚至谎言本身对妇女是一种极大的诱惑，如男子谎称自己是某某公司老板、高干子弟或愿与妇女结婚等，这种谎言不是胁迫手段，妇女也没有丧失自由决定能力。而且为此类谎言所迷惑而与男子发生性关系，也说明妇女本身的轻率，这类情形不能认定为强奸。

三、奸淫女精神病患者或程度严重的女痴呆症患者行为的定性

精神病患者或者程度严重的痴呆症患者缺乏正常的认识能力和意志能力，不能正确表达自己的意志。与正常女性不同，患有精神病或痴呆症的女性缺乏

正常的性承诺能力,因此刑法对这类女性予以特殊保护。前述《解答》中规定,明知妇女是精神病患者或者痴呆者(程度严重的)而与其发生性行为的,不管犯罪分子采取什么手段,都应以强奸罪论处。与间歇性精神病患者在未发病期间发生性行为,妇女本人同意的,不构成强奸罪。据此,同女精神病患者或者有严重痴呆症妇女发生性行为构成强奸罪,必须符合以下几个条件。

(1)行为人明知对方是精神病患者或程度严重的痴呆症患者。这里的明知,包括知道或应当知道两种情况。一般而言,具有下列情形之一,应当认为行为人"明知"。其一,行为人与患有精神病或严重痴呆症妇女生活、工作在同一地区,患者已经医院确诊为精神病人或程度严重的痴呆症患者,并为周围群众所了解的。其二,行为人因某种原因,知道对方患有上述病症的。其三,行为人虽不认识患者,也不了解对方是否患病,但患病妇女病状明显,一旦接触后就能从其外表、神志、言语、行为等方面觉察出可能患有精神病、痴呆症状的。

(2)患病妇女不能正确表达自己的意志。所谓不能正确表达自己的意志,是指丧失辨认或控制自己行为的能力,缺乏性承诺能力。行为人明知是患有精神病或者程度严重的痴呆症的妇女而与之性交的,无论行为人采取什么手段,无论是行为人主动还是患病妇女主动,无论行为人出于什么动机,也无论患病妇女是否"同意",均应以强奸罪论处。但是,如果行为人在确实不知道妇女是精神病或者程度严重的痴呆症患者,甚至是受到女方性挑逗的情况下,与之发生性交行为的,一般不宜按照强奸罪论处。

四、利用教养关系、从属关系和利用职权与妇女发生性行为的定性

根据前述《解答》的规定,有教养关系、从属关系和利用职权与妇女发生性行为的,不能都视为强奸。行为人利用其与被害妇女之间特定的关系,迫使就范,如养(生)父以虐待、克扣生活费迫使养(生)女容忍其奸淫的;或者行为人利用职权,乘人之危,奸淫妇女的,都构成强奸罪。但如果男女之间存在着某种特定关系,男方处于优势地位,但男方并没有利用这种特定关系、优势地位胁迫妇女,而妇女自愿与其发生性行为的,不能认定为强奸。如果男方仅仅是利用这种优势地位同女方讲条件,以给予妇女一定的好处如提干、加薪、分房等相引诱,而妇女为了贪图这些不正当利益而以身相许的,这种行为实际上是男女双方互相利用、各有所图,也不能认定为强奸。

五、奸淫幼女行为的定性

所谓奸淫幼女,是指与不满 14 周岁的幼女发生性交的行为。1997 年《刑法》修订之前,奸淫幼女罪是强奸罪之外的独立罪名。1997 年《刑法》第 236 条

第 2 款规定,奸淫不满 14 周岁的幼女的,以强奸论。此后最高人民法院、最高人民检察院颁布的《有关适用刑法分则规定的犯罪罪名的意见》,取消了奸淫幼女罪这一罪名。根据上述意见,奸淫幼女的行为,应当认定为强奸罪。根据 1997 年《刑法》的上述规定,奸淫不满 14 周岁的幼女,无论行为人采取何种手段,也无论幼女是否自愿或同意,只要行为人与幼女发生了性关系,均构成强奸罪。刑法之所以这样规定是因为幼女没有辨认和控制自己行为的能力,或者上述能力较弱,对行为后果的危害性缺乏足够的认识,需要法律予以特殊保护。

对于奸淫幼女构成强奸罪,是否以行为人明知对方是幼女为条件,理论界和实务界以往存在着不同认识。根据最高人民法院《关于行为人不明知是年满 14 周岁的幼女双方自愿发生性关系是否构成强奸罪问题的批复》指出,行为人明知是不满 14 周岁的幼女而与其发生性关系,不论幼女是否自愿,均应依照《刑法》第 236 条第 2 款规定,以强奸罪定罪处罚;行为人确实不知对方是不满 14 周岁的幼女,双方自愿发生性关系,未造成严重后果,情节显著轻微的,不认为是犯罪。据此,行为人只有明知是不满 14 周岁的幼女而与其发生性关系的,才构成强奸罪。只要行为人认识到可能是幼女,就已满足本罪对犯罪对象的认识因素的要求,可以认定构成强奸罪。法律并不要求必须是确切知道是幼女才构成本罪。所谓确实不知,是指有充分证据证明行为人不知道或者不可能知道对方是幼女,如幼女第二性征明显、外表成熟,等等。只要没有充分证据证明行为人不知道或者不可能知道对方是幼女的,就应当推定为行为人知道或者应当知道对方是幼女。

根据最高人民法院《关于审理强奸案件有关问题的解释》的规定,对于已满 14 周岁不满 16 周岁的人,与幼女发生性关系构成犯罪的,依照《刑法》第 17 条、第 236 条第 2 款的规定,以强奸罪定罪处罚;对于与幼女发生性关系,情节轻微、尚未造成严重后果的,不认为是犯罪。对于行为人既实施了强奸妇女行为又实施了奸淫幼女行为的,依照《刑法》第 236 条的规定,以强奸罪从重处罚。2006 年的最高人民法院《关于审理未成年人刑事案件具体应用法律若干问题的解释》第 6 条规定,已满 14 周岁不满 16 周岁的人偶尔与幼女发生性关系,情节轻微、未造成严重后果的,不认为是犯罪。

六、关于"半推半就"案件的行为定性

所谓"半推半就",是指男女双方发生性行为时,女方没有明显表示同意,也没有明显表示不同意的情形。在这种情况下,能否认定为强奸,应当根据全案的事实和情节综合加以判断。考虑的因素包括:男女双方平时关系如何,性交行为是在何种环境和情形下发生的,事后女方的态度如何,女方是在何种情况下告发

的,等等。如果证明确实违背了妇女的意志,应当按照强奸罪处理。如果没有证据证明违背妇女意志,或者违背妇女意志的证据不充分,则不应当按照强奸罪处理。

第五节　强奸罪的加重处罚情节的认定

根据《刑法》第236条规定,强奸妇女、奸淫幼女,有下列情形之一的,处十年以上有期徒刑、无期徒刑或者死刑。

一、强奸妇女、奸淫幼女情节恶劣的

"情节恶劣"主要是指行为人利用十分残忍手段如捆绑、吊打、猛力卡压妇女等对妇女、幼女身体实行强制或是在强奸过程中以十分下流的手段肆意蹂躏妇女,如强迫妇女、幼女吸吮自己的生殖器、用木条插捅女性阴道,等等;或是对特殊对象如孕妇、重病妇女等实施强奸以及长期多次强奸某一女性的,等等。

二、强奸妇女、奸淫幼女多人的

"多人"是指三人或三人以上。这里不包含多次对同一女性实施奸淫的情形。这里对"多人"如何计算涉及共同犯罪中不同主体应当区别对待的问题。如主犯只对一女性实施奸淫,而共同犯罪中的从犯分别奸淫了其他的女性,那么依据刑法总则的规定,对该主犯应按照其所参与的或组织、指挥的共同犯罪中被害人实际人数之和予以处罚,而从犯只对自己亲自实施奸淫的女性人数负责。除此之外,行为人既强奸妇女,又奸淫幼女的,根据最高人民法院的司法解释规定,妇女与幼女的人数应合并计算,对行为人以强奸罪论处。

三、在公共场所当众强奸妇女的

"公共场所"是指车站、码头、公园、影剧院、学校、医院等人多且流动性较大的地方。本项的适用不仅要求强奸在这些地方进行,而且还需符合"当众"进行的规定。如果行为人是在公共场所实施强奸但并未"当众",则不能适用本项的规定。

四、二人以上轮奸的

轮奸,是指两名或两名以上男子在同一时段内,轮流强奸同一妇女的行为。轮奸的主要特点是:主体是两名或者多名年满14周岁,有刑事责任能力的男子;

男子具有共同强奸妇女的故意;这种故意犯罪既可以是有预谋的,也可以是临时起意,甚至相互之间并无语言明示,但行为人都相互帮助,并且彼此之间心照不宣。如果行为人之间缺乏共同的故意,只是在一段时间内先后强奸同一名妇女,则不属于轮奸;另外,轮奸必须是行为人在同一时间段内分别实施奸淫行为。有人认为,轮奸是指行为人在较短时间内一个接一个地对妇女实施奸淫。一般认为,认定是否属于轮奸,不能仅看时间的长短,而是要考察时间的连续性。只要两名或多名男子具有轮流奸淫同一妇女的共同故意,在较长时间内对一名妇女实施控制,即使时间间隔较长,甚至不在同一地点实施奸淫行为,那么,对妇女实施控制的时间就是连续性的,应视为在同一时间段内的轮奸行为。

(一)轮奸行为的既遂与未遂

在轮奸行为中一人或多人因意志以外的原因而没有奸淫成功的情况,对于全案性质的认定以及本人犯罪形态的认定和处罚产生何种影响,理论界和实务界都存在较大的分歧和争议。第一种观点认为:轮奸犯罪中只存在既遂形态,不存在未遂形态。如王作富教授认为:"成为轮奸各行为人均需亲自实施奸淫既遂,如果一个人实施强奸既遂,另一行为人未既遂,则不能认定为轮奸。"[1]理由是,"轮奸"只能是一种客观事实,在客观上必须存在被害人被"二人以上"成功强奸"两次以上"的事实。第二种观点认为:轮奸犯罪中不但存在未遂形态,而且存在既遂与未遂并存在情况。理由是,在强奸、脱逃、偷越国边境等亲手犯的场合,由于共同正犯中的每个行为人都具有不可替代性,必然会出现部分行为人既遂、部分行为人未遂的情况,而且各个共同实行犯在既遂、未遂上也表现出各自的独立性。一个共同实行犯的未遂或既遂并不标志着其他共同实行犯也是未遂或既遂,每个共同实行犯都只有在自己的行为直接完成了犯罪、符合了具体犯罪既遂的构成要件标准时才构成犯罪既遂。因此,在这类犯罪中,不但会出现全体共同实行犯都构成既遂或未遂的情况,而且可能会出现未遂和既遂并存的情况。第三种观点认为:轮奸犯罪应当适用"部分行为全部责任"共同犯罪理论通说,既遂与未遂不能并存,一人既遂,全体既遂。理由是,在共同犯罪中,即使是在轮奸犯罪中,实行犯的犯罪行为是否既遂也不以其本人是否发生了性行为为标志,而是以被害人是否被强奸、轮奸为标准。只要共同犯罪中一人的行为既遂,其他人即使未实施奸淫,也同样属于犯罪既遂,因为共同犯罪的结果已经发生,而共同犯罪的结果并不是要求每个人都以自己的行为实现某种结果。

---

① 王作富主编:《刑法分则实务研究(中)》,北京:中国方正出版社 2010 年第 4 版,第 855 页。

笔者认为,关于轮奸行为的法律性质,这里应当明确两点:第一,轮奸是强奸罪的共同正犯的唯一形式,即两名或者两名以上男子在同一时间内,轮流强奸同一妇女。第二,轮奸是强奸罪的加重处罚事由,换句话说,轮奸并不是法律规定的一种独立犯罪,而是法律规定的对强奸罪加重处罚的法定情节之一。

由此可见,上述第一种观点的切入点选择正确,但是在后续的分析中混淆了犯罪行为与量刑情节本质的区别,实际上把轮奸视为一个罪名,又把强奸犯罪既遂、未遂形态问题作为轮奸这一犯罪情节成立的前提。上述第二种观点选择以亲手犯作为切入点,旨在排除"部分行为全体责任"共同犯罪规则的适用,最后得出既遂、未遂并存的结论。虽然正确,但此种观点将"轮奸"作为一种犯罪行为来评价,探讨的实际上是"轮奸"是否存在既、未遂的问题,同样混淆了犯罪行为与量刑情节的本质差异。而上述第三种观点选择以共同犯罪作为切入点,必然会得出轮奸犯罪中不存在未遂形态的结论,有悖于亲手犯理论,导致刑罚上明显的不公平,相对于"既遂"行为人而言,对"未遂"行为人处罚过重。

这个问题的关键在于区分清楚犯罪行为与量刑情节,也就是强奸既、未遂与是否构成轮奸的区别,这是完全独立的两个问题。前者属于犯罪构成理论,后者属于刑罚理论,两者相互独立,互不影响。犯罪的既遂、未遂等犯罪形态只存在于法律规定的独立犯罪中,而轮奸作为一种犯罪加重处罚情节,不存在既、未遂问题,只存在情节是否构成的问题。强奸罪的既、未遂与轮奸情节的成立与否是两个独立的问题。强奸罪的既、未遂是属于对犯罪形态的判定;而轮奸情节的成立与否,则是属于对强奸犯罪法定量刑档次的判定。在我国刑法及司法实践中,轮奸从来不是一个罪名,而是强奸罪从重处罚或者选择较重法定刑的一个重要法定情节。所以,在考察轮奸犯罪中是否存在既、未遂问题时,为避免轮奸犯罪构成要件与既、未遂问题交叉讨论,可以先将轮奸情节剥离出来独立考察:由于轮奸是一个加重处罚情节,其本身不存在既、未遂问题。只要各犯罪人主观上有轮奸的故意,且有两个以上实施了奸淫行为,则构成强奸罪的轮奸情节,适用《刑法》第236条第3款第(4)项的规定,也就是可以认定为"轮奸"情节,应当在十年以上有期徒刑、无期徒刑或死刑的刑罚幅度内处罚。然后再进一步具体考察每一个犯罪人强奸行为是否存在既、未遂问题,据此确定每个强奸罪行为人的具体刑事责任。

（二）轮奸情节的认定

在轮奸情节的司法认定上,是否需要以行为人的行为构成共同犯罪为前提呢？例如,一个具有刑事责任能力的男子和一个不具有刑事责任能力的男子轮流奸淫,其中,不具有刑事责任能力的男子无罪,但是对具有刑事责任能力的男子是否可以适用轮奸的加重法定刑？这在刑法理论上主要存在着轮奸共同犯罪说和轮奸共同行为说两种,而这两种观点争论的本质在于轮奸到底是一种规范行为,还是事实行为,是一种客观违法,还是一种主观违法。前者是指"轮奸"犯罪是共同犯罪,即都是共同实行犯。既然是共同犯罪,那么,就必须是两个以上具有刑事责任能力的犯罪主体基于共同犯罪的故意,并共同实施了犯罪行为,即认为轮奸是一种规范行为和主观违法行为;后者则认为,"轮奸"只是强奸罪中一个具体的量刑情节,轮奸是一个事实行为和客观违法行为,而不是规范行为①。另外,张明楷教授在新修订的刑法教科书中明确指出,共同犯罪中的行为人并不都要求达到刑事责任年龄、具有刑事责任能力,由于"犯罪"具有不同的含义,因此,"共同犯罪"也可能有不同的含义,换言之,现实中存在没有达到法定年龄的人与达到法定年龄的人共同故意实施符合客观构成要件的违法行为的现象。在这种情况下,虽然没有达到法定年龄的人具有责任阻却事由,但仍应认定其与达到法定年龄的人所实施的犯罪为共同犯罪,进而认为轮奸需要以成立共同犯罪为前提,对达到法定年龄的行为人适用轮奸的法定刑。②

对此,笔者认为,轮奸情节的成立不需以共同犯罪为前提,只要行为人伙同他人,在同一时间内,对同一妇女或幼女,先后连续、轮流地实施了奸淫行为即可,并不要求各行为人之间必须构成刑法规范意义上的共同犯罪。这种情况主要存在于具有刑事责任能力的利用者先实施强奸行为,然后再教唆无刑事责任能力的行为人继续进行强奸,利用者的强奸行为应该认定为"轮奸"。

强奸罪中是否存在片面轮奸,即轮奸行为是否存在片面"正犯"的情形? 轮奸情节的构成是否以行为人之间的相互的意思联络为要件?

有学者认为,轮奸情节的成立以成立共同犯罪为前提,根据共同犯罪的基本原理,应当以行为人之间具有双向的意思联络为要件,若行为人之间并没有共同轮流强奸的意思联络,基本上不构成刑法上轮奸的情节。例如,在强奸行为同时犯的情况下,由于当事人之间没有共同实施轮奸行为的故意,没有实施轮奸的意思联络,即使行为人之间客观上造成了被害人受到"轮奸"的伤害效果,但根据主客观相统一的原则,仍然不宜追究行为人之间轮奸的刑事责任,而只能分别认定为普通的强奸罪③。但事实比想象更离奇,现实生活中却有可能发生所谓的片面轮奸的现象。例如,甲在对被害人丙实施的强奸的同时,恰好被与丙素有仇

---

① 张杰:《李尧强奸案》,载《刑事审判指导与参考》,北京:法律出版社2004年版,第20~21页。

② 张明楷:《刑法基本立场》,北京:中国法制出版社2002年版,第322页。

③ 高铭暄、马克昌:《刑法热点疑难问题探讨(上册)》,北京:中国人民公安大学出版社2002年版,第805页。

怨的乙在边上看到,乙在明知甲对丙实施了奸淫之后,为了报复丙,在丙已经被侵害的情况下,再次对丙实施了奸淫的行为。在这种情况下,乙就是以轮奸的故意对丙实施了奸淫,甲却毫不知情,在这种情况下,甲的行为毫无疑问构成普通的强奸罪,但是乙主观上具有轮奸的故意,客观上实施了连续轮奸的行为,是否可以认定是轮奸,从而在十年以上有期徒刑、无期徒刑、死刑的法定刑中选择相应的宣告刑呢?

笔者认为,对这种片面轮奸的处罚,完全可以借用片面正犯的处罚理论。对于片面正犯的行为,应当从单方面意思联络出发,区分单独犯罪与共同犯罪两种情形区别对待,分别量刑。对于前述案例中的行为人甲,由于其并没有以轮奸的故意实施强奸行为,不能认定为轮奸,而只能认定为普通的强奸罪。而对于行为人乙,由于其在明知甲对丙实施了奸淫之后,为了报复丙,再次对丙实施了奸淫的行为,客观上已对受害人造成了轮奸的危害,社会危害性极大;主观上在他人遇到强奸犯罪的伤害时,不仅不予以协助,反而更甚一步,再次对受害人实施轮奸,主观恶性极深,符合轮奸情节的主客观要件,应当追究其轮奸的责任,提升强奸罪的法定刑。况且,从被害人的角度来看,被害人在自己毫不知情的情况下,连续被两个陌生的男人强奸,这种连续、轮流强奸行为的社会危害性不亚于事先有通谋的轮奸行为。另外,正如上所述,轮奸是一种事实行为,而不是一种规范行为,是一种客观违法,而不是一种主观违法,轮奸的成立不需要以共同犯罪为前提,在这种情况下,承认片面轮奸就不会与共同犯罪理论相冲突。

五、致使被害人重伤、死亡或者其他严重后果的

强奸"致人重伤、死亡",是指因强奸导致被害人性器官严重损伤,或者造成其他严重伤害,甚至当场死亡或者经医治无效死亡。需指出的是,行为人的行为是故意的,但对于被害人出现的重伤、死亡等严重后果则是一种过失心态。如果行为人为实施强奸出于报复、灭口等动机,在强奸过程中杀害或者故意伤害被害人的,则行为人构成强奸罪、故意杀人罪或者故意伤害罪,应数罪并罚而不适用本项之规定处理。"其他严重后果"主要是指被害人因被强奸而精神失常、甚至自杀等后果。

第十一章

受贿犯罪

在社会转型期,现在的受贿犯罪与受传统的受贿罪相比,无论在犯罪主体范围、受贿的行为方式,还是在受贿的对象、罪与非罪的界限等方面,都发生了较大的变化。目前,我国刑法中的受贿犯罪包括非国家工作人员受贿罪(《刑法》第 163 条)、受贿罪(《刑法》第 385 条)、单位受贿罪(《刑法》第 387 条)、利用影响力受贿罪(《刑法》第 388 条之一)。这四种犯罪在贿赂的范围上应该是一致的。但其他方面的构成条件存在着较大的差别。受贿犯罪的立法变化以及受贿犯罪手段的不断翻新,也给我们的司法认定和犯罪控制带来了诸多的困难。

第一节 受贿犯罪的对象

根据我国《刑法》第 385 条的规定,国家工作人员利用职务上的便利,索取他人财物的,或者非法收受他人财物,为他人谋取利益的,是受贿罪。其中,法律规定的受贿罪对象是财物;《刑法》第163条和第387条,以及《刑法修正案(七)》规定的利用影响力受贿罪,其犯罪对象也均为财物。另外,刑法对受贿犯罪规定的既遂形态,基本上属于数额犯,即以财物的价值作为罪与非罪的标准。例如,按照目前的司法解释,受贿罪和非国家工作人员受贿罪的定罪标准是5000元;单位受贿罪的定罪标准是10万元;利用影响力受贿罪的定罪标准是"数额较大或者有其他较重情节"。这就进一步表明,我国刑法中的受贿犯罪是以有形的、可以进行计量的财物为犯罪对象的。学者们将立法上关于贿赂范围限于财物的观点,总结为财物说,即受贿犯罪的对象只能是具有一定形状的物质和从表面上能够显示一定数额的货币,该观点坚守刑法规定的字面含义,对受贿犯罪对象作严格的限制解释,目的是防止惩治受贿犯罪的扩大化。

一、受贿犯罪的财产性利益

随着社会的发展,贿赂的表现形式已经远远超出了财物的范围,司法实践中屡屡出现了新的权钱交易形式,如请托人为受贿人设定债权、股份、减免债务、减免借贷款利息;为受贿人无偿提供劳务、房屋建设和装修、房屋居住、车辆使用、境内外旅游、高档会所的消费等。受贿人虽然通过这些形式没有直接取得一定数额的钱物,没有直接控制他人交付的财物,但这些利益属于财产性利益,也可以满足受贿人的物质需求,应当由受贿人支付的金钱物质费用被减免,相应的对价款必然要由请托人承担,这些对价款是可以进行量化计算的。例如,请托人减免受贿人应支付的借款利息1万元,实际上是应由受贿人承担的,请托人只是把1万元的贿赂款变相地抵偿了受贿人的债务,其本质仍然是受贿人获得了1万元的财产性利益,其价值与受贿人直接获得1万元贿赂是对等的。因此,学界早在20世纪80年代后期就提出了财物及财产性利益说。该说认为,对于刑法的理解应当与时俱进,不能固守传统的观念,对贿赂的范围应当根据社会发展的形势,针对受贿犯罪的新情况、新特点,将贿赂的范围由财物扩及财产性利益。我们对此观点持赞成的态度。因为,在现代社会,人们的需求呈现多元化的趋势,只追求温饱生活的时代已经结束,受贿犯罪也已经不是单纯的权钱交易了,更多的是利益之间的交换,请托人对于受贿人手中权力的寻租,可以通过各种方式予以实现,其中的财产性利益就成为较为普遍的寻租手段。其次,我国刑法规定的贿赂范围本身就包括金钱在内,即只要能够将某种利益计算为一定数额的金钱,就可以成为法定的财物。财产性利益本身虽然没有在客观上表现为钱与权的交易,受贿人也没有直接获得金钱,但请托人为受贿人减免的费用,可以折算为一定数额的金钱,符合我国刑法关于贿赂罪数额犯的特征,在定罪量刑时可以被准确地予以把握。正是基于该观点,2008年11月20日,"两高"联合下发了《关于办理商业贿赂刑事案件适用法律若干问题的意见》第7条规定:商业贿赂中的财物,既包括金钱和实物,也包括可以用金钱计算数额的财产性利益,如提供房屋装修、含有金额的会员卡、代币卡(券)、旅游费用等。具体数额以实际支付的资费为准。其中的第8条规定:收受银行卡的,不论受贿人是否实际取出或者消费,卡内的存款数额一般应全额认定为受贿数额。使用银行卡透支的,如果由给予银行卡的一方承担还款责任,透支数额也应当认定为受贿数额。2007年7月8日,"两高"发布的《关于办理受贿刑事案件适用法律若干问题的意见》,也将贿赂扩大至干股、委托理财所获得的收益等。以上这些规定,都将贿赂的范围扩大到了财产性利益。

二、受贿犯罪的非财产性利益

2003年10月31日,在第58届联合国大会上通过了《联合国反腐败公约》,包括我国政府在内的100多个国家于2003年12月10日在墨西哥梅里达签署了该公约。该公约与我国关于贿赂罪的规定相比,存在着较大的差别。其中,公约将贿赂犯罪的对象表述为"不正当好处",其中应包括非财产性利益。因此,学界有人提出我国刑法中"贿赂"的范围,应从财物扩大到财物和财产性利益、非财产性利益。其中的非财产性利益,包括升学就业、职务晋升、工作调动、性服务等。如请托人为受贿人的子女安排工作,受贿人为请托人谋取利益,那么,就可以将受贿人子女获得的工作机会视为所收取的贿赂。我们认为,将贿赂的范围扩大至非财产性利益,从理论上讲是有一定道理的,但从司法实践层面看,确实存在着很多的问题。

首先,将非财产性利益纳入贿赂的范围,无法准确地界定罪与非罪的界限。因为,非财产性利益涉及的内容宽泛,无法制定统一的标准,可能导致司法认定的不统一。仅就请托人为受贿人子女调动工作而言,可以是本单位内部工作岗位的调动,也可以是跨区域、跨行业、跨部门的工作调动,前者与请托人的职务没有太大的关系,而后者则必须借助请托人的职权或一定的财物投入才能予以实现,如果把这两种情况均视为受贿人所收取的贿赂,则没有体现出受贿人所获取利益的性质和程度,也没有充分反映出渎职滥权的交易性。

其次,将非财产性利益作为受贿罪的贿赂范围,也违背了刑法的谦抑性原则。对于国家工作人员违背职务的廉洁性而渎职滥权的行为,我们既有周密完善的党纪政规,也有定罪量刑的刑法规范,而刑罚作为最后的手段,只能适用于具有严重社会危害性的行为,对于一般的危害行为则以党纪政规予以惩治。可以想象,在刑法已经把财物和财产性利益作为贿赂范围后,如果再把非财产性利益也纳入贿赂罪的对象中,那么,就等于国家工作人员收受任何不正当的好处均可动用刑罚,党纪政规也就没有存在的必要了。这显然不符合中国现行法律体系的基本精神。当然,对于那些从形式看属于非财产性利益,但实质上可以折算为一定数额财物的贿赂行为,仍然应当以贿赂犯罪处理。例如,请托人长期为某领导干部介绍安排按摩小姐提供色情服务,有证据表明该请托人共为这些按摩小姐支付了 5 万元的服务费,且该领导干部也明知请托人是要为此支付费用的,如果该领导干部确实具备为请托人谋取利益的客观要件,对其应以受贿 5 万元追究刑事责任。在实践中,请托人为受贿人的情妇购置住房、支付房屋租金、购买高档消费品、安排领取空饷等,从而使该情妇死心塌地为受贿人提供性服务的,均可认定受贿人获得的是一种财产性利益,应把相应的费用计算为受贿数额。

第二节　受贿罪的客观方面

根据刑法规定,受贿罪的客观方面表现为,国家工作人员利用职务便利,索取他人财物,或者非法收受他人财物为他人谋取利益。

一、关于受贿的行为

我国刑法中的受贿行为表现为索取贿赂和收受贿赂两种类型。

(一)索取贿赂

索取贿赂是指受贿人利用请托人有求自己的机会,主动提出索财要求或应当履行职责而拖延不履行,逼迫他人给付财物的行为。索贿行为的特征应必须为乘人之危,主动索要,违背请托人的意愿。该行为在实质上就是利用职务便利,对有求于自己职务行为的请托人进行敲诈勒索,受贿人在贿赂犯罪的过程中,始终处于主动的地位,请托人不给予贿赂或者不按受贿人要求给予贿赂,受贿人就不会答应为请托人谋取利益,甚至会让请托人已经获取的某种利益丧失或减少,请托人则往往是出于无奈而不得不为之。可见,索取贿赂的行为人具有较大的主观恶性,其完全把自己手中的公权力作为捞取个人私利的工具,这种行为不但严重地侵害了国家工作人员在群众中的廉洁形象,败坏了国家机关的威信,而且严重侵犯了公民的财产权益。因此,为了使索取贿赂的行为在危害性程度上有别于收受贿赂的行为,从而在处理时实行宽严相济的刑事政策,我国刑法规定,对索贿行为要从重处罚,并且只要行为人利用职务便利索取财物就成立受贿罪,不要求为他人谋取利益。同时,《刑法》第 389 条第 3 款还规定:"因被勒索给予国家工作人员以财物,没有获得不正当利益的,不是行贿。"根据该条规定,我们认为请托人在索贿行为中实际是处于被害人的地位,案发后被追缴的赃款赃物应退还给请托人。

需要指出的是,司法实践中有一种观点认为,判断是否索取贿赂,关键看给予财物是否受贿人先提出的。我们不完全赞成该种观点。首先,实践中要准确地证明到底是由请托人还是受贿人先提出给予财物的要求,是较为困难的,很容易以请托人一方的言辞证据来进行证明,导致案件认定事实的不确定性。其次,因为被索取贿赂的请托人一般不会被追究法律责任,随着法律知识的普及,一些请托人就会刻意地说明是受贿人最先提出财物要求的,自己是被迫顺从而为之,这就容易导致一些主动行贿人变成了所谓的无辜者。最后,从《刑法》第389条第3款"因被勒索给予国家工作人员以财物,没有获得不正当利益的,不是行贿"的规定看,索贿的含义就是勒索,即受贿人是乘人之危进行敲诈勒索,无论是请托人还是受贿人先提出要求,只要能够查明请托人当时有重大利益有求于受贿人的职务行为,请托人当时处于舍此而无他法的境地,其向受贿人给予财物是被迫无奈的,给予财物违背其意愿,才能认定受贿人实施的是索取贿赂的行为。例如,请托人甲的儿子乙已被录取到某行政机关工作,而该机关一直没有通知乙上班,甲多次找该机关人事处长丙予以关照,但丙就是拖着不办。甲无奈给丙送去2万元,丙即为乙办理了上班的所有手续。在该案中,丙始终没有提出要求给予财物的要求,而是利用了甲有求于自己的强势地位,故意拖延应履行的职责,逼迫甲首先提出给予财物的要求,而后才为甲谋取了应当得到的利益。此案中的甲应当属于索贿犯罪的受害人,丙就属于乘人之危进行勒索的索贿者。

(二)收受贿赂

收受贿赂是指行贿人主动给予贿赂,受贿人表示推托或未加拒绝,最终予以接受的行为。在收受贿赂的过程中,请托人处于主动地位,或者自己想方设法地接近受贿人要求或暗示给予贿赂,或通过第三人从中牵线搭桥给予财物,竭力收买受贿人职务的行为。在收受贿赂行为中,通常受贿人一开始会作出拒绝接受的意思表示,客观上也会有推托的行为动作,有时在接受贿赂后还会有退还财物的举动,但在案发前仍然控制着他人财物并为请托人谋取了利益。当然,认定收受贿赂是否成立受贿罪,在客观上还必须要求受贿人为请托人谋取利益。仅仅是被动地接受了请托人给予的财物,客观上没有为其谋取利益的,不能以受贿罪论。

在收受贿赂的案件中,请托人往往是在给受贿人借口所送的烟酒茶叶、营养补品、土特产等礼品中夹带现金;在拜访离开时将现金塞到沙发垫下;在探视生病住院的受贿人时借口买一些滋补品而留下现金,突然离开;在受贿人家庭有婚丧嫁娶等重大变故时,以礼尚往来为名送钱送物;在春节、中秋节等节日以探望为名连续地给予大额金钱,等等。在以上这些场合中,受贿人的行为大都表现为收受贿赂的形式。

《刑法》第 385 条规定:"国家工作人员在经济往来中,违反国家规定,收受各种名义的回扣、手续费,归个人所有的,以受贿论处。"对于该种贿赂方式,一般可能表现为请托人主动向受贿人给予财物,更多地表现为收受贿赂,但是,这种形式的贿赂行为中也不能完全排除索取贿赂的存在。如果先是由请托人提出要求和标准,而受贿人进行讨价还价,层层加码而最终成交的,应认定为索取贿赂。

二、关于"为他人谋取利益"

索取贿赂的行为,不要求受贿人为他人谋取利益即可构成犯罪,而收受贿赂则必须为他人谋取利益,才成立受贿罪。但是,为他人谋取利益是主观要件要素还是客观要件要素呢?"两高"1989 年《关于执行〈关于惩治贪污贿赂罪的补充规定〉若干问题的解答》指出:"非法收受他人财物,同时'为他人谋取利益'的,才能构成受贿罪。为人谋取的利益是否正当,为他人谋取的利益是否实现,不影响受贿罪的成立。"据此,有人提出"为他人谋取利益"不是客观要件要素,而是主观要件要素[①]。2003 年 11 月 13 日最高法院《全国法院审理经济犯罪案件工作座谈会纪要》指出:"为他人谋取利益包括承诺、实施和实现三个阶段的行为。只要具有其中一个阶段的行为,如国家工作人员收受他人财物时,根据他人提出的具体请托事项,承诺为他人谋取利益的,就具备了为他人谋取利益的要件。明知他人有具体请托事项而收受其财物的,视为承诺为他人谋取利益。"由此可以看出,审判机关把为他人谋取利益作为构成受贿罪的客观要件要素。对于为他人谋取利益的三个阶段的行为,受贿人已经开始了实施谋利益的行为和已经为请托人实现了谋利益的行为,被理解为是客观行为是不成问题的。但是,对于其中的承诺,则容易产生异议。这里的承诺,已经不是一种单纯的意思表示,而是伴随有客观行为的默许。受贿人明知请托人对自己的职务行为有具体的请托事项,客观上已经实施了接受请托人财物的行为,这种承诺已经通过暗示或明示的行为方式,使请托人明白受贿人已经答应办理自己的请托事项。因此,承诺也是一种为他人谋取利益的行为。

对于承诺为他人谋取利益而成立收受贿赂的受贿罪,应当要求请托人有具体而不是笼统的请托事项;受贿人实际没有为请托人实施或实现谋利益的行为,

---

① 杨敦先主编:《廉政建设与刑法功能》,北京:法律出版社 1991 年版,第 136 页。

但收受了请托人财物的,只有其明知请托人有明确、具体的请托事项才能成立受贿罪。对于受贿人不明知请托人有请托事项而收受财物的,依法不能认定为受贿罪。假如,甲在逢年过节时给国家工作人员送钱送物,而没有提出任何请求事项或者没有提出具体的请托事项,如言称"请领导以后多关照""谢谢领导以前对自己或单位工作的支持"等,且该国家工作人员也不知道甲的具体请托是什么,就不能因为接受了其送给的钱物就视为承诺为甲谋取利益,从而也就不构成受贿罪。

关于为他人谋取的利益性质,不影响受贿罪的成立,它包括正当和不正当利益。所谓正当利益,指在实体性质上和程序上都是正当的,指受贿人在自己职权范围内依照正常程序为请托人谋取的应得利益。关于不正当利益,"两高"《关于办理商业贿赂刑事案件适用法律若干问题的意见》第9条规定:在行贿犯罪中,"谋取不正当利益",是指行贿人谋取违反法律、法规、规章或者政策规定的利益,或者要求对方违反法律、法规、规章、政策、行业规范的规定提供帮助或者方便条件;在招标投标、政府采购等商业活动中,违背公平原则,给予相关人员财物以谋取竞争优势的,属于"谋取不正当利益"。因此,受贿罪中的不正当利益,包括在实体上是不正当的,如不符合条件的人参军入伍、升学就业等;也包括通过不正当手段和程序获得的利益,如提前支付工程款、透露标底中标等。

三、关于"利用职务上的便利"

利用职务便利是受贿罪构成的一个必备的客观要件要素,也是受贿罪的本质性条件。根据2003年11月13日最高法院《全国法院审理经济犯罪案件工作座谈会纪要》,《刑法》第385条第1款规定的"利用职务上的便利",分为三种情形。

（一）利用本人职务上主管、负责、承办某项公共事务的便利

这种利用行为,表现为受贿人亲力亲为,不需要借助其他国家工作人员的职权。受贿人利用职务便利,是因为他对请托人请托的事项,具有审批权、决策权、监管权、呈报权和经手权。如对重大人事变动的决策权、对政府采购事项的决定权、对工程质量的监督权、对违章车辆的放行权、对单位公章的使用权等。这些公共权力往往是一种终局性的决定权,也是受贿人所拥有的核心权力,往往是请托人难以绕过而求之不得的。如果请托人不给予财物,受贿人就不会满足请托人的要求或者迟延某种事项的办理;请托人给予财物,受贿人则积极地、及时地、保质保量地实现请托人的利益要求。受贿人完全把自己手中的权力作为换取个人利益的手段,请托人与受贿人之间是一种赤裸裸地权钱交易关系。

(二)利用与本人职务上有隶属、制约关系的其他国家工作人员的职权

这种类型的利用行为,虽然没有直接利用受贿人自己的职权,但是利用了其他受自己管束的国家工作人员的职务便利。被利用的其他国家工作人员,一种是与受贿人存在平行关系但受受贿人权力制约的国家工作人员,另一种是与受贿人存在纵向关系但受受贿人权力管辖的国家工作人员。例如,法院的监察室主任要求民庭庭长关照请托人的诉讼案件,而自己收受了请托人的贿赂。这就属于第一种情况,监察室主任与民庭庭长在职务上虽然是平级关系,但监察室主任有接待投诉和纪律检查的职责,其职务对民庭庭长具有一定的制约关系,监察室主任正是利用了他对民庭庭长职务上的制约关系,为请托人谋取利益并从中收受贿赂。又如,主管民事审判工作的法院副院长或者管理单位全面工作的院长,收受请托人的贿赂,要求民事审判庭的承办法官照顾请托人胜诉,就属于第二种情况。

(三)担任单位领导职务的国家工作人员通过不属于自己主管的下级部门的国家工作人员的职务为他人谋取利益

这种情况一般是指具有领导职务的国家工作人员利用本单位下属非主管部门工作人员的职权、具有领导职务的上级单位的工作人员利用下级非主管单位工作人员的职权,应当认定为"利用职务上的便利"为他人谋取利益。例如,甲是某国有高校主管招生工作的副校长,给不属于自己主管的本校基建处处长乙打招呼,让请托人丙中标承建本校的办公楼,而甲收受丙给予的巨额贿赂款。又如,教育厅主管后勤工作的副厅长给某高校主管招生的副校长,为请托人谋取利益,而该副厅长收受请托人的贿赂。本单位不属于受贿人主管的工作人员以及下级单位不属于受贿人主管的工作人员,虽然与受贿人之间没有工作上的直接关系,但是该受贿人作为上级部门具有领导职务的工作人员,其与被利用的工作人员之间具有千丝万缕的制约、影响作用,受贿的领导人员作为上级单位的班子成员,可以左右和影响集体表决的结果,他在很多方面能够间接影响到下级部门工作人员的利益得失,其利用职务便利的本质没有因形式上不主管而有所变化。

四、关于"利用职权或地位形成的便利条件"

《刑法》第388条规定的间接受贿罪要求行为人必须"利用本人职权或地位形成的便利条件"。其中,该条件分为以下情形。

(1)自己与被利用的国家工作人员虽然没有职务上的隶属、制约关系,但是其职权或地位对后者有影响作用。它主要首先现为对本单位内部不同部门的国家工作人员的影响作用。例如,本单位的财务处长负责审核出差人员的报销费用,其职务虽然对本单位其他人员没有隶属、制约关系,但其职权却对他们具

有影响作用,该财务处长完全可以利用这种影响作用通过其他工作人员的职权,为请托人谋取利益。其次表现为对没有隶属、制约关系的其他单位国家工作人员的影响作用。例如,省委组织部处长甲与镇长乙之间,虽然没有职务上的隶属、制约关系,但甲可以通过下级的市委组织部长影响乙的升迁,因此,甲通过乙的职权为请托人谋取利益而收受贿赂的,即属于利用了本人职权或地位形成的便利条件。

(2)自己与被利用的国家工作人员虽然没有职务上的隶属、制约关系,但是自己与后者有一定的工作联系。这主要是指双方在工作性质上有较大的共通性,可以相互利用。如,某市甲、乙两个区法院的刑庭审判员之间,权力也相同,工作上的联系使他们有频繁接触交流的机会,各自的职权可以互相利用。

第三节 新型受贿罪的认定

2007 年 7 月 8 日,"两高"发布了《关于办理受贿刑事案件适用法律若干问题的意见》(以下简称《意见》)。该《意见》是针对目前受贿犯罪出现的一些情况、新问题,专门解决司法实践中出现的新型受贿罪的表现形式而发布的。《意见》明确了新型受贿罪与非罪法律界限和处理标准,有非常重要的指导意义。

一、关于以交易形式收受贿赂的问题

国家工作人员利用职务上的便利为请托人谋取利益,以下列交易形式收受请托人财物的,以受贿论处:①以明显低于市场的价格向请托人购买房屋、汽车等物品的;②以明显高于市场价格向请托人出售房屋、汽车等物品的;③以其他交易方式非法收受请托人财物的。

对此类形式的受贿犯罪,应重点把握以下几点。

(1)低买高卖的参照标准,应当是按照交易当时当地的市场价格和实际交付价格的差额计算,至于这种"差额"达到多少幅度才属于"明显"程度,则需要进一步予以界定。从司法解释规定"明显"的用词分析,这种差额的幅度不应仅指优惠的比例很大,而且实际差额的总数很大,如果以略低于正常价买卖商品,获利数额即使达到较大的程度,也不宜作为犯罪处理。

(2)所参照的市场价格包括商品经营者事先设定的不针对特定人的最低优惠价格。如卖房者事先设定的优惠价格是 1% ~5%,如果行为人不符合享受优惠价格的条件,就应当以其中的 1% 来确定其差价,从而计算出受贿的数额。

(3)根据商品经营者事先设定的各种优惠条件,以优惠价格购买商品的,不

属于受贿。例如,商品房开发商事先设定,如果在房屋预售过程中一次性交付全部价款的,可优惠单位面积5%的价格,当然,如果行为人符合这样的优惠条件,其以优惠价格购得的商品房也就不存在受贿问题。

二、关于收受干股的问题

干股是指未出资而获得的股份。国家工作人员利用职务上便利为请托人谋取利益,收受请托人提供的干股的,以受贿论。对此应注意以下内容。

(1)进行了股权转让登记,或者相关证据证明股份发生了实际转让的(如将股份转让登记到国家工作人员亲属名下的),受贿数额按转让行为时的股份价值计算,所分红利按受贿孳息处理,后者不应当计算进受贿数额中去。

(2)股份未实际转让,以股份分红名义获取利益的,实际获利数额应当认定为受贿数额。

三、关于以合作开办公司等合作投资名义收受贿赂的问题

这种收受贿赂的形式与第二种形式的区别在于,没有出资但确实参与了一定的管理、经营活动,也可能以所谓的信息服务为名参股经营,但实际出资者是请托人。

《意见》指出,国家工作人员利用职务上的便利为请托人谋取利益,由请托人出资,"合作"开办公司或者进行其他"合作"投资的,以受贿论。对此,应把握以下问题。

(1)受贿数额为请托人给国家工作人员的出资额。

(2)如果连名义上的出资都没有,国家工作人员利用职务上的便利为请托人谋取利益,以"合作"开办公司或者进行其他"合作"投资的名义获取"利润",没有实际出资和参与管理、经营的,也以受贿论。

(3)具有真实的投资成分,即使国家工作人员未参与管理、经营活动,不能构成受贿罪。以合作开办公司或进行其他合作投资,是否构成受贿的认定,关键看国家工作人员有无实际出资。

四、关于以委托请托人投资证券、期货或者其他委托理财的名义收受贿赂的问题

国家工作人员利用职务便利为请托人谋取利益,以委托请托人投资证券、期货或者其他委托理财的名义,未实际出资而获取"受益",或者虽然实际出资,但获取"受益"明显高于出资应得收益的,以受贿论处。前一情形的受贿数额,以"受益"额计算;后一情形的受贿数额,则以"受益"额与出资应得受益额的差额

计算。对于该情形的受贿认定,还应当遵循主客观一致的刑事责任原则,即以国家工作人员对于所获得"收益"明显高于出资应得收益,在主观上是明知的,如果请托人编造各种理由误导国家工作人员误认为多得收益是正当、应得的,那么,就不能认定其构成受贿罪。

五、关于以赌博形式收受贿赂的认定问题

国家工作人员利用职务便利为请托人谋取利益,通过赌博方式收受请托人财物的,构成受贿。区分其与赌博、娱乐活动的界限时,应结合以下因素进行判断。

(1)赌博的背景、场合、时间、次数。这是指赌博的时机问题,包括以往有无共同赌博的经历,以此查证利用职务便利为参与赌博的请托人谋取利益与赌博行为之间的客观因果关系。

(2)赌资来源。这主要指国家工作人员用于赌博的钱款,是其本人事先自备的还是请托人提供的,以此判断国家工作人员有无赌博的真实意思表示。

(3)其他赌博参与者有无事先通谋。这是指在多人参与赌博的情况下,国家工作人员之外的其他参与人对于行贿、受贿双方的真实意思是否明知,包括其他参与人的赌资是否也由行贿人提供,其他参与人在事先是否已经明知行贿人是在行行贿之实。

(4)输赢钱物的具体情况和金额大小。这主要查证国家工作人员"赢取"钱物是否出于对方"配合"的结果,以及输赢钱款较之平时在数额上有无异常。

六、关于特定关系人"挂名"领取薪酬问题

国家工作人员利用职务上的便利为请托人谋取利益,要求或者接受请托人以给特定关系人安排工作为名,使特定关系人不实际工作却获取所谓薪酬的,以受贿论。在司法实践中,如果特定关系人确实在请托人单位参与工作或者断续地参与了工作,即使所领取的薪酬高于同岗位人员的,也不能认定为"特定关系人不实际工作"而领取"挂名"薪酬。如果特定关系人只是从事了象征性、形式上的工作,如名义上的顾问,不能认定其从事了实际的工作。当然,特定关系人没有从事实际工作领取薪酬,须以基于国家工作人员的意思或者其主观上明知为条件,否则不能将特定关系人的行为归责于国家工作人员。

关于"特定关系人"的范围,《意见》指出"是指与国家工作人员有近亲属、情妇(夫)以及其他共同利益关系的人"。理解是否属于"特定关系人",关键看其与国家工作人员之间是否具有共同的利益关系,其中包括共同的经济关系和基于共同生活而形成的共同财产关系等。与国家工作人员之间,仅仅存在纯粹的

同学、同事、朋友等关系,而没有共同的经济或财产关系,则不属于国家工作人员的"特定关系人"。

七、关于由特定关系人收受贿赂的问题

国家工作人员利用职务便利为请托人谋取利益,授意请托人以《意见》所列形式,将有关财物给与特定关系人的,以受贿论。

特定关系人与国家工作人员通谋,共同实施前款行为的,对特定关系人以受贿罪的共犯论处。特定关系人以外的其他人与国家工作人员通谋,由国家工作人员利用职务便利为请托人谋取利益,收受请托人财物后双方共同占有的,以受贿罪的共犯论处。如果特定关系人等第三人没有参与为他人谋取利益的行为,或者对国家工作人员为请托人谋利的事实确实不知情,仅仅是奉命收受财物,则不能将第三人列为受贿罪的共犯。在是否构成共犯的问题上,如果系与国家工作人员有共同利益关系的特定关系人,不要求双方共同占有贿赂的财物,即可以共同犯罪处理;如果是特定关系人以外的第三人,则必须有共同占有贿赂财物的行为和事实,才能将该第三人认定为共犯。

八、关于收受贿赂物品未办理权属变更的问题

国家工作人员利用职务便利为请托人谋取利益,收受请托人房屋、汽车等物品,未变更权属登记或者借用他人名义办理权属登记的,不影响受贿的认定。这实际上将受贿罪侵害的客体由财物所有权扩大至使用权,即财产性利益。

认定受贿与借用的界限时,除双方交代或者书面协议之外,主要应当以外因进行判断:①有无借用的合理事由;②是否实际使用;③使用时间的长短;④有无归还的条件;⑤有无归还的意思表示及行为。我们认为,借用与变相受贿的区别,关键是借用人是否在借用后利用职务便利为出借人谋取利益,判断的核心事实应当是有无借用的必要和有无归还的真实意思。

九、关于受贿财物后退还或者上交的问题

国家工作人员收受请托人财物后及时退还请托人及其亲属或单位,或者上交纪检监察部门、司法机关或其他部门、领导的,不是受贿。但是,国家工作人员受贿后,因自身或者得知与其受贿有关联的人、事被查处,为掩饰犯罪而退还或者上交的,则不影响受贿罪的认定。

关于退交的时间是否属于"及时"的问题,目前尚无权威性的司法解释。我们认为,只要是在自身或与其受贿有关联的人、事被查处之前退交的,都应当认定为"及时"。因为这种情况之所以不以受贿论,是因为国家工作人员在主观上

没有受贿的犯罪故意。如果国家工作人员在接受财物后,主观上有归还或上交的意思,但因无法联系到行贿人或者由于自身的客观原因未能立即退交的,在这些客观障碍消除后立即退交的,及时时间相隔较长,也不影响"及时"的成立。

十、关于在职时为请托人谋利,离职后收受财物的问题

国家工作人员利用职务便利为请托人谋取利益之前或之后,约定在其离职后收受请托人财物,并在离职后收受的,以受贿论处。这里的约定时间,应当是在国家工作人员离职之前;约定的事项与请托人所获得的利益相关;离职后收受的财物与在职时的约定应当具有因果关系。

国家工作人员利用职务便利为请托人谋取利益,离职前后连续收受请托人财物的,离职前后收受部分均应计入受贿数额。之所以将离职后连续收受的部分计入受贿数额,是因为后者与离职国家工作人员离职前的职务具有密切的关系,是受贿罪的客观延续,主观上也是国家工作人员基于概括的犯罪故意而在离职后继续受贿,认定其构成受贿罪符合主客观一致的刑事责任原则。

2003 年 11 月 13 日,最高法院颁发的《全国法院审理经济犯罪案件工作座谈会纪要》还规定了以下两种特殊的受贿罪情形。

(1)关于以借款为名索取或者非法收受财物行为的认定。国家工作人员利用职务上的便利,以借款为名向他人索取财物,或者非法收受财物为他人谋利益的,应当认定为受贿。具体认定时,不能仅看是否有书面借款手续,而应当根据以下因素综合判定:①有无正当、合理的借款理由;②款项的去向;③双方平时的关系如何、有无经济往来;④出借方是否要求国家工作人员利用职务上的便利为其谋取利益;⑤借款后是否有归还的意思表示和行为;⑥是否有归还的能力;⑦未归还的原因;等等。

(2)关于收受股票的问题。①国家工作人员利用职务便利,索取或者收受股票,没有支付股本金,为他人谋取利益,构成受贿罪的,其受贿数额按照收受股票的实际价格计算;②股票已上市且已升值,行为人仅支付股本金,其"购买"股票时的实际价格与股本金的差价部分应当认定为受贿;③对于行为人支付股本金而购买较有可能升值的股票的,由于不是无偿收受请托人财物,则不能以受贿论处。

第四节 受贿罪的共犯问题

关于国家工作人员与非国家工作人员共同受贿,应当如何认定犯罪性质问

题,一直是理论与实务中争议的焦点。尽管理论上有多种理解和解释,但相关司法解释文件对此已经做出了较为明确的界定。

一、《全国法院审理经济犯罪案件工作座谈纪要》的规定

2003 年 11 月 13 日最高法院《全国法院审理经济犯罪案件工作座谈会纪要》指出:根据刑法关于共同犯罪的规定,非国家工作人员与国家工作人员勾结,伙同受贿的,应当以受贿罪的共犯追究刑事责任。非国家工作人员是否构成受贿罪共犯,取决于双方有无共同受贿的故意和行为。国家工作人员的近亲属向国家工作人员代为转达请托人事项,收受请托人财物并告知该国家工作人员,或者国家工作人员明知其近亲属收受了他人财物仍按照近亲属的要求利用职权为他人谋取利益的,对该国家工作人员应认定为受贿罪,其近亲属以受贿罪共犯论处。近亲属以外的其他人与国家工作人员通谋,由国家工作人员利用职务上的便利为请托人谋取利益,收受请托人财物后双方共同占有的,构成受贿罪的共犯。当然,对于近亲属明知他人所送财物是国家工作人员为他人谋取利益的结果而代为收受,但事前没有受到国家工作人员教唆也没有教唆国家工作人员的,或者明知家中财物是国家工作人员受贿所得而与其共享消费的,属于知情不举,对该国家工作人员的近亲属不能以受贿罪共犯论处。

二、《关于办理商业贿赂刑事案件适用法律若干问题的意见》的规定

2008 年 11 月 20 日,"两高"联合下发的《关于办理商业贿赂刑事案件适用法律若干问题的意见》第 11 条规定,对非国家工作人员与国家工作人员之间是否构成受贿罪共犯及其处理,做了具有指导性的原则规定:非国家工作人员与国家工作人员通谋,共同收受他人财物,构成共同犯罪的,根据双方利用职务便利的具体情形分别定罪追究刑事责任。

(1)利用国家工作人员的职务便利为他人谋取利益的,以受贿罪追究刑事责任。

(2)利用非国家工作人员的职务便利为他人谋取利益的,以非国家工作人员受贿罪追究刑事责任。

(3)分别利用各自的职务便利为他人谋取利益的,按照主犯的犯罪性质追究刑事责任,不能分清主从犯的,可以受贿罪追究刑事责任。

第五节　馈赠与贿赂的界限

馈赠,应当是基于双方的友好关系,在对方个人或家庭发生重大变故时而自愿提供的财物。2008 年 11 月 20 日,"两高"关于《关于办理商业贿赂刑事案件适用法律若干问题的意见》第 10 条规定:办理商业贿赂犯罪案件,要注意区分贿赂与馈赠的界限。主要应当结合以下因素全面分析、综合判断。

(1)发生财物往来的背景,如双方是否存在亲友关系及历史上交往的情形和程度。这主要是考察提供者与接受者之间有无正常而深刻的私人关系,以判断双方是否单纯的亲友关系。

(2)往来财物的价值。财物的价值大小是一个相对的概念,应当根据当地当时的经济状况和民间通常的习惯加以判断。在一个相对贫困的地区,一般人在给亲友馈赠的钱款通常可能是 500 元,但是提供馈赠的人一次给予 5 万元,则是异常的。

(3)财物往来的缘由、时机和方式,提供财物方对于接受方有无职务上的请托。这是一个核心问题。如果提供馈赠者在给予财物时,没有具体的请托事项或没有任何职务上的要求,在其提供馈赠的前后相当时间内也没有为此谋取任何利益,则不能认定为是进行贿赂。对于提供馈赠者连续多年在传统的春节、中秋节等时机,以看望、探视、随礼为名,给予接受者相对较为合理数额的礼金的,即使在此期间曾利用接受者的职务便利谋取了很小的利益,也不宜将连续数年的馈赠都认定为贿赂款项。

(4)接受方是否利用职务上的便利为提供方谋取利益。这个事实应当与第三个事实结合起来考察。如果提供者并没有向接受者提出任何请托事项,但接受者在履行公务期间,出于与提供者之间的亲友关系和情感联系,事实上确实为提供馈赠者谋取过利益,也不能认定为构成受贿犯罪。因此,只有馈赠者在提供财物时对接受者有职务上的请托事项,而接受馈赠者在接受财物后利用其职务便利为提供者谋取了利益的,才能成立受贿犯罪。

总之,区分馈赠与贿赂的根本界限是看双方有无权钱交易的意思和行为事实。

第六节　利用影响力受贿罪

2009 年 2 月 28 日,第十一届全国人大常委会通过的《刑法修正案(七)》对受贿罪作了较大修改,其中的第 13 条规定,在《刑法》第 388 条中增加两款作为第 2 款、第 3 款。《刑法修正案(七)》第 13 条规定:"国家工作人员的近亲属或者其他与该国家工作人员关系密切的人,通过该国家工作人员职务上的行为,或者利用该国家工作人员职权或者地位形成的便利条件,通过其他国家工作人员职务上的行为,为请托人谋取不正当利益,索取请托人财物或者收受请托人财物,数额较大或者有其他较重情节的,处三年以下有期徒刑或者拘役,并处罚金;数额巨大或者有其他情节的,处三年以上七年以下有期徒刑,并处罚金;数额特别巨大或者有其他特别严重情节的,处七年以上有期徒刑,并处罚金或没收财产。"

"离职的国家工作人员或者其近亲属以及其他与其关系密切的人,利用该离职的国家工作人员原职权或者地位形成的便利条件实施前款行为的,依照前款的规定定罪处罚。"

前述内容被排序在《刑法》"贪污贿赂罪"第 388 条之后,增加了两款作为第 388 条之一。

关于修正案(七)第 13 条的罪名,理论上曾出现特定关系人受贿罪、利用影响力交易罪等称谓。2009 年 10 月 15 日,"两高"下发了《关于执行〈中华人民共和国刑法〉确定罪名的补充规定》。该补充规定将修正案(七)第 13 条的罪名规定为"利用影响力受贿罪"。

一、增设利用影响力受贿罪的背景

原来《刑法》第 388 条仅规定了国家工作人员间接受贿罪,即国家工作人员利用本人职权或地位形成的便利条件,通过其他国家工作人员的职务行为为请托人谋取不正当利益,索取或收受请托人财物。但是在司法实践中,国家工作人员的配偶、子女等近亲属,以及其他与该国家工作人员关系密切的人,通过该国家工作人员职务上的行为,或者利用该国家工作人员职权或者地位形成的便利条件,通过其他国家工作人员职务上的行为,为请托人谋取不正当利益,自己从中索取或收受财物的情况较为严重。同时,还有一些已离职的国家工作人员,虽已不具有国家工作人员的身份,但利用其在职时形成的影响力,通过其他国家工作人员的职务行为为请托人谋取不正当利益,自己从中索取或者收受财物。上述行为败坏了党风、政风和社会风气,社会影响十分恶劣,不但直接干扰了国家正常的管理秩序,而且间接地破坏了国家工作人员职务的廉洁性。为加强党风廉政建设,严惩腐败行为,增强国家工作人员约束身边人员的自觉性和主动性,有必要将利用影响力受贿的行为纳入刑法惩治范围。

我国已经加入和批准了《联合国反腐败公约》,该公约第 18 条第 2 款规定了利用影响力交易罪,"各缔约国均应当考虑采取必要的立法和其他措施,将下列故意实施的行为规定为犯罪:(一)直接或间接向公职人员或其他任何人员许诺给予、提议给予或者实际给予任何不正当好处,以使其滥用本人的实际影响力或者被认为具有的影响力,为该行为的造意人或者其他任何人从缔约国的行政部门或者公共机关获得不正当好处;(二)公职人员或者其他任何人员为其本人或者他人直接或间接索取或者收受任何不正当好处,以作为该公职人员或者该其他人员滥用本人的实际影响力或者被认为具有影响力,从缔约国的行政部门或者公共机关获得任何不正当好处的条件"。我国作为缔约国,在国内刑法中对此行为应有所体现。修正案(七)第 13 条的规定与公约第 18 条的规定,在具体内容上虽然有所不同,但二者的基本精神是一致的。另外,《欧洲委员会反腐败刑法公约》《非洲联盟预防和打击腐败公约》《美洲国家组织反腐败公约》都对利用影响力交易犯罪作了规定,新加坡、法国、西班牙等国家的刑法也都规定了利用影响力受贿罪。例如,《西班牙刑法典》第 429 条规定:"私人对某公务员施加影响,利用后者职务或者其他源于其人际关系或者官职等级的地位,达成能直接或者间接为其或者他人谋取经济利益的决议的,处六个月以上一年以下徒刑,同时给予追求或者获取经济利益两倍的罚金。确已获得利益的,在法定刑幅度内取较重半幅度处罚。"

大量的案件也表明,国家工作人员直接收受贿赂的情况日渐减少,国家工作人员的近亲属或其他关系密切的人员逐渐介入其中充当中间人,这就导致在查处具体案件时,对国家工作人员与其"关系密切关系人"之间是否形成共同的犯罪故意很难确定,造成大量的案件处理困难。在这种情况下,中间人利用的是国家工作人员的影响力,谋取非法利益,收取财物,其本质上还是权钱交易,即便是国家工作人员不知情,它也侵犯了国家的廉政制度,应作为犯罪追究其刑事责任。

二、关于利用影响力受贿罪的犯罪构成

利用影响力受贿罪,是指国家工作人员的近亲属或者其他与该国家工作人员关系密切的人,通过该国家工作人员职务上的行为,或者利用该国家工作人员职权或者地位形成的便利条件;或者离职的国家工作人员或者其近亲属以及其他与其关系密切的人,利用该离职的国家工作人员原职权或者地位形成的便利条件,通过其他国家工作人员职务上的行为,为请托人谋取不正当利益,索取请托人财物或者收受请托人财物,数额较大或者有其他较重情节的行为。

(一)利用影响力受贿罪的客体

本罪的犯罪客体是国家工作人员职务行为的廉洁性。行为人虽然本不属于

国家公职人员,其行为本身也不具有直接弄权渎职的特点,但其在本质上,却是利用了国家工作人员的职务影响力为请托人谋取不正当利益,它所间接侵害的社会关系与受贿罪直接侵害的社会关系是一致的,都是破坏了公职人员在群众心目中的廉洁形象,破坏了国家的正常管理活动和正常的运行秩序。因此,修正案(七)根据我国刑法分则以犯罪客体为犯罪分类的标准,将利用影响力受贿罪列入了《刑法·分则》第八章"贪污贿赂罪"之中。

(二)利用影响力受贿罪的主体

本罪的主体是特殊主体。根据修正案的规定,该罪的主体包括三种:①国家工作人员或者离职的国家工作人员的近亲属;②其他与国家工作人员或者离职的国家工作人员关系密切的人;③离职的国家工作人员本人。

1. 关于近亲属的范围

根据最高法院《关于执行〈中华人民共和国行政诉讼法〉若干问题的解释》第 11 条规定,《行政诉讼法》第 24 条规定的近亲属,包括配偶、父母、子女、兄弟姐妹、祖父母、外祖父母、孙子女、外孙子女和其他具有抚养、赡养关系的亲属。

2. 关于其他关系密切的人的范围

这应当是指近亲属以外的、与国家工作人员关系密切的人,其关系密切达到足以影响国家工作人员职务行为程度的人员。法律条文虽然没有对"关系密切的人"的内涵和外延进行界定,但从立法精神看,仅指自然人,一般来讲应包括:①恋人、情人、朋友等基于感情而形成的关系人;②同事、同学、同乡、战友、校友、老师、学生等基于某一段共同经历而形成的关系人;③客户、合伙人、投资人、债权人、债务人等基于经济利益而形成的关系人;④儿媳、女婿、表兄弟姐妹、叔舅、姑姨、外甥、侄子女等近亲属以外基于血缘或婚姻而形成的关系人。考察上述这些人的关系是否密切,其核心是考察行为人是否具有影响力。具有影响力,就说明关系达到了密切的程度;不具有影响力,说明其关系没有达到密切的程度。具体考察方法是要查明双方平时的人情交往以及经济、事务往来的情况及其紧密程度。

关于修正案(七)第 13 条规定的"其他关系密切的人",与 2007 年 7 月 8 日"两高"《关于办理受贿刑事案件适用法律若干问题的意见》第 7 条中"特定关系人",在范围上是否一致的问题。《关于办理受贿刑事案件适用法律若干问题的意见》第 11 条,将"特定关系人"解释为"与国家工作人员有近亲属、情妇(夫)以及其他共同利益关系的人",其中的近亲属,已被修正案单独出来了,而"情妇(夫)以及其他共同利益关系的人"与修正案中"其他关系密切的人",在范围上是有区别的,前者的范围小于后者。因为"关系密切"更多表现为感情上的联系,而"共同利益"主要应当包括共同的经济、政治利益,行为人与国家工作人员之间的个人感情达到"密切"的程度,但不一定具有共同的利益联系。因此,不能套用司法解释中的"特定关系人"认定刑法中的"其他关系密切的人"。

3.关于离职的国家工作人员的范围

这是指曾担任国家工作人员,但在行为时已经离开国家工作人员的岗位,不再履行国家工作人员的职责。这里的离职,应包括离休、退休、辞职、辞退或被开除等情况在内。

我们认为,对本罪中的离职国家工作人员,应当限定其离职的年限。《公务员法》第 102 条规定:"公务员辞去公职或者退休的,原系领导成员的公务员在离职三年内,其他公务员在离职两年内,不得到原工作业务直接相关的企业或者其他营利性组织任职,不得从事与原工作业务直接相关的营利性活动。"新《律师法》第 41 条规定:"曾经担任法官、检察官的律师,从人民法院、人民检察院离任 2 年内,不得担任诉讼代理人或者辩护人。"为了保持我国法律对同一问题规定的一致性,作为其他法律执行的保障法,刑法的规定应当与其他相关法律相衔接,可以把离职国家工作人员构成本罪的离职年限统一规定为三年。对于超过离职三年的国家工作人员,对现职的国家工作人员施加影响为请托人谋取不正当利益的,可归于本罪"与国家工作人员具有密切关系的人"之中。

(三)犯罪的客观方面

利用影响力受贿罪的客观表现形式,有三种情形。

(1)直接通过与自己关系密切的国家工作人员职务上的行为,为请托人谋取不正当利益,索取或收受请托人的财物,数额较大或有其他较重情节。例如,张某请求其担任某市公安局长的舅舅李某,不追究请托人王某之子盗窃的刑事责任,并背着李某收受王某给予的 2 万元酬谢费。这种行为方式中涉及的当事人包括行为人(关系密切人)、不知情的国家工作人员和请托人。对国家工作人员而言,其所拥有的职权虽然在客观上被关系密切的人所利用,但其对行为人借此收受请托人财物的事实是不知情的。

(2)利用与自己关系密切的(现职或离职)国家工作人员职权或者地位形成的便利条件,通过其他国家工作人员职务上的行为,为请托人谋取不正当利益,索取或收受请托人财物,数额较大或者有其他较重情节。其中,"利用国家工作人员的职权或者地位形成的便利条件",可以参照 2003 年 11 月 13 日最高法院《全国法院审理经济犯罪案件工作座谈会纪要》中对"利用本人职权或者地位形成的便利条件"的解释。只要被利用的国家工作人员与具体实施职务行为的国家工作人员之间存在上述关系而被行为人加以利用,就可以认定为"利用国家工作人员职权或者地位形成的便利条件"。对"利用离职国家工作人员原职权或者地位形成的便利条件"的理解,不应当侧重于对现职国家工作人员的权力制约作用,而应当侧重于考察基于传统观念中的人情世故而产生的影响力。例如,曾是现职国家工作人员的老领导,提拔过现职国家工作人员,或者在其他方面于现职国家工作人员有"恩"等。与国家工作人员"关系密切的人",不是利用该国家工作人员职务上的行为,而是利用该国家工作人员的影响力,通过其他国家工作人员职务上的行为,为请托人谋取不正当利益。应当说,在为请托人谋取利益的外在形式上,"利用影响力"犯罪与斡旋受贿罪有些相似。这种行为方式中的当事人包括行为人(关系密切人)、受到权势影响的国家工作人员(对行为人收受财物也是不知情的)和请托人。这里的国家工作人员,与行为人本无关系,但与行为人有密切关系的国家工作人员,曾经所拥有或现在所拥有的职权或地位对其具有较大的影响力,为行为人办事是为了讨好现职领导或报答老领导。例如,张某请求其担任某市公安局长的舅舅李某部下的副局长刘某,不追究请托人王某之子盗窃的刑事责任,并背着李某、刘某收受王某给予的 2 万元酬谢费。

(3)离职国家工作人员利用其原职权或者地位形成的便利条件,通过其他国家工作人员职务上的行为,为请托人谋取不正当利益,索取或收受请托人财物,数额较大或者有其他较重情节。应当指出的是,在修正案之前,已经离、退休的国家工作人员,利用原有职权或者地位形成的便利条件,通过在职国家工作人员的职务行为,为请托人谋取利益,而本人从中收取财物的,是不以犯罪论处的,修正案(七)把该种行为明确入罪了。这种行为方式中的当事人包括行为人(离职的国家工作人员)、被利用且不知情的现职国家工作人员和请托人。例如,从某市市委书记位置上离职的张某,通过其在职时提拔的组织部长刘某,为请托人王某之子破格晋升了职务,张某背着刘某收受了王某 5 万元酬谢费。

与国家工作人员受贿罪不同的是,该罪在客观方面必须是为请托人谋取不正当利益,如果谋取的是正当合法的利益,则不能以本罪论处,其中的不正当利益,是指违法利益或违反正当程序而获得的合法利益。

(四)犯罪的主观方面

利用影响力受贿的行为人是直接故意犯罪。行为人在主观上明知不利用国家工作人员的影响力,仅依靠自己的能力是无法为请托人谋取利益的;之所以为请托人谋取利益,就是要通过国家工作人员的影响力,自己从中获取请托人的财物并为此不遗余力;至于为请托人谋取的利益是否正当,不以行为人事先是否有所认识为限,应以事后司法判断为准。

关于本罪行为人的行为与被利用的国家工作人员行为之间的关系,可以引用间接正犯的理论予以阐释。间接正犯,是指利用他人为工具而实行犯罪的情况,包括利用无责任能力人犯罪和利用他人过失或不知情的行为犯罪的情形。本罪的行为人在为请托人谋取不正当利益时,虽然没有直接实行职务行为,但他却利用了国家工作人员的职务行为,由于行为人与国家工作人员在收受请托人贿赂的事实方面,不存在主观上的意思联络,被利用的国家工作人员是在不知情或有过失的情况下,而成为行为人进行受贿的犯罪工具。所以,本罪的行为人在利用国家工作人员职务行为为请托人谋取不正当利益方面,处于间接正犯的地位,为请托人谋利的国家工作人员属于行为人的犯罪工具。

第七节 单位受贿罪

根据《刑法》第387条的规定,单位受贿罪是指国家机关、国有企业、事业单位、人民团体,索取、非法收受他人财物,为他人谋取利益,情节严重的行为。

一、关于单位受贿罪的主体

构成单位受贿罪的主体,必须是国家机关和国有的企业、事业单位和人民团体。国家机关是指各级国家权力机关、行政机关、审判机关、检察机关和军队;国有企业是指公司财产完全属于国家所有的公司,包括国有独资公司、两个以上国有企业组成的有限责任公司、股份有限公司以及国家控股的股份有限公司,或资产完全属于国家所有的从事生产、经营活动的经济联合体;国有事业单位是指国家投资举办管理的科研、教育、文化、卫生、体育、新闻、广播、出版等单位;人民团体是指各民主党派、各级共青团、工会、妇联等群众性组织。非国有性质的任何企业、事业单位,例如集体企业事业单位、私人企业、外资企业等单位都不能成为单位受贿罪的主体。国家机关、国有公司、事业单位、人民团体,基于其自身的性质和社会管理职能,列为单位受贿罪的主体是理所当然的。这里需要注意的是,国家工作人员并非一定在国家机关、国有公司、企业、事业单位、人民团体中工作,一些集体企业、集体事业单位工作的人员,也有可能是国家工作人员。但是,单位的性质却是稳定的,要是国家单位,就必须其所有的资产均为国有。

本罪作为纯正的单位犯罪,其必须要满足以下条件。

(1)由单位的负责人决定、直接责任人员接受或者索取贿赂。

(2)以单位名义接受贿赂或者索取贿赂。单位的受贿行为,必须是单位本身的行为。实践中常见的单位受贿行为主要有:①经单位研究决定,由有关人员实施的受贿行为;②经单位主管人员批准,由有关人员实施的受贿行为;③单位主管人员以法定代表人的身份实施的单位受贿行为。

(3)受贿所得财物或者其他财产性利益归单位所有。

二、关于单位的受贿行为

(一) 单位犯罪不要求"利用职务上的便利"

单位受贿罪因其单位主体的特殊性,无须以"利用职务上的便利"为构成要件要素,主要理由如下。

(1)根据罪刑法定原则,现行刑法所描述的单位受贿罪的罪状中,并无"利用职务上的便利"的规定,因此,将"利用职务上的便利"作为单位受贿罪构成要件的内容是缺少法律依据的。

(2)国有单位的一切活动均是基于法律、法规所赋予的权力而进行的,国有单位的所有行为均是以利用从事公务便利或职权便利为基础的。

综上,国有单位基于其独特的组织特征和特定地位,与以自然人为主体的受贿犯罪相比,其不必强调以"利用职务上的便利"为要件要素。'

(二)"为他人谋利益"

单位受贿罪的成立条件比受贿罪的成立条件稍微严格一些,索取贿赂型的受贿罪要求只要索取财物即构成受贿罪,而不以"为他人谋取利益"为要件,而单位受贿罪无论是索贿型还是被动收贿型都要求"为他人谋取利益"。将"为他人谋取利益"作为单位受贿罪的成立要件,是为了限制单位受贿罪的成立范围,避免刑事法网过于严苛。

(三)经济受贿

单位受贿罪的经济受贿行为必须是在"账外暗中",而受贿罪的商业受贿行为不需要"账外暗中",而只需要"违反国家规定"。相对来说,"账外暗中"比"违反国家规定"的范围更狭窄、标准更明确。国家工商总局制定的《关于禁止商业贿赂的暂行规定》对商业贿赂的界定就没有明确必须是"账外暗中",但是商业贿赂显然是"违反国家规定"的。

如果是个人的经济受贿,则只要违反国家规定收取各种名义的回扣、手续费,就要构成经济受贿;如果是单位的经济受贿,则必须是在账外暗中收取回扣或者手续费。原因在于,个人收受经济贿赂,不仅侵害了公平竞争的市场交易秩序,而且还可能侵犯个人所属单位的正常管理秩序。单位收受经济贿赂则不同,单位如果没有在账外暗中收取回扣或者手续费,则其只侵犯了公平竞争的市场交易秩序。

三、单位受贿的主观方面

单位受贿在主观方面表现为直接故意。这里主观方面的意志是单位的整体意志,它是单位领导机构集体讨论决定或者主要领导以单位名义决定的,目的是为了单位的集体利益,具有单位整体性能,是法人整体意志的体现。

四、关于单位受贿罪中的"情节严重"

本罪的第一款是要求"情节严重"才成立犯罪,那么何为"情节严重"？根据1999 年 9 月 16 日最高人民检察院《关于人民检察院直接受理立案侦查案件立案标准的规定》规定,涉嫌单位受贿,有下列情形之一的,应当予以立案:①单位受贿数额在 10 万元以上的;②单位受贿数额不满 10 万元,但是具有下列情形之一的:故意刁难、要挟有关单位、个人,造成恶劣影响的;强行索取财物的;致使国家或者社会利益遭受重大损失的。

"情节严重"的"情节"是定罪情节而不是量刑情节,是犯罪构成要件主客观要素的综合性体现。虽然刑法在单位受贿罪中并没有区分收受贿赂型和索贿型两类单位受贿罪,但是司法解释还是将索贿型单位受贿罪作为一类区分了出来,对索贿型单位受贿罪作了更加严格的规定。这是因为收受贿赂型单位的受贿罪没有被害人,而索贿型单位受贿罪被强索人是被害人,两者的法益侵害性的严重程度不同。

单位因受贿而进行刑法规定的其他犯罪活动,如进行非法经营、生产销售伪劣商品、走私等,又构成犯罪的,对单位应当依照刑法总则关于数罪并罚的规定予以处罚。单位行贿的负责人,因在单位受贿中违法活动构成其他犯罪的,如将单位受贿钱物个人私吞,构成贪污罪的,个人又单独受贿构成受贿罪的,均应与单位受贿罪一并按照数罪并罚的规定定罪处罚。

第十二章

盗窃罪

2011年新出台的《刑法修正案(八)》对盗窃罪作出了重大修改,将《刑法》第264条修改为:"盗窃公私财物,数额较大的,或者多次盗窃、入户盗窃、携带凶器盗窃、扒窃的,处三年以下有期徒刑、拘役或者管制,并处或者单处罚金;数额巨大或者有其他严重情节的,处三年以上十年以下有期徒刑,并处罚金;数额特别巨大或者有其他特别严重情节的,处十年以上有期徒刑或者无期徒刑,并处罚金或者没收财产。"修改后的盗窃罪的规定对盗窃罪的实行行为方式做了补充规定,将原本属于情节严重的入户盗窃、携带凶器盗窃以及扒窃都规定为盗窃罪的一般情形,并且取消了盗窃罪中死刑的规定,将其最高刑限制在无期徒刑。

根据1998年3月17日《最高人民法院关于审理盗窃案件具体应用法律若干问题的解释》(以下简称《解释》)第1条的规定,以非法占有为目的,秘密窃取公私财物,数额较大或者多次盗窃公私财物的行为,构成盗窃罪。这也是我国刑法关于盗窃罪定义的通说。随着《刑法修正案（八）》对盗窃罪的重大修改，可以对盗窃罪重新定义：盗窃罪，是以非法占有为目的，秘密窃取公私财物，数额较大，或者多次盗窃、入户盗窃、携带凶器盗窃、扒窃的行为。

第一节　盗窃对象的范围

一、盗窃罪犯罪对象的一般特征

盗窃罪的犯罪对象是公私财物，对于公私财物的定义、内容和范围，刑法没有明确规定，但是，从本质特征上看，作为盗窃对象的公私财物一般都具有以下特征。

（一）经济价值性

盗窃罪的犯罪对象必须具有经济价值性。盗窃罪是贪利性犯罪，行为人通过盗窃行为非法占有他人财物，以满足其不劳而获的需求，这就决定了本罪的对象必须具有经济价值性的特点，对此，也已形成通说。以经济价值性为盗窃罪犯罪对象必要特征的主要原因有两个。

（1）刑法规定盗窃罪的犯罪对象是公私财物，经济价值性是财物的本质属性，没有经济价值的物品，难以称为"财"物，最多只能称为物品。

（2）我国刑法所规定的盗窃罪基本上是以被盗财物的经济价值大小来衡量罪与非罪、罪轻与罪重的界限。①

（二）具有可支配性

具有可支配性即必须能够为人们所控制和利用。盗窃行为的特征在于，行为人通过秘密窃取的方式，非法占有不属于自己所有的公私财物。换言之，即通过排除或者破坏他人对财物的支配，而建立自己对财物的非法支配。从这一方面来讲，盗窃罪的犯罪对象必须具有可支配性，这一特征决定了盗窃对象必须是人力可能控制、支配的财物。假如财物是不能为人力所控制、支配的，比如阳光、风力等自然能源，即便具有经济价值和使用价值，也不能成为盗窃罪的对象。但是随着社会的不断进步，人的认识、控制和利用的能力也在逐步提高，可控制的财物的外延也在不断扩大，如马尔代夫某个小岛上，新鲜空气被收集起来经加工装在特定容器中进行出售。此时对其进行了有效控制、支配，完全可以成为本罪的对象。

---

① 王作富：《刑法分则实务研究》（中），北京：中国方正出版社 2010 年版，第 1052 页。

（三）财物必须正被他人控制支配

财物在被盗窃时必须正在被他人控制支配，只有如此，盗窃行为才能破坏他人对被盗窃物的支配关系，盗窃行为人进而才能建立起自己对财物的支配关系[①]。从这个意义上来说，抛弃物或者无主物不能成为盗窃罪的对象。因为，要想取得它的所有权无须秘密窃取，完全可以采用先占原则取得，不会侵犯任何法益。对本特征理解时，还需注意以下两点。

1. 对"他人控制支配"的理解

《刑法》第264条规定的"公私财物"也即"他人的财物"。这里的"他人"是指除了本人以外的自然人、法人或国家。"他人的财物"不仅仅指他人享有所有权的财物，还应包括他人实际占有的财物。如我国《刑法》第91条第2款规定："在国家机关、国有公司、企业、集体企业和人民团体管理、使用或者运输中的私人财产，以公共财产论。"此处的"管理、使用或者运输"都有占有的含义。总之，所有权和占有权都是一种物权，都应受到刑法的保护。如果放任任意夺取除所有权之外的占有财物的行为，就会出现单凭实力对财物进行支配的自然状态，超出了法律秩序所期待的状态。

在控制、支配的具体方式上，有学者主张财物是在视线所及范围之内的，就属于物主对财物具有控制支配，也有学者主张只有物理上的有形的控制支配才是盗窃罪意义上的控制支配。我们认为，盗窃罪因其客观行为要求秘密性，因此，从手段行为来说，这种控制不仅包括物理上的控制，而且包括社会大众观念上的支配，一般在于行为人获取财物途径的非正当性。

2. 对他人占有的自有物的窃取

这里要分两种情况。

（1）对他人合法占有自有物的窃取。如若行为人将自己的物品作为担保、抵押等交付他人，或行为人委托他人保管自己的物品，又对之进行窃取，妄图让对方赔偿，也可构成盗窃罪。因为此时财物正被他人控制和支配，而且此时盗窃的已非本人所有的财物，而是对方相应的赔偿物，即"他人之物"。

（2）窃取他人非法占有的自己之物。对盗窃罪侵犯的客体，我国刑法理论的通说采取的是所有权说，学界还有占有权说的观点，但用这两种学说解决该问题都存在问题。

我们赞成这样一种观点，即财产罪的客体首先是财产所有权及其他本权，其次是需要通过法定程序恢复应有状态的占有；但是在相对于本权者的情况下，如

---

① 董玉庭著：《盗窃罪研究》，北京：中国检察出版社2002年9月版，第24页。

果这种占有没有与本权者相对抗的合理理由,相对于本权者恢复权利的行为而言,则不是财产犯的客体①。根据此观点,窃取他人非法占有的自有物不构成盗窃罪。

以上是成为盗窃罪对象的财物必须具备的三个基本特征,但是随着社会的发展,司法实践中具体案件的复杂,有些物品能否成为盗窃罪对象并不容易认定,以下对盗窃罪对象的范围进行界定。

二、盗窃对象的范围

(一)不动产能否成为盗窃罪的对象

自古罗马法以来的传统观念,均认为盗窃罪的对象只限于动产,许多国家的刑法也作了这种规定。实践中发生的盗窃犯罪多是以动产为对象的。我国刑法对不动产能否成为盗窃罪的对象,没有明确规定,传统刑法理论认为不动产不能成为盗窃罪的对象。但近年来有人对此提出质疑,认为不动产也可成为盗窃罪的对象。理由有二:①动产与不动产是财物在客观上的物质表现形态,刑法规定的盗窃对象"公私财物"并没有限制。②盗窃罪的构成并不以财产的转移为必要条件,行为人窃占不动产后,虽然原物并没有移动,但原物主实际上已无法行使所有权,合法财产权利受到严重侵犯。这种秘密占有他人不动产的行为与一般盗窃动产的犯罪并无本质上的区别,因而应以盗窃罪论处。②

我们认为,盗窃罪的对象不应该包括不动产,原因如下。

(1)盗窃罪是以窃取他人财物为本质特征,其客观方面通常表现为采取不被财物所有者发觉的方式取得财物。动产因其可移动性,可用"窃取"手段非法占有;不动产因其不可移动性,不能用"窃取"手段占有,只能"窃占",窃取和窃占这两个概念,在行为特征上是有明显区别的。

(2)由于不动产要通过向一定的管理部门登记而取得法律上的支配权,采取欺诈手段变更登记,或者采用威胁手段迫使所有者作转移占有的登记有可能发生,但是不动产的不可移动性决定了它不可能成为窃取的对象。

(二)无形财物能否成为盗窃罪的对象

这里主要涉及两个问题,首先是无形能源能否成为盗窃罪的对象。所谓无形能源,是相对那些看得见、摸得着的固体或液体的能源而言,具体来说,主要有

---

① 张明楷:《简述侵犯财产罪的客体》,载顾军主编:《侵财犯罪的理论与司法实践》,北京:法律出版社 2008 年版,第 6 页。

② 黄荣康:《盗窃罪的对象及若干相关问题的探讨》,载《政法丛刊》1992 年第 3 期。

电能、热能、磁能、核能、煤气、天然气、太阳能、风能等能源。对于这个问题,依据《解释》第 1 条第(三)项的规定,盗窃的公私财物,包括电力、煤气、天然气等财物。由此可见,司法机关是肯定无形能源能够成为盗窃罪的对象的。因为无形能源也是能够符合前面所提到的财物的三个特征的。但是要特别注意,不是所有的无形能源都能成为盗窃对象,那些人力不能控制、支配的无形能源不能成为盗窃对象,如人力不可控的风力等。

其次,无形财产中的技术成果能否成为盗窃罪对象,《解释》第 12 条第(六)项作出了规定,盗窃技术成果等商业秘密的,按照《刑法》第 219 条即侵犯商业秘密罪的规定定罪处罚。因此,技术成果就不能成为盗窃罪的犯罪对象。此外,专利也是不能成为盗窃罪的对象的,因为专利一旦申请成功即公开(未申请成功的专利技术严格来讲不叫专利技术,也只能是技术成果),如果涉嫌冒用他人专利的,那么也只能以假冒专利罪定罪处罚。

(三)网络虚拟财产能否成为盗窃罪的对象

网络虚拟财产是指在网络空间存在的具有财产性质的一种数字化、非物化的电磁记录,它主要包括游戏账号、游戏货币、游戏角色所拥有的各种装备及其附属道具等,比如常见的 QQ 号,Q 币等。近年来随着网络游戏产业的高速发展,游戏玩家的网络虚拟财产被盗现象经常发生,因此研究网络虚拟财产是否能作为盗窃对象对于打击网络虚拟财产的盗窃行为非常必要。而对于网络虚拟财产能否成为盗窃罪的对象则存在着争议。主要有三种意见:第一种意见,是盗窃罪的对象,因为具有经济价值;第二种意见,不是盗窃罪的对象,因为其价值也是虚拟的,并不是现实的经济价值;第三种意见,恪守罪刑法定原则,如果需要入罪,那也应当立法将其入罪化后再予以讨论。

2000 年 12 月 28 日《全国人大常委会关于维护互联网安全的决定》第 4 条明确规定:"为了保护个人、法人和其他组织的人身、财产等合法权利,有下列行为之一,构成犯罪的,依照刑法有关规定追究刑事责任……(三)利用互联网进行盗窃、诈骗、敲诈勒索。"据此,行为人盗取玩家账号、密码,或者非法利用的,如使被害人的实际财产或者财产利益受到侵害的,应当受到刑罚处罚。由此可以看出,网络虚拟财产也是可以作为盗窃罪的对象的。

当前情况下,法律没有明文规定网络虚拟财产可以成为盗窃罪的犯罪对象,司法实践中定性不一。为了遵守罪刑法定原则,不宜将盗窃网络虚拟财产定盗窃罪。但是随着社会的发展,需要完善立法,对于无偿申请的 QQ 账户、游戏账户等虚拟财产,不作为盗窃罪的犯罪对象;但是对于免费申请后又投入金钱的 QQ 号、游戏账户、通过金钱交易获得的 QQ 号和游戏账户以及有偿申请的 QQ 号和游戏账户等网络虚拟财产应当作为盗窃罪的犯罪对象,原因有如下几个方面。

（1）具有经济价值性。一款网络游戏开发出来时，其经济价值只体现在开发者所付出的智力劳动成果上，随着该款网络游戏玩家的逐渐增多和对该游戏中游戏装备、游戏币等虚拟物品的需求，其经济价值将会不断地攀升。对于广大网络游戏玩家来讲，获取网络游戏中的游戏装备和游戏币等虚拟财产的方法主要有三种途径：第一种是直接用货币向网络游戏运营商购买而获取的；第二种是付出注册、上网费用后，通过完成游戏中一定的任务、自行打造或练级后而获取的；第三种是直接用现金向其他网络游戏玩家购买而获取的。由此可见，网络游戏中游戏装备等虚拟财产的产生和获得，不仅让广大网络游戏玩家付出了时间、知识和精力，还需直接付出金钱，体现了经济价值。

（2）网络虚拟财产能明显地被控制和支配而且被盗时正在被控制支配，这是不证自明的问题。

（四）借条能否成为盗窃罪的对象

借条是一种债权凭证，是债权人财产的记载，表明了债权人对债务人享有债权的一种民间借贷关系。那么借条能否成为刑法中盗窃的对象呢？理论上存在着肯定和否定的争论。肯定说认为，借条是财产权利文书，是取得某项财产的依据，丧失借条就丧失了某项资产，因此借条当然是盗窃罪的犯罪对象。否定说认为，借条只不过是证明债权债务关系的凭证，本身并不具有经济价值，不能成为盗窃对象。

对于借条是否是盗窃罪的对象的问题，在这里笔者将其区分为两种情况。

（1）如果借条是双方债权债务关系唯一凭证的情况下，那么如果此时盗取了借条则意味着债权人债权的主张不可能，就等同于丧失了债权，因而此时的借条应当认定为可以成为盗窃罪的对象。对此，2002年1月9日浙江省高级人民法院、浙江省人民检察院、浙江省公安厅《关于抢劫、盗窃、诈骗、抢夺借据、欠条等借款凭证是否构成犯罪的意见》指出："债务人以消灭债务为目的，抢劫、盗窃、诈骗、抢夺合法、有效的借据、欠条等借款凭证，并且该借款凭证是确认债权债务关系存在的唯一证明的，可以抢劫罪、盗窃罪、诈骗罪、抢夺罪论处。债务人以外的人在债务人的教唆之下实施或者帮助债务人实施抢劫、盗窃、诈骗、抢夺借据、欠条等借款凭证，并且明知债务人是为了消灭债务的，以抢劫罪、盗窃罪、诈骗罪、抢夺罪的共犯论处。"我们认为，如果此时借条是双方债权债务关系的唯一凭证的话，那么其主张债权债务关系就成为不可能，想要有其他证据来佐证更加不能，因此，此时甚至连债权债务关系是否存在都无法认定，又能如何认定借条本身的证权效力？因此，如果是借条是唯一凭证的话，恐怕现实中是无法处理的，因而也就不可能成为盗窃罪的犯罪对象。

（2）如果借条不是债权债务关系唯一凭证的，那么此时的借条就显然不能认定为盗窃罪的对象了，因为其财产实现具有不确定性，即使盗窃了借条，该债权债务关系也未必就实现不了。

所以综合看来，借条是无法成为盗窃罪的犯罪对象的。

（五）人体及器官

人体是法律上的主体，是权利义务的承担者，并非法律意义上的财物，所以人体不能成为盗窃对象，这在刑法理论中已达成了共识，也是不争的事实。我国刑事立法对此也予以明确规定，比如规定了以索取财物为目的偷盗婴幼儿的以绑架罪论处，以出卖为目的偷盗婴幼儿的构成拐卖儿童罪。需要注意的是，盗窃尸体的问题。我国1997年《刑法》第302条对盗窃尸体的，以盗窃尸体罪定罪处罚。与人身相分离的器官或者部分能否成为盗窃罪的对象，理论上看来，因其不再具有生命意义，所以也是可以成为盗窃罪对象的。

那么与人体没有分离的器官是否构成盗窃罪的犯罪对象呢？在理论和实践中是比较有争议的问题。曾经出现过这样的案例：陈某用女色引诱受害人到其出租房内，下药将受害人迷倒后，伙同刘某和徐某将受害人的两个肾脏取走，受害人被送往医院救治无效死亡。在这种情况下，因为器官尚未与人身相分离，因而其承担了更多的生命以及身体健康意义，故而不应成为盗窃罪的对象，而只能成为侵犯生命健康权利的犯罪的对象。

现实生活中盗窃人造器官的现象时有发生，那么人造器官能否成为盗窃对象呢？盗窃人造器官的问题需要从三个方面入手进行分析。第一，放在超市或商店中出售的人造器官能成为盗窃对象。这是因为这时人造器官就是财物，而且是动产财物，完全符合财物的基本特征，与特定的人体没有任何联系。第二，与人体可以分离的人造器官，例如可自由拆换的假肢、假手或假牙等都可以成为盗窃对象①。例如，某人晚上睡觉的时候把金牙取下来放在卧室里，有小偷入室盗窃窃走了金牙，那么这时小偷无疑构成盗窃罪。第三，与人体不可分离的人造器官不能成为盗窃对象。有些人造器官已经植入人体内部，与人体融为一体，不可分离，如果分离则会损害生命健康，在这种情况下，人造器官己同人体自然生长的器官一样具有了生命意义，盗窃该人造器官只能构成侵犯生命健康的犯罪，而不是盗窃罪。②

此外，《刑法修正案（八）》在第234条后新增加了一条，作为234条之一，规

① 林山田：《刑法特论》，台北：三民书局1978年版，第205页。
② 董玉庭：《盗窃罪研究》，北京：中国检察出版社2002年版，第43～46页。

定了组织出卖人体器官罪,其中就规定了,"组织他人出卖人体器官的,处五年以下有期徒刑,并处罚金;情节严重的,处五年以上有期徒刑,并处罚金或者没收财产。未经本人同意摘取其器官,或者摘取不满十八周岁的人的器官,或者强迫、欺骗他人捐献器官的,依照本法第二百三十四条(故意伤害罪)的规定定罪处罚。违背本人生前意愿摘取其尸体器官,或者本人生前未表示同意,违反国家规定,违背其近亲属意愿摘取其尸体器官的,依照本法第三百零二条(盗窃、侮辱尸体罪)的规定定罪处罚"。

▌第二节　盗窃数额的认定

《解释》规定,盗窃数额,是指行为人窃取的公私财物的数额。同时,该《解释》第 3 条规定:"数额较大",是指个人盗窃公私财物价值人民币 500 元至 2000 元(具体标准由各省、自治区、直辖市高级人民法院根据本地区的经济发展水平与社会治安状况在上述幅度内确定)以上。当然这个标准是普通案件所适用的标准。最高司法机关及其他有关部门还对一些特殊的盗窃案件规定了具体的追诉标准。

(1)铁路运输过程中盗窃罪数额认定标准。1999 年 2 月 4 日最高人民法院、最高人民检察院、公安部《关于铁路运输过程中盗窃罪数额认定标准问题的规定》中规定,个人盗窃公私财物"数额较大",统一以 1000 元为起点。

(2)狱内盗窃案件盗窃数额认定标准。2001 年 3 月 9 日司法部发布的《狱内刑事案件立案标准》第 2 条将狱内盗窃案件的追诉数额标准规定为 500 ~ 2000 元以上。具体标准应当视监狱所在地的标准而定。

(3)盗窃增值税专用发票或者可以用于骗取出口退税、抵扣税款的其他发票的数额标准。最高人民法院 1998 年的盗窃解释第 11 条规定,盗窃增值税专用发票或者可以用于骗取出口退税、抵扣税款的其他发票,数量在 25 份以上的,为数额较大。

《解释》还对数额的计算方法作了详细、具体的规定,在司法实践中对于认定盗窃数额具有重要的指导作用。根据该解释的规定,盗窃数额首先以盗窃所得额(即盗取财物的价值,具体计算解释已经明确规定了)来认定。其次,如果销赃额大于盗窃所得额的话依销赃额来认定。此外,如果盗窃行为给失主造成的损失大于盗窃数额的,损失数额可作为量刑情节考虑。

一、多次盗窃中盗窃数额的认定

根据《刑法》第 264 条规定的"盗窃公私财物,数额较大或者多次盗窃⋯⋯"

可以看出,"数额较大"与"多次盗窃"之间以"或"字间隔,意味着两者之间为并列关系,而不是互补或者其他关系。且在该条之后随后关于盗窃罪加重情节的表述中,都在强调"数额"为题,并未再出现与多次盗窃相关的内容,更表明了,多次盗窃与数额较大在具体适用中理应具有彼此独立的含义,各有其独立的内涵。1998 年《解释》第 4 条规定,对于一年内入户盗窃或者在公共场所扒窃三次以上的,应当认定为"多次盗窃",以盗窃罪定罪处罚。但是,随着 2011 年《刑法修正案(八)》的出台,在对盗窃罪的修改中,已对"入户盗窃""扒窃"作了规定,1998 年《解释》关于多次盗窃的规定已失去意义,理应不再适用。因此,这里"多次盗窃"即"实施一般盗窃行为三次以上"。

对于这种情形是否以数额较大作为定罪条件,不能仅看《刑法》第 264 条的字面意思,而需要结合刑法总则关于犯罪的定义以及盗窃犯罪的实际情况。一般盗窃行为中,刑法规定达到"数额较大"才能构成犯罪,而"多次盗窃"中每次盗窃都没有达到既遂标准。需要注意的是,如果不考虑数额大小,对凡是在一年内实施一般盗窃行为三次以上的均作为犯罪处理,如对经常有小偷小摸行为但每次偷窃价值仅为数十元的均定为盗窃罪,既违背了《刑法》第 13 条关于"情节显著轻微危害不大的,不认为是犯罪"的规定,也可能将打击面扩大。因此,"多次盗窃"应以盗窃财物数额之和达到"数额较大"为必要。

二、对盗窃对象认识错误的数额认定

行为人窃取一女士的拎包,将包内 500 元据为己有,之后将包丢弃,事后查明,该拎包价值 1.2 万元。对此,如何计算数额?

行为人对所要盗窃对象的数额或价值的认识,属于事实认识的范畴。根据行为人对所要窃取的财物数额或价值是否有明确的认识,盗窃罪的故意分为确定性故意和不确定故意。如果行为人对所要窃取的财物数额或价值有明确的认识,就是确定性故意;反之,则为不确定故意。本案中,行为人对所要盗窃对象的数额没有明确的认识,属于不确定故意的情况。对这种盗窃行为来说,应以行为人可能窃取的财物数额推定为其预见的数额,通常可能窃取的数额就是盗窃对象的实际价值。不确定故意的特征是对所要窃取对象的数额没有明确的预见,无论该对象的实际价值是较小、较大或者巨大等均在盗窃行为人的主观容忍范围内,也与行为人的主观认识是不相矛盾的,都是在其预见的可能性范围之内。所以事实上行为人是认识到了取得盗窃对象实际价值的可能性。

在不确定故意的盗窃案件中,行为人只要实施了盗窃行为,取得盗窃对象全部价值的可能性是存在的,而这种可能性行为人也是有所认识的。如在案例中,若行为人知道该手提包价值 1.2 万元,肯定不会将其丢弃,否则也不符合常理,

因为,一般盗窃行为人都是见机行事,能偷多少是多少,往往都存在多多益善的贪欲心理。因此,以行为人可能窃取财物的数额推定为其预见的数额,是合理的。

三、共同犯罪中盗窃数额的认定

(一)认定共同犯罪中盗窃数额的几种观点

对于共同犯罪中盗窃数额的认定,存在以下学说观点。

(1)分赃数额说。该说主张,应按照共同盗窃行为人的分赃所得数额定罪量刑,即每个共同盗窃行为人只对自己最终非法占有的财物数额负刑事责任。

(2)分担数额说。该说主张,各共同盗窃犯罪人应对自己"应当分担"的数额承担责任。根据被告人在共同盗窃犯罪中的参与数额、个人所得数额、各行为人在共同犯罪中的地位和作用及整个案情,来计算各共同盗窃人应承担的数额。先确定各自应承担责任的百分比,由此再换算成定罪数额。

(3)盗窃总数额说。该说主张,应以共同盗窃总数额作为确定共同盗窃行为人刑事责任的根据。

(4)参与盗窃数额说。该说主张,共同盗窃行为人应对本人所参与的盗窃数额承担刑事责任。[①]

(二)对几种观点的评析

纵观四种学说,学说(1)存在如下不合理之处。第一,该观点违背了共同犯罪的"部分实施,共同责任"原则。共同盗窃的犯罪后果一般指的是共同盗窃行为的盗窃数额,如果各盗窃人只对自己的分赃份额承担责任,显然违背了共同犯罪人对共同犯罪结果负责的原则。第二,共同盗窃的行为人在实际控制财物后,如何处理财物对盗窃罪的成立不产生影响。所以,分赃行为不影响各行为人的行为性质,也不影响犯罪的成立。第三,分赃的多少不能体现共同盗窃行为人之间的主从关系,实践中很多主犯主动提出不参与分赃,或者只要求分得很少部分。第四,该说违背了罪刑均衡原则。该说将盗窃总额分解,实则是将共同犯罪转化成了几个单独犯罪,忽略了共同犯罪比单独犯罪具有的更大的社会危害性。

学说(2)的认定标准复杂,在实践中不易操作。

学说(3)对共同盗窃犯罪中如盗窃集团的首要分子,既是犯罪集团的组织者,又是具体盗窃犯罪的策划指挥者,当然要对集团盗窃的总数额负责。但是对某些从犯或者胁从犯,他们并不是每次都参与集团的盗窃活动,因此,不应对其

---

① 于逸生、董玉庭:《论盗窃共犯刑事责任认定》,载《学术交流》2002 年第 6 期。

没有参与的犯罪数额承担责任,因此该学说也是不够合理的。

学说(4)相对来说,是比较合理的。各共同盗窃行为人只有在自己参与的情况下,才能与其他共犯形成共同故意,进而实施共同盗窃行为,参与者也因此对自己参与的共同盗窃结果承担刑事责任。在理解该学说的时候应当注意:首先,这里的参与不仅仅是指直接实施具体的秘密窃取行为,还应包括组织犯的组织、策划和指挥行为,教唆犯的教唆行为,以及帮助犯的帮助行为。其次,参与盗窃的数额应该是指参与盗窃的总数额。即共同盗窃行为人对自己参与的盗窃总数额承担责任,也体现了共同犯罪的"部分实施、共同责任"原则。

(三)司法解释

司法解释也体现了学说(4)的观点。1997年《解释》第7条规定,审理共同盗窃犯罪案件,应当根据案件的具体情形对各被告人分别作出处理。

(1)对犯罪集团的首要分子,应当按照集团盗窃的总数额处罚。

(2)对共同犯罪中的其他主犯,应当按照其所参与的或者组织、指挥的共同盗窃的数额处罚。

(3)对共同犯罪中的从犯,应当按照其所参与的共同盗窃的数额确定量刑幅度,并依照《刑法》第27条第2款的规定,从轻、减轻处罚或者免除处罚。

对于司法实践中,某些共同盗窃犯罪分子向其他共犯分子隐瞒共同盗窃的数额,被隐瞒的共同盗窃行为人是否应对被隐瞒的盗窃数额承担刑事责任,是值得研究的。比较有说服力的观点是:共同盗窃行为人经过主观上的犯意联络,共同预见到了意欲窃取的财物数额,进而形成共同盗窃的故意,如果在此情况下,实际窃取的数额远远超出了共同盗窃人的预见,某些行为人向其他行为人隐瞒真实的盗窃数额。那么对被隐瞒者来说,超出自己预见的数额实为一种意外,因此,也不该承担自己未能预见的那部分数额的责任。但是,如果共犯之间经过意思联络形成了不确定数额的共同故意,根据主客观相一致的原理,被隐瞒者仍应对这部分数额承担责任,即需对实际窃取的总数额承担责任。[1]

第三节　　盗窃犯罪的转化

由前面对盗窃罪的定义可知,无论是窃取数额较大的公私财物或者多次窃取公私财物、入户盗窃、携带凶器盗窃、扒窃,其客观方面均表现为盗窃行为的秘密性,即秘密窃取。

---

[1]　于逸生、董玉庭《论盗窃共犯刑事责任认定》,载《学术交流》2002年第6期。

秘密窃取可以是被害人不在场时实施,也可以是被害人在场、乘其不备实施。对于秘密窃取的认定,应当把握三个特征。①

(1)主观性,是指行为人主观上自认为是在秘密窃取,即使客观上已被他人发觉或暗中注视,也不影响盗窃性质的认定。但也有学者将盗窃之"秘密性"理解为客观上不为人所知是值得商榷的。如身强体壮的男人甲入室盗窃时,被害人乙女一人在家。甲入室时即被乙发现,但乙惧怕被侵害而躲在暗中密切注视着甲的一举一动,甲得财后逃离现场。对于这样的行为应当定性为盗窃罪,但是行为人的行为在客观上却不具有秘密性,因此主张盗窃罪客观上不需要具有秘密性。

(2)相对性,是指秘密窃取是相对于财物所有人、保管人、经手人而言的。在秘密窃取财物时,即使被他人发觉或暗中注视,也不影响盗窃罪的成立。

(3)一贯性,是指秘密窃取贯穿整个行为的始终。如果先是秘密窃取,一旦暴露就公然夺取或使用暴力、胁迫等手段强行夺取,就转变为抢夺或抢劫性质。

关于由秘密窃取转变为公然抢夺,比较容易认定。而对于由盗窃转化为抢劫的认定中存在值得研究的问题。我国《刑法》第 269 条规定,犯盗窃、诈骗、抢夺罪,为窝藏赃物、抗拒抓捕或者毁灭罪证而当场使用暴力或者以暴力相威胁的,依照本法第 263 条的规定定罪处罚,即盗窃罪在实施了以上规定行为时即转化为抢劫罪,以抢劫罪定罪处罚。

一、盗窃主体年龄的确定

对盗窃罪转化为抢劫的问题上,首先要明确盗窃犯罪的转化前提,即转化抢劫的基础——"盗窃"是否构成犯罪?

对于转化犯的认定,目前还存在争议。但是通过总结我国刑法中转化犯的条文规定,可知转化犯有如下特征:①本罪和他罪都是独立的犯罪,是一罪向另一罪的转化;②本罪和他罪有特定的转化关系,是由轻罪向重罪的转化;③转化来自于法律的规定,并且按他罪定罪量刑;④本罪和他罪都是故意性质的犯罪。

转化犯是从一种犯罪向另一种犯罪的转化,其转化的前提在理论界存在较大争议,其中之一就是,是否以犯罪为前提的争议。学界有肯定说和否定说之争,肯定说认为转化犯以其基础构成犯罪为前提;否定说认为转化犯的基础不以犯罪为必要,可以是违法行为也可以是犯罪行为。我们赞成肯定说的观点。因

---

① 陈志军:《侵犯财产罪——立案追诉标准与司法认定实务》,北京:中国人民公安大学出版社,2010 年版,第 64 ~ 65 页。

为在转化犯罪中,轻罪向重罪转化是所有转化犯的共性,正是这种趋重性把转化犯同其他犯罪形态加以区别,使其成为一种独立的犯罪形态。轻罪向重罪的转化,不仅反映了转化犯只存在于两罪之间由轻向重的变动,而且反映出以轻罪论处明显不符合罪刑的均衡性,必须以重罪论处才能平衡罪刑关系的内在立法意图。而否定说中的违法行为向犯罪的转化,只是犯罪成立的问题,不涉及罪与罪之间的转化问题,更不涉及轻罪向重罪的转化。如果没有构成犯罪的违法行为也可以成为转化犯的范围,直接从非罪跨入重罪,这同刑法一贯的立法理念不相符合,同罪刑法定原则相悖,也同刑法设立转化犯所意图的罪行均衡相矛盾。[1]

由此,盗窃转化为抢劫罪的前提是盗窃罪的成立。进而,已满 14 周岁不满 16 周岁的人不宜成为转化抢劫罪的主体。2006 年 1 月最高人民法院《关于审理未成年人刑事案件具体应用法律若干问题的解释》第 10 条规定:"已满十四周岁不满十六周岁的人盗窃、诈骗、抢夺他人财物,为窝藏赃物、抗拒抓捕或者毁灭罪证,当场使用暴力,故意伤害致人重伤或者死亡,或者故意杀人的,应当分别以故意伤害罪或者故意杀人罪处罚。"由此,已满 14 周岁不满 16 周岁的人,在实施盗窃、诈骗、抢夺行为后,为窝藏赃物抗拒抓捕或者毁灭罪证而当场使用暴力或者以暴力相威胁的,不宜认定为是转化抢劫罪,如果事后使用暴力的行为造成了被害人重伤、死亡结果的,可以追究其故意伤害、故意杀人罪的刑事责任。

二、盗窃未遂是否构成转化抢劫的前提

虽然在理论界和司法实践中,对盗窃罪既遂形态转化为抢劫罪的认识不存在争议,但对于盗窃未遂,是否属于盗窃转化为抢劫罪的前提条件,存在不同认识。

有学者认为,转化型抢劫罪只有在盗窃罪既遂的场合才能成立[2];也有学者认为,先行的盗窃、诈骗、抢夺不要求构成犯罪[3];学界通说是盗窃罪的有限转化[4],即只有情节严重的盗窃未遂才能作为构成抢劫罪的前提条件。我们认为,通说的观点是合理的。单纯的盗窃行为难以成为转化抢劫的前提;盗窃未遂转

---

[1]　李欣:《论转化犯》,吉林大学硕士论文,2005 年,第 8 页。

[2]　王世斌:《转化型抢劫罪不应存在未遂形态》,载《人民检察》2007 年第 16 期。

[3]　赵秉志著:《侵犯财产罪》,北京:中国人民公安大学出版社 2003 年版,第 111～114 页。

[4]　周振想主编:《刑法学教程》,北京:中国人民公安大学出版社 1997 年版,第 531～532 页。高铭暄主编:《中国刑法学》,北京:中国人民大学出版社 1998 年版,第 756～768 页。陈明华主编:《刑法学》,北京:中国政法大学出版社 1999 年版,第 603 页。

化为抢劫是有条件的,先行的盗窃行为要达到犯罪的程度,而且要看盗窃未遂本身是否构成犯罪,如果盗窃未遂本身不构成犯罪的,因其不具有转化犯的基础条件而不能转化,反之,盗窃未遂本身应当以犯罪定罪处罚的,就可以转化为抢劫罪。根据《解释》规定,"盗窃未遂,情节严重,如以数额巨大的财物或者国家珍贵文物为盗窃目标的,应当定罪处罚",此时的盗窃未遂可以转化为抢劫罪,因为这种盗窃未遂已经具有转化犯的基础条件,即未遂本身构成了犯罪。所以就《刑法》第269条而言,以数额较大的财物为盗窃目标的未遂,不能成为转化抢劫罪的基础,而以数额巨大的财物为盗窃目标的未遂,则可以成为转化抢劫罪的前提。

第四节　单位盗窃的性质

我国刑法没有规定单位盗窃罪,在理论上,对单位有关人员组织实施盗窃行为,获取的财物归单位所有,数额巨大,具有严重社会危害性的行为,应如何处理。存在如下不同意见。

第一种是无罪说①。在单位盗窃的情况下,盗窃行为是单位行为,而非个人行为,而且单位盗窃的财物是归单位而非个人所有。因此,这种单位盗窃行为应认定为单位盗窃罪。但是,现行刑法并没有将单位盗窃规定为单位犯罪,根据罪刑法定原则,对单位盗窃不能以盗窃罪追究刑事责任,也不能直接追究单位中负直接责任的主管人员和其他直接责任人员的刑事责任。

第二种是自然人犯罪说②。根据最高人民检察院的两次《批复》,单位盗窃应当按照自然人盗窃处理。该意见认为,单位有关人员为谋取单位利益,组织实施盗窃行为,实际上是个人犯罪的一种形式。

第三种是单位和自然人犯罪说③。认为单位盗窃行为应视为单位犯罪。尽管按照刑法的规定,在单位盗窃中,单位本身不构成犯罪,但根据单位成员在单位盗窃中相对独立性的作用,单位成员的行为应被评价为犯罪。

最高人民检察院(以下简称最高检)于1996年和2002年分别出台了关于单

---

① 陈兴良:《盗窃罪研究》,载陈兴良主编:《刑事法判解》(第1卷),北京:法律出版社1999年版,第36页。

② 张明楷著:《法益初论》,北京:中国政法大学出版社,2000年版,第364页。

③ 徐汉明、孙应征、齐文远:《以单位名义、为单位利益实施盗窃是否构成犯罪》,载《人民检察》2006年第4期。

位盗窃犯罪的司法解释。1996年《最高人民检察院关于单位盗窃行为如何处理问题的批复》规定："单位组织实施盗窃，获取财物归单位所有，数额较大，影响恶劣的，应对其直接负责的主管人员和其他直接责任人员按照盗窃罪依法批捕、起诉。"2002年《最高人民检察院关于单位有关人员组织实施盗窃行为如何使用法律问题的批复》明确规定："单位有关人员为谋取单位利益组织实施盗窃行为，情节严重的，应当依照刑法第二百六十四条的规定以盗窃罪追究直接责任人员的刑事责任。"

可见，两次《批复》均认为单位盗窃不能处罚单位，而只能以自然人盗窃罪论处。

我们认为，我国没有规定单位可以成为盗窃罪的主体，但是并不能就此否认单位盗窃具有严重的社会危害性，因此不能作无罪处理；同时，最高检2002年《批复》也存在疏漏之处。正确认识单位犯罪的性质，应该注意以下问题。

一、对单位盗窃定罪不违反罪刑法定原则

无罪说者认为，我国《刑法》第264条并没有规定单位盗窃罪，如果对单位盗窃进行定罪处罚，是违反罪刑法定原则的。这种说法是不合理的。

（1）无罪说在逻辑推理上存在问题。在判断一行为是否符合犯罪构成要件的时候，应当从规范到事实，即以法定的构成要件为大前提，以具体的事实为小前提，先确定盗窃罪的构成要件，再判断行为人的行为是否符合构成要件，最后得出是否符合盗窃罪的构成要件的结论①。但是持该学说的学者先认定单位盗窃属于单位犯罪，而后以刑法没有规定单位犯罪为由，认为不能追究单位的刑事责任。明显存在逻辑上的不当推理。

（2）单位盗窃具有法益侵害性。我国《刑法》规定："法律明文规定为犯罪行为的，依照法律定罪处刑；法律没有明文规定为犯罪行为的，不得定罪处刑。""公司、企业、事业单位、机关、团体实施的危害社会的行为，法律规定为单位犯罪的，应当负刑事责任。"可见，我国刑法中，单位不能作为盗窃罪的主体。但是，"从犯罪本质上来说，就盗窃财产而言，不管盗窃主体是个人还是单位，也不管盗窃行为的本人是否获得了利益，其行为对他人或其他单位的财产的永久性剥夺没有改变，即行为对财产的侵犯性，并非取决于盗窃主体是自然人还是单位，也不取决于行为人是否获得了利益；在某些情况下，单位实施的盗窃对他人

---

① 张明楷著：《法益初论》，北京：中国政法大学出版社2003年版，第367~368页。

造成的侵害可能更为严重。"①因此,对某行为是否具有法益侵害及其程度,应当从客观的事实——行为所造成的具体结果(行为对法益的侵害或严重威胁)出发作客观的判断,否则就可能随意扩大或缩小犯罪圈,致使刑法的随意性而严重威胁罪刑法定原则②。单位盗窃严重侵害了法益,具有严重的社会危害性,如果对其没有任何规制的话,必然造成社会秩序的混乱和严重的社会不公,因此,应当对单位盗窃行为进行刑事责任的追究。

(3)单位盗窃中,虽然单位不构成犯罪,并不代表单位直接负责的主管人员和直接责任人员也不构成犯罪。根据罪刑法定原则可以得出,法律没有明文规定单位犯罪的,不得追究单位的刑事责任,但却无法得出不得追究自然人的刑事责任,据此否定自然人的刑事责任是缺乏法律根据的。实际上,单位的行为必然是自然人实施的行为,任何单位犯罪都包含自然人犯罪。"在单位行为没有被法律明文规定的场合,可以处罚直接责任人员。但之所以处罚直接责任人员并不是因为直接责任人员具备单位犯罪的主体资格,也不是单位内部成员之间存在共同犯罪关系所致。也就是说,单位成员虽然依附于单位而存在,但单位成员的意志本身对于形成单位的整体意志具有一定的影响。另外,在单位犯罪过程中,单位成员具有相对的意志自由以及行为选择,其存在作为一定合法行为的期待可能性。正是直接责任人员具有相对的意志自由和行动选择,单位成员也因为自身的行为得以犯罪化。"②

二、《批复》存在的问题

最高检2002年《批复》虽然解决了单位有关人员组织实施的所谓单位盗窃的处罚问题,但是,由于其在按照自然人盗窃罪处理时增加了"为单位谋利益"和"情节严重"等条件,导致在实践中以自然人盗窃罪处理单位的盗窃行为时存在一些困惑。

(1)现行《刑法》将单位盗窃作为个人盗窃的一部分,对单位盗窃一律按自然人盗窃罪处理。但是根据《刑法》第264条,自然人犯盗窃罪在数额上只要求"数额较大"即可入罪;若"盗窃数额巨大或者有其他严重情节"就是盗窃罪的加重处罚情节;而单位有关人员组织实施盗窃行为时,虽按自然人盗窃处理,却多了一个限制条件,即"情节严重"的场合,才能构成犯罪。相比之下,单位盗窃行为与自然人盗窃不同之处在于"为单位谋利益"。在自然人盗窃行为中,可以为自己利益,也可以为他人利益,而"为单位利益"也属于"为他人利益"的范围,如

① 张明楷著:《刑法格言的展开》,北京:法律出版社2003年版,第93页。
② 张明楷主编:《刑法学》,北京:法律出版社2007年版,第115~116页。

果单纯因为二者动机的不同而在定罪标准上拉开二者的社会危害性,从而出现定罪标准的不同,是不合理的。

（2）在我国司法实践中,对单位犯罪的认定比对自然人犯罪的认定上要宽,对单位犯罪的自然人的处罚上采取了相当宽大的政策。据此,单位有关人员组织实施盗窃情节严重的,才能作为犯罪处罚,但是,《批复》没有作出明确规定,如此就产生了对"情节严重"的理解难题,如果直接套用《刑法》第264条,单位有关人员组织实施盗窃行为的起点刑就比自然人犯盗窃罪的场合要高得多。表面看来,这一解释似乎也继承了我国司法实践中对单位犯罪中自然人从宽处罚的政策,但在盗窃罪中,并没有落实。

对于上述问题,我们比较赞同的观点是:"《批复》中的'情节严重'可以看作为单位有关人员组织实施盗窃行为按照个人盗窃处理的成立条件,而不是现行《刑法》第264条中的第二个量刑幅度的条件意义上的量刑情节。其具体内容,一般来说,应当是指实施盗窃犯罪数额巨大、影响恶劣、社会危害严重等情形。"①

第五节　盗窃罪的量刑情节

根据《刑法》第264条规定,盗窃罪有三个量刑幅度。

一、犯本罪的,数额较大处三年以下有期徒刑、拘役或者管制,并处或者单处罚金

所谓"数额较大",根据《解释》是指个人盗窃公私财物价值人民币500元至2000元以上。盗窃增值税专用发票或者可以用于骗取出口退税、抵扣税款的其他发票,其数额较大的起点为25份。另外,根据《解释》第9条第1款规定,盗窃国家三级文物的,亦应依本幅度量刑即处三年以下有期徒刑、拘役或者管制,并处或者单处罚金。判处罚金,根据《解释》第13条规定,应当在1000元以上盗窃数额的2倍以下判处罚金;对于依法应当判处罚金刑,但没有盗窃数额或者无法计算盗窃数额的犯罪分子,应当在1000元以上10万元以下判处罚金（下同）。

---

① 黎宏:《单位盗犯罪的若干问题新探》,载《法商研究》2003年第4期。

二、犯本罪，数额巨大或者有其他严重情节的，处三年以上十年 以下有期徒刑，并处罚金

所谓"数额巨大"，根据《解释》，是指个人盗窃公私财物价值人民币 5000 元至 2 万元以上。盗窃增值税专用发票或者可以用于骗取出口退税、抵扣税款的其他发票，其数额巨大的起点为 250 份。

其他严重情节，是指除数额巨大以外的其他严重情节。根据《解释》第 6 条第 3 项之规定，盗窃数额达到"数额较大"的起点，并具有下列情形之一的，可以认定为"其他严重情节"：①犯罪集团的首要分子或者共同犯罪中情节严重的主犯；②盗窃金融机构的；③流窜作案危害严重的；④累犯；⑤导致被害人死亡、精神失常或者其他严重后果的；⑥盗窃救灾、抢险、防汛、优抚、扶贫、移民、救济、医疗款物，造成严重后果的；⑦盗窃生产资料，严重影响生产的；⑧造成其他重大损失的。另外，根据《解释》第 9 条第 1 款之规定，盗窃国家二级文物的，亦应依本幅度量刑即处 3 年以上 10 年以下有期徒刑，并处罚金。

三、犯本罪，数额特别巨大或者有其他特别严重情节的，处十年 以上有期徒刑或者无期徒刑，并处罚金或者没收财产

所谓"数额特别巨大"，根据《解释》是指个人盗窃公私财物价值人民币 3 万元至 10 万元以上。盗窃增值税专用发票或者可以用于骗取出口退税、抵扣税款的其他发票，其数额特别巨大的起点为 2500 份。

其他特别严重情节，是指除数额特别巨大以外的其他特别严重情节，根据《解释》第 6 条第 3 项之规定，盗窃数额达到"数额特别巨大"的起点，并具有下列情形之一的，可以认定为"其他特别严重情节"：①犯罪集团的首要分子或者共同犯罪中情节严重的主犯；②盗窃金融机构的；③流窜作案危害严重的；④累犯；⑤导致被害人死亡、精神失常或者其他严重后果的；⑥盗窃救灾、抢险、防汛、优抚、扶贫、移民、救济、医疗款物，造成严重后果的：⑦盗窃生产资料，严重影响生产的；⑧造成其他重大损失的。另外，根据《解释》第 9 条第 1 款规定，盗窃国家一级文物，亦要依本幅度量刑即处 10 年以上有期徒刑或者无期徒刑，并处罚金或者没收财产。

下编　社会转型期实现犯罪控制的措施

第十三章

犯罪控制目标的修正

第一节　犯罪控制目标

一、犯罪控制的含义和特征

犯罪控制是犯罪学研究中一个带有根本性和战略性的重要课题。关于什么是犯罪控制,犯罪能否真正得到控制,怎样才能收到最佳效果等问题,既是人类社会的一个难题,也是极为现实的问题,受到了所有国家和地区的政府和大众的普遍关心,世界各国的专家和学者都在不断地进行研究和探索,并力图通过大量的实践,总结控制犯罪的经验,上升为犯罪控制的理论,以便指导犯罪控制工作,为犯罪控制服务。什么是犯罪控制呢?

(一)犯罪控制的含义

"控制"一词有两重含义:其一是掌握住不使任意活动或超出范围,即操纵、驾驭、遏制;其二是使处于自己的占有、管理或影响之下。关于犯罪控制的含义,学者们见解不一,有的学者认为,犯罪控制是指以准确的犯罪信息为依据,运用限制犯罪任意发展的多方措施组成的一个有机系统,对犯罪进行有针对性的调节制约的一系列客观工作过程①。有的学者认为,犯罪控制就是使犯罪不超出一定范围或使犯罪处于自己的影响之下,即将犯罪状况限制在正常度以内②。也有的学者认为,犯罪控制就是适应犯罪基本规律,把犯罪遏制在一定范围内或一定程度上的方法和手段③。犯罪控制就是对犯罪行为的遏制,使犯罪不超出一定的范围和程度。我们认为,犯罪控制就是适应犯罪的基本规律,把犯罪限制在社会可以容忍的限度内。或者说,犯罪控制就是使犯罪不超出一定范围或使犯罪处于自己的影响之下,将犯罪状态限制在正常度以内。这里犯罪正常度是指具体时空背景下国家和社会对犯罪状况可以容忍的限度。所谓犯罪规律,就是指犯罪这一人类社会的特殊现象内部各要素之间必然的联系,或者说犯罪活动本身的内在规律。

犯罪控制的含义有广义和狭义之分,狭义的犯罪控制是指事后的犯罪控制,广义的犯罪控制既包括对犯罪的积极避免和主动出击,也包括对犯罪的被动防守和事后处置。这里我们使用广义的犯罪控制概念,它包括犯罪的事先控制(狭义的犯罪预防)和犯罪的事后控制(狭义的犯罪控制)。

(二)犯罪控制的特征

既然犯罪控制是由国家与社会采取各种措施与方法,致力于减少、消除犯罪发生的致罪因素,对于个体犯罪现象以及社会犯罪现象,予以限控与遏制的一系列活动,因此,犯罪控制至少具有以下特征。

(1)主体。犯罪控制的主体,表现为国家机构、社会各界乃至公民个人。犯罪控制的主体具有全方位的特征,包括官方组织控制与民间团体控制,专门机关工作与群众工作,组织控制与个人控制,家庭控制、学校控制、社区控制、社会控制,全国犯罪控制与地区犯罪控制,国际社会组织控制与国内社会组织控制,等等。

(2)对象。犯罪控制的对象是犯罪现象。犯罪控制是针对犯罪现象而进行的一系列活动,包括个体犯罪现象的控制与社会犯罪现象的控制,盗窃犯罪、抢劫犯罪等犯罪行为类型的控制,流窜犯罪、外来人口犯罪等犯罪人类型的控制。

---

① 莫洪宪主编:《犯罪学概论》,北京:中国检察出版社 2003 年版,第 343 页。

② 储槐植:《任重道远:犯罪学基础理论研究》,载肖剑鸣、皮艺军主编:《罪之鉴》(上),北京:群众出版社 2000 年版,第 11 页。

③ 黎国智、马宝善主编:《犯罪行为控制论》,北京:中国检察出版社 2002 年版,第 152 ~ 153 页。

（3）措施：综合多样。犯罪控制的措施，表现为通过各种途径，综合运用各种手段，对于犯罪条件予以全方位的阻断，包括情境犯罪控制、被害控制、技术控制、管理制度控制等。

（4）阶段。犯罪控制的阶段，一般表现为对于已成定势而处于临界发生状态的犯罪，从犯罪实施的时空等条件上予以限控与遏制。

二、犯罪控制目标的设定

（一）犯罪观的演变

正确认识犯罪产生的原因，恰当评估我国社会的治安状况，科学预测未来犯罪的发展趋势是制定犯罪控制目标的客观基础。在中华人民共和国成立的初期，受苏联的犯罪观和刑法理论的影响，认为犯罪是私有制、剥削、社会不平等的产物，是阶级斗争的产物，社会主义国家之所以存在犯罪，完全是封建社会、资本主义残余的犯罪的表现；社会主义制度是犯罪日益减少以至最终消灭的根本保证，这是社会主义优越性的体现。由此，根据犯罪是阶级斗争的反映（犯罪的性质）和犯罪是私有制的产物（犯罪的根源）这样的犯罪观就得出社会主义制度必然能够消灭犯罪的结论。在很长一段时间内沿袭苏联的犯罪学和刑法学理论，在我国占优势的观点是净化社会、减少犯罪、以致最终消灭犯罪。在这种背景下，"犯罪控制"的认识和提法都不可能存在，更不可能对犯罪控制进行理论上的研究。

犯罪现象，根深蒂固地存在于数千年的文明史中，杀不尽，压不灭，总是此伏彼起。有些朝代为消灭犯罪不惜采用灭九族、灭十族甚至灭种族的残酷手段，即使如此，也难以如愿。犯罪消灭论，被历史证明是一场无法实现的幻想。虽然犯罪难以消灭，但人类社会亦不能听之任之，任由其泛滥，否则便无秩序、无国家，人类的生存状态便如动物的生存状态。自有社会以来，人们无时不在追求安定秩序，历史上也从来没有哪个国家对犯罪放任不管。储槐植教授认为："迄今为止的人类历史经验表明，犯罪可以控制，但无法消灭。这是由基本犯罪规律决定的……犯罪现象是社会各种矛盾的综合反映，这就是基本犯罪规律。它既说明了犯罪的基本性质，又反映了犯罪的基本原因。社会矛盾无法消灭，尽管解决矛盾的方法和方法的法律评价可以变化。提出'消灭犯罪'或类似要求，都是不切实际的幻想。超现实的期望可能导致适得其反的后果。'犯罪控制'的提法是科学的。"[①] 犯罪作为社会矛盾的综合反映，是社会的伴生物，社会的存在，必然

[①]　储槐植：《刑事一体化与关系刑法论》，北京：北京大学出版社 1997 年版，第 66 页。

导致犯罪的存在,要消灭犯罪,除非消灭社会①。犯罪控制的理论、模式和人们对犯罪现象产生、存在和发展趋向等的认识直接相关。在认识论上,犯罪能否被消灭是以认为犯罪现象能否避免为认识依据的。如果认为犯罪现象是可以避免的,就意味着犯罪现象只是社会的一种偶然现象;如果认为犯罪现象是不可避免的,就意味着承认犯罪现象是社会的必然现象之一,如同地震、风暴、洪涝灾害一样是人类社会不可避免的。那么,既然人类无法消灭对社会有害的现象,只能选择尽可能地控制该危害社会的现象。同样,犯罪控制是人类在不能消灭犯罪的情况下不得不进行的选择。犯罪不能消灭,也不能放纵,必须对其进行控制,犯罪控制论便应运而生认为。那么,犯罪能否被消灭呢?

(二)犯罪原因的认识

犯罪可否被消灭,首先决定于产生犯罪的原因可否被消灭。如果能够消灭犯罪产生的原因,则有望消灭犯罪。一般来讲,犯罪原因问题是论述与犯罪有关的一切问题的逻辑出发点和前提,有什么样的犯罪原因理论和学说,就会有什么犯罪控制的理论和模式,犯罪控制理论及其模式是特定的犯罪原因理论和学说的临床应用。同时,犯罪控制是一种旨在拆解罪因结构、堵遏致罪因素的社会控制活动,犯罪控制本身是一种人类自我调节的自组织行为,它会牵扯到关于秩序和规则的方方面面,这也使得犯罪控制具有更为强烈的实用与实践特性。

古往今来,在人们的观念中,犯罪是一种绝对的恶,犯罪破坏社会秩序,打乱社会和谐,冲击社会伦常,腐蚀人们心灵。出于本能的义愤,民众对犯罪深恶痛绝,必欲除尽而后快。出于政治统治的现实需要,政府也以消灭犯罪为目标,致力于严厉打击犯罪。在我国的法制实践中,受这种单向思维的绝对主义犯罪观的影响,国家的刑事政策、刑事立法和刑事司法,为了追求理想中的消灭犯罪的效果,往往强调要不惜一切代价遏制犯罪,甚至有人提出应当不惜一切代价追求消灭犯罪的理想。虽然,犯罪是一种社会机能障碍,是一种丑恶的和令人憎恶的社会病态现象,犯罪对社会稳定具有瓦解作用,但是对于犯罪这样一个复杂的社会现象,我们应当采取辩证唯物主义的科学、理性的认识方法,实事求是地考察其发生、存在、发展的趋向。犯罪具有社会危害性,这是其基本的社会属性。但是,犯罪既然是一种社会现象,必定有其存在的现实根据,该现实根据只要存在,犯罪现象就不会轻而易举地消灭。

犯罪原因,是指能够引起犯罪结果发生的原因、条件及相关因素的罪因系统,它具有综合性、复杂性、系统性、等级性与动态性等特点。犯罪原因是一个系

---

① 黎国智、马宝善主编:《犯罪行为控制论》,北京:中国检察出版社 2002 年版,第 153 页。

统,是由在不同程度上引起和影响犯罪产生的各种因素彼此相互作用而形成的一个动态而有序的有机结构。人们对犯罪原因的探讨源远流长。在古代,由于人们的认识能力低,对犯罪原因的解释相对简单、片面,或从犯罪主体本身,或从不可知的因素来解释犯罪的原因,随着生产的发展、科学技术的进步以及认识能力的提高,人们对犯罪原因的认识也在不断提高。

犯罪的产生是有其社会历史根源的。对资本主义社会中产生犯罪的原因,不同学派的学者进行过大量研究工作。如刑事人类学派根据自然科学的原理,研究犯罪人的容貌、骨骼、体质、心理等个人特征与犯罪的关系,主张犯罪是由犯人生理、心理的特质决定的。意大利刑事人类学者龙勃罗梭曾提出"天生犯罪人"的概念,认为产生犯罪的原因,主要是由于某些人生来就具有犯罪的特质。他根据生理、心理的特质,把犯人分为遗传犯、习惯犯、癫狂犯、激情犯、偶然犯等。而刑事社会学派着重研究犯罪与社会环境的关系。他们认为犯罪原因包括:①犯罪人自身的、主观的原因,如年龄、性别、遗传等;②客观的、外界的原因,如经济关系、职业地位关系、贫富悬殊、失业、人口的密度、人种的不同、政治、教育、宗教、风俗习惯、气候、天灾、地域环境等。他们认定社会环境是产生犯罪的主要原因,即主要是由于外界原因的影响,通过犯罪人自身的条件,形成他们的社会危害性(或恶性),从而导致犯罪。马克思主义在人类历史上第一次揭示了产生犯罪的社会经济条件和阶级根源。马克思、恩格斯曾经指出,犯罪是孤立的个人反对统治关系的斗争,和法一样,也不是随心所欲地产生的。相反的,犯罪和现行的统治都产生于相同的条件。同样也是那些把法和法律看作是某些独立自在的一般意志的统治的幻想家才会把法看成单纯是对法和法律的破坏①。所谓相同的物质条件,包括物质生活方式、人口素质、地理环境,其中生产方式是根本的,因为它制约着整个社会生活、政治生活和精神生活的过程。该物质生活条件不仅是犯罪产生的条件,也是犯罪得以存在下去的条件,因此在某种意义上可以说,只要有上下分层的社会秩序需要权力来管理,对该社会秩序进行破坏的行为就会存在。

现在我国理论界一般认为,犯罪的原因从狭义的角度讲大体上可以包括两个层面,即社会原因和个体原因。

犯罪产生的社会原因是指与犯罪产生有关的各种因素,它包括诱发犯罪的社会政治、经济、文化、人口、社会管理和人文自然环境等条件,可从宏观环境和微观环境来分析。宏观的社会环境因素是指个体生活的整个社会环境,它影响

---

① 《马克思恩格斯全集》第三卷,第 379 页。

着犯罪的性质和类型,以及整个社会犯罪率的高低,主要有政治因素、经济因素、文化因素以及刑罚效应因素。经济因素如经济制度、经济政策、经济发展状况等。文化因素如习俗、风尚、道德、文艺、大众传播、生活方式等方面存在的不良因素。刑罚社会效应因素则是指,如果刑罚畸重,对某些犯罪人来说,不仅不能矫正他的犯罪心理,反而促使他对刑事法律和政策以及司法机关产生敌对情绪;如果畸轻则不能发挥刑罚的威慑作用,使不法之徒更加无所畏惧;错误的法制宣传,可能使某些人从案例中得到启发,而萌发犯罪心理,或习得犯罪方式手段等。微观的社会环境因素是指个体的具体工作、学习、生活环境,它更为直接地影响着犯罪的发生,主要有家庭因素、学校因素、工作环境、人际关系、职业因素等。家庭因素,包括家庭结构缺损、家庭人际关系状态不良、与邻居不和、受到孤立、教养缺陷等。学校因素,主要有教育内容不全、教育方法和态度偏差、学校周边治安环境差学校又疏于管理等因素。工作环境,主要指缺乏思想政治教育、干群关系同事关系有障碍、管理混乱等。不良的人际关系其不良影响表现在群体成员相互模仿越轨行为方式以及犯罪技能和方式,并在群体活动中竞相表现自己,使个人犯罪心理得以形成和发展,如不良人际群体中老成员对新成员进行教唆和传习,使成员犯罪心理得以巩固。职业因素主要包括职业不稳定或无职业,容易使人产生悲观失望以致反社会的情绪,并滋生犯罪心理,有的职业还会为犯罪提供机会和犯罪技术手段。

犯罪产生的个体原因是指犯罪本人本身存在的,促成和影响犯罪结果出现的各种因素。它主要包括犯罪意识因素、生理因素和心理因素。其主要部分是犯罪的意识因素,这种因素的形成来源于客观环境不良因素的影响,是客观环境及不良因素内化的结果。犯罪意识的形成和生理、心理因素具有密切的关系。生理因素是个体心理、意识发展的基础,但是,生理因素与犯罪意识、犯罪心理的形成并没有必然的联系。生理因素包括年龄、性别、神经类型和异常的生物学因素等。年龄对犯罪意识和心理的形成虽然没有必然联系,但不同年龄阶段的人,由于其不同的身心发展成熟程度,不同的社会经历,对犯罪率的高低和犯罪种类、方式的选择,都会产生直接或间接的影响。神经类型是心理特征的心理基础,气质是神经类型的心理表现。在犯罪意识和心理形成过程中,主体的神经类型所表现出的心理特点与其他心理因素有联系,使他在选择犯罪种类时体现出各自的特色。异常的生物学因素可以导致异常的心理活动,容易接受不良的主体内外因素的影响而产生犯罪心理和犯罪意识。异常的生物学因素主要包括遗传素质、精神障碍、脑损伤或身体残疾、内分泌和物质代谢异常等。心理因素指主体原有的心理结构中存在的与犯罪意识形成有密切关系的不良心理因素,主要包括个性倾向性和性格中的不良因素。个性倾向性是指人对社会环境态度和行为的积极特征,包括需要、动机、兴趣、理想、信念和世界观等。它是人的活动的基本动力,制约着所有的心理活动、认识活动,表现出个性的积极性。性格中的不良因素包括对集体漠不关心,自私自利,冷酷无情,自卑虚荣,盲目、冲动、放纵、任性等,这些不良的性格因素和犯罪意识的形成与发展有着密切关系。但性格中的不良因素并不必然导致犯罪意识的形成,其在不良的外界诱因下,能否形成犯罪,取决于主要由道德观念和法制观念构成的自我控制系统是否健全。道德观念缺乏,法制观念淡漠,容易走上犯罪道路。

引起犯罪发生的原因,不是单一的因素,而是一个由多种因素有机组成的原因系统,犯罪原因系统各构成要素之间存在着内在联系。历史证明,迄今为止没有任何一种有效措施可以完全消除以上犯罪原因,由于犯罪无法消灭,我们就必须对其进行控制。犯罪控制模式和措施的选择,必须适应犯罪的基本规律,才有可能把犯罪遏制在一定范围。既然刑罚不能消除产生犯罪的这些原因,因此对犯罪的控制就不能采取单一刑罚的模式和措施,对犯罪的控制除了调动刑罚的积极功能之外,还要调动其他社会控制措施。

对犯罪原因有科学的认识,才能使人们理性地考虑选择对犯罪进行控制的模式和方法。认识到犯罪是一种不可避免、至少在相当长的历史时期中不可避免的社会现象,就可以让我们抛弃要消灭犯罪的天真想法和做一些不切合实际的事情,而回归到现实和理智的轨道上来——控制犯罪。消灭犯罪和类似的要求都是不切实际的、超现实的期望,坚持消灭犯罪的理想目标甚至可能导致适得其反的后果。而"控制犯罪"的目标则正视了犯罪的基本规律,是科学可行的,表明我们对犯罪现象的本质和原因的认识已确实转入唯物主义的思想轨道。

(三)犯罪控制目标的量和质

在社会转型时期,社会经济关系的变动也会引发社会全方位的变化。为适应这种情势,犯罪控制模式也应当在原有的基础上,考虑予以修正和完善,充分发挥宽严相济的刑事政策,由理想型犯罪控制模式向现实型犯罪控制模式转变,从以消灭犯罪为目标、以从重从快严厉打击转变为以犯罪容忍度、犯罪正常度或犯罪安全阀值等为目标、以综合治理实现社会治安根本好转为根本措施和方针的犯罪控制模式。

为了最大限度地控制犯罪,及时准确地处罚犯罪,确实有效地改造犯罪实现刑罚的目的,减少滋生犯罪的因素,我们应当组织社会各方面的力量,综合运用法律的、政治的、经济的、行政的、教育的、文化的、技术的等各种手段,将犯罪置于社会总控制能力之下使之保持在正常度内,从而做到经济发展、社会稳定,为社会主义的改革和建设创造良好的社会秩序,使国家长治久安,为人类的和平与发展做出贡献。

是否能够把犯罪控制在正常度内,这是检验犯罪控制成效的标准。那么,什么是犯罪的"正常度"? 犯罪的正常度,并不等同于正常的犯罪率。犯罪正常率实际上是具体的时空背景下社会可以容忍的犯罪程度[①],即指社会可容忍的犯罪率,强调的主要是犯罪的"量",而不是犯罪的"质"。但犯罪的"正常度"不但要反映出犯罪的"量",也要反映出犯罪的"质"。所谓"度"是指一定事物保持其质稳定性的数量界限,是质与量的辩证统一,犯罪正常度应该是指在具体的时空背景下社会对犯罪的质和量的可容忍的限度。[②]

把犯罪控制在正常度内作为犯罪控制的目标和检验效果的标准,如何界定"正常度"直接关系到犯罪控制方略的制定和犯罪控制方略实施的效果。不同的社会背景下,社会对犯罪可容忍的程度是不同的,对"正常度"的界定,必须从该社会的生产力水平和生产关系的发展状况出发,并以此作为制定目标的现实依据。因为犯罪植根于社会,是社会生产力和社会生产关系矛盾的集中反映。也正因为如此,衡量犯罪正常与否的标准本身应是一个复杂的系统。该系统中应当包括民族传统、文化观念、历史条件、社会背景、现实需要、心理承受能力等因素。"正常度"应该是综合以上各种因素形成的一个可以被社会广泛接受的结论。这些因素在现在的历史阶段只能被感知而不能被准确地量化,因此该"度"的标准也只能是大致准确的一个标准。衡量犯罪是否在正常度内的时候,要注意考察以下各方面情况:①整个社会治安形势有没有出现短期内的剧烈起伏,有没有出现大面积严重刑事犯罪现象;②公共场所的大型重要活动能否正常进行;③有没有出现大的骚乱或动乱。犯罪的量是指发生犯罪案件的绝对数量和人口的比例数。由于人口增长和社会发展带来的社会矛盾的增多,犯罪的绝对数量上升甚至犯罪率的上升是正常现象。一般来说,年增长率在"百分比一位数"时不会造成社会震动。如果连续几年的年递增率均达"百分比二位数",则将超出社会心理承受能力,属于不正常现象[③]。犯罪的质包括以下几层含义:一是重大犯罪在犯罪总数中的比例,二是暴力犯罪与非暴力犯罪的比例,三是违法行为与刑事犯罪行为的比例。虽然不同的国家关于重大犯罪的标准不同甚至有很大差异,但正常情况应当是重罪在犯罪总数中所占比例不大,暴力犯罪数量

---

① 邓天杰、储槐植、吴大华主编:《犯罪控制论》,贵阳:贵州人民出版社1993年版,第5页。

② 黎国智、马宝善主编:《犯罪行为控制论》,北京:中国检察出版社2002年版,第306页。

③ 黎国智、马宝善主编:《犯罪行为控制论》,北京:中国检察出版社2002年版,第161页。

远小于非暴力犯罪,刑事犯罪行为的数量远小于一般违法行为。

三、犯罪控制原理

(一)犯罪控制与人类社会自我发展相同步的原理

这一原理是从犯罪原因理论中直接推导而来的。犯罪原因研究表明,犯罪现象是人类社会肌体的一个"赘生物",它的产生和存在肯定与人类和社会自身的某些弱点、缺陷或弊端有关。反过来说,从总的趋势看,犯罪现象的减少和避免,将最终取决于人类和社会的不断进步和完善。犯罪现象的多寡与人类文明的进步成反比,人类和社会不断自我进步和完善的过程,就是犯罪现象逐渐被克服和避免的过程。因此,从本质上说,犯罪控制的理论应当是一套关于社会规划和人性塑造的理论,控制犯罪实践应当是一个社会改革和人性完善的实践过程。

根据上述原理,在控制犯罪实践中应当注意以下两点。

(1)控制犯罪应当首先着眼于人与社会的自我完善,而不应当单纯或过分地依赖于强硬的社会控制手段。人与社会的完善,不是一种终极状态,而将是一个漫长而且无止境的人类的自觉过程;与此相应,控制犯罪也不会有一个大功告成或毕其功于一役的"终点站",而将是通过人类社会不断进步、完善而不断得到消解的漫长过程。所谓人的完善,具体表现为人的思想境界、道德修养、文化水准以及心理素质等方面获得充分而健全的发展。所谓社会的完善,具体表现为生产力水平和社会物质财富的丰富程度极大提高,社会基本矛盾以及其他一系列社会矛盾不断得到解决,民主与法制真正建立,正义与公平充分实现,人的物质和精神需要能够不断地获得满足,人的个性能够获得充分发展的空间和条件。一句话,表现为社会物质文明、精神文明和政治文明程度的极大提高。就现行社会而言,具体表现为追求人与社会的完善并赖以减少犯罪条件的社会规划和社会政策。

(2)控制犯罪的专门性规划、策略和措施,必须与社会建设与发展的总体规划、政策和措施相协调、相配合,并成为后者的有机组成部分。

(二)社会控制适度原理

这里所说的社会控制,是指用以约束个人或群体行为,使之符合社会规范的任何正式或非正式的影响力。法律、规章、道德、舆论、传统、礼仪等,都是社会控制的具体形式和手段。社会控制是防止和遏制越轨行为以及违法犯罪行为便捷而且实效明显的工具,任何社会都是其特定的或普遍的社会控制形式。然而,社会控制的强度并非越大越好。过强的社会控制不仅会使社会失去活力,而且可能会造成社会的病态,例如忽视个人权利,压抑个人自由和人的个性,容忍或纵容官僚主义和长官意志等。过强的社会控制可以使公众屈从权威并使社会呈现出表面上的稳定,但是从长远来看,它创造的不会是一种理想的社会状态,它对于社会长期健康稳定与发展,将弊大于利。社会控制必须保持适度,所谓适度,就是必要而且正当。

社会控制保持适度,需要着重处理好以下几对关系。

(1)社会控制与社会自由的关系。控制与自由显然是一对矛盾,前者总是意味着对后者的限制和牺牲,后者则被要求在前者限定的范围和框架内来实现。一种理想的社会状态是在控制与自由之间保持适度的均衡。在这种社会状态之下,既保持一定强度的社会控制,又不因此而过多地限制人们的自由;人们既能感受到社会权威和社会规范的存在和压力,又不会因此而感受到个人权利被伤害、舆论渠道受阻塞、人的主体资格被否定和私生活领域被剥夺。一切都在有序而充满活力地运行之中。尤其重要的是,应当认识到,在社会政策和社会管理的价值取向上,自由与控制之间的关系不可颠倒,自由是一种值得追求和捍卫的价值,控制则只是用以实现某种价值(包括自由在内)的手段之一。控制与自由的适度均衡状态,有利于形成和谐的社会气氛,从而避免个人与社会权威、个人价值与社会价值之间的紧张和冲突,避免发生较大规模的社会动荡和政治上的过激行为。

(2)社会控制与人的需要的满足之间的关系。社会控制意味着不使人随心所欲、为所欲为。这里包含两个方面:一方面是对个人的自由加以适当限制,另一方面是对人的欲望、需要以及本能适当抑制和引导。二者均有其深刻的人性基础,是人性的一种自身规定。也就是说,人类一方面具有人之为人的欲望、需要和本能,另一方面,人类为了维护社会秩序和自身的尊严,又必须创造一系列规范来约束自己的欲望、需要和本能。然而,在基本价值取向上,犯罪控制以及社会控制活动都不应当构成对人的基本需要的剥夺或过分压抑。出于维护社会秩序和伦理原则的需要而适当地约束人的需要、欲望和本能冲动,是正当的,但那种旨在"存天理,灭人欲"的绝对禁欲主义的社会控制则构成了对人性的压抑和否定。大力发展社会生产力,发展社会经济文化事业,不断满足人民群众的物质、文化需要,是避免社会矛盾和防止犯罪以及其他反社会行为发生的前提和基础;在机会和财富都较为"稀缺"的条件下,为了维护人类固有的道德原则,对社会分配进行合理的调节和对贪欲以及某些悖德行为加以抑制,则是维护社会秩序的次选的和辅助的手段。

(3)外在控制与自我控制之间的关系。社会控制可以分为外在控制和内在的自我控制两个方面。前者是社会施加于个人的外在权威或影响,后者是个人凭借自身的理性和内心的道德原则(这些道德原则是社会规范的内在形式)而进行的自律或自我约束。二者的相对平衡是个人适应于社会的基本条件,其中任何一个方面过强或者过弱,都可能造成个体人格障碍或精神疾病,导致危害社会行为或越轨行为发生。人的自我控制能力的形成,是社会化和个人自我修养的结果,因此,理想的犯罪控制和控制,应当首先从人的社会化和个人自我修养开始。

(三)结构整合与价值整合并举原理

犯罪现象是社会冲突(矛盾)以及社会解组状态的结果或表现之一,因此,缓解社会矛盾和冲突,避免社会解组,使整个社会协调一致、具有强大凝聚力,便成为防范和控制犯罪的重要途径。使社会形成协调一致、具有强大凝聚力的过程,在社会学中称为社会整合。社会整合包括结构整合与价值整合两大方面。

所谓结构整合,是指对社会各部门、各阶层之间的关系加以协调和处理的过程,其作用在于避免或缓解社会矛盾与冲突,使社会"机器"平稳地运行。它包括功能关系的协调和利益关系的调整两个方面。功能关系的协调主要表现为努力提高社会各部门、各方面之间的有机连接和彼此合作的程度,减少社会摩擦和社会损耗。协调功能实现的关键在于民主与法制建设。利益关系的调整主要表现为对社会财富以及合法成功机会的合理分配,其作用在于避免或缓解社会阶层和社会群体之间的利益冲突。在既定的社会制度之下,调整利益关系的关键在于正确处理公平与效率的关系。

所谓价值整合,亦即文化整合和规范整合,是指确立、重整统一的社会价值准则和社会规范,并使之得到共同的信守。这种统一的价值准则或社会规范,就是作为社会之魂的文化传统、国民精神和社会主流思想(意识形态)。它的存在,可以保证社会凝聚力的存在和全体社会成员在精神以及行动上的一致;它的丧失或崩溃,意味着社会失范或社会解组状态的出现,在这种状态下,犯罪以及其他越轨行为的增多便成为一种必然。就我国而言,价值整合的关键,是正确理解和处理对传统文化的继承发扬与对外来文化的借鉴吸收之间的关系、传统文化的保持与现代化之间的关系以及传统文化与马克思主义理论中国化之间的关系。

当前在我国,民主与法制建设、公平与效率是结构整合的两个关键性问题;在现代化进程中如何避免社会失范则是价值整合的一个关键性问题。民主与法制建设问题是一个正在逐步解决之中的老问题,公平与效率问题以及社会失范问题,则是改革开放以来日渐显露或日趋严重的新问题。这些新老问题的存在,在很大程度上可以用来解释我国近年来犯罪现象增多的原因。因此,无论是从控制犯罪角度来说,还是从一般的社会组织角度来说,实行结构整合与价值整合并举是必要的。

（四）成本—效益原理

从犯罪经济学角度来说，国家和社会用于犯罪控制方面的支出和费用，是国家和社会为对付犯罪而付出的成本或代价（cost），犯罪及其损害的减少则是其预期收益（benefit）。因此，在犯罪控制策略的制定和措施的选择上，存在着经济规律，需要进行成本—效益分析。

在对犯罪控制进行成本—效益分析时，在以下方面需要进行比较和选择：如果将用于控制犯罪的费用用于其他社会事业（即减少在控制犯罪方面的投入），其收益将会更大还是更小呢？在多种可供选择的控制犯罪措施中，究竟哪一种措施或者哪一种措施配置的效益更佳呢？刑罚对于犯罪究竟有没有威慑作用？或者说，国家和社会运用刑罚手段来对付犯罪，将大笔财力和资源用作刑事司法系统的经费，从成本—效益分析上看是否值得？当然，要想对上述方面做出精确的比较和选择几乎不可能。然而，在某种精确的比较和选择方法被发明出来以前，至少有必要在观念上做一番价值判断。

事实上，每一种犯罪控制策略和理论，都是基于某种价值判断而做出的选择。通过价值判断，至少可以得出以下结论：从长远来看，通过社会政策的调整来解决社会问题，消除犯罪原因，较之单纯通过刑罚遏制和监狱行刑来减少犯罪，其成本更低且效益（效果）更佳；通过增加教育投入，发展教育事业，提高全民族整体素质并为每个公民提供平等的合法成功机会来减少犯罪的发生，较之通过税收政策、社会福利政策等调节社会分配来减少犯罪的发生，其成本更低且效益（效果）更佳。

第二节　犯罪控制政策的调整

我国在改革开放以前，社会主流的观点认为犯罪是可以消灭的。虽然在"文化大革命"结束时由于社会动乱造成了犯罪率的大幅度上升（与过去相比），但仍然相信我国的社会治安状况会恢复到 20 世纪五六十年代的最好水平。尽管在 80 年代初提出了对青少年犯罪采取综合治理的思想，但对成年人犯罪仍然相信只有"严打"才能实现社会治安的根本好转。然而事实却是犯罪率居高不下，大案要案持续上升，"治安形势严峻"被年复一年地一再提起。铁的事实粉碎了要消灭犯罪的提法，理智地把"消灭犯罪"和"恢复到五六十年代最好水平"的提法调整为"争取治安状况好转"或"明显好转"。这种变化反映了国家对犯罪基本规律认识的进步，这正是制定正确的犯罪控制对策的首要前提和重要保证。

实际上,在犯罪控制上,历史上曾经存在过于重视严酷的刑罚和忽视刑罚一般预防目的的倾向。在犯罪是可以消灭的指导思想下,人们相信严酷的刑罚能够遏制犯罪,甚至可以消灭犯罪。这种对刑罚功能的盲目性认识,反过来会促使刑罚更加严酷。严刑峻法虽然在短期内能够大幅度降低犯罪率,但它的负面影响越来越明显,严刑峻法甚至激起更加激烈的犯罪,从而对社会秩序造成更大的破坏。随着对犯罪基本规律的不断认识,人们逐渐认识到了犯罪的不可消灭性,也认识到了严刑峻法的局限性及负面作用,刑罚渐趋轻缓。罪刑相适应原则应运而生,人们逐渐限制了刑罚的报复功能,把刑罚的预防功能提到了相当高的地位,主张刑罚的作用有两个方面:一是威慑、警戒社会上的一般人,进行一般预防;二是剥夺犯罪人继续犯罪的能力并将其改造为守法者,进行特别预防。一般预防通过刑罚的痛苦性、必然性和及时性来实现,特别预防通过剥夺限制犯罪人的自由、实行教育改造等方式来实现。由于一般预防的效果是隐性的,人们在审判实践中发现重新犯罪的人数远远低于初次犯罪的人数,基于此种认识,在司法实践中,普遍存在轻视、忽视一般预防的现象。实际上,正是刑罚的一般预防作用,如堤坝一样,阻挡了犯罪的浪潮,能越过这一堤坝的只是少数的犯罪分子。刑罚的特殊预防的对象就是这一小部分人。导致人们轻视一般预防现象的原因,除了一般预防效果的隐性特征外,还有一个原因,就是人们对一般预防目标的盲目性。有史以来,国家很少对一般预防提出具体的目标要求。"严打"就是在严刑峻法的指导思想下,过于重视刑罚的特殊预防而忽视刑罚的一般预防功能,主要以刑罚为手段对犯罪予以严厉打击。随着对犯罪基本规律的科学认识,我国对犯罪进行控制的政策也必然要发生变化。

犯罪控制的目标和价值取向定位在阻止犯罪蔓延、泛滥,将犯罪遏制在社会可以容忍的一定范围和程度内,如何实现这个目标,要求有科学的控制模式和控制措施。理论和实践均表明,犯罪控制的模式只能是综合治理。自古以来形成的犯罪控制的国家本位模式将被转化为犯罪控制的国家和社会双本位的模式。国家和社会双本位的犯罪控制模式实质上是社会治安综合治理的另一表述方式。

一、以"严打"为主阶段

1979 年我国的犯罪率陡然上升,由 1970 年中期的每万人 5.0 的水平上升到每万人 6.6 的水平①。中国社会此前连续五年犯罪率不超过每万人 6.0 这一水平,在当时的社会背景与政治形势下,1979 年的犯罪率升高就广泛引起了社会各界的关注。实际上这一水平远远低于同时期西方国家的犯罪率,如 1978 年英国的犯罪率为每万人 610。1979 年 11 月中共中央在北京召开了全国城市治安工作会议,会议提出了加大对犯罪分子的打击力度。最先纳入有效打击的是死刑的适用。1980 年 3 月 6 日全国人民代表大会根据最高人民检察院检察长黄火青代表最高人民法院、最高人民检察院在第五届全国人民代表大会常务委员会第十三次会议上提出建议,即对现行的杀人、强奸、抢劫、放火等犯有严重罪行应当判处死刑的案件,最高人民法院可以授权省、自治区、直辖市高级人民法院核准,批准最高人民法院下放死刑核准权。1980 年的犯罪率上升到每万人 7.67,1981 年中央政法委召开了北京、天津、上海、广州、武汉五大城市治安座谈会,该会议确定了依法从重从快惩处严重刑事犯罪活动的方针和对社会治安实施综合治理的主张。1981 年 6 月 10 日第五届人大常委会第十九次会议通过了《关于死刑案件核准问题的决定》。该《决定》规定:在 1981 年至 1983 年内,对犯有杀人、强奸、爆炸、放火、投毒、决水和破坏交通、电力等设备的罪行,由省、自治区、直辖市高级人民法院终审判决死刑的,或者由中级人民法院一审判决死刑,被告人不上诉的,经最高人民法院核准的,以及高级人民法院一审判决死刑,被告人不上诉的,都不必报最高人民法院核准。②

接下来的时间里,打击似乎有了成效。1982 年的犯罪率从 1981 年的每万人 8.9 降到每万人 7.37。但是数据显示打击并没有使大案要案显著下降,刑事案件、恶性案件大幅度增加,到 1983 年上半年,社会治安形势明显恶化。当时,邓小平同志针对严重刑事犯罪活动指出:"解决刑事犯罪的问题是长期的斗争,需要做各方面的工作。现在是非常状态,必须依法从重从快集中打击,严才能治住。搞得不痛不痒,不得人心。我们说加强人民民主专政,这就是人民民主专政。要讲人道主义,我们保护最大多数人的安全,这就是最大的人道主义!"③在此背景下,1983 年 8 月 25 日中共中央作出了《关于严厉打击刑事犯罪活动的决定》,开始为期三年的严打斗争。中央要求在当时的"不正常状态"下依法从重

---

① 1974 年、1975 年、1977 年、1978 年连续 5 年我国的犯罪率都在每万人 6.0 以下。参见 Hans. G. Heiland. Crime and Control in Comparative Perspectives, Berlin; Newyork: de Gruyter,1991,pp. 241 ~ 245。转引自翟中东著:《犯罪控制——动态平衡论的见解》,北京:中国政法大学出版社 2004 年版,第 11 页。

② 1981 年 6 月 10 日《全国人民代表大会常务委员会关于死刑案件核准问题的决定》。

③ 《邓小平文选》(第三卷),北京:人民出版社 1993 年版,第 33 ~ 34 页。

从快集中打击刑事犯罪活动，认为只有按照依法"从重从快，一网打尽"的精神，对犯罪分子毫不留情地予以坚决打击，才能震慑犯罪分子，教育挽救一大批失足青少年，更好地贯彻执行对社会治安进行综合治理的方针，扭转目前的不正常状况①。同年9月2日全国人民代表大会常务委员会通过了《关于严惩严重危害社会治安的犯罪分子的决定》，对1979年刑法规定的流氓罪，故意伤害罪，拐卖人口罪，非法制造、买卖、运输罪，盗窃、抢夺枪支、弹药、爆炸物罪，引诱、容留、强迫妇女卖淫罪等九种罪名增设了死刑，同时设置了传授犯罪方法罪②。同日还通过了《关于迅速审判严重危害社会治安的犯罪分子的程序的决定》，对于杀人、强奸、抢劫、爆炸和其他严重危害公共安全应当判处死刑的犯罪分子，主要犯罪事实清楚，证据确凿，民愤极大，法院应当迅速及时审判，可以事前不向被告人提供起诉书副本，不预先通知审判时间，不预先发送传票、通知书等而直接加以审讯，且上诉期由1979年刑事诉讼法规定的十日改为三日。从此，严厉打击社会治安领域犯罪活动的"严打"斗争正式启动了，自此以后"严打"几乎在所有社会生活领域展开，中国因此进入以"严打"作为对犯罪行为进行法律控制和政治控制的重要手段时期。

　　根据最高人民法院工作报告，三年的"严打"效果显著。自1983年8月至1985年底，全国法院审结刑事案件110.2万件，判处人犯139.5万。其中属于"严打"对象的流氓集团、杀人、强奸、抢劫、爆炸等七方面严重危害社会治安的犯罪分子约71.2万人，占所判处人犯的51%。"严打"以来审结的案件中，被判处五年以上有期徒刑、无期徒刑、死刑（包括死缓）的，占42%。相对于"严打"之前，1986年刑事案件发案率下降了35.9%③。1984年的犯罪率降到每万人

---

　　① 　1983年8月25日中共中央《关于严厉打击刑事犯罪活动的决定》。

　　② 　1983年9月2日全国人民代表大会常务委员会《关于严惩严重危害社会治安的犯罪分子的决定》规定，为了维护社会治安，保护人民生命、财产的安全，保障社会主义建设的顺利进行，对严重危害社会治安的犯罪分子必须予以严惩。为此决定：一、对下列严重危害社会治安的犯罪分子，可以在刑法规定的最高刑以上处刑，直至判处死刑：1.流氓犯罪集团的首要分子或者携带凶器进行流氓犯罪活动，情节严重的，或者进行流氓犯罪活动危害特别严重的；2.故意伤害他人身体，致人重伤或者死亡，情节恶劣的，或者对检举、揭发、拘捕犯罪分子和制止犯罪行为的国家工作人员和公民行凶伤害的；3.拐卖人口集团的首要分子，或者拐卖人口情节特别严重的；4.非法制造、买卖、运输或者盗窃、抢夺枪支、弹药、爆炸物，情节特别严重的，或者造成严重后果的；5.组织反动会道门，利用封建迷信，进行反革命活动，严重危害社会治安的；6.引诱、容留、强迫妇女卖淫，情节特别严重的。二、传授犯罪方法，情节较轻的，处五年以下有期徒刑；情节严重的，处五年以上有期徒刑；情节特别严重的，处无期徒刑或者死刑。

　　③ 　1986年最高人民法院工作报告。

4.99。但是从 1985 年即严打的最后一年开始,严打效果消失,犯罪率回升每万人 5.12,1986 年和 1987 年的犯罪率分别是每万人 5.26、每万人 5.14。

1988 年犯罪率开始大幅度反弹,尽管 1988 年 1 月 21 日全国人大常委会通过了《关于惩治走私罪的补充规定》《关于惩治贪污罪贿赂罪的补充规定》两部单行刑法,增加了新的罪名,并对走私罪、贪污罪、受贿罪死刑作了补充规定,并于同年 9 月 5 日和 11 月 8 日通过了《关于惩治泄露国家秘密罪的补充规定》《关于惩治捕杀国家重点保护的珍贵、濒危野生动物犯罪的补充规定》,经过第一次"严打"受到压制的犯罪态势还是不可遏制地活跃起来。1988 年全国法院受理的故意杀人案比 1987 年增加了 9.1%,抢劫案增加了 43.1%,重大盗窃案件增加了 63.8%,1988 年的犯罪率由 1987 年的每万人 5.14 上升到了每万人 7.6,仅次于 1980 年的每万人 7.67。与 1988 年相比,1989 年全国法院受理的重大盗窃案件增加了 95.23%,抢劫案件增加了 68.08%,故意杀人案件增加了 15.29%。1989 年的犯罪率达到了每万人 17.87,达到了新中国成立以来犯罪率的最高点。

针对上述这种情况,1990 年 5 月中共中央政法委在全国范围内部署了一系列"严打"斗争,要求 17 个省、自治区、直辖市在各自辖区内统一行动抓捕批捕在逃的、作案后潜逃的、服刑期间脱逃的、劳教期间逃跑的人员。

二、"严打"和社会治安综合治理相结合、重视综合治理阶段

现实中社会治安"久治不安""违法犯罪"常打不息,虽然原因有很多,但与现实中重打击、轻防范的工作思路有直接关系。"严打"强调对犯罪的局部、专项打击,其性质和思路决定了该政策不能成为控制犯罪的常态。"严打"政策并未取得预期结果,"严打"的艰巨性使人们认识到犯罪治理的复杂性,逐步使人们充分认识到社会治安综合治理的必要性和重要性。要想真正有效地把犯罪控制在正常度内,必须更加重视社会治安综合治理,重视从多方位、多层面构建控制犯罪的体系。严刑峻法的观念渐渐淡化,社会治安综合治理的政策逐渐得到了重视。

1991 年 9 月 3 日,中央社会治安综合治理委员会部署了以三年为期的反盗窃斗争。各地公安机关根据本地盗窃犯罪的情况,开展了区域性的反扒窃、反盗窃和反内盗的专项斗争。1992 年,开展了打击流窜犯罪以及整顿铁路治安重点区段专项斗争。1993 年 2 月,全国 23 个省、区、市开展了查禁卖淫嫖娼专项斗争;7 个省、自治区组织了打击拐卖妇女儿童犯罪的专项整治。1995 年 3 月,再次进行"打拐"专项斗争。1993 年 3 月 12 日,中央社会治安综合治理委员会召开电话会议,部署开展围歼"车匪路霸"的专项斗争。1994 年 6 月,中央社会治

安综合治理委员会针对一些农村地区治安混乱的状况,部署集中整治农村治安的斗争,对农村治安进行综合治理。1994 年 7 月至年底,在全国城乡开展了一场严厉打击严重刑事犯罪,大力整顿治安的斗争。这次斗争是在总结前几年严打斗争基础上,根据近年来犯罪的新动向展开的,主要采取会战形式,破获了一批危害大、影响大的大案、要案。1995 年 3 月至 5 月,各地公安机关采取有力措施,开展了不同形式的春季严打攻势。全国各地结合当地实际,确定本地区重点,破获了一大批持枪抢劫、车匪路霸等案件,许多地区的治安状况得到改善。从 1995 年 5 月到国庆节前,在中央政法委员会领导下,集中力量,集中时间,开展了一场严厉打击严重刑事犯罪的行动。这次打击没有搞全国统一行动,而是各地从实际出发,什么犯罪突出就重点打击什么。同时,由公安部协调了以打击流窜犯罪为主要任务的四个区域性联合行动,即“铁路行动”“北方行动”“南海行动”和“水网行动”。

1996 年 4 月,中共中央决定在全国范围开展“严打”集中统一行动。这次“严打”的主要目标是通过“破大案、追逃犯、打团伙”打击暴力犯罪、涉枪犯罪和集团犯罪,主要特点是“严打”与其他综合治理措施相结合。随后,中央社会治安综合治理委员会在 1996 年 6 月下发了《关于加强社会治安综合治理基层基础工作的意见》,部署加强了社会治安综合治理基层基础建设的工作。同年,中央社会治安综合治理委员会颁发了《关于加强流动人口管理工作的意见》,加大了对流动人口的管理力度。

1996 年的“严打”和随后的其他综合治理措施结合,包括对农村基层班子的整顿,对流动人口的管理在控制犯罪方面取得了一定的成效。从 1998 年开始,犯罪率很快大幅反弹,刑事案件总量在不断上升,危害不断增大。爆炸、杀人、抢劫、绑架、投毒、拐卖妇女儿童等严重犯罪活动猖獗,特别是一些地方黑社会性质的犯罪团伙横行霸道,乡霸、市霸、路霸等恶势力为害一方,黄赌毒等屡禁不止。于是中央在 2001 年 4 月决定在全国范围开展一场为期两年的“严打”斗争,重点打击有组织犯罪、带黑社会性质的团伙犯罪和流氓恶势力犯罪,爆炸、杀人、抢劫、绑架等严重暴力犯罪,盗窃等严重影响群众安全的多发犯罪,同时提出全面落实社会治安综合治理的各项措施,大力加强基层组织建设,深入开展基层安全创建活动。2001 年“严打”的突出特点是将“严打”与其他社会治安综合治理措施紧密联系,并行推进。

2002 年 3 月 25 日,中央政法委员会召开全国深入开展“严打”整治斗争电视电话会议,总结 2001 年以来全国“严打”整治斗争的情况,分析形势,对“严打”整治斗争进行再动员、再部署。虽然“严打”整治斗争取得了阶段性成果,但滋生和诱发犯罪的因素仍然大量存在,治安形势不容乐观。要求各级党委、政府和政法部门增强紧迫感,正确分析和准确把握当前社会治安形势,对本地本部门的"严打"整治斗争进行再动员、再部署,以更大的决心和更有力的措施,深入推进"严打"整治斗争。要继续把"打黑除恶"作为这场斗争的重点,采取有效方式严厉打击爆炸、杀人、抢劫、绑架、投毒、敲诈勒索等严重暴力犯罪和盗窃等严重影响人民群众安全感的多发性犯罪;要结合"严打"整治斗争,严密防范、严厉打击恐怖势力、民族分裂势力、宗教极端势力、境内外敌对势力和"法轮功"邪教组织的渗透破坏活动,维护社会稳定;要集中整治治安乱点,大力开展治安防范,落实综合治理的各项措施。要求各地在巩固前段"严打"整治成果的基础上,继续加大排查整治的力度。

2004年12月8日召开的全国社会综合治理办公室主任会议提出,要加强和完善社会治安综合治理工作机制,以平安建设等创建活动为载体,全面推进治安防控体系建设,狠抓社会治安综合治理各项措施在基层的落实,切实维护社会治安和社会稳定,为改革和发展创造良好的社会环境。2005年1月至5月,在全国范围内组织开展集中打击赌博违法犯罪活动专项行动。2005年4月28日,公安部部署全国公安机关开展一场打击"两抢一盗"犯罪的专项斗争。公安部决定,这场专项斗争从5月份开始到年底结束,为期八个月。各地公安机关主要集中打击"街头两抢""入室盗窃"和"盗抢机动车"犯罪活动。

2007年1月16日召开了中央社会治安综合治理委员会全体会议,对2006年的"严打"工作作了总结。自从2006年我国开展"打黑除恶"专项斗争以来,全国公安机关共侦办涉黑案件346起,其中移送起诉黑社会性质组织案件296起,检察机关以黑社会性质组织罪名起诉167起案件,法院以黑社会性质组织罪名判决61起,此外还打掉恶势力团伙1347个。一大批黑恶势力被打掉后,一些地方的治安秩序明显好转,群众安全感增强。在2006年,全国政法部门坚持"严打"方针,依法严厉打击杀人和爆炸等严重暴力犯罪,刑事案件高发的势头基本得到遏制。统计表明,2006年1月至11月,全国公安机关共立刑事案件418.5万起,同比下降0.8%;破获各类刑事犯罪案件194.7万起,同比上升4.3%;放火、爆炸、劫持、杀人、伤害、强奸、绑架、抢劫等八类严重刑事案件共立48.4万起,同比下降4.3%[①]。同时对2007年治安工作提出要求,为扩大平安建设的覆盖面,把社会治安综合治理工作不断引向深入,各地、各部门加强分类指导,因地制宜开展"平安社区""平安乡村""平安家庭""平安校园""平安企业""平安大

---

① 参见新华社:《2006年:我国社会治安状况稳定 群众安全感增强》,载http://www.gov.cn/jrzg/2007-01/16/content_498161.htm,2011年7月10日访问。

道""平安市场""平安工地""平安景区""平安寺庙""平安铁路示范路段"等各
种形式的基层平安创建活动;加强基层综治组织建设,整合基层力量,建立健全
工作网络;针对突出治安问题,开展"严打"整治专项斗争,完善社会治安防控体
系;各地、各部门深入开展"扫黄打非"集中行动和专项治理;各地、各部门大力
推进社会治安防控体系建设,进一步健全完善街道社区、乡村、单位、公共场所等
全方位、立体化的治安防控网络。

　　2008年全国社会治安综合治理工作的主要任务是,认真贯彻党的十七大精
神,按照发展中国特色社会主义事业、实现全面建设小康社会奋斗目标的新要
求,以确保北京奥运会成功举办为重点,深入推进平安建设,加强和完善社会管
理,全面落实社会治安综合治理各项措施,保持社会大局持续稳定,促进社会主
义和谐社会建设,具体包括以流动人口服务管理为重点,着力加强和完善社会管
理;完善和规范矛盾纠纷排查调处机制,在预防和化解上下功夫;进一步健全党
委和政府主导的维护群众权益机制,加大行政调解力度,健全人民调解、行政调
解和司法调解三种调解手段相互衔接配合的大调解工作体系,完善和规范矛盾
纠纷排查调处工作机制、工作制度和工作网络;深入开展严打整治斗争,大力推
进社会治安防控体系建设,毫不动摇地坚持开展"打黑除恶"专项斗争,建立健
全长效工作机制;严打深控黑社会性质组织犯罪及其保护伞,加大对恶势力犯罪
打击力度,确保打击实效。突出打击重点,始终保持对严重危害人民群众生命财
产安全的杀人、爆炸等严重暴力犯罪和"两抢一盗"等多发性侵财犯罪的严打高
压态势,坚决遏制一些地方发案上升的势头,增强群众安全感。继续开展"扫黄
打非"和禁毒、禁赌、禁娼等斗争,坚决打击、查禁毒品犯罪、拐卖人口犯罪和六
合彩赌博、网络赌博、出境赌博等违法犯罪活动,扫除社会丑恶现象。依法严厉
打击经济领域中制假售假、侵犯知识产权等违法犯罪活动,深入开展反走私综合
治理,大力整顿和规范市场经济秩序;加强国家安全人民防线建设,不断提高干
部群众的国家安全意识,维护国家安全和社会政治稳定。贯彻实施宽严相济的
刑事司法政策,最大限度地预防、遏制和减少犯罪。进一步完善社会治安防控体
系,大力推进科技防范工作,落实人防、物防和技防措施;强化基层基础建设,广
泛深入开展基层平安创建活动;加强法制宣传教育,深入推进社会治安综合治理
法制化建设,加强社会治安综合治理工作规范化、法制化建设,制定、完善社会治
安综合治理条例,进一步完善促进社会治安综合治理的法律、法规,加大执法检
查力度,推进多层次、多领域、多形式的依法治理活动,落实社会治安依法治理工

作各项措施;加强综治宣传和理论研究工作,努力营造良好的舆论氛围;等等。①

2009 年全国社会治安综合治理工作要点是深入开展严打整治斗争,全面提高社会治安防控体系建设水平;深入开展矛盾纠纷排查调处工作,保持社会大局持续稳定;创新服务管理体制,进一步改进和完善社会管理;加强基层基础建设,推动平安创建活动持续发展;完善综治领导责任制,健全齐抓共管工作机制;做好宣传教育和表彰工作,广泛开展理论研究等②。强调对当前的社会治安和社会稳定形势进行研判分析,针对社会治安和社会稳定的新情况、新问题,提出相应的对策和措施。严密防范和严厉打击境内外敌对势力、民族分裂势力、暴力恐怖势力、宗教极端势力和"法轮功"等邪教组织的渗透颠覆与分裂破坏活动。按照中央要求,抓好维护西藏及其他藏区社会稳定工作措施的落实。组织开展农村治安综合整治专项行动,深入排查整治治安混乱地区和突出治安问题;深入排查违法犯罪高危群体和重点人员,严密管控工作。加强农村社会治安形势分析和预警,严厉打击各种制假售假、坑农害农违法犯罪行为,切实做好治安防控与震慑犯罪工作。保持对刑事犯罪活动的高压态势,重点打击抢劫、抢夺、盗窃等多发性侵财犯罪和黑恶势力犯罪、严重暴力犯罪,深入开展禁毒等专项行动,建立长效工作机制。深入开展平安铁路示范市县创建活动,深化各级各类学校及周边治安综合治理工作。重点加强县(市、区)社会治安防控体系建设,在农村大力推广使用经济适用、防范效果好的物防和技防设施。切实加强乡村(社区)国家安全人民防线建设,推动组织、任务、制度落实。加强平安边界创建协作配合,严密边界地区治安联防网络。进一步推动建立各级综治委矛盾纠纷排查调处领导和工作机构,充实工作人员,狠抓基层工作队伍和一线调解队伍建设。强化排查工作,立足抓早抓小抓苗头,重点排查梳理涉及房市、股市、企业停工破产、规模性裁员、农民工返乡等引发的各种不稳定因素和问题,及时发现和消除拖欠工资隐患,严厉打击企业欠薪逃匿行为;加大信息汇总、形势研判力度,建立健全预警机制,积极做好应对金融危机、经济增长放缓影响社会治安和社会稳定的各项工作。研究制定工作措施,突出抓好排查调处工作零报告、归口调处、责任查究等制度的落实。突出解决民生问题、涉法涉诉信访问题,探索建立刑事和解制度,建立健全刑事被害人国家救助制度,积极预防和妥善处置由人民内部矛盾引发的群体性事件。

---

① 参见:《中央综治委发布 2008 全国社会治安综合治理工作要点》,网址: http://news. xinhuanet. com/legal/2008-02/03/content_7560547. htm,2011 年 7 月 10 日访问。

② 参见《2009 年全国综治工作要点确定 深入开展严打整治斗争》网址: http://news. xinhuanet. com/legal/2009-02/04/content_10762894. htm,2011 年 7 月 10 日访问。

要求积极构建以社区为依托的流动人口服务管理平台,加强协管员队伍的建设和管理。加快工作规范化、制度化和信息化建设。做好人口流出地与流入地的衔接配合工作,维护流动人口合法权益。重点做好城中村及城镇周边聚居的常住人员和社会闲散人员的建档管理服务工作,预防和打击流窜犯罪。做好闲散青少年、流浪未成年人、农村留守儿童、服刑在教人员未成年子女的教育、管理和服务工作。继续开展"未成年人保护行动",推进专门工作者队伍建设,深化"为了明天"各种创建活动。认真调查研究刑释解教人员安置帮教工作存在的问题,提出相应的工作对策。充分调动社会力量做好刑释解教人员帮教安置工作。巩固摸排成果,推动有效衔接管理。做好就业指导和职业培训,推进过渡性安置企业和基地建设。建立健全刑释解教人员社会保障和救助体系。加强对吸毒人员的发现、管控和帮教工作;加强对监外执行罪犯的规范管理,防止脱管漏管,继续做好社区矫正工作,进一步规范工作流程。切实加强乡镇(街道)综治委、办建设,推广在乡镇(街道)设立综治工作中心,实施综治工作中心服务管理平台建设工程;大力发展群众性治安信息员、综治协管员、治安中心户长、家庭治安联系人等群防群治队伍。进一步加强统筹协调,明确职责,强化综治委成员单位部门职能作用,做好对驻地垂直管理单位、综治委成员单位的考评工作,进一步完善综治考评体系,搞好对群众安全感的测评,加大对工作创新和工作成效的考评力度,充分发挥考评的推动作用。加强综治宣传工作组织领导与队伍建设,密切与有关宣传部门的协作配合;加强综治干部教育培训工作,编好、用好综治工作培训教材、综治年鉴;等等。

三、我国控制犯罪的主要特点

综上所述,中国控制犯罪的实践主要有以下特点。

(一)由过于重视刑罚的控制作用向以刑罚控制为主结合其他社会防控措施转变

刑罚控制的核心内容在于事后对犯罪的打击,包括集中打击和经常性地惩治犯罪。集中打击犯罪包括依法从重从快地"严打"和不同规模、不同形式、不同内容的"专项斗争"。犯罪控制的理论和实践均表明,刑罚对犯罪的控制作用是有限的,只能是整个控制系统中的一部分,仅靠刑罚的打击作用,其他社会控制措施跟不上,社会治安不可能根本好转。我国越来越重视非刑罚措施对犯罪的防控作用。

(二)由强调威慑的重刑主义向宽严相济的刑事政策转变

"严打""从重从快"都是威慑政策在实践上的体现。宽严相济刑事政策,是党中央在构建社会主义和谐社会新形势下提出的一项重要政策,是我国的基本刑事政策。要根据犯罪的具体情况,实行区别对待,做到该宽则宽,当严则严,宽严相济,罚当其罪,打击和孤立极少数,教育、感化和挽救大多数,最大限度地减少社会对立面,促进社会和谐稳定,维护国家长治久安。

宽严相济刑事政策中的从"严",主要是指对于罪行十分严重、社会危害性极大,依法应当判处重刑或死刑的,要坚决地判处重刑或死刑;对于社会危害大或者具有法定、酌定从重处罚情节,以及主观恶性深、人身危险性大的被告人,要依法从严惩处。在审判活动中通过体现依法从"严"的政策要求,有效震慑犯罪分子和社会不稳定分子,达到有效遏制犯罪、预防犯罪的目的。

宽严相济刑事政策中的从"宽",主要是指对于情节较轻、社会危害性较小的犯罪,或者罪行虽然严重,但具有法定、酌定从宽处罚情节,以及主观恶性相对较小、人身危险性不大的被告人,可以依法从轻、减轻或者免除处罚;对于具有一定社会危害性,但情节显著轻微、危害不大的行为,不作为犯罪处理;对于依法可不监禁的,尽量适用缓刑或者判处管制、单处罚金等非监禁刑。

（三）更重视犯罪控制专门组织机构的建设

为控制日益增长的犯罪,推动社会治安综合治理措施的实施,我国在公安、检察、法院等国家机关外,设置了社会治安综合治理机构。1991 年我国设置了中央社会治安综合治理委员会,随后各省、直辖市、自治区和市、县、区陆续设立了对口机构。为推动社会治安工作各项措施的开展,中央与地方各级社会治安综合治理委员会陆续设立了刑释、解教人员安置帮教工作协调小组、流动人口治安管理工作管理小组、预防青少年违法犯罪领导小组等。

（四）犯罪控制主要在社会治安领域进行

1991 年后中国控制犯罪的基本政策性措施由过于重视"严打"转变"严打"和综合治理相结合,越来越重视对犯罪的多方面的控制。综合治理涉及多种多样的控制措施,如防范、教育、管理、建设等,综合治理的主体也是多样化的。"严打"措施往往和其他综合治理措施结合起来使用。

犯罪控制的基本动力来源于国家。犯罪控制是对犯罪的一种反应,从理论上讲,犯罪控制的措施,既可能来源于国家,也可能来源于社会。社会自身具有一定的反犯罪能力。

第三节　社会治安综合治理

社会治安和犯罪问题是一个社会政治、经济、思想、文化等各方面存在的消极现象的综合反映。解决社会治安和犯罪问题必须动员全社会力量,广泛发动和组织群众,实行社会治安综合治理。社会治安综合治理,是我国解决违法犯罪问题的基本战略方针。从社会学的角度考虑,从我国国情实际出发,实施社会治安综合治理就是综合运用社会约制的各种手段,诸如动用军事力量抵御外来侵略,运用法律手段调整各种社会关系,惩治各种犯罪,调动社会舆论、宣传工具、群众自治组织、道德规范、教育设施的力量,发挥社会风尚、习惯的作用,来调整解决不属于法律范围的各种社会矛盾,等等。从系统论的角度考虑,社会治安综合治理就是一项宏大的社会系统工程。经验表明,哪个地方社会治安综合治理的犯罪控制方略实施的好,哪个地方的社会治安形势就好;哪个地方社会治安综合治理的犯罪控制方略实施的不好,哪个地方的社会治安形势就差。社会治安综合治理是实现社会长治久安、犯罪得以控制的必由之路,全面、正确地理解和贯彻执行社会治安综合治理的方针,对于取得犯罪控制的最佳成果,具有重要的意义。

一、社会治安综合治理的含义

(一)社会治安综合治理的概念

首先必须清楚"社会治安"和"社会治安综合治理"这两个概念的基本含义。

社会治安概念,从宏观方面讲,有关国家政权的巩固,国防安全的保卫,抵御外来的侵略,保卫人民生产、生活秩序,教学、科研秩序,国家机关和工作人员的工作秩序等,都属于社会治安的范畴。从微观方面讲,有关社会的公共交通秩序,环境和卫生秩序,游乐场所、影剧院等文化设施的秩序,社会公共财产的安全和人民个人的生命财产安全的保障,公民住宅安全的保障,与社会上各种犯罪和违法现象作斗争的状况,防火灾、水患等消防工作的秩序,以及家庭生活秩序等都属于社会治安的范畴。

社会治安综合治理的概念,是在社会治安概念内涵的基础上产生出来的,内容十分丰富。总其精神,就是通过国家政权、法律及其设施、道德规范、教育、群众监督、社会舆论、社会风尚、习惯等手段,达到社会秩序的安定和社会成员之间相互关系的和谐局面。这无论是何种性质的社会,都是需要的。具体地讲,社会治安综合治理,就是在各级党委和政府的统一领导下,组织机关、工厂、学校、部队、街道等全社会各方面的力量,实行政法机关的专门工作和群众工作相结合,运用政治、经济、思想、教育、文化、道德和法律等手段,控制犯罪,打击犯罪,改造罪犯,挽救失足者,教育和保护青少年,不断消除产生犯罪的原因和条件,增强防范,减少犯罪,维护社会治安,搞好犯罪治理工作,保障社会主义建设的顺利进行。

（二）社会治安综合治理方针形成的基本依据

首先，犯罪原因的多元性、复杂性决定了预防方针的综合性。犯罪学罪因理论研究表揭示，犯罪行为和犯罪现象形成的原因，均不是某一种或某几种因素造成的，而是错综复杂的各种社会的、经济的、文化的、教育的、生理的、心理的和自然环境乃至被害人因素综合作用的结果。因此治理犯罪尤其是预防和控制犯罪，不能也不可能只依靠某一方面的力量，采取某一单项措施就可以做到的，只有针对犯罪行为和犯罪现象形成的综合性原因，动用全社会的力量，采取有的放矢的综合性措施，才有可能实现。犯罪原因的多元性、复杂性决定了预防与治理犯罪的综合性。只有采取思想的、政治的、经济的、行政的、法律的各种措施和多种方式的综合治理，才能有效地预防和减少犯罪。

其次，犯罪原因的系统性要求犯罪控制必须实行综合治理系统工程。犯罪原因不仅具有综合性，而且还具有系统性，各因素的致罪作用不是静止的、单一的、孤立的，而是运动地、综合地、有机地结合在一起的。各种犯罪因素依据各自在罪因系统中的作用力、作用范围、作用距离的大小远近，可以分成不同的层次结构，个体犯罪行为的发生和整体犯罪现象的形成，都是相应的罪因结构系统发挥功能作用的结果。因此，控制犯罪的措施也必须具有瓦解和消融此类系统结构的能力和功能，这种能力的形成和实现只能依据针对罪因结构建立起来的犯罪控制系统所发挥的功效。如果犯罪控制的各种力量与各项措施没能形成一个整体，不具有系统作用的功能，即使采取的对策再多，使用的力量再大，也不会发挥出形成系统后的扩大化的综合效能，不会对罪因系统结构产生根本性的治理作用。另外，犯罪控制工作的综合性、艰巨性、广泛性也决定了犯罪控制工作必然是一个巨大的社会系统工程，并且必须遵循系统科学的原理建构犯罪控制的系统工程并使其高效率地运作。因此，犯罪控制必须以综合治理为指导方针，综合治理方针本身就是一个系统工程。

再次，社会主义制度和中国共产党的领导为综合治理方针的实施，提供了可行性。人民当家做主和以公有制为基础的社会主义制度，从根本上为贯彻执行综合治理方针提供了巨大的群众基础和物质保障。作为执政党的中国共产党通过其特有的地位，有能力充分发挥其动员和组织全社会、全体人民的作用，领导和协调各部门、各单位，齐抓共管，把综合治理方针由理想变为现实。

（三）社会治安综合治理的基本任务、工作要求和目标

社会治安综合治理的基本任务是在各级党委和政府的统一领导下，各部门协调一致，齐抓共管，依靠广大人民群众，运用政治的、经济的、行政的、法律的、文化的、教育的等多种手段，搞好社会治安，控制犯罪，保障社会稳定，为社会主义现代化建设和改革开放营造良好的社会环境。

社会治安综合治理的工作要求是各级党委和政府都要把综合治理提到重要议程,健全社会治安综合治理的领导机构和办事机构,定期研究部署工作;各部门、各单位齐抓共管,形成"谁主管谁负责"的局面;各项措施落实到城乡基层单位,群防群治形成网络,广大群众法制观念普遍增强,敢于同犯罪行为作斗争。

社会治安综合治理的目标可分为三个层次。

(1)社会治安综合治理的最终目标。综合治理的最终目标是从根本上减少违法犯罪现象,维护社会稳定。

(2)社会治安综合治理的主要目标。根据中共中央、国务院《关于加强社会治安综合治理的决定》的规定,综合治理的主要目标是社会稳定,重大恶性案件和多发性案件得到控制并逐步有所下降,社会丑恶现象大大减少,治安混乱的地区和单位的面貌彻底改观,治安秩序良好,群众有安全感。

(3)社会治安综合治理的具体目标。总体目标和主要目标是从大的方面、大的范围衡量综合治理工作优劣的标准,具体到一个地区、一个部门,其目标还应具体化,并突出自身的特点。根据综合治理的范围和工作任务,可以按"打击、防范、教育、管理、建设、改造"六个方面确定目标。只有全面、均衡地完成六个方面的目标,才能圆满地完成综合治理工作的主要任务。

(四)社会治安综合治理的特点

社会治安综合治理方针具有以下特点。

(1)社会治安综合治理是在各级党委和政府的统一领导下进行的。党的统一领导是社会治安综合治理的关键。因为社会治安尤其是犯罪综合治理工作量大、涉及面广,是一项庞大的系统工程,要调动各个部门、各个单位、广大人民群众的力量,要调动各种手段、措施和方法,要达到预防和减少犯罪的目的,没有一个统一的指挥领导中枢是不行的。中国共产党的性质、任务、宗旨和纲领决定了它是我们社会主义建设各项事业的领导核心,社会治安综合治理也不例外,社会治安综合治理的任务只能在共产党的领导下才能完成。

(2)社会治安综合治理需要动员全社会的力量。由于社会治安尤其是违法犯罪问题,是社会各种矛盾的综合反映,对其治理工作涉及打击、防范、教育、管理、建设和改造的各个方面,仅靠某一个或几个部门是难以解决的。只有在各级党委和政府的统一领导下,组织和依靠各个部门和各人民团体,发动亿万群众共同参与社会治安工作,即全党动手、全民动员,齐抓共管,才能实现。

(3)必须采用多种方法、手段和措施治理。社会治安综合治理实质上是一项教育人、挽救人、改造人的系统工程,要做好这项工作,根本的方法是走群众路线。不能只靠哪一个部门,而是要靠全党全社会;不能只用哪一种方法,而是要采取千百种方法;不能只抓一阵子,而是要长期坚持。也就是说,综合治理工作不仅是多种参与主体的结合,而且是多种治理手段的综合。多年来,社会治安综合治理工作实践已经总结出一些较为有效的手段、措施和原则,如政治手段、经济手段、文化手段、行政手段等,以及坚持"谁主管谁负责"的原则,严格实行目标管理责任制,打综合治理整体战,重点治理等措施。

(4)综合治理的对象具有多元性。综合治理的对象,从作用的人来讲,包括犯罪人、治安违法人、潜在犯罪人和不稳定的社会成员;从作用的事来讲,包括社会犯罪案件、治安违法案件、治安灾害事故;从作用的行为来讲,包括犯罪行为、违法行为、违纪行为乃至不道德行为;从工作范围来讲,包括打击、防范、管理、教育、改造和建设等。此外,综合治理的目标具有一定的层次性、综合性。仅就通过治理所要达到的目标而言,不仅要打击犯罪,而且要改造罪犯,挽救失足者,控制和减少犯罪的因素和条件,预防犯罪,减少犯罪,争取社会风气、社会治安秩序的稳定好转。

社会治安综合治理最基本的特点应是它的"综合性",即要组织、动员各种力量,维护社会治安。违法犯罪这种现象是主、客观多种因素互相影响、共同作用形成的"综合征",只能运用综合手段加以治理,也就是说要以多层次、多渠道、多方面、多方式和多方法的社会系统工程进行治理,才能收效。任何单位或部门如果各自为战,都不可能收到良好的预防效果。这也是我们社会治安综合治理工作的事实依据和理论依据。综合治理的方针,全面、正确地处理了我国社会治安实践中存在的惩罚罪犯与改造罪犯、打击犯罪与控制犯罪、专门工作与群众工作等方面的相互关系,是解决我国治理犯罪问题和实现社会治安秩序好转的基本对策。因此,我们应当正确把握社会治安综合治理的特点,深入领会其精神实质,促进综合治理各项措施的全面贯彻和落实。

(五)社会治安综合治理在犯罪控制中的重要地位

社会治安综合治理是我国犯罪控制的总方针。所谓犯罪控制方针,是指规范与指导控制犯罪活动的工作指南和行动方向。由于犯罪原因的极度复杂性、多变性,犯罪控制工作相应具有艰巨性与困惑性,因而应有一定的方针予以指导。正确方针的指引与导向,可以使犯罪控制工作做到事半功倍。社会治安综合治理,是依据我国社会主义初级阶段理论的理论与实践总结出来的,与单纯依靠"严打"模式进行犯罪控制相比,更可能实现对犯罪的控制。社会治安综合治理对犯罪的控制不仅采取打击的方法,而且采取建设、教育、改造等手段,不仅汲取并采用古今中外有效的各种犯罪控制措施,而且加以综合运用,对犯罪的治理由惩罚、威慑走向预防,具有强大的犯罪控制功能。社会治安综合治理方针的基本内涵和要求是,在各级党委和政府的统一领导下,动员和组织全社会的力量,运用政治的、法律的、行政的、经济的、文化的、教育的等多种手段,打防结合,标本兼治,对违法犯罪问题进行综合整治,从根本上预防和减少犯罪,维护社会秩序,保障社会稳定。

社会治安综合治理也是我国犯罪控制实践的基本模式。所谓犯罪控制模式,是犯罪控制标准化、制度化的基本实践形式。从结构上看,它表现为特定的犯罪控制主体、策略和措施的综合配置和具体运作,每一个国家都将依据其特定的犯罪状况、社会经济状况以及文化传统来采用适当的犯罪控制模式。综合治理方针不仅明确了我国犯罪控制实践的总战略和总目标,而且设定了我国犯罪控制的具体制度、原则、主体和措施。因此,综合治理不仅被作为我国20世纪80年代以来的基本刑事政策和犯罪控制的基本方针而提出,而且它实际上也规定了自身的实践形式,找到了适合于中国国情和犯罪控制一般规律的控制犯罪途径,规定了中国犯罪控制的基本实践模式,这个实践模式就是综合治理。

犯罪控制的综合治理方针,既具有鲜明的中国特色,又适应犯罪控制的一般规律和要求。自18世纪后期以来,在不同时期,西方国家曾先后推行强调运用刑罚来威慑犯罪的威慑模式(或惩罚模式)、强调对罪犯进行矫正并使之"更生"的矫正模式(或医疗模式)、强调通过环境控制或空间防卫而减少犯罪发生机会的环境控制模式等。我国犯罪控制的综合治理模式不同于上述形式中的任何一种。

首先,综合治理强调各种手段的综合运用和全社会的统一行动来控制犯罪;而不要过分依赖刑罚以及刑事司法机关的力量,或过分强调某种专门的技术性手段(如刑罚、矫正或环境控制)的运用。

其次,综合治理是一种开放性的、全方位的犯罪控制模式,它虽然也注意对具体犯罪人、犯罪行为和微观环境的控制,但更注重对宏观环境的改造和社会自身的完善;而不是片面注重对具体犯罪人、犯罪行为和微观环境的控制,而忽视对社会自身的改造。

再次,综合治理模式的提出和确立,是基于一种明确的社会政治理想和对治理犯罪的乐观主义态度,因而它强调打防结合、标本兼治,所表现出来的是一种积极的犯罪控制姿态;而不是消极防卫,不能只讲报应、威慑或者个别化矫治。当然,综合治理与其他各种犯罪控制模式也不是一种截然的相互排斥关系,其他控制模式的许多成功经验和做法值得我国在综合治理实践中借鉴和吸取。

二、社会治安综合治理的基本环节

社会治安综合治理是一项宏伟的社会系统工程,它涉及众多部门,包括诸多环节,需要做许多工作。其中最重要的是对犯罪的预测、预防、处理和对罪犯的改造,这是社会治安综合治理的四个基础环节。抓住了这四个主要环节,就可以把社会治安综合治理的全局理顺,并将其贯穿、连接起来,从而带动综合治理其他各项工作协调发展。因此,我们应加强对这些基本环节及其相互关系的研究和理解,建立起不同层次的、配套的"预测""预防""处理""改造"的工作体系,以使我国社会治安综合治理的方针得到全面执行。

(一)科学的犯罪预测是犯罪控制的必要前提和重要组成部分

关于犯罪原因的研究,使我们掌握了犯罪之所以发生的客观规律,以此为指导,结合我国社会发展各个不同时期的政治、经济形势和文化、思想状况,就可以对社会违法犯罪的态势,作出科学的预测。应当看到,只有对犯罪作出科学的预测之后,才能使犯罪控制工作做到事前心中有数,事中有的放矢,事后展望未来,以取得预期的治理效果。做好犯罪预测,首先是做好犯罪统计工作,针对一定时间、一定范围内的犯罪类型、数量,做好科学的统计工作,得出全面而准确的数据,再依照一定的方法予以处理,才能为犯罪预测提供有力的依据。这样,才能结合当时的政治、经济形势和文化、思想状况,得出规律性的数据,作出科学的符合实际的长期、中期、短期的犯罪预测。

(二)预防违法犯罪是社会治安综合治理的基本措施

切实搞好犯罪控制,才可以做到"防患于未然",既可以避免和减少犯罪给被害人造成的物质损失和精神损失,又可以使一些人免陷罪戾,同时可增强社会的安全感,促进社会主义的精神文明、物质文明建设。从目前治理犯罪的整体工作进程看,犯罪控制的整体效果仍不太理想,没有起到应有的作用。这可能和以下几种因素相关:社会由静态转为动态,原有的社会控制模式和犯罪控制的方法起不到相应的作用;政法机关忙于打击已然的犯罪,无暇顾及事前的犯罪控制;控制犯罪工作目前尚未找到更合理、科学的方法和理论予以指导。

(三)依法打击犯罪是社会治安综合治理的重要环节

教育、预防不是万能的,在当前的社会历史条件下,还不可能完全杜绝犯罪现象。既然有犯罪活动,就必须有惩罚。依法打击犯罪是维护社会治安,保护人民群众生命、财产的安全,保障社会主义现代化建设顺利进行不可缺少的条件。同时,打击犯罪也是犯罪控制的一种特殊手段。依法准确及时地打击犯罪,不但可以制止犯罪分子继续进行犯罪活动,还可以震慑、警戒社会上其他不稳定分子和危险分子,使之不敢轻举妄动,以身试法,同时还可以教育广大人民群众与违法犯罪现象作斗争。打击犯罪和预防违法犯罪是相辅相成的,打击犯罪和控制犯罪的关系,犹如治病和防病的关系。虽然从长远来看预防违法犯罪具有更积极的意义,但对已经发生的犯罪行为必须予以打击,才能够分化瓦解和改造犯罪分子,震慑和警诫社会上潜在的犯罪分子,还公众一个基本稳定的社会治安秩序。

(四)对罪犯的处理应立足于改造

在处理中,除了对极少数罪行极其严重、非杀不可的犯罪分子依法判处死刑外,对绝大多数罪犯,我们都应立足于改造。也就是说,只要不杀头,就要给出路,出路就是改恶从善,办法就是改造罪犯成为新人。我们应当树立这样的信念:在依法对犯罪分子予以惩罚的前提下,通过教育和劳动等手段,依靠完善而科学的就业政策、福利政策等社会政策,使其重新回归社会,是可以把罪犯改造成为对社会有用的人才的。

以上几个环节相互联系,前后衔接,环环相扣,协调统一,构成了我国社会治安综合治理的系统工程和"预测""预防""处理""改造"的工作网络体系。它们之间只有侧重点的不同,没有根本目标的分歧。不可以人为地将各个环节割裂开来,更不可把它们对立起来。不可以只搞预测、预防,而不搞处理、改造,这样无法应对现阶段必然存在的犯罪现象;反过来,也不可以只要处理和改造,而不要预测和预防,这样同样不会从根本上解决犯罪问题。四者之间缺失任何一个环节,或者四者之间相互脱节,都必定会削弱社会治安综合治理的整体效应。建立"预测""预防""处理""改造"的工作体系,对实现国家的长治久安和最佳治理效果具有重要意义。

首先,建立"预测""预防""处理""改造"的工作体系,有利于社会各部门的职责明确,相互配合,提高工作效率。社会治安综合治理是涉及众多部门的一项复杂的社会工程,如果没有完整、科学的工作体系,势必会产生工作漏洞或重复工作,甚至发生相互推诿等现象,给违法犯罪分子造成可乘之机。只有把各部门的工作纳入"预测""预防""处理""改造"的工作体系中,各负其责,互相配合,环环相扣,首尾相继,才能提高工作效率,收到实效。

其次,建立"预测""预防""处理""改造"的工作体系,有利于预防和减少犯罪。这种工作体系,纵的方面有对犯罪的预测、预防、处理和改造;横的方面有宏观预测和微观预测,家庭预防、学校预防和社区预防,社会帮教、教育改造和劳动改造等具体措施,这就形成了一个纵横交错,多层次、多渠道、多方位,互为条件、彼此补充的系统网络,从而使我们有可能对处于有违法犯罪可能、准备违法犯罪、实施轻微犯罪、由轻到重、反复作案以及犯罪之后拒不服罪等不同阶段的违法犯罪人员都有相应的合理处理方法。这样,从战略、战术上体现出社会治安综合治理的精神,可以最大限度地预防和减少犯罪,争取社会治安的尽快好转。

最后,建立"预测""预防""处理""改造"的工作体系,有利于社会治安综合治理方针的贯彻落实和整体效应的发挥。党和政府在20世纪80年代初就明确提出了对社会治安综合治理的方针,并且已收到相当的效果。但是,我国社会的犯罪率一直未能稳定下降,除客观因素外,这在一定程度上与没有建立科学、完整的工作体系,社会治理许多环节没有落实有关。建立"预测""预防""处理""改造"的工作体系,实际上就是要把社会治安综合治理作为一项全社会的系统工程来设计和实施,使社会治安综合治理方针具体化、制度化和系统化。这对于安定社会和实现社会的长治久安,搞好犯罪治理工作,都具有重要和深远的意义。

三、社会治安综合治理的基本原则

社会治安综合治理的基本原则,是指导综合治理工作的具体规范和准则。犯罪控制作为一个庞大而艰巨的社会系统工程,涉及社会的一切领域,因而要想卓有成效地对犯罪予以防治,必须具备一定的基本原则作指导。

(一)物质文明建设与精神文明建设相结合的原则

物质文明建设与精神文明建设相结合的原则,是指犯罪控制不仅需要物质文明建设的成果,而且还必须重视和发展精神文明建设的作用,只有把二者有机地结合起来,不片面强调某一方面,才能最大限度地实现预防和减少犯罪的目标。

物质文明建设是犯罪控制的根本途径和必要前提。所谓物质文明是指人类社会生产和生活条件进步的状态。物质文明建设的核心是大力发展生产力,不断满足人们日益增长的物质和文化生活的需要。如果不充分发展社会生产力,必定会影响教育、科学、文化事业的发展,容易引发一系列社会矛盾,诱发个人主义,促使某些人产生犯罪意念,实施犯罪行为。只有迅速提高社会生产力,才能逐步满足迅速增长的社会需要,解决就业、就学、住房、物价等诸多社会矛盾和社会冲突,为预防、减少犯罪提供前提条件和物质基础。

精神文明建设是犯罪控制的又一途径和基本保障。精神文明建设包括思想道德建设和教育科学文化建设。其根本任务是适应社会主义现代化的需要,培养有理想、有道德、有文化、守纪律的社会主义公民,提高整个中华民族的思想道德素质和科学文化素质。大量犯罪现象的存在和落后的思想文化是分不开的,提高人们的文化素质,减少犯罪现象的发生,必须大力加强精神文明的建设,进行思想、道德、理想教育,建立良好的社会风尚,提高全民族的科学文化水平;开展各种健康有益的活动,抵制不良思想、文化的侵蚀。

实践证明,两个文明建设的程度高低与犯罪数量的增减是成反比关系的,随着社会物质文明和精神文明建设程度的不断提高,犯罪数量会向越来越少的方向发展,这是一条不以人们意志为转移的客观规律。然而如果片面强调或忽视了文明建设的某一方面,犯罪控制就不可能达到预期的目的。如果片面强调物质文明建设,即使社会生产力水平再高,思想意识跟不上,犯罪率也不会降下来,单纯的物质文明并不能从根源上消除犯罪产生的思想根源。同样,片面强调精神文明建设,忽视物质文明建设,或者在生产力水平不高的情况下,过分地依赖精神文明相对独立的一面,也是不对的。因为产生犯罪的最根本的因素是经济根源,更何况精神文明的建设还必须要求物质文明建设提供的物质基础和经济条件作保障。因此,只有把物质文明建设与精神文明建设有机地、辩证地结合起来,才能达到最大限度地控制犯罪、减少犯罪现象的发生,把犯罪控制在正常度内。

(二)打防并举,标本兼治,重在治本的原则

打击和防范并举,治标和治本兼顾,重在治本,是我国犯罪控制的一项重要原则。

治标与治本相结合的原则,要求犯罪控制不仅要采取治标预防的防治措施,而且要运用治本预防对策,只有把二者有机地结合起来,科学地发挥出各自应有的功能和作用,才能使犯罪控制的目标真正得以实现。治标预防,从广义上讲是针对现实犯罪现象出现的问题,就犯罪去解决犯罪问题的一种现实防治措施。从狭义上讲主要是指政法机关的日常防范管理工作,以及对犯罪行为的惩罚打击措施。治本预防,从广义而言是指针对犯罪现象产生的基本原因而采取的事先防治措施。从狭义而言是指对犯罪行为人的思想改造与行为矫正。

具体说来,此项基本原则的要求是打击各种危害社会的违法犯罪活动,依法严惩严重危害社会治安的刑事犯罪分子;采取各种措施,严密管理制度,加强治安防范工作,堵塞违法犯罪活动的漏洞;加强对全体公民特别是青少年的思想政治教育和法制教育,提高其文化、道德素质,增强法制观念;鼓励群众自觉维护社会秩序,同违法犯罪行为作斗争;积极调解疏导民间纠纷,缓解社会矛盾,消除不安定因素;加强对违法犯罪人员的教育、挽救、改造工作,妥善安置刑满释放和解除劳教人员,减少重新违法犯罪。这项原则着重解决了打击与防范、治标与治本之间的关系,并同时确定了我国犯罪控制工作的基本目标和方向。

根据这一原则,从手段上讲,打击(治标)与防范(治本)是犯罪控制不可偏废的两个方面;从目标与方向上讲,治本是目标、是方向,打击(治标)应当从属并服务于治本。治标预防和治本预防是犯罪控制有效措施的两个方面,一个解决现实的犯罪问题,一个解决长远的犯罪现象;一个治标,一个治本。不可片面强调或忽视某一方面,不可人为地把二者割裂开来。单纯强调治标预防,重视现实问题的防治,打击和惩罚威慑犯罪分子,即使在短时期内犯罪率有所下降,并不能从根本上解决犯罪现象存在的问题,也不能真正把罪犯改造为新人,也就是说只强调治标不能解决产生犯罪现象的实质问题。反之,如果片面强调治本预防,认为只要搞好根本性的防治措施,就能短时间内受到良好的效果,这种想法

也是不对的。因为治本预防对策具有迟效性和长期性。由此可见,必须辩证地看待治标预防和治本预防的关系。一般而言,以治本预防为主,治标预防为辅,但如果社会治安形势恶劣,就必须强调和重视治标预防,但在现实防治的同时,还必须兼顾到根本性预防的实施、改造罪犯措施的落实,只有这样才能使犯罪控制的现实目标和长远目标结合起来,保证犯罪控制的真实有效。

(三)专门机关与群众路线相结合的原则

这是我国犯罪控制工作一贯坚持的原则。这一原则是我党的民主作风和群众路线的体现。实践证明,犯罪控制工作如果单纯依靠公安等专门政法机关,而没有广大人民群众的参与、支持和进行自我管理,是难以充分奏效的,因此,必须坚持专门机关与人民群众相结合的原则。

这一原则要求,在犯罪控制和综合治理工作中,公安等专门政法机关必须发挥骨干作用和承担起主要任务,同时广泛发动和组织群众,取得广大人民群众的支持与配合,并指导人民群众进行自我管理和自我防卫。在发动和组织群众方面,各级党委和政府应承担起应有的责任。各级人民政府应当动员、组织城镇居民和农村村民以及机关、团体、企事业单位建立群众性自防自治的治安保卫组织,开展各种形式的治安防范活动和警民联防活动;市、县人民武装部门要积极组织民兵参与维护社会治安;要加强基层组织建设和制度建设,把各项措施落实到基层单位,形成群防群治网络;要充分发挥村民委员会、城市居民委员会维护社会治安的积极作用;地方各级政府要切实加强对群众性治安保卫组织的指导和监督,治保组织应严格依法办事,保护公民的合法权益。

(四)系统化原则

系统化原则是指犯罪控制措施应该遵循和符合系统原理,建立高质量、高效率的防治犯罪的系统工程。犯罪不仅是一种复杂的社会现象,也是一种个体的心理现象,防治犯罪的系统应当是一个与犯罪原因系统相吻合的系统工程。但是需要注意的是,犯罪控制系统的设置和建立,必须遵循和符合系统原理,否则也无从发挥防治对策的整体功能和最佳的预防功效。具体说来要做到以下几点。

(1)必须根据系统科学的原理和犯罪控制工作的实际需要,建构具有整体性的犯罪控制系统。系统的整体性是指事物至少有两个或两个以上要素组成,其特征是系统整体功能之和大于各部分的简单相加。从现代犯罪科学研究理论和实践来看,犯罪控制的措施已有多种,如刑罚措施、治安措施、家庭措施、学校措施、社区措施等,以及其他如教育、行政、道德、法律、科技等一系列社会政策的调整措施,但从每一项单独发挥的效能来看,都明显不足。因此,我国在犯罪控制的工作中,一定要考虑到涉及犯罪的一切领域,尽可能把一切措施有机地结合起来,充分发挥各措施之和的最大综合效用。

（2）犯罪控制系统中各措施之间必须具有结构性。结构性也就是有序性、层次性,它是一切系统必须具备的属性,是系统功能发挥整体效益的前提条件。预防系统要想有效,就必须具有结构性,在犯罪控制系统内部各措施之间具有层次性,按一定的顺序进行排列,在某个特定时期有主有辅。

（3）犯罪控制系统必须具备协调性。协调性是指系统内部各要素之间以及系统与外部环境之间的彼此联系、相关一致。

犯罪控制的对策措施既然必须是一个庞大的综合体系,要想保持系统的整体有效和有序协调,就必须要有统一的组织机构加以调整与部署,以保证彼此之间的信息畅通、互相配合,真正实现预防措施的协调一致,并能及时根据反馈信息情报以及社会环境的发展变化,作出必要的决策调整和规划。

（五）法制原则

法制原则有以下具体要求。

一是犯罪控制活动必须依法进行,做到有法可依、有法必依、执法必严、违法必究,犯罪控制的任何一项措施都不应当构成对社会主义法制的破坏。

二是犯罪控制必须实现规范化和法制化,即必须制定相应的制度和规范,使犯罪控制成为有关单位和人员的法定义务。目前,我国全国人大常委会已经通过了《关于加强社会治安综合治理的决定》(1991年3月);中央社会治安综合治理委员会以及其他有关中央部门分别或联合制定了综合治理的有关制度或规定,例如,中共中央社会综合治理委员会、中共中央纪律检查委员会、中共中央组织部、中华人民共和国人事部、中华人民共和国监察部联合做出了《关于社会治安综合治理委员会领导责任制的规定》(1993年11月14日),中央社会治安综合治理委员会做出了《关于社会治安综合治理工作实行"属地管理"原则的规定》(1991年12月)和《关于实行社会治安综合治理一票否决制的规定》(1991年12月)等;各省、自治区和直辖市也陆续制定了适用于本行政区的社会治安综合治理条例。这些均表明我国社会治安综合治理即犯罪控制工作已经开始步入法制化、规范化的轨道。

要想加快犯罪控制工作的法制化进程,还需要注意以下几点:第一,大力加强犯罪控制工作的立法建设,使所有的犯罪控制工作有法可依。第二,进一步完善现有法律、法规,使它们彼此协调一致,充分发挥法律预防的功能。第三,加强执法队伍的组织建设和法制监督,保证司法工作人员严格依法办事。第四,大力开展法制宣传教育活动,运用多种形式,促使广大人民群众知法、守法,自觉地维护法律秩序,形成良好的法制环境。

(六)党委和政府统一领导原则

党委和政府统一领导,是综合治理的基本原则之一。与之相配套并由其派生的次级原则是综合治理的属地管理原则、目标责任制原则、一票否决原则等。

综合治理工作是一项宏大的社会系统工程,为了保证其顺利进行,必须坚持党委和政府的统一领导。实践中,综合治理工作实行党委和政府统一领导,专门办事机构具体指导和协调,各部门、各单位各负其责的领导体制。其具体要求是,犯罪控制和综合治理工作实行"条块结合、以块为主"的属地管理原则,各级党委和政府在思想政策、组织协调和具体工作上对综合治理实行统一领导,并设立专门的领导机构(综合治理委员会)具体组织实施,以保证各部门、各单位各负其责,齐抓共管,积极参与。各级党委和政府应当采取组织措施,协调、指导有关部门和方面做好综合治理工作,并且要建立综合治理目标管理责任制和领导责任制,把抓好社会治安综合治理工作、确保一方平安作为各级党委、政府和各部门领导干部的任期目标之一,并同政绩考核、晋职晋级和奖惩直接挂钩。各级人大常委会对政府的社会治安综合治理工作实行监督和检查,县级以上的社会治安综合治理领导机构对本辖区内的各部门、各单位行使综合治理一票否决权。

社会治安综合治理委员会是综合治理工作专门的组织领导和办事机构,并对同级政府以及党委负责。根据有关规定,从中央到地方各省(自治区、直辖市)、市、区(县)都要建立社会治安综合治理委员会,城市街道、农村乡镇以及机关、团体、部队、企事业单位也要相应地设立专门的综合治理领导和办事机构(如综合治理领导小组或推进小组等)。

中央社会治安综合治理委员会成立于 1991 年 3 月 21 日,是党中央、国务院领导全国综合治理工作的常设机构和办事机构,负责组织、协调指挥全国的社会治安综合治理工作。其主要职责是:①根据全国社会治安状况,就有关的方针、政策和重大措施向党中央、国务院提出决策建议;②对一个时期的全国社会治安综合治理工作做出部署,并督促实施;③指导、协调、推动各地区、各部门落实社会治安综合治理的各项重大措施;④总结推广综合治理实践经验,深入调查研究,探索综合治理工作的新路子;⑤办理党中央、国务院交办的有关事项。

四、社会治安综合治理的主体

在我国,犯罪控制是整个社会的共同责任,动员整个社会力量是社会治安综合治理的一个基本内容和要求,因此,不论是作为社会组织管理者的国家(包括作为执政党的中国共产党),还是作为社会组成部分的社会团体、组织以及公民个人,都应当是犯罪控制的行动主体。国家、团体组织、公民个人共同构成了综合治理的力量体系。上述主体在综合治理活动中各处于不同的地位并担负着不同的责任,国家(包括执政党)始终居于主导地位并承担主要责任,其他社会团体、组织和公民个人则以其积极自卫和努力同犯罪作斗争的实际行动参与到综合治理中来。总的来讲,党组织在犯罪控制中起着领导作用;国家机关在犯罪控制中起着主导作用,其中,司法机关在犯罪控制中起着强制作用;群众团体、企事业单位及群众性自治组织是党和政府联系群众的纽带,在犯罪控制中也起着非常重要的作用;而广大的人民群众则在犯罪控制中起着最基础的作用。

(一)党和国家的中央领导机关

对于犯罪控制来说,一个好的政府的存在,比任何具体的犯罪控制措施都更为重要,因为不仅好的政府本身就是犯罪控制的重要条件,而且它有能力采取适当的措施来防范犯罪。而坏的政府不仅其存在本身就是一种恶或者恶行的诱因,它甚至可以以国家或者社会的名义"合法地"实施犯罪或制造犯罪(如第二次世界大战期间的法西斯杀戮、某些国家作为政府行为的制造毒品、官僚体制下的政府官员贪污腐败等),它所采取的某些看似有效的犯罪控制措施主要是服务于为其政权所需要的政治控制形式。在我国犯罪综合治理工作中,党和国家的中央领导机关起着特别重要的作用。它不仅要通过制定专门的方针、策略和措施来领导、指挥综合治理的全局,而且要通过全部社会经济决策和立法来影响全国的社会治安形势和犯罪态势。可以这样认为,广泛发动社会力量和综合运用各种措施只是综合治理工作的表浅层次,党和国家的中央机关制定科学的国民经济和社会发展规划并对社会实施有效的组织管理才是综合治理的真谛和高级层次。因此,综合治理工作的成败实际上是对执政党和中央政府的政治形象及国家管理能力的一种考验。

(二)地方党委和地方国家权力机关、政府机关以及政协机关

地方党委和地方国家权力机关、政府机关以及政协机关,是地方国民经济与社会发展的决策者和组织者,它们将通过其全部社会决策和社会行政活动、法律监督与民主监督活动来促进本地区经济与社会的建设和发展,积极影响本地区社会治安状况向好的方向转变。作为地方国家权力机关的地方人民代表大会,在综合治理工作中的作用主要体现在通过制定和颁布地方性法规、审查和批准本行政区域内的国民经济和社会发展计划以及预决算报告、对同级政府的行政活动以及同级法院和检察院的司法活动实施监督,来促进和保证地方民主与法制建设,保证地方国民经济和社会的健康发展。地方政协机关在综合治理工作中的作用主要体现在通过参政议政和对政府等国家机关的活动实施民主监督来影响地方经济与社会发展的决策及其实施,并进而影响地方社会治安形势。

地方党委和地方政府对本区的综合治理工作起着关键性的作用,表现之一是通过其全部的社会决策来影响本地区的社会治安形势朝好的方向发展;表现

之二是对综合治理工作实行直接的组织和领导;表现之三是通过具体的党务和行政活动直接参与到综合治理活动之中。地方综合治理工作由地方政府具体落实和指挥,并且直接融于和体现于地方政府方方面面的行政活动之中。因此,地方政府的决策成败以及工作成效如何,对本地区综合治理工作的成败以及社会治安状况的好坏具有最直接的影响。

地方政府的各职能部门根据综合治理的统一要求并结合自身的职能,参与综合治理工作。监察部门以及工商行政管理机关、物价部门、税务部门、海关部门和质量监督检查部门、卫生检疫部门等行政执法部门的行政执法活动,与公、检、法等政法机关的司法活动兼济互补,起到防微杜渐、弥补制度漏洞的作用。民政部门通过加强基层政权和群众性自治组织建设,指导制定村规民约,发展社会保障和社会福利事业,做好城市救助、养老敬老、强制禁戒等社会工作,起到社会"安全阀"的作用。劳动部门通过做好社会安置就业工作(包括为刑满释放人员和解除劳动教养人员提供就业机会),做好劳动争议仲裁工作,加强劳动用工和劳务市场的管理,起到避免社会冲突发生和社会矛盾激化、从而加大社会稳定系数的作用。文化、新闻出版、广播电视等部门通过为社会提供健康向上的高品位的精神产品和加强文化市场管理,来起到净化社会文化环境,统一社会价值标准和稳定社会心理的作用。教育行政部门通过大力发展教育事业、管理社会教育秩序、指导学校教学以及会同公安部门办好工读教育等,传递和统一社会价值标准,提高全民道德与文化素质,使广大人民群众形成清醒的民主与法治意识,增强对官僚主义、腐败现象和其他违法犯罪现象的抵御和斗争能力。

(三)国家政法机关

国家政法机关是与犯罪作斗争的专门机关,也是综合治理的骨干力量。在综合治理中,它们承担的主要任务是打击、威慑和改造犯罪。

1.公安机关、国家安全机关以及武警部队

(1)公安机关是社会治安工作的主管机关和刑事侦查部门。其主要任务和职责是,做好对社会面的控制,堵塞违法犯罪漏洞,及时发现和制止危害社会治安秩序的行为;指导和监督国家机关、社会团体、企事业单位和重点建设工程的治安保卫工作,指导治安保卫委员会等群众性组织的治安防范活动,开展治安联防、群防群治活动,对存在治安隐患的部门和单位及时提出治安建议,督促整改;监督管理计算机系统的安全保护工作;对危害社会治安秩序的行为依法予以治安处罚,对被判处管制、拘役等刑罚的罪犯以及监外执行的罪犯执行刑罚,对被宣告缓刑、假释的罪犯实施监督、考察,做好对吸毒人员的强制戒毒和对卖淫妇女的收容教育等工作,办好工读教育,开展社会帮教活动;及时发现和侦破刑事犯罪案件;依法行使侦查、预审、执行逮捕等职权。

（2）国家安全机关是国家安全工作的主管机关。它与公安机关按照国家规定的职权划分，各司其职，密切配合，维护国家安全。对于危害国家安全的行为，国家安全机关依法行使侦查、预审和执行逮捕以及法律规定的其他职权。

（3）人民武装警察部队是维护国家安全和社会治安的重要武装力量。它的主要职责和任务是对国家重要机关、场所和重大活动担任外围警戒和巡逻；对国家边境口岸担任巡逻守卫；协助监狱押解罪犯，协助公安机关抓捕逃犯，镇压危害国家政权和危害国家安全的叛乱、暴乱和其他社会骚乱。

2. 检察机关

检察机关是国家的法律监督机关。检察机关的职权和责任是，对国家机关及其工作人员的活动是否合法实施法律监督，包括刑事检察、法纪检察、经济检察、监所检察等；代表国家对应当公诉的刑事案件提起公诉；对法律规定由人民检察院直接受理的犯罪案件进行侦查；法律规定的其他职权和责任，例如对存在的违规乱纪现象的单位和部门提出检察建议，以督促改正。此外，检察机关还应当积极进行法制宣传活动和参与社会帮教活动。

检察机关的上述工作和活动对于促进社会主义民主与法制建设，预防和打击违法犯罪，维护国家政治秩序和社会公共秩序的稳定具有重要意义。

3. 审判机关

审判机关代表国家行使审判权，审判机关的具体职责：一是对刑事案件行使审判权。通过对犯罪分子的及时审理和准确适用刑罚，可以起到惩罚和威慑犯罪的作用。二是对民事案件、经济案件和行政案件行使审判权。通过对上述案件的依法审判，可以起到稳定社会关系，避免矛盾激化的作用。此外，审判机关有权对不需要开庭审判的民事纠纷和轻微刑事案件进行庭外处理，有责任对人民调解委员会的工作进行指导，有权就某些事项或个人的错误行为向有关单位和部门提出促其纠正和处理的司法建设，有义务开展法制宣传和参与社会帮教活动。这些工作和活动对于预防和减少犯罪都有着现实意义。

4. 司法行政机关及监狱和劳动教养机关

（1）司法行政机关是负责司法行政事务的国家机关。其主要职责和任务是，负责政法教育和政法干部的管理与培训；组织实施法制宣传；领导律师、公证工作；负责人民调解委员会的组织建设和业务建设；等等。司法行政机关的上述工作和活动，对于加强社会主义法制建设，维护社会的稳定有着重要意义。

（2）监狱管理和劳动教养管理是司法行政机关的重要职责。监狱机关负责对被判处自由刑和死刑缓期二年执行的罪犯执行刑罚，实施惩罚和改造；劳动教养机关负责对劳动教养人员实行强制性的教育改造。监狱和劳动教养机关在综合治理中的主要作用表现为以下两个方面：一是通过对违法犯罪者的拘禁或收容,实现刑罚目的和国家法律的权威,威慑社会上的不稳定分子;二是通过对违法犯罪者的教育改造,促使其痛改前非,不重蹈违法犯罪覆辙。

(四)群众团体、企事业单位以及群众性自治组织

工会、共青团、妇女联合会等是共产党领导下的团结教育群众的群众团体,是党和政府联系群众的桥梁和纽带。在对犯罪的综合治理中,群众团体也发挥着重要作用。

上述群众团体应当对其成员和所联系的群众加强思想道德教育和法制教育,组织他们积极开展各种健康有益的文化体育活动,抵制各种腐朽思想、文化的侵蚀;开展社会公益活动,提供各种咨询服务,帮助群众正确处理工作、学习、婚恋、家庭等方面的问题和纠纷;协助有关部门做好对有轻微违法犯罪行为的青少年以及刑满释放人员、解除劳动教养人员的帮教工作;配合有关部门打击、查禁拐卖、绑架妇女儿童以及吸毒、赌博、卖淫、嫖娼等违法犯罪活动和社会丑恶现象,保障妇女儿童的合法权益,净化社会环境。各企事业单位应当认真落实治安责任制,健全规章,加强治安保卫,搞好本单位的治安防范工作。同时,要及时发现和消除不安定因素,适当调处民间纠纷,积极协助公安、司法机关查处本单位以及社会上的违法犯罪案件。

居民委员会、村民委员会及其人民调解委员会、治安保卫委员会,是群众性自治组织。它们对润滑社会关系、维护社会团结和稳定有着重要作用。它们在综合治理中的作用主要是调解、疏导民事纠纷,防止矛盾激化;开展社会工作和社区服务,帮助解决居民家庭等方面的困难以稳定社会心理;开展警民联防活动,建立群众性的治安联防队,加强楼间村头的巡逻守望;协助公安、司法机关查处违法犯罪活动。

(五)公民

公民是社会的主体和国家的主人。社会的安危治乱与每一位公民的自身利益息息相关,因此,每一位公民都有责任和义务参加对犯罪的综合治理活动。公民个人在综合治理中的作用主要表现在两个方面:一是进行自我修养和自我控制,遵守法律和道德规范;二是树立社会正义感和社会责任感,勇于同违法犯罪行为作斗争。

五、社会治安综合治理的措施体系

全面动员社会各方面力量是综合治理的基本要求之一,除此之外,综合治理还有一系列具体措施,这些具体措施可以分为经济的、政治的、行政的、文化的、教育的、法律的等种类。从作用与目的角度,综合治理措施还可以分为打击与防范、管理与建设、教育与改造等环节和层次。根据犯罪控制措施的作用水平,将

其划分为社会控制、心理控制、治安控制和刑罚控制四个层次和环节。

(一)社会控制

社会控制是指旨在使社会健康有序地发展和运行,减少或消除社会弊端与漏洞,避免和解决社会问题,从而减少或控制犯罪发生的社会规划、调整与完善的过程,以及通过特定的机构、群体或组织进行的社会整合、社会管理与社会控制活动。

社会控制强调的是社会的完善,其任务和目的在于创造一个有助于抑制犯罪的宏观和微观社会环境。从内容上看,它主要表现为党和政府对社会的领导和组织管理。

(二)心理控制

心理控制是指对健全人格的社会培养和个体的修养过程,这个过程以防止和减少犯罪发生为其隐含目的之一。心理控制强调的是人的完善,使个体在具体的情境下能够做出正确的行为选择。从内容上看,心理控制包括个人的自我修养和社会对个人的培养教化两个方面。

(三)治安控制

治安控制是指以公安、保卫部门等专门的社会控制力量为主体,广大人民群众协同进行的旨在维护公共秩序和国家安全的社会管理和控制的活动。治安控制的作用和目的在于及时发现和制止违法和犯罪行为,尽可能地减少犯罪的条件和机会。从性质上看,治安控制主要属于公安、保卫部门强制性的社会行政管理行为。

(四)刑罚控制

刑罚控制是指国家通过刑罚的设立、适用和执行来遏制犯罪和改造犯罪人的活动。刑罚控制的作用在于发挥刑罚的威慑和道德教育功能,使社会危险分子不敢犯罪,使被判处刑罚的罪犯不愿或不能再次犯罪。刑罚控制主要表现为国家立法机关、审判机关以及监狱机关的设刑、量刑和行刑活动。

社会控制、心理控制、治安控制和刑罚控制构成了我国控制犯罪的四道防线,这四道防线在作用水平上存在着一定的差序之别。从理论上讲,完善的社会加上完善的人,是控制和杜绝犯罪最为理想的条件,因此,社会控制和心理控制应当是控制犯罪的首选策略和措施,治安控制和刑罚控制则是不得已而为之的补救性措施。

第四节 克服刑罚万能观,建立犯罪综合控制体系

不同的犯罪控制理论对犯罪控制内容有不同的理解,犯罪控制是犯罪学研究的归宿和目标,为了寻求有效遏制和防范犯罪的对策,必须对犯罪控制的内容进行研究,但也不能仅限于对具体预防措施的探索。所有的犯罪控制措施应当组成一项浩大的系统工程,如果缺少体系理论的考虑,势必顾此失彼,影响整个犯罪控制工程的效率和质量,如不考虑犯罪控制体系应当具备的内容和特点,必将会影响犯罪控制的方向。因此要把犯罪控制措施构建成一个什么样的体系,需要考虑以下问题。

一、犯罪控制内容体系的特点

犯罪控制内容体系,简单地说又叫犯罪控制体系,它是指参与犯罪控制的各种力量、各种手段、各种举措围绕着把犯罪控制在正常度内这个共同目标,有机联系、协调运行的工作体系,包括宏观犯罪控制和微观犯罪控制。宏观犯罪控制以社会控制、心理控制、治安控制、刑罚控制等为主要内容;微观犯罪控制以家庭控制、学校控制和社区控制为主要内容。

犯罪控制内容体系同其他工作体系一样,都具有一些共同的基本特点。

(1)整体性。整体性是系统的生命及最大的外显特征。整体性要求把有联系的各个组成部分加以系统化,形成一个整体并运用于实践,发挥单个组成部分单独无法发挥的作用。

(2)有序性。有序性是任何一个科学体系都必须具备的一些原则性特征,它表明系统的联系和关系并不是杂乱无章的,而是按照一定的规则和程序展开的。有序性既可避免系统的混沌无序,又可发挥系统的整体和谐功效。例如,在宏观犯罪控制体系中,社会控制、心理控制、治安控制、刑罚控制彼此之间不是杂乱的组合,而是有序的排列,依其在预防犯罪中的不同地位和作用,构成四道紧密相连的防线。

(3)层次性。任何一个科学体系都是有结构的,而结构又是分层次的。层次反映出体系内部的主从关系和协作配合关系及其各自的功能。宏观犯罪控制中的社会控制、心理控制、治安控制、刑罚控制和微观犯罪控制中的家庭控制、学校控制和社区控制不仅是有序的,而且是有层次的。对于消除整个犯罪现象而言,社会控制、心理控制是最根本的、最一般的预防措施。这两项预防不以具体的犯罪行为变化而变化,具有一定的稳定性,属于全社会水平上的预防措施,即

一般性预防措施,在整个犯罪控制体系中属于第一层次,是治本之策。对于防止个体犯罪行为人违法与再犯罪,治安控制和刑罚控制是两项有效的、直接的控制、阻遏、惩罚与改造的措施,它们随着犯罪现象和行为的变化而发生变化,具有可变化性,属于专门性的控制措施,在整个犯罪控制的体系中居于第二层次,是治标之策。

(4)动态性。体系虽然具有相对的稳定性,但又和其他事物一样,是不断发展变化的,它没有固定不变的模式,我们需要根据情况的变化,调整结构,合理布局,实行动态管理。动态性是系统保持平衡的源泉,犯罪控制体系要想保持防止犯罪的高效益,必须是针对不断发展变化的罪因结构呈现出动态的随机的能动性反映。任何犯罪对策都是针对犯罪原因或犯罪原因结构体系设置的,而犯罪原因或犯罪原因结构体系是处于动态变化与运动发展过程中的,当然,作为防治犯罪体系工程的犯罪控制体系,理所当然应当是运动的、发展的、变化的,并时刻呈现出一种高度灵敏及反馈迅速的动态结构形式,以便更及时、准确地控制犯罪、打击犯罪和惩罚改造罪犯。

(5)综合性。体系是各种力量、各种手段、各种措施的综合体。概括起来说,我们的犯罪控制体系实质上就是社会治安综合治理的工作体系,它融打、防、教、管、建、改为一体,以群众控制、专业控制和技术控制相结合为主要内容,实行在各级党委和政府的统一领导下各单位、各部门齐抓共管的领导制,运用政治的、经济的、行政的、法律的、教育的等各种手段进行犯罪控制、维护社会治安。

二、犯罪控制措施选择的依据

从理论上讲,科学的犯罪控制措施体系,必须建立在对犯罪现象及其原因的科学认知基础上。这就像治疗疾病一样,要想同犯罪进行有效的斗争,必须先找到病因才能够对症下药。犯罪控制体系作为整体的犯罪控制对策,应该针对各种诱发和形成犯罪的原因,采取措施,形成具有一定稳定结构的和有效的犯罪控制体系。

现代犯罪科学研究表明,犯罪原因不外是客观社会原因和主观心理原因两大块。犯罪作为一种社会现象,它的存在是由社会原因(包括政治、经济、文化、教育等)综合作用的结果,犯罪作为一种人的行为则是行为人犯罪心理(包括生理、心理等)的外化。因而要想控制犯罪就必须针对犯罪现象产生的社会原因和犯罪行为发生的心理原因,相应地采取社会控制和心理控制措施。社会控制和心理控制是针对最一般最普遍的犯罪规律而言的,属于全社会的一般性防控措施。如果将社会控制和心理控制搞好了,也就是将社会犯罪原因和个体心理原因减少、削弱和控制住了,那么,社会上的犯罪现象必将大大减少。然而社会上总有少数人或相当一部分人要越过社会控制和心理控制的防线,实施违法犯罪行为。这就不能单纯依赖社会控制和心理控制措施,而是应该有针对性地对违法犯罪行为进行惩戒与防范。

犯罪科学研究成果告诉我们,社会上之所以发生犯罪行为,从根本上看是犯罪人失去了正常的自我控制和社会上对这种犯罪行为失去了社会控制的结果。因而社会要获得稳定,赢得安宁,除了依靠社会控制和心理控制的一般控制措施以外,还必须运用国家的专政机关对违法犯罪行为进行打击、惩罚和改造,以增强社会控制和行为人个体心理控制的能力,从而实现对行为人的犯罪控制。根据量变、质变规律,犯罪行为人一般是从不良行为到违法行为再发展到犯罪行为的运动轨迹,针对社会管理失控和个体心理失控的程度,采取防范、制裁与惩罚改造的专门性控制措施,做到层层设防,以实现对社会行为人尤其是对违法犯罪人的控制。专门性控制措施在我国是由公安机关承担并具体操作的治安控制和刑罚控制。

三、犯罪控制的分类

根据不同的原则和标准,从不同的角度出发,可以对犯罪控制做出不同的分类。

(一)以犯罪控制发生的时间段为标准,可以将犯罪控制分为犯罪前的控制、犯罪中的控制和犯罪后的控制

犯罪前的罪前控制是指在犯罪行为和犯罪结果还没有发生的阶段,针对犯罪主体而采取的思想教育转化工作及其他相应措施的控制。犯罪中的控制是指在犯罪行为和犯罪结果正在发生的时段,针对犯罪主体而采取的防卫、护卫及其他相应措施的控制。犯罪后的控制是指在犯罪行为和犯罪结果发生后的阶段,针对同一主体而采取的惩戒、处理、教育,使其今后不再重犯的预防。实际上犯罪后的控制就是重新犯罪控制。

(二)以犯罪控制发生的空间为标准,可以将犯罪控制分为家庭控制、学校控制和社会控制

所谓家庭控制,是指以家庭为屏障,利用家庭的一切优势和积极因素展开的对犯罪行为和犯罪结果的抵御。所谓学校控制,是指以学校为阵地,利用学校的各种优势和积极因素,加强对学生的道德、情操、思想和人格的培养,传播犯罪控制观念和方法的一种犯罪控制方法。所谓社会控制,是指以社会为防线,通过对社会结构的调整和完善,消除和减少犯罪原因和条件,从而尽最大可能地减少犯罪行为与结果的发生的一种犯罪控制方法。

（三）以犯罪控制的形式为标准，可以将犯罪控制分为制度控制、设备控制

所谓制度控制是指通过建立制度规定而进行的犯罪控制，如建立防范制度、建立出入制度、建立保密制度、建立交接制度、建立值班制度等。所谓设备控制，也叫技术控制，是指通过专门的控制设备和控制技术措施进行对犯罪控制，如安装警报器、防盗门、摄像头等设备。

（四）以犯罪控制的方法为标准，可以将犯罪控制分为治安控制、心理控制和刑罚控制

治安控制是指公安机关对具有违反治安管理行为的人采取的监督、控制、教育、处罚等措施，从而减少犯罪行为和结果发生的一种犯罪控制方法。心理控制是指利用心理学原理，通过对某些人不健康心理的矫治，以及对其健康人格的培养，使其放弃反社会心理和犯罪意念，从而达到防止犯罪行为和结果发生的一种犯罪控制方法。刑罚控制是指国家司法机关运用刑罚手段，揭露、惩罚和改造犯罪，从而教育其不再重犯，并震慑和警诫其他人的一种犯罪控制方法。

（五）以犯罪控制的规模为标准，可以将犯罪控制分为宏观控制和微观控制

宏观控制是指从宏观或整体的角度采取较大规模和较大范围的犯罪控制措施进行犯罪控制的工程或体系。它主要包括立法控制、司法控制和行政控制三个大的方面。所谓立法控制是指采取立法措施对犯罪进行的控制，如制定犯罪控制的专项立法等。所谓司法控制是指采用司法手段对犯罪进行的震慑性防御，如实行严打、增强打击力度等司法措施。所谓行政控制是指采用行政命令的方式、措施和手段进行的控制，如制定犯罪控制责任制、将治安防范和行政领导人的政绩相联系等。微观控制是指从微观或部分的角度采取较小规模和较小范围的具体犯罪控制措施进行的犯罪控制，主要包括家庭控制、学校控制、社区控制、个人控制、调节控制、帮教控制和技术防范控制等。

（六）以犯罪控制的主体为标准，可以将犯罪控制分为社会控制和刑事预防

所谓社会控制是指社会各界共同参与的消除和削弱引起犯罪的因素和条件，从而防止、控制和减少犯罪的社会活动。社会控制的参与主体非常广泛，包括党委和政府各部门，各基层组织，家庭、学校等。社会控制的范围很广泛，包括深化政治、经济体制改革，大力发展生产力，加强文化市场的管理和新闻舆论的导向作用，改善家庭、学校教育，强化社区控制和防范机能，加强对特种行业、娱乐场所的管理等。社会控制的手段、方式、方法多种多样，包括保护性控制、指导性控制、治理性控制、被害控制等。刑事控制是指国家专门机关通过刑事立法、刑事司法打击犯罪，惩罚、教育和改造违法犯罪人的活动。刑事控制涉及的内容，包括刑事立法的政策原则的确定和立法实践活动，揭露犯罪事实和犯罪人，犯罪的追诉、刑罚和刑事处理措施的科处和执行等。刑事控制的核心内容是打击犯罪,包括集中打击和经常性地惩治犯罪。

（七）以犯罪控制所涉及的领域不同为标准,犯罪控制还可以分为总体控制和分类控制

总体控制也可以理解为全局性控制,它是指为限制和消除产生各类犯罪和引起个体违法犯罪心理的一般社会原因而进行的控制活动。犯罪的总体控制以犯罪产生的一般社会原因为对象,所涉及的领域广泛,包含的内容也特别丰富,如发挥价值导向的社会功能,引导人们树立正确的道德观和价值观;加强社会控制,减少犯罪机会;等等。分类控制是相对于全局性的整体控制而言的,它是指从客观需要出发,针对犯罪主体、犯罪手段或犯罪事实的特殊性而采取相应控制措施的控制活动。分类控制尽管着眼于局部,但由于选取的角度和服务的要求不同,也涉及许多方面:如根据犯罪实施主体职务、年龄、性别、状态进行的主体控制;根据犯罪发生的场合、领域、阶段进行的特定控制;根据犯罪的基本类型、行为方式进行的专门控制;等等。在每一类控制中,又可以视不同的情况,为满足不同的需要而进一步划分出更详细的类别。

此外,社会控制可以分为正式控制和非正式控制两种,前者指由政府、警察、法庭等官方机构依据法律赋予的职权而进行的制度化控制,后者则指凭借舆论、禁忌、礼仪、习俗等形式进行的非制度化控制;根据犯罪控制的性质,犯罪控制措施还可以分为政治措施、经济措施、教育措施、文化措施、舆论宣传措施、行政措施、法律措施、技术防范措施等。

四、犯罪综合控制体系的主要内容

（一）社会控制

1. 社会控制的含义

犯罪学研究证明,犯罪作为人类社会的一种伴生现象,从本质上说犯罪属于反社会现象或社会异常现象,它的存在、发生在很大程度上是由人类社会自身的矛盾和人自身的弱点造成的,犯罪现象减少或者消灭,取决于人类社会自身的自我克服能力和自我完善程度。人类社会对犯罪进行的这种自我克服活动就是社会控制。从某种意义上讲,所有的犯罪控制措施和控制活动都具有社会性,都可以称之为社会控制。所谓社会控制,是指针对犯罪现象产生的社会原因和条件,国家采取一系列旨在减少和消除这些原因和条件的措施,通过对社会结构的调整与完善,使社会健康和谐发展,消除和减少弊病,从而达到预防、遏制和减少犯罪发生的这样一种犯罪控制活动。社会控制是作为犯罪控制体系中的一个层次,它是犯罪控制体系中的一个重要内容。

犯罪的社会控制概念及理论贯穿着"社会设计"的理念。这种理念要求力争创造一个完善的社会环境来抑制和克服犯罪。社会的健全与完善,是杜绝和减少犯罪现象的根本性前提;犯罪现象得到最大限度的抑制和减少,是社会完善过程的客观收获之一。除了创造和实现社会的健全与完善之外,不存在其他更为科学有效、简便易行的社会控制措施。为了更好地理解犯罪控制的含义,应当注意以下几个问题。

(1)社会控制的目的和实现途径。社会控制活动包括经济和社会的规划与发展的方方面面,核心目的在于通过作为社会管理者的国家以及政府各职能机构、社会组织和社会群体的有目的的建设性活动,创造出一个具有高度物质文明和精神文明、人的个性能够得到充分发展、处于良好的组织状态和有序运行之中的社会,并使犯罪现象最大限度地得到抑制和减少。

违法犯罪行为通常是由不以立法者意志为转移的经济因素造成的,因此重在大力发展生产力,加快国民经济的发展,无疑是首要的一环,这是犯罪控制的根本措施。在制定科学的国民经济和社会发展规划之中,应当把犯罪控制规划作为其中的重要组成部分。在政治上发扬社会主义民主和健全社会主义法制,正确处理好人民内部的各种矛盾,发展安定团结的政治局面,是搞好犯罪控制的另外一个重要方面。大力推进科学技术和教育事业,建立文明的社会主义道德风尚,是控制犯罪的根本性措施。使我国社会主义精神文明建设和社会主义物质文明建设同步发展,这是犯罪控制的重要保证。推广军民联防,综合治理社会治安,健全治保、调解组织,制定村规民约,落实社会治安责任制,建立和谐的社会,这是犯罪控制的社会基础。

社会控制的内容和措施具有广泛性和多样性。犯罪的社会控制涉及以社会发展和完善为目标的社会组织管理过程、社会规划和发展过程、社会改革和调整过程等方方面面,涵盖了国家经济建设、民主政治建设和文化建设的全部方针、政策和措施。社会完善是实现控制和克服犯罪的前提,控制犯罪是社会完善的标志和结果之一。对犯罪采取社会控制措施的过程是社会建设与完善过程中的一个方面。

(2)社会控制的主体。社会控制的主体是作为社会组织管理者的国家及其各级职能部门和各种社会组织、社会群体以及公民个人。

(3)社会控制的客体。社会控制的客体,即社会控制的作用对象,是指社会控制的主体实施的一系列犯罪控制措施所直接指向的对象,包括社会的制度、结构、文化及作为行为发生的时空条件的社会环境。

在社会控制主体对社会(制度、结构及环境)施加影响的过程中,主体和客体之间有机地联系在一起。社会控制的过程和措施,始终包容了国家政权以及社会群体和组织的自觉的自我监督、自我调整和自我完善,因此,国家及社会群体和组织以及公民个人在作为社会控制主体的同时,也成为社会控制的对象之一。

(4)社会控制和社会发展整体规划的关系。社会控制的提出和形成,一直以来都遵循这样一个指导思想:最好的社会政策就是最好的刑事政策。社会控制措施中包括但绝不等于以国家政权为支撑点的硬性社会控制,社会控制只是社会整体规划中的一个重要组成部分。在社会控制措施体系中,除了那些直接用于控制社会局面和解决具体社会问题的手段之外,大多数措施都不像刑罚以及其他强制措施那样,是为对付犯罪等反社会行为而专门设定的,虽然这些强制性的专门控制措施在犯罪控制中的作用是非常重要的。在制定社会发展规划和社会政策时必须专门考虑控制和减少犯罪的社会控制规划。

(5)社会控制是一种积极的、主动的治本性预防措施。与刑罚控制和治安控制相比,社会控制是一种积极的控制和治本措施。社会控制旨在从根本上消除犯罪现象赖以产生和生存的社会原因和条件,并不着眼于对犯罪行为的事后惩罚和强制。社会控制犹如对社会这部庞大机器的精良设计、制造和全面的维护,可以有效减少社会"损耗"或"故障"的发生;刑罚控制及治安控制则犹如对机器故障的"大修"和对人体疾患的治疗。

刑罚控制和治安控制等专门的犯罪控制措施,需要国家和社会在人力、财力、物力等方面做出专项投入,其实际效果也很难估量。但是,无论投入多少,实际上都是社会发展的一笔额外负担和成本。而社会控制则力图把犯罪以及其他社会问题化解于社会自身发展和完善的过程之中,无须额外投入。因此,社会控制的综合成本更低,综合效益更优。

2. 社会控制的功能

所谓社会控制的功能,即社会控制措施所应当具有的客观效用。社会控制具有以下功能。

(1)社会建设功能。社会控制的社会建设功能,是指社会控制措施对于社会经济、政治、文化的建设、发展与完善的积极意义和促进作用。

由于犯罪控制与社会发展进步的内在要求是一致的、在进程上是同步的,因而社会控制的许多具体措施直接表现为社会政治、经济、文化等方面的建设性措施。例如,社会政治体制与经济体制的选择和调整、社会和经济发展的规划与决策、传统文化的保持与扬弃等,这些既是社会发展与完善的内在要求,也是犯罪社会控制的内在要求。反过来,那些看似纯属用以维护社会有序运行的"堵塞性"手段,如对经济领域的违法行为进行的防范和制裁,其终极目的仍然是保障和促进社会的发展。

总而言之,社会控制措施对犯罪的防范目的包含于社会建设目的之中,而社会的充分进步与发展,既是克服犯罪的大前提,又是克服犯罪的最终结果。

（2）社会整合功能。所谓社会整合（social integration）,其基本含义是使社会成为一个具有共同价值和凝聚力的有机整体,并增强公众对社会共同价值的遵从和顺应的过程和结果。社会整合就是调整或协调社会中不同因素的矛盾、冲突和纠纷,使之成为一个统一、和谐的体系。在这个整合的过程中,社会各独立而又有联系的单位,通过相互顺应,遵守相同的行为规范而达到团结一致,形成一个均衡的体系。社会整合的实现,意味着公众对社会共同价值的遵从和顺应。

社会整合的相反过程和状态是社会解组（social disorganization）、社会失范（anomie）或社会解体（social disintegration）。社会解组、社会失范以及社会解体是产生社会问题包括犯罪问题的主要社会原因,社会整合的任务与结果就是避免社会出现解组、失范或者解体。

社会控制措施的社会整合功能表现在多个方面,主要为犯罪控制与社会整合的双向互动:犯罪现象在社会整合中得到避免和克服,因而犯罪控制要求社会整合;反过来,基于犯罪控制而采取的社会行动、又提升并促动了社会整合。例如,通过政治体制改革,加强民主与法制建设,加强廉政建设,实现制度整合,可以增强人民群众对党和政府的拥护与信任感,从制度上消除社会解组或解体的隐忧;通过道德与文化建设以及社会规范的确立和完善,实现文化整合和规范整合,可以促使人们信守社会共同价值准则,避免社会失范状态的出现,缓解文化冲突带来的社会震荡;通过制定科学的国民经济和社会发展规划以及适当的公共政策,可以从政策上消除产生社会问题的可能性,还可以提高人民群众的物质文化生活水平,使人民群众认识到社会主义制度的优越性,增强中华民族的自豪感;通过对阶级关系、利益分配关系和人际关系的适当调整,实现结构整合,可以避免或缓和不同社会阶层之间的冲突和对立;等等。

（3）社会化功能与社会心理调节功能。社会化功能和社会心理调节功能是社会控制措施所具有的积极心理影响的两个方面。

社会控制措施的社会化功能,表现为社会控制措施对于社会成员的个性形成与发展具有积极影响。这主要表现在两个方面:一是通过一系列社会控制活动与措施,可以创造一个为个体所能适应并有利于个性发展的社会微观环境和宏观环境。二是社会控制活动具有一种传递社会价值和实现社会教育的功能,社会控制主体采取一定的措施,将社会价值与规范传授给社会成员,这些价值和规范一旦内化为个体人格的核心,便可以导致个体对社会的适应与顺应。

社会控制活动的社会心理的调节功能,是指社会控制活动对社会群体及个体的情绪、需要、矛盾以及心理冲突可以起到的慰藉、缓解、调适和恢复平衡的作用。良好的社会控制措施总是能够起到缓解社会矛盾和心理冲突的作用,在一定程度上调适个人或群体的情绪与需要。唯其如此,这些措施才能够真正起到控制犯罪的作用。例如,一项新出台的社会政策,不但公正、透明,而且能够为社会心理所承受,它就可以起到避免社会矛盾出现或激化,从而减少犯罪以及其他反社会行为发生的作用。

3. 宏观社会控制

社会控制可以分为宏观预防和微观预防,它们分别由若干不同具体措施构成。宏观社会控制是以社会整体为单位的全局性的犯罪控制活动,其目的在于创造一个能够最大限度地抑制和克服犯罪现象的宏观社会环境。

宏观社会控制有两个显著的特点:其一,它与社会物质文明、精神文明以及政治文明和生态文明建设进程相统一,因为社会犯罪现象的消长最终取决于四个文明建设的整体水平的高低;其二,它集中表现为国家(主要是作为执政党的共产党和中央政府)凭借政治权力并通过一定的社会决策机制、社会行政机制来对整个社会进行组织、引导、规划和建设。

(1)社会改革——社会本体的建设与完善。社会本体(具体说是社会制度、经济、文化及其结构)的建设和完善,是社会自我克服犯罪的物质基础和精神基础。社会本体建设和完善的主要途径是社会改革,具体包括以下几个方面。

1)"四个文明"建设协调进行,提高社会物质文明、精神文明、政治文明建设的综合水平。社会犯罪状况如何,与物质文明、精神文明、政治文明和生态文明的发展水平之间存在着复杂的联系。从历史上看,社会犯罪率的降低不完全取决于物质文明、精神文明、政治文明和生态文明发展的绝对水平,更不完全取决于"四个文明"中某一方面的片面发展(这种片面发展实际上最终是不可能的),而是取决于"四个文明"发展的协调程度和综合水平的提高。物质文明、精神文明、政治文明和生态文明中任何方面的片面发展,都只是抑制犯罪、培养善行的必要条件,而不是充分必要条件。物质文明、精神文明、政治文明和生态文明之间是一种相互支撑、相互制约的关系。犯罪学的研究得出一条重要的规律是,社会犯罪率的降低取决于"四个文明"协调发展和综合水平的提高。按照历史唯物主义的基本原理,这一规律就表现为生产力与生产关系、经济基础与上层建筑必须相互适应和统一。

2)深化社会管理体制改革,克服社会弊端,不断完善社会制度。社会管理体制是在社会基本政治制度和经济制度下社会经济、文化、教育等方面的具体管理制度和形式。与社会基本政治经济制度相比,社会管理体制属于较为具体的制度层面。从历史上看,在任何一种社会制度和国家政权之下,既不可能无一例犯罪,也不可能人人皆为罪犯,但是,社会基本制度的性质如何,有时的确与犯罪问题联系得异常紧密。社会管理体制上存在的一些重大弊端和缺陷,会严重妨碍社会生产力的迅速发展,并作为诱发犯罪的制度性因素,从而深刻影响着社会治安形势。社会管理体制的改革和完善,不仅是社会运动和社会主义社会自我完善的重要形式之一,而且是犯罪控制的重要措施之一。社会管理体制改革在犯罪控制上的意义,主要表现在以下几个方面:首先,它本质上是一种社会规划活动和对社会运行机制的调整活动,有助于形成一种社会政治和经济的良性运行机制和对社会的政治经济领域内违法犯罪行为的抑制机制;其次,它有助于创造出一个高效能的政府,提高政府的社会行政能力,从而使国家政权和社会制度最大化地发挥其社会整合和社会控制功能;再次,它旨在建立一个民主、法治、科学、公正、尊重人的价值与尊严的社会,这样的社会及其政府不仅会赢得公众的拥护和顺从,而且有助于人的心理平衡和人格的健全发展;最后,它可以大大解放生产力,迅速提高社会生产率,使人民群众的物质、文化需要不断得到满足。

3)正确引导社会文化变革,实现社会价值的重整和统一。这里所说的文化,是指作为一种国民精神或共享价值的精神文化。文化不但以"社会潜意识"的形式深刻影响着文化共享者的个人行为和态度,而且作为社会精神因素深刻制约着该社会的结构(体制)模式。当然,文化也以不同于任何其他社会因素的独特方式影响(诱发或者抑制)着犯罪。因此,探讨犯罪原因,必须深究其文化之源;研究犯罪控制,必须寻求社会文化变革之路。当前,我国正经历着深刻的社会变迁,无论是从适应社会管理体制改革角度,还是从预防犯罪角度考虑,社会文化变革势在必行。

具体来说,我国社会文化变革的目的和任务主要有以下两个方面:一方面,在继承和保有传统文化的基础上,剔除其中的糟粕,借鉴、吸收外来文化中的精华,创造出一种适应时代要求的新的中华文化、一种和谐文化。这是传统文化的内容与性质的变革,有助于进一步改善国民精神。另一方面,这种文化变革,应当在正确估价中华传统文化以及外来文化(目前主要是西方文化)的基础上进行。在对中外文化的扬弃过程中实现社会价值的整合与统一,使全社会形成一个共同的价值目标,从而增强社会的有序性和团结程度。犯罪学研究表明,人的行为(尤其是犯罪行为)不仅受一定文化特质的制约,而且更多地取决于社会(或社会价值)的整合程度。通过适当的社会文化变革,来实现社会文化的整合或重建,避免出现社会失范状态,减缓文化冲突,防止违法亚文化群的形成,对于犯罪控制有着重要意义。

4)恰当调整阶级关系,改善人际关系,制造宽松的政治气氛。调整阶级关系和人际关系是社会改革的一个特殊领域。阶级关系和人际关系是社会结构的组成部分,社会改革必然引起或包含对阶级关系和人际关系的调整。正确处理各种矛盾,保持和谐的人际关系,是社会安定的重要条件之一。调整阶级关系,就是在恰当地估计阶级力量对比变化和阶级斗争形势的前提下,对阶级之间和阶级内部的关系进行政策法律方面的调整。调整阶级关系的目的在于缓和阶级斗争的紧张形势,使阶级矛盾和人民内部矛盾控制在社会统治秩序所能允许的范围之内。人际关系是人们在直接的物质和精神的交往中形成的一种非政治关系,如亲属、同事、师生、朋友等关系。人际关系实际上是个人生活的直接环境和情感氛围。它在很大程度上影响着个人的行为方式,不少犯罪行为与不良的人际交往有着密切联系。保持正常的、亲密融洽的人际关系,不但是人格获得健康发展的重要条件,而且有助于减少和避免多种矛盾和纠纷。

(2)社会政策——社会问题的控制阀。社会政策是国家和(或)执政党制定的,旨在协调社会关系,避免或解决社会问题,保证经济与社会平稳、均衡发展的方针、原则和计划的总和。它包括经济政策、人口政策、社会保障政策、文化教育政策、民族政策等多个方面。社会政策是政党和政府用以组织、管理社会的重要手段和工具,社会政策的制定和执行过程,就是党和政府对社会的组织管理过程。

社会政策有着重要的犯罪控制价值,具体表现如下。

1)就社会政策本身来说,它是一种社会关系"调节器",它的正确或错误将直接影响社会秩序的稳定与否。

2)比较而言,社会政策的犯罪控制价值优于刑事政策,前者可以治本,后者则只能治标。刑事政策是国家用来对付犯罪的专门手段,其主要目的和作用是通过对犯罪行为的事后回顾(惩罚、报复和矫正)来实现对犯罪的特殊威慑和一般威慑。刑事政策无法触动产生犯罪的原因和条件,其一般威慑和特殊威慑的作用也相当有限。社会政策虽不是对付犯罪的专门手段,但对于犯罪却具有明显的治本作用。社会政策的基本目的和作用在于调整、润滑社会关系,以避免和减少社会问题的发生,而这些社会问题往往是诱发犯罪的远因或近因。

社会政策的完善是一件相当复杂的事情。从过程上看,完善社会政策,首先需要有一个民主、科学的决策机制,这涉及政治体制问题;然后需要有一个高效能的行政机构将政策付诸实施,这不仅涉及政治体制,而且涉及政府的执政能力。要想完善社会政策,需坚持以下几个原则。

1)经济与社会协调发展原则。经济与社会协调发展,应当是社会政策的一个基本宗旨。在犯罪控制领域中,坚持经济与社会协调发展原则的具体体现是,制定科学的国民经济和社会发展规划,并使犯罪控制规划成为它的一个组成部分。

2)效率与公平兼顾原则。在社会生活中,效率与公平是一对难以处理的矛盾。如何协调效率与公平的关系,不仅是经济政策,而且是所有社会政策所经常面临的一道难题。社会发展史证明,单纯强调其中某一方面而忽视另一方面或者以牺牲某一方面为代价而换取另一方面,都难以构建一个理想的社会;但是,若将二者置于同等的地位,虽然理想,却又难以实际做到。较为现实的做法是,根据实际情况需要,将其中某一方面摆在优先地位,同时兼顾另外一方面。这样做既可以使社会保持一定的活力,又可以避免社会矛盾的激化。

3)内在一致原则。所谓内在一致,就是各项社会政策在总的价值目标上保持一致,在内容上协调统一、前后连贯,而不是政策多变、朝令夕改、长官意志。坚持这一原则,可以避免因社会政策的频繁变更或相互矛盾而出现社会动荡,还有助于引导社会公众对社会形势做出清醒的价值判断、形成较为成熟的社会价值取向和稳定的社会心理。

4)成本—效益原则。成本—效益原则也可称为最优化原则。这一原则要求,特定的社会政策必须是为实现特定社会目标而做出的最优选择,即按照这种政策行事,能够以最小的社会成本(代价)实现最大的社会效益。对社会政策进行成本—效益分析,可以影响决策者对社会治安问题重要性的判断和对治世手段的选择,在社会决策中,对犯罪及其控制进行成本—效益分析,具有更加直接的犯罪学意义。

(3)道德、法制和政府行政——社会控制的三种主要力量。道德、法制和政府行政是社会控制的三种主要力量。要想较好地组织社会,使之保持稳定有序的状态,这三种社会控制力量的适当运用是必要的。作为三种主要的社会控制力量,道德、法制和政府行政总是与责任、强制和制裁联系在一起。社会控制要强调的正是通过道德、法制和权力(政府行政)等力量的强制和制裁来实现对社会的较好的组织和控制。

道德是一套评价善恶的规则和标准。从客观上讲,它凭借社会舆论等道德评价和制裁而得以执行;从主观上讲,它通过个人的良心以及对道德责罚的畏惧而得到遵从。运用道德力量控制犯罪,主要表现在两个方面:一是加强道德建设和道德教育。道德建设是指对道德规范体系的确立;道德教育是指对道德规范的宣传和灌输。道德教育除了政治信念的灌输,更主要的是对基本伦理规范的传授。二是道德规范的执行,主要表现为普遍的社会监督和舆论谴责。

法制,是指国家和政府制定的用以调整社会关系、管理经济发展以及其他社会公共事务的法律、法规和制度的总和。道德是一种非正式的社会控制力量,法制则是一种正式的社会控制力量。法制的社会控制作用在于它确定了行为的是与非、可与否、合法与非法的标准,划定了人的自由的范围,赋予并且限定了国家机关(尤其是行政机关)的权力,使国家处于一定程度的法治状态,在一定程度上减少了权力的滥用。此外,它还预告了特定行为的特定法律后果和责任,使人们能够较为清醒地进行行为选择。法制完善是社会完善重要标志之一。

政府行政是政府依法对具体社会公共事务实施组织和管理的过程。政府行政对于保证社会秩序的有条不紊起着相当重要的作用。

4.微观社会控制

微观社会控制是指以社区、群体和公民个人为单位而进行的犯罪控制活动。其主要目的在于消除犯罪机会和条件,减少自身被害的可能性。

(1)环境设计与防卫空间。通过环境设计来控制犯罪,是一种具有较强应用性的犯罪控制方法。这一方法的主要目的在于利用工程建筑学方法来规划和建设物理环境,创造一个不利于犯罪发生的防卫空间,亦即控制和消除犯罪发生的空间场和时间场。

通过环境设计控制犯罪的方案,其科学基础是犯罪行为发生具有一定的生态分布规律或曰时空分布规律。犯罪的类型和发案率高低总是与具体的时空条件相联系,这表明特定的时空条件对于犯罪行为的发生具有诱发或刺激作用。由此得出的结论之一是,应当通过环境设计来消除作为犯罪诱因或强化物的时空条件。

(2)群体和个人对犯罪控制的参与。社区(community)、群体(包括组织)和公民个人是社会的基本单位。在社会生活中,它们既要接受政府的统一组织管理,又要积极地实行自组和自治;在控制犯罪活动中,它们既要支持和配合控制犯罪的国家行动,又必须作为主体而采取积极的自卫行动。社区、群体(包括组织)和公民个人对犯罪控制活动的积极参与,是国家控制犯罪行动的必要补充。

社区可以被定义为由聚集在某一地域并且有着共同的集体情感的人群所构成的社会单位。社区具有重要的社会组织功能,历来是社会控制的基本单位。群众自治是指群众有组织进行的自我管理和自我保护活动。其具体形式主要有治安联防,人民调解,共青团、妇联、工会等群众自治组织对其成员进行各种组织和教育活动。企业、事业单位以自我管理和自我保护的形式参与犯罪控制活动。企业、事业单位的自我保护的具体形式主要有在法律和政策规定的业务和职责范围内开展经营和业务活动;建立、健全工作纪律和经营管理制度;加强对本单位职工和工作人员的管理和教育;加强本单位的治安保卫工作,建立单位治安保卫组织和人民调解组织,健全治安保卫制度,积极协助公安、司法部门调查和处理本单位内部发生的违法犯罪案件。公民作为社会的主体,有责任以实际行动参与犯罪控制活动。公民个人参与犯罪控制活动的具体形式包括:遵守法律和社会道德规范,自我约束;增强自我防卫意识和能力,采取必要的财产保护和人身保护措施以及报警求助措施,减少被害的可能性;要勇于与犯罪行为作斗争。

(二)心理控制

犯罪行为是个体在特定的社会背景和具体情境下发生的选择性行为,具体犯罪行为的发生,是行为人相对自由意志选择的结果,要受行为人的理性和个性倾向的影响。因此,在强调犯罪社会控制的重要性的同时,也应当重视犯罪心理控制的重要性。

1. 犯罪心理控制的概念

犯罪的心理控制,是指通过对人的健康人格的社会培养和自我修养,增强人的社会适应能力和自我控制能力,使人能够在特定的社会背景和具体情境下做出符合社会法律和伦理规范的行为选择。犯罪心理控制是一个有助于社会成员养成健康人格的过程和措施,是人的社会化和个性化过程,可以收到避免犯罪行为发生的"综合性效益"。心理控制概念的提出,有其人性和事实上的依据。需要指出的是,强调犯罪的心理控制,并不是要把犯罪现象作为一种纯心理现象来对待,也不是把犯罪控制完全寄希望于一套纯心理学的技术或手段。实际上,犯罪心理控制,是犯罪控制体系中的一个方面、一道防线,它与社会控制一起构成了犯罪控制体系的两个基础性层次,二者相互补充,相得益彰。强调犯罪心理控制,意在强调犯罪控制的基础不仅在于社会的完善,而且也在于人的内在完善。

2. 犯罪心理控制的特点

犯罪心理控制的原理和特点如下。

(1)核心目的在于人的完善、人的内在充实和健全人格的养成。心理控制的核心目的是通过对健康人格的培养和养成来实现对犯罪行为的预防。对于健康人格的概念,不同的学者有着不同的理解。但人格获得健康发展的标志之一,是主体具有良好的社会认知能力和社会适应能力。人格健康者总是表现为能够冷静地应对外界环境的压力与诱惑,能够建立起良好的社会交往关系,并且能够使自己的价值得到实现、创造力得到发挥。换言之,他们总是能够以积极的姿态、合乎规范的行为方式来获得自我实现。

(2)强调自我控制与外在社会控制之间的相对均衡。心理控制特别强调人的内在自我控制与外在社会控制之间的相对均衡。人格的形成和改变取决于外部环境(即社会)的塑造(教化)和人的自我养成(内省和自我修养)。犯罪心理控制理论承认人的内在自我控制的重要性,并以增强人的自我控制能力为最终目的。自我控制能力是作为精神性存在的人所特有的一种能力,它是由人的道德感、社会责任感、良心、羞耻心等组成的一套自我调节和行为缓冲机制,能够使人在复杂的情境中和在行为发生的临界点表现出充分的理智和冷静,不发生过激行为。上述前提下,特别强调人的内在自我控制与外在社会控制之间保持相对平衡。二者的彼此"适度",是维持这种平衡的基本条件。犯罪控制的真谛,在于实现个人与社会的相互协调、内在自我控制与外在社会控制的相对平衡。一句话,个人与社会的均衡良性互动,培养健康、充实的人格,是实现上述协调与平衡的关键。

(3)以个体社会化与个性化为基本内容。犯罪心理控制是一个过程,确切地说,是指人的社会化过程和个性化过程。个体社会化和个性化是犯罪心理控制的基本内容。这个过程包括社会对个人的教化过程和人的自我修养过程两个方面,而不是仅仅指纯心理学技术或心理学措施的集合。

(4)以精神和心理上的正常人为主要对象,追求的是对犯罪行为的积极避免。心理控制是一种积极预防,以非犯罪的正常人格者为主要对象、以个体社会化和个性化过程为基本内容。在这一过程中,人既是对象,也是主体。在心理控制中,既为对象也为主体的,主要是未犯罪的正常人,而不是罪犯、变态人格者或者精神病患者。

3. 犯罪心理控制的功能

犯罪心理控制的功能是指犯罪心理控制具有的价值和效用。通过以下价值和效用的实现,可以间接地收到预防和减少犯罪的效果。

(1)人格的塑造和养成。犯罪心理控制的过程和措施具有人格塑造和养成功能,即心理控制过程和措施对个体人格的形成与发展具有建设性的影响。这是心理控制的最基本价值和效用,它的实现期待于社会的教化和人的自我修养这两方面的活动。

(2)心理调节。犯罪心理控制的过程和措施具有一定的心理调节功能,主要表现为它能够帮助个人建立起一套内在的自我调节和自我控制机制。

(3)主观激励。犯罪心理控制的过程和措施具有主观激励功能,即具有唤起人的主体意识、社会创造性及自我完善意识的功能。

(4)推动社会进步。犯罪心理控制依赖于社会的进步与完善,因此,它又具有间接地促进社会进步和完善的功能。犯罪心理控制需要社会的进步和完善;反过来,社会对于培养其合格的成员必须担负起应有的责任。

(5)社会控制。犯罪心理控制的过程和措施具有社会控制功能。犯罪心理控制的主要内容是个体的社会化和个性化,实现社会控制的较好形式是个体的社会化与个性化的相互统一、外在社会控制与个体自我控制的相对均衡。

4. 犯罪心理控制的基本途径

(1)社会化——社会对个体人格的塑造。个体社会化过程的顺利完成,是犯罪心理控制的基本途径之一。所谓社会化(socialization),又称社会教化或社会教养,是个人借以学习社会规范和价值、生产生活知识和技能,并形成个性

(人格)特质的过程。为了保证个体社会化过程的顺利完成,使个体形成健全的人格并成为符合社会规范、适应社会生活的社会成员,实现犯罪的心理控制目标,应当特别强调以下三个方面的工作。

第一,不断完善社会,创造一个有利于人格健康发展的社会文化环境。这是心理控制的基本途径之一,这种社会文化环境的基本特征是民主、科学、公平、正义、讲究法制、充分尊重人的价值、能够充分满足人的物质文化需要。

第二,传授社会文化和社会规范。掌握社会规范,学习社会文化,是参与社会并成为合格社会成员的一个重要条件。因此,社会向其成员传授该社会的文化与规范以及社会成员对该社会文化和规范的学习与内化,就成为社会与个体之间的双向互动过程,在这个过程中,人格得以塑造,社会控制和心理控制得以实现。

第三,心理卫生和心理健康咨询活动。开展心理卫生工作和心理健康咨询活动,是维护心理健康、培养健全人格的重要途径,因而也是犯罪心理控制的重要途径。

(2)自我修养——人格的自我养成和完善。随着年龄的增加和社会化过程的进行,人逐渐由降生时的"生物个体"成长为"社会个体",逐渐形成了较为清醒的自我意识,在此基础上形成并发展着自己的良心和整个人格结构。人的自我意识的形成,标志着他的自我观察、自我评价、自我修养和自我控制能力的形成。对于形成了较为清晰的自我意识的成熟个体来说,凭借理性和自我意识,积极地进行自我修养和自我完善,增强自我控制和自我调节能力,是健康人格自我养成的途径之一,也是犯罪心理控制的基本途径之一。

(三)治安控制

1. 犯罪治安控制的概念与特点

犯罪治安控制,是指由专门的社会控制力量运用国家赋予的权力,控制犯罪行为实施所需要的或者可能利用的外部条件,发现和制止犯罪行为的实施,防止和减少犯罪对社会的危害的各种行政措施。

犯罪治安控制是以犯罪的可知性为基点的。犯罪作为一种人的行为,一种在现实社会中实际发生的现象,总是要通过作用于客观外界的举动在现实上表现出来,总是要受到客观条件和规律的制约,总是要在现实社会中留下自己的足迹。犯罪治安控制,正是利用犯罪行为这一特点,凭借特殊的公共权力,通过管理、改善和控制可能被利用来实施犯罪或掩护犯罪的环境因素,来消除、减少犯罪机会,并运用特殊的公共权力寻找犯罪的迹象,阻止可能犯罪的人实施和完成犯罪。因此,犯罪治安控制与犯罪控制的其他措施相比,有如下特点。

(1)针对性。犯罪治安控制是对特定的人、特定的行为、特定的场所或特定的行业实施的预防性措施。它具有很强的针对性,具有明确的施控对象。它的目标十分明显,即防止具有犯罪倾向的人实施犯罪或者完成犯罪。这个目标决定了犯罪治安控制不是泛泛地针对一切人,而只是针对具有犯罪可能的人;不是针对犯罪产生的原因,而是针对犯罪实施的过程和条件。

(2)专门性。犯罪治安控制既然是有针对性地预防犯罪,它就必然主要依靠专门的社会控制力量来进行。这种专门的社会控制力量,在我国,主要是拥有行政处置权的治安行政管理部门。

(3)强制性。犯罪治安控制是在犯罪行为准备到犯罪结果出现这个阶段上采取的一种专门化控制措施,所以与其他犯罪控制措施相比,犯罪治安控制带有强制性。

2.治安控制的任务及功能

(1)治安控制的任务主要有以下几项:①预防和发现各种违法犯罪行为。②预防与查处治安灾害事故。③惩戒和教育违反治安管理的人。

(2)治安控制的功能是指治安管理作为开放系统,其整体对外所起的主要作用及正面社会效应。具体体现在以下几个方面。

第一,行为规范与导向功能。所谓规范功能,是指通过治安管理法律规范的制定、颁布施行与广泛宣传,让人们知道什么是国家允许做的,什么是国家不允许做的,从而约束自己的行为。所谓导向功能,是指治安管理的法律规范为人们提供了一个维护社会治安秩序和公共安全的行为标准和尺度,具有判断、衡量人们的行为的功能。

第二,惩戒与教育功能。治安控制的目的的实现,很重要的一条途径就是通过处罚违法行为人,来有效地制止和预防违法犯罪行为的发生。

第三,社会公共安全的维护与保障功能。治安控制的直接目的是防范与控制违法犯罪行为,其根本目的则是维护统治阶级的统治秩序。

3.治安控制的措施及特点

(1)治安控制的措施,是指治安控制的主体为了实现治安控制的目标,达到社会治安的目的,依法对社会治安秩序实行控制管理的各种手段的总称。治安控制的措施按其性质和作用可以划分为管理措施、专业措施、教育改造措施、经济措施和技术措施等。

1)惩戒措施。惩戒措施是指公安机关依法所具有的治安管理处罚和治安行政强制措施。

2)管理措施。管理措施是指公安机关在治安管理中广泛应用的行政管理、行政审批、监督检查和禁止、取缔等内容。

3)专业措施。专业措施是指相对于治安控制的其他措施更具有治安管理功用的专业性措施,如治安调查、巡逻、守望、堵卡和盘查等。

4)教育改造措施。教育改造措施是指以国家政权和警察的强制力为后盾,以教育人、改造人、预防违法犯罪为目的的一种特殊的教育手段,主要包括治安防范教育、社会帮教和监督改造。

5)技术措施。技术措施主要是指公安机关采用的现代通信技术、警用监控技术、报警技术、安全检测技术等技术与手段。

(2)上述预防措施除具备一般行政管理手段的共同特征外,还具有以下特点。

1)强制性。治安控制措施是以警察权力为依托的,而警察权力在一定程度上就是国家权力的象征。

2)多样性。治安控制措施要想实现对社会的控制与防范,应采用多样化的措施和手段,包括行政的、法律的、教育改造的、公安专项的等。

3)互补性。治安控制的各项措施之间存在明显的互补性。

(四)刑罚控制

1.刑罚控制的概念和特征

刑罚控制是指国家刑事司法机关在对犯罪人的犯罪行为及其危害,通过适用刑罚所实现的一般和特殊预防目的的专门性强制措施及其防治活动。刑罚控制具有以下特征。

(1)刑罚控制的主体是专门的国家机关。刑罚控制的主体是享有刑事立法权的国家权力机关和享有刑事司法权的国家司法机关。在我国,只有全国人民代表大会及其常务委员会才有权制定刑事法律,规定刑罚的种类及其具体运用的原则、制度和量刑标准,规定适用刑法的机关、程序和执行,规定特定时期适用刑法的基本政策。享有刑事司法权的国家机关是公安机关、国家安全机关、检察机关、人民法院以及监狱机关。

(2)刑罚控制的工具是刑罚。刑罚是国家用以惩罚犯罪、制裁犯罪人的一种最具强制性的法律制裁手段。刑罚作为一种法律手段,是国家意志的表现,刑罚的运用必须由专门机关严格依照法律的实体性和程序性规定进行。运用刑罚来控制犯罪,包括三个方面的活动:一是制定刑事法律,设置刑事司法系统;二是适用刑罚惩罚犯罪、改造犯罪人;三是通过刑罚适用的实例教育公民不去犯罪。

(3)刑罚控制的对象包括犯了罪的人和没有犯罪的人。刑罚控制是针对特定的犯罪人的一种特殊预防,但同时对社会的潜在犯罪人和其他社会公民发挥着一般预防的作用。

(4)刑罚控制以刑罚目的为目的,包括特殊预防和一般预防,既是为了教育改造已经犯了罪的人,使他们不致再犯罪,同时也是为了震慑意欲实施犯罪的人,使他们放弃将要实施的犯罪。

2. 刑罚控制的功能

刑罚控制的功能是指刑罚控制手段在其设置和实施过程中所能发挥的防治犯罪的作用及效应。刑罚控制在整个犯罪控制体系中,依其作用对象不同,具有两个方面的预防功能:特殊预防和一般预防。

(1)特殊预防。所谓特殊预防,是指国家司法机关通过揭露犯罪行为并对犯罪人适用和执行刑罚所具有防止罪犯再犯的能力。由于特殊预防是针对特定的犯罪人在实施了犯罪行为之后所采取的惩治、控制措施,所以又称为"个别预防""罪后预防"或"再犯预防"。

特殊预防功能作用的对象,是已经实施了犯罪行为,给社会造成了严重危害的应受刑罚处罚的罪犯。特殊预防的功能,主要是通过威慑、剥夺犯罪能力、感化教育、惩罚与改造相结合来实现的。运用刑罚的惩罚性及其所产生的威慑效应预防犯罪,是人类最久远的做法。惩罚是一切刑罚的共同特征,也是实现刑罚控制功能的必要手段。刑罚的惩罚作用表现在对犯罪人的物理强制和心理影响。剥夺犯罪能力是通过对犯罪人再犯能力的剥夺,预防其再犯。

(2)一般预防。一般预防是指国家司法机关在制定和适用刑罚时,对社会一般公众所产生的预防犯罪的作用与能力。由于一般预防是针对犯罪人以外的没有实施犯罪行为的不特定社会公民,所以又叫"犯前预防"。一般预防是刑罚控制所追求的扩大效应。

一般预防功能作用的对象十分广泛,包括了除犯罪人以外的一切社会公众。主要可以归纳为以下几类:潜在犯罪人、被害人、法盲、守法公民。对应不同的预防对象,一般预防的功能效应发挥着不同的效果。

1)对潜在犯罪人具有一般威慑效应。刑罚威慑效应的结果,可能是增强潜在犯罪人的自我控制力、消除犯罪的侥幸心理、抑制犯罪动机和犯意、阻止犯罪决意形成或遏制犯罪心理外化为犯罪行为。

2)对被害人及其家属具有安抚效应。这种效应能够预防被害人及其家属由于复仇心理而造成新的犯罪。

3)对法盲具有一般辨别效应。辨别效应是指刑罚作为统治阶级对犯罪行为的一种否定评价和严厉谴责,能够促使人们辨别自己行为的性质,认识是非善恶,摒弃刑罚所否定和谴责的行为。

4)对守法公民有鼓舞效应。及时揭露和制裁罪犯,准确而恰当地适用刑罚,就能够给社会公民以鼓舞,从而激励他们自觉地同犯罪行为作斗争。

3. 刑罚控制的重要环节——监狱

监狱在刑罚控制中扮演着重要的角色,作为国家的物质附属物和暴力机器,它是国家存在的象征之一和对敌专政的重要手段。国家设立监狱,并用铁窗、高墙和严密的武装警戒赋予其外表,目的就在于拘禁触法犯科、严重危害社会的犯罪分子,用物理形态的方式将其与正常的公众社会隔离开来,防止其再次实施犯罪行为。这就是一种特殊预防,监狱工作是刑罚特殊预防的重要领域。

刑罚的特殊预防的整体功能的发挥,是制刑、求刑、量刑和行刑等四个环节综合作用的结果,监狱工作不仅是行刑环节的一部分,也是最重要的一部分。就刑罚控制来看,对罪犯的特殊预防功能的实现,是通过公安机关侦查破案、检察机关审查公诉、人民法院定罪量刑和监狱等行刑机关惩罚改造等四道工序来实现的。监狱处于第四道工序,起到最后的把关作用。

监狱在刑罚控制体系中,不仅起着极其重要的特殊预防的角色,而且也发挥着一般预防的作用。监狱在将已被人民法院定罪量刑之后的罪犯集中关押在其中的同时,也在向社会宣告犯罪者必将受到剥夺人身自由的刑罚惩罚的痛苦,无疑给社会树立了一个警示,警诫那些潜在的犯罪者不要模仿。总之,监狱具有刑罚预防所期待与追求的防止犯罪的能力与作用。一切监狱的设置及其目的均是为了防止罪犯重新犯罪,警诫与预防社会上的潜在犯罪人实施犯罪行为。

(五)家庭控制

家庭是社会的细胞,是人类社会生活的基本组织形式。一个人从出生到长大成人,大部分时间是在家里度过的,父母是孩子的启蒙老师,父母的言行举止和对子女的教育方法,对孩子的成长有着重大的影响。家庭环境是一个人生活和成长的首要环境,家庭环境如何,直接决定和影响着子女的健康成长和发展。一个人的社会化过程始于家庭,基本生活技能的掌握,社会规范的接受,生活目标的确定,生活方式的形成,社会角色的培养等,最初都是在家庭中形成的。因此,家庭环境的状况如何对于人的一生发展有着重要影响。家庭教育和家庭环境与未成年人犯罪关系密切,家庭教育不当和家庭环境不良,不利于未成年子女身心的健康成长,甚至可直接或间接地导致未成年人犯罪

由于家庭是以婚姻关系和血缘关系作为联系其成员纽带的社会群体,其控制力较强。因此充分利用家庭的这种控制力,就能有效地预防犯罪。所谓家庭控制,是指通过发挥家庭的教育功能抑制和减少犯罪的一种犯罪控制的方法。

家庭控制的内容,主要包括家长对子女的犯罪控制和家长(或长辈)自身的犯罪控制。其任务是防止家庭成员犯罪和家庭受到犯罪侵害。在一个家庭中,家长处于核心地位,负有教育、管束和保护(监护)子女的责任。家庭犯罪控制的核心内容,就是家长预防子女违法犯罪。家长应充分运用自己的影响力以及权利与义务,采取科学的教育方法和教育态度,正确地引导、培养、教育子女,使他们树立正确的世界观、人生观、道德观、劳动观和价值观等,使子女从小就开始

形成良好的个性品质,有分辨是非、善恶、美丑、正义和非正义的能力,要知法、懂法、守法,从而起到预防犯罪的作用。同时,家长还要加强自身的修养,以身作则,言传身教,行为检点,从严要求自己,敢于为正义而斗争,既为子女树立榜样,以影响子女,又要防止自己走上违法犯罪道路。

(六)学校控制

在现代社会中,学校是绝大多数人的必经之路。一个人的一生中有很多时间是在学校度过的,而这一段时间一般又正是人的世界观形成的关键时期。如果能在学校受到良好的教育,那么他就有可能成为一个情操高尚,于国家于社会有益的人;反之,如果学校教育不力或许他就有可能走上歧途,违法犯罪。因此,学校控制是继家庭控制之后犯罪控制的又一道重要防线。

学校是专门教育人的地方,是青少年社会化的重要场所,其根本任务是对受教育者进行有目的、有计划、有组织的系统教育,使他们完成社会化的全过程,树立起正确的人生观和世界观,获得良好的个性修养和知识,成为有理想、有道德、有文化、守纪律、法制观念强、爱劳动、爱祖国、爱人民、爱党、爱社会主义制度、讲奉献的一代新人和社会需要的人才。学校教育不但在提高全民族的素质、创造社会主义高度文明上,具有举足轻重的地位和作用,在犯罪控制和搞好社会治安上,也具有不可或缺的关键性作用。

学校通过良好的教育活动,有效地发挥犯罪控制的作用,是犯罪控制领域中的重要环节。因此,加强学校教育和管理,减少教育措施的失误,是学校控制犯罪的重要方面。其中,尤其应强调以下问题。

(1)重视和发展教育事业,提高全民族的文化素质。在加强中小学教育的同时,抓好成人教育。

(2)学校教育应根据未成年人的特点,加强学生品德、法制和人生观教育,以身作则,遵纪守法,热爱学校,忠诚教育事业,实行家访制,进一步了解学生的状况,同家长、社会密切配合,共同教育好学生。

(3)学校应当配合家长和社会组织做好社会帮助工作,就地转化顽劣学生等。

(七)社区控制

社区(community)是指以一定的地理区域为基础的社会群体的聚居处,也就是有一定群众生活的地方社会。村庄、乡镇、街道、市区、郊区、大都市等都是规模不等的社区。所谓社区控制,就是以社区为基点,根据犯罪行为和社会违法与不良行为的实际情况、特点和规律,通过社区组织、社区行动、社区文化,以及改变社区环境等多种途径和方式,从时间、空间和人等多维度对犯罪行为、违法行为、不良行为进行预防、制止和处理相配合的犯罪控制模式。[①] 社区控制是预防、遏制和减少犯罪的重要手段和发展方向,是一项复杂的系统工程。社区是社会的细胞,具有不可忽视的特点。作为社会细胞的社区,它是各种社会对策的出发点和归宿。社会治安问题的发生与解决主要在于社会的基层——社区。

社区控制的理论根据,首先是,社区作为一种地域性的社会生活共同体,具有经济功能、社会化功能、社会控制功能、福利保障功能和社会参与功能。通过遏制社区成员违反社区规范和价值观念的行为,可以稳定社区秩序,保持良好的社会风尚,从而达到预防、遏制、减少犯罪的目的。

其次是,每个人都生活在特定的社区内,个人犯罪行为的实施,从犯罪动机和欲望的产生,犯罪技能与手段的培养选择,犯罪机会的创造直到实施犯罪,都离不开社区环境。因此,在社区内采取多种方法,实现对有犯罪危险性的人和滋生犯罪环境的控制,进而预防、遏制犯罪的发生是可行的。

---

① 康树华:《犯罪学——历史·现状·未来》,北京:群众出版社1998年版,第198页。

第十四章

完善社区矫正，强化社会控制

　　我国对犯罪人的矫治，除了狱内改造，使服刑人员尽快回归社会外；还有狱外帮教，以便很快融入社会，其中，社区矫正是我国重要的狱外改造措施。最初，社区矫正制度仅在个别地方实验，后来在全国推广。遗憾的是，至今尚没有一部社区矫正法，一切均在试点中，而不是正式展开。2011 年 5 月 1 日正式生效的《刑法修正案（八）》首次在刑事立法中规定了社区矫正，但仅仅是针对特定对象适用社区矫正的概括用语。尽管如此，社区矫正的作用越来越大，在司法实践活动中的影响不可忽视。事实上，完善社区矫正，更有利于社会控制的强化，特别是彰显社会控制人性化与亲和力。

▌第一节　社区矫正的概述

　　社区矫正是一个外来语，社区矫正一词是从英语中翻译过来的新名词。表示这个意思的英语术语有两个，即 community corrections 和 community-based corrections。严格讲,这两个英语词语的翻译有细微的差别:community corrections 可直译为"社区矫正",而 community-based corrections 则可译为"以社区为基础的矫正"。较早的翻译书籍中,这两个译名都有。例如,在龙学群翻译的美国犯罪学家克莱门斯·巴特勒斯的《罪犯矫正概述》一书中专门论述了"以社区为基础的矫正",其中也有"社区矫正"的字样①。尽管人们更多倾向"社区矫正"的名称,一般认同社区矫正的英语翻译为 community-based corrections,但是,在实务中还是一度出现了混乱,比如,2002 年上海市开展社区矫正试点的时候,将该工作称为社区矫治。社区矫治和社区矫正本质上有区别吗? 内容一样吗? 二者之间是什么关系? 其实,就是对英语翻译过来的词汇认识不同造成的,人们最终采纳了社区矫正,并以国家文件形式明确了社区矫正定义。比如,在 2003 年的《关于开展社区矫正试点工作的通知》中使用了"社区矫正"的概念。自此以后,"社区矫治"的概念逐渐淡出人们的视野,以后发布的文件和大量的文章、论著等,都普遍使用了"社区矫正"的概念。2003 年《关于开展社区矫正试点工作的通知》中关于"社区矫正"名词的采用及相关的论述,在新中国相关国家机关发布的规范性文件中是第一次。

一、社区矫正的现状

社区矫正最早产生于欧美国家,它属于刑罚制度的范畴,是与监禁刑相对应的非监禁刑的刑罚执行方式,主要是将社会危害性不大的犯罪人放到社区进行矫正。它顺应了世界和中国刑罚的发展趋势,是在刑罚由严厉走向宽容,由封闭走向开放,由野蛮走向文明的背景下诞生的。它为犯罪提供了良好的矫正环境,让矫正对象顺利实现再社会化;它减轻了监狱的负面影响,避免了监禁刑的缺点;它更多关注于如何矫正罪犯的心理,而不是一味地强调刑罚的惩罚性。

我国的社区矫正借鉴于国外,起步比较晚,但一直平稳向前发展,没有任何动摇,并且正逐步完善中。社区矫正具有监禁刑不可代替的优越性,具有积极的社会效果。犯罪并不是天生的,环境对其的影响是不可忽略的。因此,将一些罪行轻微的罪犯融入社区进行矫正,能够让他们在接受惩罚的同时更好地得到社会的帮助,让他们从内心感受到社会对他们的关爱。在矫正人员的引导下,他们能够从更乐观的角度看待这个社会,从而能更好地塑造自己的人生观和价值观,

---

① [美]克莱门斯·巴特勒斯:《罪犯矫正概述》,龙学群译,北京:群众出版社 1987 年版,第 152 页。

淡化犯罪心理。将他们放在社区进行矫正,便利了亲属朋友对他们的监督,及时发现他们的异样的情况并去开导他们,有利于矫正对象矫正其行为。因此,社区矫正的目的是试图通过将矫正对象放入社区进行改造和教育的方式,让其恢复对生活的信心,能够顺利回归社会。在党中央的正确领导和各级党委、政府的重视支持下,在各有关部门的协调配合和社会各界的积极参与下,社区矫正试点工作进展顺利,成效显著,在维护社会和谐稳定、降低刑罚执行成本等方面发挥了重要作用,在完善我国非监禁刑罚执行制度方面做出了有益探索,积累了丰富经验。

我国近几年开展的社区矫正活动中逐步积累了中国特色的非监禁刑经验。2002 年,我国在上海首先进行了社区矫正试验。2003 年 7 月,最高人民法院、最高人民检察院、公安部、司法部在《关于开展社区矫正试点工作的通知》中,确定了北京、天津、上海、浙江、江苏、山东为全国社区矫正首批试点省市。2005 年 1 月,两院两部又确定了 12 个省、自治区、直辖市为第二批社区矫正试点。在这些试点的实行过程中,摸索出了适应中国国情的社区矫正的方式,比如以司法机关作为社区矫正的主体,增加社区服务刑等。党中央、国务院对社区矫正工作高度重视。2008 年 12 月,《中央政法委员会关于深化司法体制和工作机制改革若干问题的意见》(中发[2008]19 号)对推进社区矫正工作提出了明确要求。当前,我国正处于改革发展的关键时期,维护社会和谐稳定的任务十分繁重。在全国试行社区矫正工作,把那些不需要、不适宜监禁或者继续监禁的罪犯放到社区里,充分利用社会力量有针对性地对其实施矫正,促进其顺利回归和融入社会,对于贯彻落实宽严相济的刑事政策,探索完善中国特色刑罚执行制度,降低刑罚执行成本、提高刑罚执行效率,最大限度地增加和谐因素,最大限度地减少不和谐因素,维护社会和谐稳定,具有重要意义。2009 年,为推动社区矫正工作深入发展,经中央政法委批准,最高人民法院、最高人民检察院、公安部、司法部决定,从 2009 年起在全国试行社区矫正工作,并要求从维护社会和谐稳定、深化司法体制和工作机制改革、探索完善中国特色刑罚执行制度的高度,充分认识全面试行社区矫正工作的重要性和必要性,采取有力措施,积极推动社区矫正工作的全面试行。可见,社区矫正试点工作取得的成效越加明显。

二、社区矫正的概念与特征

(一)社区矫正的概念

社区矫正是非监禁刑罚执行方式,是指将符合法定条件的罪犯置于社区内,由专门的国家机关在相关社会团体、民间组织和社会志愿者的协助下,在判决、裁定或决定确定的期限内,矫正其犯罪心理和行为恶习,促进其顺利回归社会的非监禁刑罚执行活动。开展社区矫正工作是我国司法体制和工作机制改革的重要内容。多年的试点实践充分证明,中央关于开展社区矫正工作的决策是完全正确的。社区矫正符合现阶段我国经济社会发展要求,符合人民群众对社会和谐稳定的现实需要,是一项符合我国国情的非监禁刑罚执行制度。

(二)社区矫正的基本特征

通过对社区矫正概念的界定,可以把社区矫正的基本特征概括为以下几个方面。

(1)非监禁性。非监禁性是指不将社区矫正对象收押到监狱等刑罚机构中执行刑罚的特性。非监禁性意味着,被适用社区矫正的犯罪人并未受到传统刑罚如监狱矫正、剥夺自由刑的完全丧失人身自由的监禁控制,他们在一定范围内过着自由的生活,此时的自由是相对的,他们的人身自由仍然会受到一定的限制,但是其行动自由得到了极大的保留。他们的工作和日常生活不会因为服刑而发生改变,基本上还像被处以社区矫正之前那样,从事自己的工作过着自己的日常生活。

(2)刑事制裁性。社区矫正虽然在严厉程度上低于监禁刑,但矫正对象都是因触犯刑事法律而被判以有罪的人,所以社区矫正的刑事制裁性应是其本质特征。试想,"如果刑罚全然失去惩罚的目的,只具有教育、改造和治疗的目的,那么人们不禁要问:当罪犯没有受到身体上的痛苦,其犯罪所获得唯一后果却是免费教育的特权时,刑罚的存在还有何意义?"事实上,社区矫正作为一种刑罚执行活动,刑事制裁性是其应有的基本特性。这样,才有利于实现社会公平正义,维护法律权威,达到预防犯罪的目的。

(3)社区参与性。社区参与性是指社区矫正对象与社区中的社会生活密切结合的特性,是区分非监禁刑与社区矫正的重要特征。这一特征体现了社区矫正与其他刑罚执行方式主要依靠法院、监狱等国家机关相比,社区在矫正中发挥着积极的作用。矫正对象不但要参与社区内各种内容的公益劳动,还要广泛利用社区资源对自身加以改造。因此,社区建设在很大程度上决定了社区矫正实施的质量和效果。

(4)功能复合性。社区矫正与监禁矫正相比在功能上更具复合性。根据《监狱法》第1条规定,监禁矫正的功能是"惩罚和改造罪犯、预防和减少犯罪",也即是学理上通常讲的规范功能和矫正功能。社区矫正相对监禁矫正而言,还具有保障功能、康复功能、个别预防功能和品德养成功能。保障功能是指保护犯罪行为者的权利和利益,避免因国家权力的滥用而使其受害的功能。康复功能是指消除或治理导致犯罪人违法犯罪行为发生的内部心理动因,对矫正对象进行心理测试和心理诊断,然后按方案治愈矫正对象内在的疾患。个别预防功能和品德养成功能是指运用社区的优势,对矫正对象进行全方位的矫正。

第二节　社区矫正的理论基础

社区矫正制度作为近现代行刑理念发展的重要产物,是人们在漫长的刑罚实践中,尝试用一种先进的刑罚制度来弥补传统刑罚的残酷性和局限性而发展出来的,它的发展和演变折射出人类关于行刑思想的理性选择。由于不断发展的刑罚理论为社区矫正制度的产生提供了强大的理论基础,从而也推动了世界各国社区矫正制度的建立和发展。

所有罪犯都是可复归的,监狱是一个提供矫正罪犯的富有建设性的地方,而不是一个惩罚罪犯、剥夺罪犯能力的场所。犯罪是社会诸多因素综合作用的产物,犯罪的发生不仅仅是个人主观意志的选择,同时也是社会中诸多不良因素交互作用的产物,对罪犯处遇的重要方面是利用社会资源来帮助罪犯复归社会。在罪犯复归社会前后,只有充分调动各种社会力量,合力教育改造,救助犯罪人,才能巩固行刑效果,确保刑罚目的的实现。社区矫正就是一种回归模式之一。基础理论是对实践的引领,因此要研究我国的社区矫正,必须要有理论作为它的支点,并指导社区矫正的运行和发展。社区矫正的理论基础有以下几方面。

一、刑法的人道主义

人道主义开始于文艺复兴时期,最早是由刑事古典学派提出来的,其代表人物是贝卡利亚。他在《论犯罪与刑罚》一书中提出:纵观历史,目睹那些自命不凡,冷酷无情的智者所设计和实施的野蛮而无益的酷刑,谁能不触目惊心呢? 严酷的刑罚造成这样的一种局面,罪犯所面临的恶果越大,也就越敢规避刑罚。为了摆脱对一次罪行的刑罚,人们会犯下更多的罪行。刑罚最残酷的国家和年代,往往就是行为最为血腥,最不人道的国家和年代[①]。实证主义学派认为,提倡刑法的宽容性,反对刑罚的残酷性,应根据犯罪人人身危险性的大小适用轻重不同的刑罚。刑法的人道主义是指刑法的制定与适用都应当和与人的本性相符合。它立足于人性,认为人性的基本要求是人类出于良知而在其行为中表现出的善良与仁爱的态度与做法,即把任何一个人都作为人来看待。因此,刑法人道性的最基本也是最根本的要求就是,犯罪人也是人。作为犯罪人也有其人格尊严,对

---

① 〔意〕贝卡利亚著:《论犯罪与刑罚》,黄风译,北京:中国大百科全书出版社 1993 年版,第 42～43 页。

于犯罪人的任何非人的对待都是不人道或者反人道的。它的重要意义在于对公民个人自由的尊重,使无辜者不受到刑事追究。

目前,人道主义已经成为了国际惯例,国际社会制定了一系列的法规来保障人道主义的贯彻执行:1957 年的《囚犯待遇最低限度标准规则》、1975 年的《保护人人不受酷刑和其他残忍待遇或有辱人格待遇或处罚宣言》、1984 年的《关于保护面对死刑的人的权利的保障措施》,等等。任何有违人道的行为都是有违社会的发展方向的。刑罚虽然有惩罚性,但它的主要目的并不是让罪犯感到痛苦与折磨,而是让他们为自己所作的事情承担应有的责任,抚慰被害人,他们作为人的一些最基本的权利并没有丧失。如果一味地强调刑罚惩罚的严厉性,可能会失去解决犯罪问题的其他机会,还可能带来新的不稳定因素,不利于社会的安定。因此,我们在惩罚犯罪人的时候,要时刻牢记他们和我们一样都是人,只是他们由于某种原因受到了刑法的惩罚,但这并不意味着他们就没有得到尊重的权利。不仅如此,我们应当在法律的规定下最大限度地体现刑法的宽和性,尽量让他们在比较好的环境中进行改造。因此,让罪犯在社区进行矫正,让他们能够和正常家庭一样和睦相处,有利于建立和谐的家庭氛围,同时能够避免在监禁环境下有可能带来的交叉感染的风险。因此,无论是从国际刑法的发展方向还是从人权的保障角度来看,以人格矫正为前提,让罪犯融入社会进行改造的社区矫正要比传统的改造形式更适合社会的发展趋势。社区矫正的对象都是一些罪行比较轻微的犯罪人,他们中的大多数人社会危害性不是很大,主观恶性较小。根据刑法人道主义提倡的惩罚应当和人性相符合的原则,我们要秉持让他们受到一定的惩罚是为了帮助他们再社会化而不是趁机报复的观念,让他们在社区矫正中受到人性化的对待,从而顺利地回归社会,这也是人道化思想在刑罚适用上的具体体现。

二、刑法的谦抑性

刑法的谦抑性,又指刑法的经济性或者节俭性,是指立法者应当力求以最小的支出——少用甚至不用刑罚而用其他刑罚替代措施,获得最大的社会效益——有效地预防和抗制犯罪。刑法的谦抑性主要表现在刑法是处罚犯罪人的最后手段这一点上。它是指只有在其他手段的运用都不足以抗制犯罪时,才动用到刑法。同时刑法不应当被滥用到社会各个领域,它不能直接进入市民的生活。在社会关系维系进程中,单从法律关系而言,刑法是基本法,更是辅助法。国家为了维持社会秩序,制定由民法、经济法、行政法、刑法等组成的法规范整体,但是刑法是以刑罚这种残酷的制裁作为手段的,不能轻易使用,只有在使用其他法律不足以对社会关系进行保护的场合,才将该侵害权益的行为作为犯罪行为进行处理,由此而彻底实现对社会秩序的保护。总之,我们在运用刑法的时候应当对具有严重社会危害性的行为予以特别的关注。对于轻微的犯罪行为或者一般的违法行为应当少用甚至不用刑法而尝试用其他的方式来代替刑法,或者用较轻的刑法处罚代替较重的刑法手段,树立非犯罪化或者非刑罚化思想。非犯罪化是指取消某种罪名,即排除某种行为应受到刑法惩处的性质。非刑罚化是指减轻法律规定的对某些犯罪的刑事处罚,这些行为仍然被认为是犯罪,但是对待这些犯罪的方法与原有的刑事惩罚是不同的。在非刑罚化的思想的影响下,人们致力于组织对监禁的替代方法。我们可以看到,社区矫正非常符合刑法发展的这一趋势。它把罪行不是很严重的罪犯以非监狱的执行方式代替了在监狱执行这一比较严厉的执行方式,是中国刑法的一大进步和改革。

刑法的谦抑性必然要求刑法节俭。这里的节俭也就是所谓经济。刑法的经济性是一个相对概念,并不是一味地裁减刑法,而是以最小的刑法资源投入获得最大的刑法效益。刑法的资源不仅包括我们可以看见的社会资源,同时也包括非物质资源,比如犯罪人的再犯可能性等。行刑经济化是刑法谦抑性的应有之义,就是在刑罚执行过程中,力求以最小的投入来获得有效预防和控制的最大社会效益,以不执行、减少执行以及不实际执行刑罚来达到执行刑罚的效果,寻求刑罚执行的多效益。在刑法中,我们的宗旨是犯罪的直接和间接成本及刑事审判制度的运转成本最小化。行刑经济化理念与行刑社会化有着密切的联系,尤其是将经济学分析方法引入法学、社会科学领域之后,经济分析法学成为当今法学理论的一个重要流派,行刑经济化理念也正是这一法学理论在行刑过程中的充分体现。行刑的经济化在当今行刑社会化理论与实践中已经成为不得不考虑的因素。当然,行刑经济化不能背离罪刑法定和罪刑相当原则。对刑罚执行做出“经济化”考虑的同时,必须依照法律的规定,一定要是法定范围内“行刑经济化”,不能加以无限扩大。社区矫正既保持了定罪量刑的严格标准,又在客观上减少了监禁人数,降低了刑罚执行的副作用,有利于将罪犯早日改造成功、重返社会,这样既合法又经济,充分实现了行刑效益。目前,我国的司法资源不足,在刑罚的执行中应当以最小的投入来获得最大的效益,最大限度地降低刑罚的成本。相对于执行成本较高的监禁刑来说,社区矫正这种非监禁刑更能减少国家在刑罚上的投入,节约矫正资源。

三、标签理论

标签理论萌芽于 20 世纪 30 年代,形成于 60 年代末期,以美国犯罪学家莱默特（E. M. Lmert）、贝克尔（H. Bocker）等人为代表,并迅速成为犯罪学的主流理论之一。标签理论从行为的社会解释角度来认识犯罪,认为人的行为并不取决于事物的内在性质,而是取决于社会解释方式,他们被称作什么,以及由其名称所引起的含义。任何行为的本身都不是有罪的,而是社会把某些行为确定为犯罪行为并给他们贴上犯罪的标签,从而成为违法犯罪的催化剂。犯罪行为本身并不能引起行为人的越轨认同,当犯罪人在被刑事机关追诉时,便开始了贴标签的过程,面对公众的谴责和"坏人"的标签,犯罪人很难保持一种积极的自我评价,于是对"坏人"的标签产生消极的认同,由原来的初级越轨行为发展到继发的越轨行为,行为人的犯罪生涯由此形成。

一般是基于这样的判断,从任何行为的固有性质来看,行为的犯罪是由法律规定的。法律规定了犯罪,接着由实际操作部门按照法律的规定,界定犯罪的定义。通常,犯罪的定义是由有权势的群体代表(警察、法庭、矫正机构、其他管理部门)为他人的利益而强制使用的。一个人并不会因为违反法律而成为犯罪人,只有少数一些人因为被逮捕的行为引起了贴标签的过程。把人们划分为犯罪人和非犯罪人的做法,这是与常识和经验性证据相矛盾的。面对公众谴责和坏人标签,犯罪人很难保证一种积极的自我形象。

标签理论在进行理论研究的同时,也提出了改革控制犯罪的机构与制度的刑事政策建议,如非犯罪化转向非机构化、赔偿和补偿等。因为将罪犯判刑入狱是最深刻的标签化过程,所以标签理论强调应将一些罪犯在矫正机构内服刑转到社区内进行矫正,以减轻监狱机构对受刑人所形成的消极标签效果。标签理论不仅倡导将狱内矫正改为社区矫正,而且主张判令犯罪人通过支付赔偿金或其他方式对受害人进行赔偿,或者提供社区服务来补偿其犯罪行为所造成的损害。社区矫正作为一种和监狱执行相对应的矫正方式,避免了罪犯化这一最深刻的标签化过程。它是让犯罪人在社区进行矫正,因此对于犯罪人来说,他们的日常生活并没有受到在监狱矫正那样大的影响。在此期间,他们仍然可以找工作,交朋友和家人生活在一起,更为重要的是他们没有被社会贴上"坐牢"这个标签,淡化了罪犯的标签色彩,让他们不用承受别人异样的眼光,这有利于他们身心的健康发展,也有利于降低他们再犯的可能性。

四、行刑社会化理论

所谓行刑社会化,其目的是为了避免和克服监禁刑存在的某些弊端,使刑事执行服务于罪犯再社会化的目标而应慎用监禁刑,使其在社会上得到教育改造;同时对于罪行较重,有必要监禁的罪犯,应使其尽可能多地接触社会,并使社会最大限度地参与罪犯矫正事业,从而使刑事执行与社会发展保持同步,为罪犯顺利回归社会创造有利条件。行刑社会化的体现之一就是刑罚方法从以监禁刑为主的体系向以非监禁刑为主的体系转变。行刑社会化是刑罚史上一场深刻的革命,是刑罚发展的必然趋势。

国外的社区矫正最早可以追溯到 18 世纪末,西方的社区矫正从假释发展形成。1853 年,英国著名的狱制改革家、爱尔兰监狱总监委员会主席克罗夫顿将假释纳入爱尔兰累进处遇制度中,并将其作为行刑累进阶段的最后一个环节以后又不断加以完善,形成了十分完备的"爱尔兰假释制度"。此后,各个西方国家开始热捧这一制度。美国于 1869 年将爱尔兰的假释制度正式纳入法规中,制定了假释法,由此确立了近代的假释制度。1887 年,由布克维在纽约州的爱尔兰感化院将假释制度适用于累进制以及不定期刑中,假释从此成为处遇制度上的一种基本制度。到了 1910 年,美国 2/3 的州以及联邦政府采用了假释制度,1944 年以后,美国各州均实行了各具特色的假释制度。从国际上看,1910 年华盛顿万国监狱会议、1925 年伦敦国际刑法以及监狱会议、1950 年海牙国际刑法以及监狱会议均对假释进行了热烈的讨论、宣传与决议,使假释制度获得了极大的普及,逐渐被各国政府接受,现在已经成为各国普遍采用的一种刑罚制度。

缓刑也是社区矫正最早适用的对象之一,它通常是指将某些已经被定罪判刑的犯罪人附条件地放在社会上给予监督,暂缓执行监禁刑罚的非监禁方法。19 世纪 60 年代的美国约翰·奥克斯塔斯提出了缓刑,他与同时代的鲁弗斯·海克和本杰明·库克等人经常帮助那些生活在底层的人或者罪行比较轻的犯罪人。1841 年,奥古斯塔斯遇到了一个被判酗酒罪的人,此时这位犯罪人正要被送往矫正所进行矫正。奥古斯塔斯请求法官将这位酗酒的犯罪人交给自己,并保证会让他改过自新。三周后,法官果然看到了一个和之前有很大不同的犯罪人。因此法官没有对那个犯罪人进行刑罚的惩罚。随后,奥古斯塔斯全身心地投入了"缓刑"事业,并且收到了意想不到的效果。1878 年,波士顿通过了世界上第一部缓刑法规。之后,缓刑制度在各个西方国家开始实行。目前,在澳大利亚、加拿大、英国和新西兰等许多国家都已经建立了比较成熟的缓刑制度。

社区矫正作为一种开放的刑罚执行方式,不仅可以避免监狱刑罚方式所产生的各种弊端,而且体现了对罪犯人性对待的行刑原则。将人身危险性较低、不致再危害社会的罪犯留在社区进行教育改造,对罪犯区别对待分类处遇,杜绝了监禁环境下罪犯之间的不良恶性影响,有益于感化并激励罪犯的向善行为,避免服刑过程带来的消极后果。

第三节　我国实施社区矫正的必要性

社区矫正已经在我国试点进行,重新审视社区矫正的必要性,是为了更好完善与推广社区矫正制度。

一、符合刑法轻缓化的发展

刑法的轻缓化是指在刑事立法上,如果规定较轻的刑罚(缓和)即可,就没有必要规定用较重的刑罚(严酷);在刑事司法上,对于已经确定为犯罪的行为,如果适用较轻的刑罚(缓和)即可,使没有必要适用较重的刑罚(严酷)。由此可见,它体现了社会对犯罪人的宽容性,主张有利于被告人的原则。纵观历史,从以普遍适用死刑、肉刑和流刑为主到普遍适用监禁刑即剥夺与限制自由刑为主再到如今的非监禁刑为主,无不体现了社会刑罚轻缓化的发展趋势。自从 20 世纪 90 年代,法国和俄罗斯先后修改了刑法,制定了轻刑化的法典后,世界上越来越多的国家和国际组织开始重视并提倡刑罚轻缓化,如 1966 年 12 月 16 日第 21 届联合国大会通过了《公民权利和政治权利国际公约》,它确立了刑罚轻缓化的基础,严格限制死刑,废除了不人道的刑种。1997 年 4 月 3 日,联合国人权委员会以 27 票赞成,11 票反对,14 票弃权的结果,通过了 1997/2 号决议,首次呼吁尚未废除死刑的国家逐渐减少死刑适用范围,暂停执行死刑判决,为最终废除死刑而努力。一年后由 65 个国家发起的联合国人权委员会又通过了 1998/8 号决议,更强硬地敦促各尚未废除死刑的国家推迟执行死刑的判决,为全面废除死刑作好准备。许多西方国家也都在研究缓刑、假释等非监禁刑制裁措施。特别是20 世纪 90 年代以来,一些国家兴起了恢复性司法,主要是让被害人、罪犯和社区成员有机会确定罪犯人实施补偿措施,重新融入社会。它重在调和而不是惩罚。它的对象一般是针对"轻微案件和青少年犯罪问题"。目前恢复性司法已经在许多国家得到广泛的运用,它成为了一种新的替代和减少刑罚适用的方法。

我国在政治、经济和社会文化方面都与西方国家存在一定的差异,如我国人口众多,经济水平与发达国家还存在着一定的差距,在非监禁刑的刑罚待遇上目前还赶不上西方发达国家。但我国在国际刑罚轻缓化的发展趋势下也开始摸索适合自己的刑罚制度。1997 年,我国《刑法》第 37 条规定:对于犯罪情节轻微,不需要判处刑罚的,可以免予刑事处罚,但可以根据案件的不同情况,予以训诫或者责令具结悔过、赔礼道歉、赔偿损失或者由主管部门予以行政处罚或者行政处分。在 2006 年,我国对刑罚轻缓化又作了一次尝试,即《最高人民检察院工作报告》提出"宽严相济的刑事政策":坚持区别对待,对严重性质犯罪坚决严厉打击,依法快捕快诉,做到该严则严;对主观恶性较小,犯罪情节轻微的未成年人、初犯、偶犯和过失犯,贯彻教育、感化、挽救方针,慎重逮捕和起诉,可捕可不捕的不捕,可诉可不诉的不诉,做到当宽则宽。社区矫正这种非监禁刑的矫正方式顺应了刑罚轻缓化的发展方向,体现了宽严相济的刑事政策中"宽"的一个方面,它大大地限制了短期自由监禁刑,提倡在社区对犯罪人进行教育和改造,这是一种对犯罪人当宽则宽的矫正方式。社区矫正的对象基本上是刑法轻缓化的对象,即都是一些社会危害性不大、主观恶性较小的犯罪人。同时,社区矫正在保护被害人的同时也注重对被告人的保护,充分体现了刑罚轻缓化提倡的对尊重人权的原则。当然,我们注意到刑罚的轻缓化虽然是历史发展的必然趋势,但是并不意味着在任何时代、任何条件下,刑罚越轻越好,不意味着超越时代实行轻刑化。在我国,刑罚毕竟是惩罚犯罪人的法律,要体现它的制裁性和强制性。否则,刑法就会流于形式,得不到真正的执行。社区矫正符合我国目前的社会大背景,既不过分放纵犯罪人,又能让犯罪人感受到社会的关怀,能把惩罚和矫正很好地结合起来,使犯罪人顺利的再社会化。

二、更能实现刑罚的功能

刑罚的功能是指刑罚自身所具有的不同于其他法律强制方法的特殊作用以及社会影响,主要包括惩罚功能、矫正功能、安抚功能、威慑功能以及教育功能。这里我们强调的是刑罚的矫正功能。由于监禁刑存在的缺陷,使得这种功能有其局限性。不能否认的是监狱服刑人员交叉感染的机会增多。监狱是个"小社会",在里面的人基本都是犯罪人,思想上比较反动,并且基本都有犯罪经验。如果把可塑性强的人放在这个大染缸里,由于长期隔绝,难以接受狱外美好思想的熏陶,很容易受到罪犯群体内部不良文化的影响,会比较容易交叉感染,产生更严重的后果。我们在对犯罪人进行矫正时,要注意刑罚执行方式的多样化和个别化的结合。我们刑罚的总的方针是通过惩罚与教育相结合,但在针对不同的个体的时候要掌握其中的个别差异性。如一些累犯,他们确实是比较顽固,很难通过温和的方式去教育,因此可以采取比较严厉的惩罚措施。而一些初犯、未成年犯,他们的可塑性比较强,如果对他们用比较严厉的制裁方式,把他们都放在监狱里进行改造,结果可能会适得其反。他们可能在监狱里会学到更多犯罪的方法和手段,容易和监狱的不良分子称兄道弟,会误认为他们才是真正的朋友。这样非但不能很好地矫正他们的行为,反而让他们获得更多的犯罪技巧,思想上更偏激,有可能在走上社会后犯下更严重的罪行。因此,相对来说,非监禁刑能更好地让犯罪人在与社会紧密联系的情况下认识到生命的价值,能更好地对犯罪人进行心理的矫正。社区矫正这种把犯罪人放在社区教育的非监禁刑能为罪犯创造一个比较宽松的环境,更好地调动他们矫正的积极性。同时犯罪人在加强自身学习能力的同时能接触到很多正面的思想,他们身边都是关心爱护自己的亲人、朋友,犯罪人会更容易地矫正自己的内心世界,不再排斥和仇恨社会,更好地避免交叉感染的风险。

因此,监禁刑矫正功能存在着不容忽视的消极作用,它不利于犯罪人回归社会,改造质量也不高。相对而言,社区矫正对象的再犯率大大地降低了。2006年7月12日举行的全国司法厅(局)长社会主义法治理念研讨会披露,在社会矫正试点方面,第一批六个试点省市累计接收社区服刑人员5.5万多人,已经解除矫正逾1.7万人,重新犯罪率不到1%。实践证明,把罪犯放在社区进行矫正,能够有效地防止他们再次犯罪,这也是矫正的最终的目的。如果社会的再犯率居高不下,那么可以说我们的惩罚措施的实行是失败的,因为惩罚也是为了减少犯罪,产生一定的威慑作用,这样才有利于社会治安的好转,才有利于社会的稳定,才有利于建设和谐社会。

三、有利于罪犯再社会化的进程

再社会化就是放弃原先习得的越轨价值标准和行为规范,重新确立新的符合社会规范价值标准和行为规范的过程。犯罪并不是天生的,是可以改变的,这需要社会的参与。事实上,人犯罪不是单独个体原因造成的,而是多种原因的聚合导致。人是社会环境的产物,任何人的人格及其外在行为的形式均是人的遗传因素与外在环境以及教育共同作用的结果,其中后天的环境与教化起着关键作用。罪犯走上犯罪的道路并非完全是他个人主观意志造成的结果,同时也是和社会环境有关的,比如社会变迁、文化冲突、环境差异等对犯罪人的犯罪都有着很大的影响。研究表明,在单亲、暴力家庭长大的孩子的犯罪率要远远高于在健全健康家庭长大的孩子。人不是孤立的生活在这个世界上的,人同时具有生物属性和社会属性,外界对他们的影响很大甚至是起着关键作用的。既然罪犯的反社会天性更多是在后天获得的,那么一般来说它是可以改造、减弱直至消失的,罪犯反社会性的改造与消退的过程就是犯罪的再社会化过程。

罪犯的再社会化并不是仅仅指他的行为是无害于社会了,它还包括心理的再社会化,即心理健全。由于长期与外界社会隔离,犯罪人的心理可能会十分地阴暗和孤僻,他们不再喜欢接触人群,有些人甚至会产生交往恐惧症,喜欢一个人孤独的生活,失去安全感,这种再社会化方式对社会和犯罪人来说是失败的。除非该犯罪人真正享受孤独,犹如正常人那样喜欢独处。

再者,一些犯罪人由于在监狱呆的时间长了,产生了对社会的恐惧以及强烈的自卑感,丧失了对事情的选择和辨别能力,觉得自己完全是一个没有用的人,没有任何工作适合自己,没有人会喜欢自己,完全否定了自己存在的意义,从而可能再也无法适应或者再融入社会了。可见,要让犯罪人再社会化不是只要让犯罪人刑满出狱这样简单的事情,而是要考虑到他出狱后的生活状态和人际交往,最大限度地发挥他们在再社会化过程中的创造能力,激励他们内在的潜力,通过他们自身的能力,获得社会的认同。在我国,由于缺乏专业的监狱释放人员心理咨询机构和志愿者,很多刑满释放人员都有很大的心理问题,但是又找不到地方倾诉,得不到解决,脾气容易变得怪异,再加上有坐过牢这个"标签"伴随,使得他很难和人打交道,即使人身获得了自由,生活在人群中,本质上却被社会"遗弃"了。而社区矫正符合了人性的需要,它能让犯罪人感到社会对他们的需要和宽容,在社会的监督下进行矫正,更加珍惜这来之不易的自由,能肯定自我,顺利实现再社会化。

第四节　我国社区矫正的制度完善

目前,即便在全国展开了社区矫正试点工作,但是在制度建设上还存在着诸多困难和问题,如社区矫正的组织制度和工作制度尚未完全到位。所谓社区矫正的组织制度,即社区矫正机构的设置和管理制度;所谓社区矫正的工作制度,即社区矫正的操作规范和规程制度。我国目前缺乏一套自上而下统一协调的规范社区矫正组织系统和工作规程的专门制度,这一问题已经影响到了社区矫正执行体系的建立和完善,从而妨碍了我国社区矫正的顺利进行。

一、我国现行社区矫正在组织制度上的不足与完善

我国社区矫正工作主要是针对被判处管制、缓刑、剥夺政治权利和被决定执行监外执行、假释罪犯这五类对象,将其中符合社区矫正条件的置于社区,由专门的社区矫正组织在相关社会团体和社会志愿者的协助下进行社区矫正试点工作。从目前社区矫正试点的实际情况看,这里的专门的社区矫正组织主要是司法行政机关,具体执行社区矫正工作的是社会工作者。但社区矫正工作在实际进行中还存在如下问题。

(一)司法行政机关参与领导和管理社区矫正无法律依据

我国法律规定对管制、缓刑、剥夺政治权利、假释、监外执行等社区服刑人员的刑罚由公安机关进行监督考察,而从社区矫正工作的实际来看,社区矫正却是由专门的社区矫正组织在相关社会团体和社会志愿者的协助下进行。虽然并没有排除公安机关在社区矫正中的作用,但无论是从《关于开展社区矫正试点工作的通知》的规定精神,还是从社区矫正试点的实际情况看,公安机关在社区矫正中已不是起主要作用的机关。司法行政机关在社区矫正中已经取得主导地位。近年来,随着社区矫正试点工作的开展,我国逐渐又形成了一种由地方政法委牵头,公、检、法、司各个部门联合办公的管理社区矫正的模式。但这一管理模

式仅仅只是社区矫正试点工作中的一种探索,司法行政机关参与到社区矫正中来并没有具体的法律依据。

(二)社区矫正工作人员无执法主体资格

在我国社区矫正的试点工作中,具体从事社区矫正工作的人员有相当一部分并不具有执法者身份(社区矫正本质上是一种刑罚,是执法活动),社区矫正机关及其人员的权利义务并没有非常明确,这就把社区矫正的工作主体推入了一个无所适从的境地,对我国的社区矫正的推行带来了不利影响。

比如有的地方社区矫正的试点工作,主要是通过两条组织体系、以政府向社会购买服务的形式开展社区矫正工作。具体到直接实施社区矫正工作的街道、社区,实施矫正工作的主要是三类人员,分别是街道司法所的工作人员、社工服务人员以及具有执法主体身份的派出所的民警。具有执法主体身份的派出所基本上已经脱离了社区矫正的日常管理工作,只是根据国家现有的法律规定,参与一些与执法相关的法律程序上的事务。而没有执法主体身份的司法所工作人员和社会工作人员却在管理社区矫正的日常工作,这种状态常常会导致实施社区矫正工作的人员无法全方位地投入到社区矫正工作中,形成矫正工作效率的低下,影响矫正工作的效果。

在社区矫正试点实践中,对这个问题的解决主要是通过对社区矫正规程中不同性质工作的分工负责来保证既能使工作主体开展工作,又能维护现有法律中执法主体的执法地位。但这样一来,对社区矫正工作主体的工作形成了诸多不必要的限制,对其性质定位非常尴尬,也在某种程度上限制了社区矫正组织职能的发挥,给社区矫正对象的接收及审批机关与社区矫正组织在其他环节的衔接上造成不便。

(三)社区矫正机构多头管理

目前的社区矫正管理机关是一种在党委、政府的领导下,由司法行政部门组织实施、政法各部门紧密配合的社区矫正组织和工作体系。由于各个机构对于社区矫正试点工作的重视,所以基层社区矫正工作人员的工作就要接受地区政法委、司法局、街道办事处、社工组织等机构的监督、管理,要向上述领导机构进行定期和不定期的工作汇报。不同的管理机构往往又会从自己的角度对社区矫正的基层机构提出不同的工作建议和要求。对于社区矫正的基层工作机构和人员来说,本来应该将工作的重心放在对罪犯的矫治工作上,但是因为这种多头管理的存在,常常造成他们工作量的增加和工作重心的偏离,不仅不利于矫正质量的提高,同时也不利于社区矫正工作人员的工作积极性的提高。同时,这一综合治理的管理模式也出现了一些诸如落实不到位、"综合管理,谁也不理"、摩擦大于配合、互相推诿的现象。

解决上述问题的唯一途径就是建立我国的专业社区矫正机构。所谓专业社区矫正机构，是指以有执法主体资格的国家工作人员为主、并由其领导其他社会工作者进行具体的社区矫正工作的矫正制度。目前世界上许多国家和地区都建立了较完善的社区矫正制度，其中专业社区矫正机构是其重要的方面。虽然名称各异，具体做法亦各有特色，但有其共同的特点，如：社区矫正的执行大多由专门的机关负责；社区矫正的主要执行机关大多隶属于行政机关；社区矫正机构中的主要执行人员都属于政府公务人员；社区矫正有相应的配套制度与措施。这些做法都可供我们借鉴。

从我国现行的社区矫正试点来说，我们认为，在法律层面上建立专业社区矫正机构，把司法行政机关纳入到社区矫正的工作主体中，使参与社区矫正的司法行政机关人员在"专门负责人"的旗号下名正言顺地开展工作，所有的社区矫正工作汇集到专门负责人那里，由其承上启下地开展工作，并使所有参与社区矫正工作的社会工作者在专门负责人的统一领导下，协助专门负责人开展工作，既能够解决司法行政机关和社会工作者的社区矫正主体资格问题，通过专门负责人这一载体把各种力量和资源统一起来；又能够解决社区矫正多头管理等问题，最大限度地提高社区矫正工作的效率和社区矫正工作的质量，有助于推进社区矫正制度在我国的完善和发展。同时，专业社区矫正机构的建立，也有利于与国际刑罚执行制度的发展趋势接轨，有利于我国与其他国家在刑罚体制上的交流和合作，并树立我国政治稳定与文明的良好形象。

我们认为，可从以下几个方面进行构建中国的专业社区矫正机构。

1. 专门负责人的组织体系

建立一套与监狱管理部门并行的、从中央到地方的、且层次分明结构合理科学的社区矫正执行工作的管理和操作系统。在中央一级，可以进一步整合司法部有关司局的职能划分，将基层工作指导司改造为社区矫正司（局），主要负责全国范围内的社区矫正工作，特别是法律制度的完善、重大理论问题和实践问题的研究、有关工作的协调等。在省（直辖市、自治区）一级，可以在司法厅（局）内设立社区矫正局，分管本地区的社区矫正工作。在县（区）一级，可以在县（区）司法局内设立主管社区矫正工作的科室。考虑到社区矫正是重要的执法工作，不仅需要处理大量的法律事务，还需要进行专职队伍和非专业队伍的建设与管理，需要组织社区矫正对象开展多种活动，进行具体的矫正工作，而这些工作中的很大一部分又需要由县（区）级管理机构来承担，因此，应当大力加强县（区）级管理机构的建设，充实合格的管理人员，配备必要的工作设施。在乡（镇、街道）一级，要充分发挥基层司法派出机构司法所的作用，尤其重要的是，在每一个街道、乡（镇）的司法所里，设置专门负责人一职，专司社区矫正的管理和执行工作,并赋予其执法主体的资格。让其成为社区矫正工作的实际执行者,专门负责社区矫正对象的日常管理、教育、考察和监督工作。需要特别指出的是,应该通过对现行法律作出相应的修改,明确规定社区矫正的执行主体为司法行政机关,公安机关完全退出社区矫正的执行队伍。公安机关集维护社会治安、发现和制止犯罪等多种职责于一身,在治安任务极为繁重、警力相对不足的现实情况下还要负责被判处管制、缓刑、剥夺政治权利和被决定执行监外执行、假释罪犯的监督管理,常常显得力不从心,导致公安机关对于社区矫正监督工作的忽视、监管不力、托管失控等现象,影响社区矫正制度实施的初衷。在现行的社区矫正试点工作中,公安机关的作用事实上仅仅体现为执法主体的象征,这不仅增加了程序上的烦琐,而且势必形成一种不合理的现象:矫正主体无权决定,决定主体不参与矫正,严重影响了社区矫正工作的效率和质量。因此,应该赋予司法行政机关的专门负责人以执法主体资格,让公安机关完全退出社区矫正,既能保证社区矫正工作的专门化,同时又能体现社区矫正的执法性质并落实公安机关退出社区矫正工作后的执法主体。

2. 专门负责人的职责

专门负责人在性质上相当于监狱的狱警,地位等同于各区县的司法局社区矫正科的工作人员,以国家公务员的身份具体管理所在社区的社区矫正工作。专门负责人对于社区矫正机构内部而言,是最主要的负责人。负责基层专业矫正机构内部的所有工作,包括社区矫正计划的制定,社区矫正机关内部专业人员或者非专业人员的招募、工作分配、人员考核,社区矫正工作的档案管理等所有事务,并且对上级社区矫正管理机关负责并报告工作。专门负责人对外而言,则作为社区矫正机构的代表和具有合法执行主体身份的国家执法人员,参与同社区矫正工作有关的对外程序性或者实体性的工作。例如参与社区矫正对象的交接工作,宣布社区矫正的开始和结束,作为执行主体向其他司法机关提出与社区矫正对象有关的司法建议,等等。

3. 专门负责人的管理和监督

(1)专门负责人的人员配备。从人员来源上来看,我国目前基层司法所的建设已经比较完备,而且基层司法所实际上也承担着社区矫正的工作。专门负责人可以先从司法所的管理社区矫正的人员中确定部分人员,或者从有经验的在职警察、狱警中调配部分人员,专门管理社区矫正的执行工作,其身份、性质、地位、工作内容都没有实质性的变化,既不会过多增加国家财政负担,也不会出现人员选择的困难。等到专业社区矫正机构完全建立之后,再以全国招考选拔的方式,选择符合任职条件的人员充实专门负责人队伍。从专门负责人人员的规模上来看,由于我国司法人员的缺乏,一般一个社区矫正机构只可能有为数不多的专门负责人。我们设想,专门负责人的数量基本上可以是每个社区(街道)设置一个,较大的社区可以考虑分成数个区域,每个区域设置一个专门负责人。这样既符合社区矫正执法性和执行性的特点,又能发挥司法行政机关责任制的优势。当然为了解决社区矫正人员的缺乏,我国的社区矫正机构可以向社会招募一定数量的社会工作者,由国家支付相应的报酬,配合专门负责人实施社区矫正工作。作为社区矫正工作的核心和主导者的专门负责人,必须对这些招募的非专业的社会工作人员的社区矫正工作进行管理。其内容可以包括选择和决定合格的社会工作者参与社区矫正工作,管理社会工作者的社区矫正工作,对参与社区矫正的社会工作者的工作进行合理的评估;等等。

(2)专门负责人的管理。对专门负责人的管理包括专门负责人的选拔、任职、评估、考核、辞职、退休等内容。比如,可参考我国《法官法》《检察官法》和《公务员法》中有关任职资格、奖惩条例、培训制度等的规定,形成一套以专业社区矫正机构为核心的配套措施体系,以确保专门负责人具备一定的素质和工作能力并履行相应的权利和义务。

(3)专门负责人的监督。对专门负责人履行职权的监督十分必要,可以通过建立社区矫正报告制度来进行,即专门负责人在对社区矫正对象的矫正执行情况作出评估的基础上,定期向主管机关报告工作,以此作为确定专门负责人工作质量的重要因素之一。

4. 专业社区矫正机构的资金保障

国家可以通过政府对司法系统的一般性拨款保证专门负责人工作的正常开展,同时还可以借鉴西方国家的一些经验,鼓励和号召社会资源和纯民间力量支持和帮助社区矫正工作,并通过法律的形式和建立健全财务制度、审计制度及社会监督制度等,规范有关民间社团组织和慈善机构对社区矫正的投入。我们可以借鉴德国的做法,除了政府基本经费的保障之外,其社区矫正机构还有来自民间的资金支持——"再社会化基金会",这是一个由社会慈善人士共同捐资成立的财团法人,由该国的司法部、法官或律师协会作为资金的管理人。这一基金不仅可以帮助社区矫正机关减轻经费上的问题,还可以向经济条件较差的服刑者提供经济支持。

二、社区矫正的工作制度建设与完善

(一)我国现行社区矫正的基本工作规程

(1)法院将宣判为缓刑、管制、剥夺政治权利的矫正对象交付公安机关进行社区矫正;监狱机关将批准假释、监外执行的矫正对象交付公安机关进行社区矫正。

（2）公安派出所到社区对社区矫正对象进行矫正宣告,发放《矫正指南》。

（3）街道司法所根据《关于规范社区矫正工作台账和矫正档案的规定》,收集、整理社区矫正对象的法律文书,建立矫正档案。

（4）社区矫正小组落实对社区矫正对象的日常管理(包括每月收取社区矫正对象的情况汇报、落实社区矫正对象的人户分离管理、执行请销假制度等);组织教育学习(包括集中学习、分类教育、个别教育、技能培训、辅助教育、心理辅导);组织参加公益劳动、就业技能培训;帮困解难(包括政策咨询、解决就业困难、调和家庭矛盾,解决社会保险等)。

（5）社会工作者对矫正对象进行定期考核,根据考核情况决定日常管理奖惩,并向公安机关提请司法奖惩。日常管理中的奖励分为表扬、记功、评为矫正积极分子。处分分为警告、记过。对社区矫正对象提请日常管理奖惩,需由司法所工作人员、矫正工作者集体讨论,并听取志愿者意见,后由区、市矫正办批准。提请司法奖惩指对符合条件的缓刑和假释人员,可以提请减刑;对监外执行期间符合假释条件的人员,可以提请假释。

（6）社区矫正对象期满鉴定。民警、司法所、居委会、社会工作者和志愿者对社区矫正对象做出期满评议和鉴定。

（7）公安派出所宣告矫正期满,解除矫正。

（二）我国现行社区矫正工作规程的经验

规范工作流程,明确工作职责;完善社区矫正对象的奖惩依据;加强人户分离对象的管理;统一并规范社区矫正工作台账、档案及信息数据管理;提供社区矫正工作的经费保障;重视对科学矫正方法的探索与研究。比如,对五种矫正对象根据其类型、实际表现等实行分类管理;同时在实践中,矫正工作者积极探索个性化矫正方案,准确把握矫正对象个体差异,研究不同对象心理个性特征,通过犯罪成因找准切入点,并根据前科情况、危害程度、悔罪表现、家庭与社会关系等各种综合因素,再根据服刑人员的动态,随时调整矫正方案,出现了不少成功的案例。尝试教育矫正与帮困解难相结合,建立了多种形式的教育基地与公益劳动基地,通过劳动净化心灵,改善恶习,树立自尊,起到良好的矫正效果。在教育矫正的同时,辅之以必要的帮助与扶持,注重解决社区矫正对象的实际困难,如帮助其办理劳动手册、对有需要的矫正对象进行技能培训、帮助经济特别困难的矫正对象申请低保、建立过渡性就业基地为矫正对象暂时性提供工作机会及推荐就业等,改善了社区矫正对象的生存环境,消除了某些犯罪形成的客观因素。

（三）我国现行社区矫正工作规程的不足及其解决

1.社区矫正的风险评估问题

受目前法律框架的局限,在社区矫正的操作规程中,仍然由公安派出机关执掌社区矫正对象的"生杀大权",决定涉及法律性质的事项,尤其是掌握了对社区矫正对象进行司法奖惩的决定权。但与社区矫正对象直接接触,对社区矫正对象进行矫正的一切具体性工作都是由司法所组织社区矫正工作人员来进行。公安派出所虽然是根据社区矫正工作者对社区矫正对象的评价和建议来决定司法奖惩的,但这种"矫正人员没有决定权,有决定权的不直接矫正"的规程设置造成几个方面的负面效果:一是增加程序的烦琐和期间,导致对矫正对象表现做出反应的迟滞;二是公安机关根据社区矫正工作人员的评价和建议所作出的司法奖惩决定是间接性的,这无疑会增加决定过程的主观性;三是造成行政奖惩与司法奖惩间的脱节。奖惩制度是社区矫正过程中社区矫正对象最为关心、也是最能对其产生影响的因素。对社区矫正期间有违法行为或触犯法律的,《刑法》明文规定了可以撤销缓刑、假释,予以收监;但对具有突出良好表现的社区矫正对象是否可以减刑,尚无定论。行政奖惩与司法奖惩的脱钩已经成为社区矫正过程中令社区矫正人员最感棘手的问题。两者的脱钩使行政奖惩措施在社区矫正过程中显得软弱无力。

3. 社会资源匮乏问题

社区矫正是一项利用社会资源改造罪犯的活动,丰富的社会资源和成熟的社会环境是社区矫正得以正常发展的外部条件和基础,脱离了社会资源的滋养,社区矫正就成了无源之水,无本之木。对于社区矫正工作人员来说,有没有充足的社会资源为其开展矫正工作提供帮助和支援,是其工作能否成功的重要因素。但显然,我国为社区矫正提供的社会资源还非常匮乏,光靠社区矫正工作人员个人的社会关系是远远不够的。例如,帮助解决社区矫正对象的工作问题,往往需要社工去挖掘社会资源,依靠矫正工作人员个人的人际关系去解决问题,这实在是强人所难,使矫正工作人员产生疲于奔命、有心无力的无奈感,从而影响矫正效果和社工队伍的建设以及社工职业的发展。在解决这一问题的过程中,固然需要社工及社工组织发挥创造性和积极性,动脑筋,想点子,挖掘可利用社会资源;更要求政府为此积极创造条件,提供有力的后盾和倾向性的支持。

4. 地区差异对矫正操作规程的差别要求问题

试点各地存在地区差异,可供利用的社会资源各不相同,也存在着优劣之分,条件差的社区由于无社会资源可利用,一些矫正工作根本无法开展。在制定矫正操作规程时,有必要考虑到地区因素,不能对矫正操作规程做划一要求,应当在保证矫正效果的目标指导下,鼓励和允许各地区"八仙过海,各显神通",同时政府也有必要加强对条件薄弱地区的倾向性扶持,在社区矫正工作的评价机制中也应考虑到这一因素。

5. 分类教育、区别管理和心理矫治问题

目前我国适用社区矫正的对象有缓刑、假释、管制、剥夺政治权利和监外执行五类,在这五类对象中,犯罪性质、犯罪类型、主观恶性程度等都有所不同。要达到理想的社区矫正效果,就必须对他们进行针对性的矫正。但是,从目前社区矫正的实际情况来看,矫正的相关配套措施没有跟上,具体操作缺乏有效手段,矫正方法传统、单一,新的科学手段还有待探索。因此,如何对现有五种社区矫正对象进行分类教育、区别管理已经成为社区矫正无法回避的难题。笔者认为,首先在接受罪犯之初,应做好分类工作。对矫正对象进行分类不是任意的、盲目的,必须确立一个可行的科学标准。风险评估系统的建立将是实现有效、科学的分类教育和区别管理的前提条件。其次在分类的基础上,进行针对性的教育和区别管理。

社区矫正对象是心理危机高发人群之一,在社区矫正工作中探索心理矫正,具有十分重要的意义。要在心理、精神专家的指导下,对社区矫正对象进行心理测试、评估,并根据测试结果,制定相应的心理矫正计划。在专家的讲解和辅导下,让一些社区矫正对象掌握自我测评、自我分析的方法,了解心理卫生和健康、心理疾病自我预防和治疗等方面的知识。但就总体情况而言,试点工作中真正能胜任心理矫治的专业人士还很匮乏。如何建立起能够进行有效心理矫正的实践平台是今后社区矫正工作中的一个方向和重点。

第十五章

刑事和解与人性司法

　　目前,在我国现有的法律制度中没有关于刑事和解的直接规定,但是在司法实践中已经进行了实验和探索,刑事和解已经逐步得到认可。它主张通过犯罪人和被害人之间的协商和解来弥补犯罪行为所侵害的合法利益,恢复犯罪行为所侵害的社会秩序。刑事和解在我国日益受到重视,一方面和我国构建和谐社会大背景有关,另一方面也是一种历史的选择。历经报复刑、威慑刑、教育刑和防卫刑等各种刑罚手段后均无法有效地抑制犯罪后,国家从刑罚思想和刑事政策的便宜主义或者犬儒主义出发,被迫让渡出惩罚权利,由犯罪人和被害人之间直接解决犯罪后患。刑事和解更多体现了被害人权益保护以及非刑罚化的理念,也是我国宽严相济刑事政策与人性司法的彰显。

第一节 刑事和解的概述

传统的刑罚方式,即报复性司法在实现对罪犯的惩处、彰显社会正义上具有一定的正面意义,但也带来了监狱人满为患、司法成本昂贵、罪犯改造效果不理想、被害人的实际损失难以得到弥补等巨大的负面影响。随着以被害人为导向的刑事保护政策思潮的勃兴和以犯罪人为中心的监禁矫正政策的失败,一种新的利益争端解决方式,即恢复性司法逐步走入人们的视野。基于"恢复性司法"理念的刑事和解对于实现诉讼分流,化解被害人与加害人之间的矛盾和冲突,满足不同利益主体的需要,从而实现法律效果和社会效果的统一,具有重要的价值。刑事和解制度凸显的处刑轻缓化、行刑非监禁化、社会化的特点,符合国家刑罚权呈现收缩及轻刑化的趋势,符合国家本位主义刑事政策向国家、社会双本位主义刑事政策转向的历史发展规律,符合刑事政策从国家垄断到刑事政策社会化的发展趋势,因此契合了现代刑事政策的导向和司法改革潮流。

一、刑事和解的现状

在传统的刑事司法观念中,犯罪是对国家利益的侵害,作为社会关系的保护者,国家通过刑事司法程序对犯罪分子定罪、处刑,从而使正义得到伸张。被害人与犯罪人的个人关系冷落虚置,被害人在诉讼中的作用被弱化,双方谋求和平解决或补偿的企图被报复性司法所取代,这样做的后果往往使被害人和犯罪人的关系进一步恶化。犯罪人虽然侵犯的是国家利益,但其实际承受者是被害人,被害人是刑事冲突的直接参加者。如何在刑事司法体系内实现既保护被害者利益、恢复被破坏的社会关系,又使犯罪者改过自新、复归社会,西方学者提出了刑事和解理论,它不仅对被害人给予了更多的关注、抚慰和补偿,减少了被害人由受害方变为加害方的情形,同时对于犯罪人的教育和改造也起到了至关重要的作用。

刑事和解被认为是在刑事诉讼价值多元化的理论指导之下,为了实现平抑社会冲突,实现对刑事被害人权益救济的一种理论选择,由于其在寻求公共利益、被害人利益、犯罪人利益这三者之间的平衡保护方面具有特殊的价值。

(一)国外的刑事和解模式

刑事和解最初始于 20 世纪 70 年代加拿大安大略省,到如今已经在美洲、欧洲迅猛发展,特别是 20 世纪 80 年代初期以后,成为西方犯罪学界研究的主题。目前,世界上实行刑事和解制度的模式主要有新西兰的家庭群体会议、英国的刑事和解制度、法国的"和解普遍化"运动、德国的刑事和解制度等。

新西兰的家庭群体会议是指,当犯罪案件发生后,社会福利部门的青少年工作者就会召集加害人和被害人及其他们的家庭成员,共商补救损害的方法,其中会有一名警察代表参加。家庭群体会议的主要功能是达成加害人应否被起诉或者有关适当处置加害人的决定。所有的少年犯在被逮捕阶段时并不会主动放弃协商,法官通常也不得拒绝协商,除非案件的情况使法官相信不适用采用协商的方式处理。

迄今为止,最为全面地规定刑事和解制度的国家是德国。德国少年法院法、德国刑法典、德国刑事诉讼法典都规定了刑事和解的具体内容。调解项目在德国已被置于法律框架之下,在法律中有一席之地,成为法律的一部分,这样,调解服务实际上由检察官或者法官发起,作为一种可选法案存在。被害人和加害人调解可能由少年法院主持,也可能由社会服务组织主持,还可能由其他独立的社会组织进行。德国关于刑事和解制度的立法构建,基本上是循着由少年法到刑法、再由刑法到刑事诉讼法的顺序推进,是在从特别法到普通法、从实体法到程序法的轨迹上运行。这样的一种立法思路,无疑具有相当的合理性。

英国的刑事和解制度发端于少年矫正制度,最早在刑事司法中实施这一司法制度的是英格兰的警察局。英国的刑事和解制度主要运用于对少年犯罪案件的处理。警察在发现犯罪人实施犯罪之后,首先要进行面谈,面谈后不是直接送交法庭,而是使他们意识到自己行为的危害性,促使他们反省,同时也容易取得被害人的谅解。如果所涉的犯罪需要进一步协商补偿方案,警方可以召集一个修复性的会议,邀请加害人、被害人以及他们各自的支持者。加害人和被害人陈述案件的事实。询问他们认为造成了什么伤害,或者被害人方面和加害人家庭方面,受到了什么伤害,这种做法取得了明显的效果。一旦达成协议,执法官将不再将少年犯罪人送交法庭审判。如果达不成协议或者加害人拒绝签署协议,那么他将被送回法院重新审判。

在法国,有关刑事和解或者调解的法律主要是刑事诉讼法和国家被害人援助和调解协会的申明。法国的刑事诉讼法规定,如果调解能够保证损害能够得到修复,结束违法造成的后果并且能够帮助加害人改过,检察官应该决定适用调解。调解既适用少年犯,也可适用于成年犯,所要达到的预期目的就是达成加害人承认错误并进行物质补偿的协议。调解通常是在起诉以前,不论结果如何,最终由检察官决定是继续起诉还是撤销案件。

国外刑事和解具有以下共性:适用的对象主要是少年犯罪行为人,但近年来已扩展到成年犯罪行为人;适用范围限于轻微刑事案件;以加害人的有罪答辩及当事人双方的自愿为刑事和解的前提条件;和解或由专职的专业调解员主持,或由执法官员主持,在和解过程中保持中立并协调双方的关系;和解过程以加害人的责任承担和被害人的伤害叙说为主线,以赔偿协议的达成为最终结果;司法机关对合法的和解结果予以认可,并以此作为终止刑事追诉、刑事审判的依据和减刑、缓刑的选择要件。由此可见,在西方国家的刑事司法过程中,刑事和解构成事实上的司法"转处"措施,因而具有了刑罚替代手段的性质。

(二)我国的刑事和解制度

我国是近几年在司法实践中推行了刑事和解制度,理论上的研究也越来越热烈,只是尚待立法的肯定。若从现行立法规定内容看,为刑事和解的施行提供了相关的制度基础。《刑事诉讼法》第172条规定:"人民法院对自诉案件,可以进行调解;自诉人在宣告判决前,可以同被告人自行和解或者撤回自诉。"最高人民法院《关于执行〈中华人民共和国刑事诉讼法〉若干问题的解释》第200条规定:"调解应当在自愿、合法,不损害国家集体和其他公民权益的前提下进行。"虽然自诉案件中的法官调解和自行和解有别于刑事和解,但它们已经具备了刑事和解的基本框架,蕴涵了刑事和解的一些价值理念。同时,在公诉案件中,存在微罪不起诉制度。《刑事诉讼法》第142条第2款明确规定:"对于犯罪情节轻微依照刑法规定不需要判处刑罚或免除刑罚的,人民检察院可以做出不起诉决定。"人民检察院决定不起诉的案件,可以根据案件的不同情况,对被不起诉人予以训诫或者责令具结悔过、赔礼道歉、赔偿损失。可见,予以训诫、责令悔过、赔礼道歉和赔偿损失构成微罪不起诉处分的替代措施。犯罪人的悔过、赔礼道歉及赔偿损失都是刑事和解中犯罪人承担责任的形式,都是和解协议的重要内容。我国的宽严相济刑事政策体现了刑事和解要素。最高人民检察院发布了《关于在检察工作中贯彻宽严相济刑事司法政策的若干意见》规定,检察机关要依法严厉打击严重危害社会治安和严重破坏市场经济秩序的犯罪,依法严肃查处贪污贿赂、渎职侵权等国家工作人员职务犯罪。要严格把握"有逮捕必要"的逮捕条件,慎用逮捕措施;要把握起诉和不起诉条件,依法适用不起诉。对未成年人犯罪案件、因人民内部矛盾引发的轻微刑事案件、初次实施轻微犯罪的人员依法从宽处理。

从司法实践实施情况看,北京率先开了刑事和解的先河。2002年,北京市朝阳区人民检察院制定了《轻伤害案件处理程序实施规则》,规定检察人员对于移送审查起诉的轻伤害案件,应当听取被害人一方意见。同时应当告知被害人及其委托人,如果犯罪嫌疑人认罪,可以与犯罪嫌疑人就赔偿问题进行协商,达成一致意见的,可直接获得相应的赔偿。检察机关可对犯罪嫌疑人做出相对不起诉的决定。该规则的出台和运行使部分轻伤害案件走上了和解而非诉讼的道路。2003年,北京市委政法委在朝阳区检察院《规则》的基础上出台了《关于处理轻伤害案件的会议纪要》，规定对于因民间纠纷引起的轻伤害案件，如果嫌疑人有认罪悔罪表现，积极赔偿损失，被害人要求不追究其刑事责任，可以做出撤案、不起诉或免予刑事处分的处理。从 2005 年 10 月 10 日开始，北京市朝阳区人民法院在全国率先将庭外和解制度应用于刑事案件领域，刑事自诉案件和刑事附带民事诉讼案件的当事人，可自主选择是否以法官庭前调解、特邀调解员调解或律师和解方式解决纠纷。

2004 年 7 月，浙江省高级人民法院、浙江省人民检察院和浙江省公安厅联合发布《关于当前办理轻伤害案件适用法律若干问题的意见》，根据该《意见》，轻伤犯罪案件在侦查、审查过程中，只要符合下列条件，经审查属实，公安机关可以撤案，检察机关可以做出相对不起诉的决定：当事人双方自愿就民事赔偿问题达成一致，形成书面协议；当事人双方和解，被害人书面要求或者同意不追究犯罪嫌疑人刑事责任；犯罪嫌疑人本人确有悔罪表现，社会危险性已经消除，不需要判处刑罚。

湖南省检察院检察委员会 2006 年 11 月讨论通过《关于检察机关适用刑事和解办理刑事案件的规定(试行)》，这是全国检察机关第一个关于刑事和解的规范性文件。按照《规定》的要求，适用刑事和解处理的案件主要是轻微刑事案件和未成年人刑事案件。

我国各地司法机关推行的刑事和解，一般分为三种模式：加害方与被害方自行和解模式、司法调解模式、人民委员会调解模式①。

加害方与被害方自行和解通常适用于双方积怨不深并且有和解意愿的轻微刑事案件。在这种自行和解模式中，在加害人认罪的前提下，被害人和加害人通过沟通、协商，达成经济赔偿的和解协议，被害人不再追究加害人的刑事责任。从刑事和解的启动到和解协议内容的确定，检察机关通常不参与其中，只是联系双方当事人、提供和解场所，并在审查后对协议做出是否予以接受的决定，据此对加害人不予起诉或者建议公安机关撤销案件。

所谓司法调解模式，是指司法人员通过与加害人、被害人双方的沟通、交流、劝解工作，说服双方就经济赔偿、悔罪道歉等问题达成协议，从而促使被害人放弃追究加害人刑事责任的纠纷解决方式。司法机关的人员对于具备和解基础的案件进行积极主动的居中调解，而不是消极地等待双方和解协议的达成。对于被害人报复欲望强烈的案件，司法人员必须进行积极的协调，进行各种劝导、安

---

① 陈瑞华：《刑事诉讼的私力合作模式——刑事和解在中国的兴起》，载《中国法学》2006 年第 5 期。

抚工作,促使加害人悔罪认错,说服被害人放弃不切实际的无理要求,否则和解协议不可能达成。在检察官主持的和解会议上,加害人和被害人会应检察官的要求分别对加害行为进行忏悔求得对方谅解并提供经济赔偿以及对加害行为进行谴责、诉说心理创伤并提出赔偿要求。通常情况下,检察官会要求加害人当场道歉,双方当场签订和解协议,并就案件的善后事宜做出决定。

人民调解委员会模式引入了中立的调节机构负责主持调解。调解员通常都是受过法律专业教育、具有法律工作经历或者长期从事民调解工作的专职人员,负有侦查、起诉或审判职责的司法工作人员主要负责筛选适当的案件交于专门的调解机关进行操作,并在调解成功后做出非刑事化处理,缓解因对加害人使用刑罚造成的社会矛盾,修复加害人和被害人双方的社会关系。

以上三种模式具有不同的针对性,各有其优势和特点,主要的区别在于参与主体以及调停的主持人,对于我国刑事和解立法设计奠定了基础。

二、刑事和解的概念与特征

刑事和解是个外来词语,来自于英语 victim-offender mediation 的翻译。广义的刑事和解是一种以协商合作形式恢复原有秩序的案件解决方式,它是指在刑事诉讼中,加害人以认罪、赔偿、道歉等形式与被害人达成谅解后,国家专门机关对加害人不追究刑事责任、免除处罚或者从轻处罚的一种制度[①]。一般认为,刑事和解又称为被害人与加害人的和解,是指在犯罪发生后,经由调停人,使加害人与被害人直接商谈、协商、解决刑事纠纷,对于和解协议,则由司法机关认可并作为对加害人刑事处分的依据。一般人们理解为,刑事和解的目的在于恢复被加害人所破坏的社会关系,弥补被害人所受到的损害,恢复加害人与被害者之间的和睦关系,并使加害人改过自新、复归社会,因此成为恢复性司法的主要形式之一。

刑事和解双方所达成的和解协议具有法律意义上强制力,当事人双方一旦就所争议的事项达成和解协议,双方便不得再就所争议事项进行上诉和申诉,刑事纠纷的解决至此便告一段落。刑事和解制度以恢复被犯罪人破坏的社会关系、弥补被害人因犯罪行为所受到的损害为主要目标,并最终为犯罪者回归社会、平抑社会冲突而创造条件。可见,刑事和解本质特征在于:

(1)刑事和解的主体是刑事被害人和刑事加害人,调停人的作用除了为和解双方答疑解惑以外,主要是保证刑事和解依法进行。和解程序的启动、和解协

---

① 陈光中、葛琳:《刑事和解初探》,载《中国法学》2006 年第 5 期。

议的内容均取决于刑事被害人和刑事加害人的合意,任何人、任何组织均不得强迫被害人与加害人进行和解,也不得阻碍被害人与加害人和解。

（2）刑事和解要依法进行。刑事和解之所以被误读为"私了",是因为这种刑事纠纷解决方式强调当事人的自愿和合意,强调通过和解双方平等的沟通和协商来寻求令大家都满意的刑事纠纷解决方式。但是应当注意的是这种当事人之间的合意并不是完全脱离法律约束的,而是在法律规定的范围之内并且依照法定程序运行的。

（3）刑事和解所达成的和解协议具有强制力。法律对刑事和解协议的确认意味着赋予了刑事和解办议以强制力,达成刑事和解协议的当事人双方不可以再就所争议的刑事纠纷上诉、申诉或再次起诉。当刑事和解协议的一方不履行或不能履行刑事和解协议时,就要承担不利的法律后果。

（4）刑事和解最大限度维护了被害人利益。犯罪是对受害人利益的直接损害,在给被害人及其家属带去直接生命及财产侵害的同时,他们的精神也遭受了巨大的伤害。犯罪发生后,对于被害人来说,至少造成了两个方面的损害,即物质与精神的损害。而刑罚权作为国家公权力的一种,由于其特殊的权力属性,这种权力的行使由国家公诉机关来实现,很大程度上体现的是国家公权力的意志及诉求,被害人的诉求往往难以通过刑事诉讼来完成。以国家为主追诉犯罪人的传统模式虽然可以通过剥夺犯罪人自由甚至生命的方式来惩罚犯罪,但对于加害人本身造成的物质和精神损害来说,却得不到更好的保护,很多的被害人因为犯罪导致身体或者财产得到了损害,但却无法得到有效的赔偿,更遑论精神补偿了。此外,由于传统的刑事诉讼模式主要是通过公诉机关的追诉来实现的,所以被害人在刑事诉讼中的法律地位非常尴尬,很多时候只是被动地充当一个证人的角色,根本谈不上独立的利益诉求,程序上不平等,实体上的利益就更难得到实现和赔偿了。

和传统的刑事诉讼方式截然不同,刑事和解强调的是当事人的合意,它主张由加害人和被害人面对面的谈判,这样就在程序上提升和强化了被害人在程序中的重要的独立平等地位,更好地和加害人抗衡。此外,刑事和解强调的是加害人对被害人的补偿,所以在实体利益上,被害人的利益诉求也可以更好得到实现。

从物质方面来讲,在传统刑事诉讼中,被害人虽然有权利提起附带民事赔偿,但是,这种请求范围只包括犯罪行为直接造成的物质损失,精神损害赔偿不被列入诉求范围。在某些时候,因为犯罪人在承担刑事责任的情况下拒绝物质赔偿,甚至由犯罪所造成的直接损害也会因为漫长的诉讼程序得不到及时的赔偿。而在刑事和解中,物质赔偿是被害人和犯罪人双方合意的结果,物质补偿不仅包括直接的物质赔偿,也包括了被害人精神上的赔偿。也就是说,和解赔偿的范围是广于刑事附带民事诉讼中的赔偿范围的,这种赔偿也具有及时性,一旦被害人和犯罪人达成了和解协议,物质赔偿就可以实现。物质赔偿的及时实现可以迅速改善被害人的生存环境,抚慰被害人的精神创伤,缓和被害人对犯罪人的仇恨心理,同时,也避免了被害人因为自身生存状况的恶化而向新的犯罪人转化的可能。

从精神层面来说,在刑事和解中,对被害人精神上的恢复则是通过犯罪人和被害人直接面对面的赔礼道歉、真诚谢罪、悔悟等方式,使被害人从犯罪人真诚的道歉中寻求到心理平衡,也使被害人压抑的愤怒情绪得到了宣泄。刑事和解为被害人与犯罪人之间提供了具有和谐氛围的对话环境,在这种充满尊重被害人意愿的环境中,不仅在精神上的伤害由于犯罪人的补偿得到了恢复,愤怒的情绪也得到了平息,而且,由于犯罪人及时的物质赔偿也使被害人改善了自身的生存状况。在精神和物质的双重赔偿下,被害人可以更好地从犯罪的影响下恢复过来,也正是从这个意义上说,在刑事和解中,被害人的利益得到了最大程度的保护。

(5)刑事和解更有利于罪犯矫正,复归社会。刑事和解突出对被破坏的社会关系恢复,主张恢复罪犯与被害人的关系,"对在押罪犯而言,这不仅意味着获得了被害人原谅的机会,更意味着罪犯获得了一次被社会重新接收的机会,通过基于刑事和解所形成的罪犯悔罪机制,可以促进罪犯从认知到情感的社会化,促进罪犯与社会的内在融合"。一旦通过启动刑事司法程序把犯罪人投入到监狱,在其服刑当中,很容易造成交叉感染。不同的罪犯恶性不同,犯罪手段各异,集中关押显然为罪犯相互交流、交叉感染提供了方便,关押场所在一定程度上又成为传播犯罪信息和技能、相互交流犯罪经验和体会的场所,从而影响犯罪人格的复归,成为潜在的惯犯累犯。此外,由于犯罪人接受刑事审判的结果往往是被监禁,因此入狱后他们就失去了原有的工作和生活基础,并因为身上背负了罪犯的标签,致使其刑满出狱后在就业过程和人际交往当中也遭遇到了各种困难。由于其生活状况恶化,很多的罪犯往往又重蹈覆辙,走上了犯罪的道路。刑事和解协议的达成促成国家追诉程序不再启动,或者及时中止对犯罪人的刑事追诉,使加害人免于被起诉、免于被公开审判和免于刑罚执行,从而保护了犯罪人的自尊心和羞耻心,避免了"犯罪标签"对其未来生活可能造成的不良影响,使其再社会化过程相对容易,相反,将加害人一律定罪量刑,强行贴上犯罪人的标签,可能使加害人放弃自我悔改,主动将自己置于社会的对立面,成为潜在的累犯。此外,在刑事和解过程中,加害人能够通过聆听受害人的诉说,来感受到自己的行为给他人带来的伤害,能够通过与受害人面对面进行情感交流活动,从而产生一种良性负罪心理,有效帮助其顺利实现再社会化,更好地重返社会。

三、刑事和解与传统刑事司法的区别

与传统的刑事司法审判不同,刑事和解是通过加害人和被害人自愿、公平、公开的面对面协商,使加害人了解到自己行为的不利后果,使被害人有机会向加害人表达自己受侵犯的感情,从而降低犯罪行为对被害人造成的痛苦。刑事和解的内容包括加害人对承担刑事责任的自愿性和被害人的宽恕谅解,以及民事赔偿责任的界定和履行。和解的最终结果会达成赔偿协议,以修复犯罪行为造成的损害。不再把加害人简单地当作惩罚对象,而是负责引导加害人承担由其犯罪行为引起的损害后果,通过支持和推进和解协议的确定,以确保加害人能履行义务,对被害人和社会进行补偿。在这个过程当中,加害人通过认罪悔罪向被害人提供心理补偿,以经济赔偿的方式来修复犯罪行为造成的不利后果;被害人以谅解的方式得到了加害人不再侵犯的承诺,并获得了加害人的经济补偿,从而把因犯罪人的犯罪行为而受损的关系和利益最终平衡和恢复下来。刑事和解与传统刑事司法的区别主要在于以下方面。

(1)刑事和解对待犯罪的视角发生了转移。刑事和解制度认为犯罪主要是加害人对被害人和社会关系的侵害,它从一个更广的视角看待犯罪,而不是把犯罪看成一个单纯的违法行为,它要求更多的社会方面参与进来共同面对犯罪,这种犯罪观念淡化了国家和犯罪之间的关系,虽然刑事和解司法并不否认国家是犯罪处理过程的参与者,但是其认为国家在犯罪修复的过程中并不是出于主导地位。而传统刑事司法认为犯罪是一种对抗国家的行为,是违反法律的一种抽象观念,关注的是犯罪对国家的侵害,因而强调国家对犯罪处理的垄断权力,强调刑事司法机制在控制犯罪上的至高无上的作用。

(2)刑事和解的刑事责任承担的多样性。刑事和解是多元纠纷解决机制的一种,而刑事和解本身在刑事责任的担当上也呈现出多元化。刑事和解司法程序将加害人的责任确定为对自己犯罪行为负责并应积极采取补救来修复损害后果。这种责任不但具有积极性,即加害人要对直接受到犯罪损害的被害人承担责任,还要有包括赔礼道歉,赔偿损失等。同时,刑事和解不仅仅注重物质损害的修补,更注重对被害人情感的安抚。通过与加害人就犯罪行为及其影响而进行的交谈,被害人得到了正规诉讼程序中无法满足的心灵的平衡,并大大降低了加害人对他们再次侵犯的可能性,由此减少了心理成本。赔偿协议的达成及较高的履行率也有效地减少了经济的成本。而传统刑事司法的责任只是让加害人被动地承担责任,接受刑罚,这是一种对被害人无实际内容的抽象责任。被害人和社会并不能从加害人的责任中恢复权利,因而因犯罪而损害的关系也不能得

到真正的修复。

（3）刑事和解将被害人权益放在中心位置。刑事和解重视被害人的权益，被害人处于解决犯罪问题的核心。刑事和解为被害人提供各种渠道，让他们倾诉心理的创伤和表达物质上的损失。而传统的刑事司法则将被害人放在解决犯罪问题过程的边缘，为了维护国家的惩罚权而惩罚，使被害人权益往往得不到保障。比如，是否抗诉从而进入第二审程序，决定权掌握在公诉机关手中。传统的公诉案件中被害人虽属当事人，但具有一定特殊性，处于从属地位，是从属性的当事人。

（4）刑事和解具有前瞻性预防。刑事和解关注的是犯罪行为发生后应该做什么，即向前看，为了更好预防犯罪。传统刑事司法则关注犯罪行为发生时的情形，即向后看。可见，两者的思路完全不同。刑事和解不仅关注犯罪发生后，即要求加害人承认罪行，承担责任，更重要的是关注消除犯罪的后果对其和社会以后的影响，以及培养其重新回归社会的能力，其结果是很积极的。而传统刑事司法则注重报应机制，这种事后反应型模式关注过去罪行的惩罚，关注的是犯罪发生时的真相，没有考虑到犯罪之后，加害人应该做些什么，认为加害人只能被动地接受国家的刑罚，没有丝毫表达自己意愿的资格，这种结果显然是很消极的。

（5）刑事和解更具有协商性。刑事和解强调对话和协商，通过调解、和解、协商的方式解决问题。刑事和解为有关各方进行沟通提供了对话的平台，为被害人、加害人的接触提供了多种机会。它还试图对犯罪行为人施加真正的个人影响以改变其行为，犯罪行为人和被害人在犯罪做出回应和冲突平抑过程中都是积极的参加者。被害人和其支持者可以讲述对于犯罪的感受，加害人可以讲述犯罪的原因、动机，有关的社区成员可以讲述对于犯罪的看法，表达对犯罪的否定态度。这种沟通为加害人的悔罪、被害人的宽恕和理解创造了可能，也为最终修复犯罪结果提供了条件。传统刑事司法强调对抗性关系，把触犯法律者投入监狱或者类似的机构，并且给他们贴上罪犯的标签，强调通过刑罚来威慑或者预防未来的犯罪，加害者与被害人之间的实际冲突被强化了。这是一种极端消极的模式，它只会加深社会伤害和矛盾而无助于弥合这种伤害和矛盾。这种结果不仅无法修复被破坏的人际关系、被害人的物质和精神损失，而且不能达到减少犯罪的目的，甚至有时可能会达到适得其反的效果。

四、刑事和解与民事和解的联系及区别

传统西方法学一直认为自由契约精神是民事法律范畴之内的，是平等民事主体之间的合同约定。但随着市民社会的兴起，城市中产阶级在追求权利诉求的过程中把契约精神引入到政治领域，讲求天赋人权，人人平等，国家组织的设

立只是人民与国王制定契约,人民选举出来代人民管理的机构,由此契约精神成为国家政治生活的主旨。而事实上在社会契约论对国家起源的论述中,国家权力本身就来源于公民权的让渡,而非其自身固有的权力,国家将法律公布于世时,实质上是向公民发出了在某一具体社会关系上订立契约的要约。因此,刑罚的渊源只不过是人民所割让的自由权之一部分的总和而已。可见,国家公权力不应当成为否定或者替代公民个人权利的借口,特别是在刑事法领域。由于私人自治和自治组织的局限性,公共利益的产生是必然的,其代表权也必然被授予某类国家机关。然而,公共利益的真实主体只能是分散的个人。在国家中心主义和民主缺失的机制下,公共利益这一术语和原则,既异化了公民和政府的本末关系,又缩减了传统契约观念相对性原则的适用范围。不过,随着刑事被告人和被害人地位的提升,原来被认为是不平等的法律关系中又开始渗透了一些私法领域才有的色彩,诸如当事人主义、个人意志、协商、契约、交易等概念。刑事和解正是契约的一种具体方式,是民事契约自由精神在刑事法中的发挥和体现。它将契约精神导引入刑事诉讼中,将刑事犯罪嫌疑人和被害人双方作为平等的主体,就刑事侵害行为及造成的后果,按照契约原则,在调解人的居间调解下,自愿商洽,通过平等协商,促进双方利益目标趋近,最终达成契约交易,实现弥补刑事侵害行为所带来的激烈冲突、修复受损的社会关系的目的。

　　刑事和解是刑事司法契约的典型形态,民事和解制度是民事司法契约的典型形态,二者具有共通之处,同时也存在着本质的区别。主要体现在以下几个方面。

　　(1)民事和解制度是解决民事纠纷的一种方式,而刑事和解制度解决的是刑事纠纷。民事纠纷和刑事纠纷虽然都是社会纠纷的组成部分,二者在社会纠纷和冲突层面上并没有本质的区别,但是二者在社会危害性方面是存在显著不同的。在社会生活中,人们每天都实施着千千万万不同种类的行为。民事纠纷只存在于纠纷当事人双方之间,民事和解解决的只是当事人双方的私事。而刑事纠纷不但关系到被害人、被告人的利益,还涉及公共利益,刑事和解制度是对这三种利益的权衡。

　　(2)民事和解崇尚意思自治与契约自由,只要双方当事人达成的合意不违反法律和公序良俗就具有法律效力。民事和解双方当事人可以在最大范围内行使自己的权利处分权,对民事和解的进程起到完全的主导作用,其他个人和组织(包括法院)并不予以干涉。而刑事和解由于关乎公共利益,因此法律对它给予了较多的关注和限制,刑事和解必须在法定的范围之内并且严格的依照法定程序进行。为了保证刑事和解依法进行,刑事和解制度设立了调停人对程序运行予以监督和指导,并且赋予法院严格审查刑事和解协议的责任。

（3）民事和解制度并没有严格的制度设计，现行民事法律对民事和解制度的规定只是为了在不影响民事诉讼程序正常进行的前提下促使当事人双方采用非诉讼程序解决民事纠纷，因此具有较强的灵活性。刑事和解制度应有严格的制度设计，当事人对于自身刑事实体权利和刑事诉讼权利的处分要严格依法进行，不得损害公共利益。

第二节　刑事和解的理论基础

刑事和解的理论和实践最早产生于20世纪七八十年代西方国家，基于两个历史背景：一方面是以被害人为导向的刑事保护政策思潮的勃兴，另一方面是以罪犯为中心的监禁、矫正政策的失败。刑事和解的产生也不是偶然的，深受各种理论的支持，主要内容如下。

一、被害人保护理论

回顾人类发展的历史，不难看到人与人之间纠纷的解决最初完全是在私人之间进行的，甚至由被害人和加害人双方进行决斗，也被认为是合理的选择。氏族、部落间"以血偿血、以命偿命"的复仇方式便是例证，被害人及其亲属有权向加害人复仇，而且是作为刑事追诉者、审判者、执行者。然而随着阶级的产生、国家的出现，当统治阶级认识到个体的犯罪行为会危及国家利益并对社会发展造成重大影响后，便设立了专门的公诉机构，以公权力代替私权利，全面介入犯罪冲突的解决，主动承担起追诉犯罪的责任，被害人的追诉权便让渡给了国家，更失去审判和执行的权利。犯罪从加害一方与受害一方的私人关系变成了罪犯与国家之间的关系，个体之间的报复、复仇，由完全为国家控制的刑事诉讼制度所替代，为公平正义的实现提供了超脱个人情感因素的条件，这无疑是一种理性的进步。但由此也产生了负面的效果：似乎对付犯罪完全是国家的权力和责任，被害人成为追诉犯罪的工具，其实际利益被忽视或者虚化；当国家认定的定罪量刑标准得以实施之后，被害人的利益往往被置于可有可无的状态，得到的也仅仅是国家已经为其伸张正义的心理安慰和代为惩罚加害人的短暂报复情绪的平抑。

西方传统的刑事观念是以犯罪人为本位的。刑事古典学派理性地构建了保障犯罪人权利的客观主义刑法理论，而刑事实证学派则认为犯罪人是刑事司法制度的被害者，主张他们有复归社会的权利，并倡导了一系列特殊的处遇，如缓刑、保安处分等。受此影响，西方传统刑事司法体系也是以犯罪人为中心的，如在刑事程序上强调基于法治国家原则下对被告人权利的保障，被害人的地位则因此明显得不到足够的关注。正如正式的刑事诉讼偷走了双方当事人之间的冲突,使得冲突隐而不显,销蚀掉被害人的个性,阻止了罪犯与被害人之间的个人冲突而使得被害人不成为人……罪犯本位的刑事诉讼使被害人背上了社会、精神和经济损失的额外负担(再度被害)……在犯罪进行过程中,受害者不应再是被动的客体,而应该是主动的主体。同时不能只强调罪犯的人权,也要充分肯定和坚决保护被害人的人权。因为将焦点集中在犯罪人身上的做法左右了刑事司法系统,其结果便是,刑事被害人被置于完全被动的地位,他们甚至经常得不到帮助或者信息。一种无力和容易受到伤害的感觉是绝大多数刑事被害人的共同体验。一些人甚至觉得刑事司法系统给他们的非个别化的待遇使他们遭受了第二次伤害。这个系统经常以犯罪人对待他们的方式对待他们:作为一个客体、一件证据,而不是有感觉和利益的人。德国犯罪学家施奈德指出,出于保护被害人的目的,刑事司法机构的任务是平息罪犯和受害者之间的怨恨,确认和发展社会生活的准则和价值。但是直至今日,依据犯罪行为和罪犯制定的刑法和刑事诉讼法都没有能出色地完成上述这一任务①。因此,二战后被害人学这一课题引发了国际范围内的研究热潮。

被害人学研究的初衷在于探讨被害人与被告人之间的互动关系,旨在从被害人的角度提出预防犯罪的措施。20 世纪 60 年代后期,被害人的保护逐步成为被害人学的重点。日本学者大谷实认为,保护被害人在刑事政策上的意义在于,维持、确保国民对刑事司法在内的法秩序的信赖,而由此对预防犯罪和维持社会秩序做出贡献;相对于被害人保护的本体目标,推进犯罪人重返没有敌意的社会只是它的附属效果②。为了实现被害人权利的保护,就要明确被害人在刑事诉讼中的诉讼主体地位,赋予被害人刑事诉讼中的主动选择权、参与权,使其因犯罪行为受到的身心伤害都能得到有效而及时的补偿。不仅物质方面的赔偿是题中之意,心灵创伤的抚慰和平复也不可忽视,甚至对于纠纷双方矛盾的化解、社会关系的稳定而言,心理疏导则有着更加根本的作用。同时,随着传统监禁矫正政策的弊端逐步显现,犯罪人复归社会也急需寻找一条更为有效的途径,而刑事和解作为一种以被害人保护和犯罪人复归相平衡的纠纷解决方式,通过犯罪人对被害人的主动补偿、抚慰,求得谅解并消减对方的仇恨情绪,获得减轻或者免除刑罚,避免"犯罪标签化",以便悔过自新,重新融入社会,渐渐在传统

---

① 【德】汉斯·约阿希姆·施耐德:《国际范围内的被害人》,许章润译,北京:中国人民公安大学出版社 1992 年版,第 417～419 页。

② 【日】大谷实:《刑事政策学》,黎宏译,北京:法律出版社 2000 年版,第 309 页。

刑事司法制度无法触及的领域崭露头角。

二、刑事法的效率理论

在诉讼法上,刑事法的效率又称诉讼经济,是指以最小的诉讼成本,实现较大的诉讼效益,或者说是为实现特定的诉讼目的,应选择成本最低的方法和手段。诉讼经济是对诉讼活动的一种经济考量,在刑事诉讼中主要是指司法机关和诉讼参与人应以尽量少的人力、物力、财力和时间消耗来完成刑事诉讼的任务,并实现公正这一刑事诉讼的基本价值。西方经济分析法学派的代表人物波斯纳认为,法律程序在运作过程中会耗费大量的经济资源,为了提高司法活动的经济效益,应当将最大限度地减少这种经济资源的浪费作为对法律程序进行评价的一项基本价值标准,并在具体的司法活动中实现这一目标[①]。与传统的刑事司法程序中诉讼周期长、诉讼程序复杂、诉讼成本高昂不同的是,刑事和解则是运用西方经济分析法学派提出的经济效益主义理论,并在此基础上进行成本—效益分析,符合诉讼经济的原则。

诉讼制度在现代纠纷解决机制或系统中毋庸置疑地处于核心和主导的地位,法院是实现社会正义的最后权力机关,通过诉讼程序和法院判决解决纠纷是现代社会所不可或缺的,也是诉讼的基本功能。而诉讼作为一种高成本的救济保障体系,决定了任何社会都必然会把对诉讼成本的计算和效益的追求作为衡量诉讼价值的一个重要标准,而一个正常的社会对于诉讼的投入与支持都是有限度的。诉讼资源是一种高消耗资源,而刑事司法体系则主要依靠国家的投入,由于犯罪活动的危害性、复杂性以及刑罚执行后的不可挽回性,刑事诉讼资源更加稀缺。因此,在国家司法投入总量不变的情况下,提倡诉讼经济,提高诉讼效率是刑事司法领域面临的现实课题。

当事人作为一个理性人,在选择纠纷解决方式时必然要进行成本—效益分析,从而做出预期收益大于成本的选择。加害人愿意采用刑事和解的原因在于其付出的"认罪、赔偿或者提供社区服务"等种种成本,远远小于其因此获得的"刑罚减轻或免除"的收益。相反,如果加害人确信自己无罪,或者他认为放弃审判程序中依法应当获得的程序性权利的成本太高,就不会选择和解。按照现行的刑事司法制度,被害人可能付出的成本,除了诉讼要消耗的物质财富,还包括较大的时间成本(诉讼周期冗长、程序繁琐)、机会成本(被害人要承担犯罪分

---

① 徐静村主编:《刑事诉讼前沿研究(第五卷)》,北京:中国检察出版社 2006 年版,第114 页。

子逍遥法外的风险）、心理成本和人际关系的成本（对抗性的诉讼活动中所必须承受的痛苦和压力、周围舆论的影响）。与此相比，被害人的收益则显得微小且不确定。被害人有可能获得暂时的心理安慰而无法使因犯罪行为受到的心灵创伤得到彻底安抚，因为加害人被判处刑罚并不一定能够真诚地悔过，反而会出现在诉讼对抗过程中对被害人进行"二次伤害"。而且被害人通过诉讼应当获得的物质赔偿，也很可能因为加害人的抵触情绪无法真正获得。表面上加害人被判处刑罚、受到监禁，被害人因此得到了安宁的社会生活环境，而现实生活中加害人的亲友因为不满加害人受到的处罚从而报复被害人，以至于被害人生活的社会环境更加恶劣的情况屡见不鲜。

就司法机关而言，一方面，案件的处理要经过立案、侦查、起诉、审判、执行等法定程序，在这个过程中大量的司法资源将被耗费。另一方面，随着刑事案件的不断增加、犯罪的日益复杂化和多样化，大量的重大疑难案件，因为司法资源投入的严重不足或者缺乏证据而积压。将有限的司法资源分配到众多的案件上而追求绝对的公平是不现实的。"迟来的正义"或者"粗糙的正义"对于司法机关和刑事案件当事人来说都是违背正义要求的。刑事和解所需时间较短，被害人与犯罪嫌疑人都不需要特别的物质或精力上的特殊准备，参与和解的执法人员通常将和解过程操作得简单易行，使之能在较短的时间内产生合乎双方利益、且不损害公共利益的和解结果。对于和解结果的确认，又避免了案件在侦查、起诉、审判、执行环节的进一步的司法资源支出。无论从设施、人员上，还是时间、精力、金钱上，刑事和解都极大地节约了司法资源。

就社会关系的恢复而言，加害人和被害人的关系如果完全破裂，他们各自与周围社会的关系也受到负面影响，修复这些关系需要花费大量成本。刑事和解则明显降低了这部分成本。更重要的是，由于被害人的经济赔偿往往得不到兑现，现行的刑事司法公信力遭到怀疑，被害人很可能寻求诸如上访等司法以外的途径来满足诉求，社会稳定受到巨大影响。因此，刑事和解对冲突及时、有效、终局性的解决有益于社会稳定。公正是司法的本质要求，而"迟到的正义是非正义"，司法公正本身就包含着司法效率的内容。刑事和解的效率价值则体现在个案诉讼效率和刑事司法整体效率的提高上。司法实践中，大量罪行轻微的刑事案件的侦查、起诉难度并不因为案件性质较轻而有所降低。即使司法机关确信加害人就是犯罪行为人，也很可能因为缺少关键的证据或者加害人拒绝供述而使案件无法顺利起诉、审判。而在刑事和解中，由于加害人自愿认罪，主动陈述犯罪经过，案件事实得以基本查明，从而节省了侦查机关为查清案件事实、调取证据过程中花费的时间和精力。侦查、起诉机关也因此避免了承担事实不清、证据不足而撤销案件、补充侦查或宣判无罪的风险。就双方当事人而言，繁琐、冗长的诉讼程序及相关成本的支出得以避免。司法机关只需要审查和确认和解协议的自愿性、真实性与合法性，就可以将和解协议作为起诉裁量或审判裁量的直接依据，从而提高了对个案处分的效率。

三、人权保障理论

人权保障是当代刑事司法的基本精神，刑法的基本任务就在于惩罚犯罪和保障人权，二者间，人权的保障意义应重于惩罚犯罪。人权的基本含义是作为一个人、一个社会人所应当享有的所有权利。

从刑事诉讼人权保障制度的历史渊源来看，刑事诉讼中所保障的人权的权利主体长期以来一直都仅限于犯罪嫌疑人、被告人，各种制度都是以被告人为中心设计的，如无罪推定、罪刑法定、沉默权等，而这些原则和制度也确实对于被告人的人权保障起到了积极的作用。传统刑事司法体系中国家和被告人处于刑事诉讼法律关系的两极，相对于强大的国家追诉机构而言，被告人无疑处于一种弱势地位，而对其权利加强保障，避免国家权力的滥用就显得尤为重要，而被害人则不被作为刑事法律关系的主体看待，其权利保障完全受到忽视。

随着被害人学的兴起，对于这种国家垄断犯罪追诉和惩罚权的刑事司法制度提出了挑战。被害人与被告人作为刑事纠纷的冲突双方，都享有诉讼主体的地位，被害人不应该是被动的客体，而应该享有主动权，其人权也应得到充分的保护，强调一方的人权保障而忽视另一方，会造成一种新的不平衡状态。刑事和解制度是以被害人为中心设计的，提升了被害人的法律地位，加强了对被害人的保护，与传统以加害人为中心的刑事司法制度相比，无疑对被害人的人权保障具有重要的作用。

刑事司法体系中人权保障的主体应当包括加害人与被害人双方，而人权保障的体现则首先在于作为权利主体的程序参与和选择的权利。刑事和解制度建立在双方自愿的基础上，加害人与被害人作为程序的主体有完全参与和选择的权利，和解的结果完全掌握在自己手中。传统的诉讼中，双方都没有选择的权利，只是被动地参加到国家追诉的活动中，为了满足国家惩罚犯罪的需要，扮演着工具、手段的角色，虽然享有一部分程序性的权利，但这与刑事和解制度中能够自主自决相比，具有很大的差距。除了程序的参与和选择权利，被害人和加害人的人权保障更体现在被害人伤害的补偿和加害人的社会回归。

被害人的求偿权作为其一项基本人权，在传统的诉讼制度中没有得到很好的保障，对于被害人的赔偿多是针对物质损害，与此相比因加害行为受到的精神伤害则被忽视，刑事和解制度更加关注了对被害人的伤害补偿，这种补偿的重点则是心理创伤的恢复，它为被害人提供了叙说因加害行为所受到的身心伤害、疏导压抑已久的被害情感的机会,因而是多方位的。

同样,加害人虽然实施了加害行为,对被害人、社会都造成了伤害,但并不能因此而剥夺其作为一个"人"应当享有的权利和尊严。以往刑事司法制度只是把加害人定罪科刑,然后投入监狱了事,并不关心后面产生的一系列问题,以至于加害人带着罪犯的标签在社会中受到排挤、歧视,无法享有其作为一个社会人应当享有的权利,导致其人格的自我否定,这不能不说是一种人权保障的缺失。刑事和解制度则更关心加害人再社会化问题,通过积极的悔罪、道歉、赔偿,加害人有可能会得到被害人的谅解,使其产生放弃或者减轻追究加害人刑事责任的想法,进而双方达成和解。加害人因此可能被免予追究刑事责任,或者被减轻、免除刑罚,心理上对与被害人和社会的对立情绪会得以缓解,从而能够有一个健康的心态来看待自己所犯的错误,以便重塑自我,回归社会。

四、契约理论

契约是市场经济高速发展和民主政治高度发达必然要求,大到国家公共权力的让渡,小到个人之间完成一次交易,我们的生活既受到契约的约束,同时也受到契约的保障。无论是在公权力领域还是在私权利领域,契约都是社会生活的主要价值判断标准,也是我们解决社会纠纷的主要尺度。当国家将法律公布于众时,实质上是向公民发出了在某一具体社会关系上订立契约的要约。贝卡利亚认为,原始人类本属战争状态,只因为人们后来都厌倦了战争而渴望和平,才各自就天赋自由之权利中,割让一部分,以契约的方式委托给他人(即主权者),并让其承担保护之责。于是主权者对于违反契约者有处罚之权。因此,刑罚权的渊源只不过是人们所割让的自由权之一部分的总和而已[①]。刑法本质上是在某种特定的社会制度或组织机构以及各种利益集团相互作用、相互制约、相互冲突下最终达成的某种结果。既然刑事冲突本身是存在于犯罪者与被害人之间,而不是国家与犯罪者之间,那么刑事和解当然能够实现刑事诉讼的最终目标。随着刑事被告人、被害人地位的提升,原来被认为是不平等的法律关系中开始渗透了一些私法领域才有的色彩,诸如当事人主义、个人意志、协商、契约、交易等概念。

刑事纠纷和民事纠纷本质上并没有差别,刑事纠纷是刑事被害人、刑事加害人与国家之间的一种纠纷,同民事纠纷一样只是社会纠纷的一种。刑事和解实

[①] 【意】贝卡利亚著:《论犯罪与刑罚》,黄风译,北京:中国大百科全书出版社1993年版,第9页。

质上也是一种契约,也是契约自由、意思自治观念的具体表现。不同之处在于,刑事和解是当事人双方就刑事纠纷所达成的合意,它因涉及公共利益的维护和公共权力的处分而受到法律严格的限制。在刑事追诉权被国家完全垄断的前提下,刑事被害人并不具有实质意义上刑事诉讼当事人的主体地位,更不具有进行刑事和解的主体资格。伴随着人权运动的发展和利益纷争的激化,刑事被害人和加害人的权利意识逐步复苏,他们要求自己的刑事实体权利和刑事诉讼权利也能够在刑事诉讼的过程中得到彰显,刑事诉讼权益也能够得到社会的普遍尊重。刑事诉讼当事人的个人利益与社会公共利益之间的错位和冲突使法律陷入进退维谷的两难境地。因此,在处理具体刑事案件的过程中,法律只能在多元化的利益之间做出权衡,而不能再像从前一样做出非此即彼的选择。法律是解决社会纠纷的应急性措施,它虽然具有相对的稳定性,却不能无视客观实践的需要。面对多元化的利益构造体系,刑事法律只能对于刑事纠纷采取多元的解决手段,以回应多元化社会对于传统司法体制的冲击。

由于刑事纠纷与民事纠纷在社会纠纷层面上并没有本质区别,所以现代司法体制的改革将视角转移到民事领域,以求借鉴民事领域中有效的纠纷解决方式。民事领域的契约理论无疑对利益保护起到了参考意义。契约是当事人之间达成的合意,是对双方利益乃至多方利益的平衡,是对社会纠纷的实质性解决和社会冲突的彻底平抑。所以,契约理念被引入刑事司法领域,以增强传统刑事司法模式对于多元化的社会利益的负载能力和包容度,以使传统刑事司法制度脱离因多元化利益体系的冲击而濒临崩溃的窘境。刑事和解是契约观念向刑事司法领域的渗透,是权衡刑事纠纷各方利益的一种行之有效的手段。通过刑事和解,我们也实现了对正义的追求,但是这种正义并不是传统意义上的实体正义或程序正义,而是一种"契约正义"。刑事纠纷由于涉及当事人的人身权利、刑事诉讼权利、刑事实体权利等权利,涉及公共权力的让渡和社会公共利益,因此刑事法律对于刑事和解予以严格限制和监督。但是这种监督和限制主要是为了保障刑事和解依法执行,并不影响刑事和解协议的契约性质及其刑事被害人和加害人的和解当事人的地位。

第三节　刑事和解的作用

我国已经展开了刑事和解的理论与实践探讨,取得的效果显著,无论是在被害恢复,还是加害恢复方面,展示了和谐社会的刑事司法理念。刑事和解在我国的积极作用不容否认。

一、体现人性司法,彰显全面正义

传统刑事司法立足国家本位价值观,以国家追诉犯罪为主线,突出强调国家在打击犯罪和维护国家利益功能上的绝对地位,整个司法围绕该被告人是否构成犯罪以及对被告人如何进行处罚来进行。在这种刑事司法理念指导下,直接受到犯罪伤害的被害人则完全被边缘化,被害人的合法权益缺乏应有的重视和保护,被害人的具体利益完全被国家对罪犯的追诉和处罚所体现出来的抽象正义所掩盖。

刑事和解立足个人本位价值观,随着刑事被告人、被害人地位的提升,原来被认为是不平等的法律关系中开始渗透了一些私法领域才有的色彩,诸如当事人主义、个人意志、协商、契约、交易等概念。使被害人从加害人真诚的道歉和补偿中获得心理平衡,同时也使加害人通过承担责任,重新融入社会中,所以,它既关注加害人的回归,也注重被害人的精神康复和物质补偿,所追求的是一种人际关系和谐和社会和平的具体正义。刑事和解强调对与犯罪有关的所有人的物质救济以及人文关怀,从人性的高度来看待犯罪并对犯罪进行修复。因此,刑事和解制度在司法理念上与传统刑事司法理念明显不同,它最大限度表现了对所有当事人权利和人格的尊重,是现代社会人文精神的具体体现,在这种氛围下,被害人和加害人的心结容易解开,犯罪造成的各种负面影响容易消除,受犯罪破坏的人际关系也容易得到恢复。

传统的刑事司法强调以报应实现正义,只是一味地惩罚加害人,没有或很少关注被害人和社会的利益。刑事和解是以被害人保护为核心理念构建的,在突出了对被害人的保护的同时兼顾了加害人以及社会的全面保护。它并不是通过剥夺加害人,通过"害害相抵"从而实现正义,而是通过被害恢复和加害恢复实现社会关系的全面恢复。刑事和解制度正是要给予与犯罪相关的各方以其应得的东西。比如被害人得到补偿,加害人表示歉意以及社会人际关系变得和谐从而更加安全,等等,这一切都说明正义的实现不再只是通过刑罚,还可以通过加害人和被害人的互动。刑事和解追求的是一种均衡的价值,实现的是一种全面的正义,促进的是刑事司法的整体公正性,而且正义的实现不再是抽象的,而是全面的,是让人们以看得见的方式实现。

在人类社会初期,对杀害、伤害等严重冲突,在无法自行解决的情况下,也有依靠部落首领、族长等社会力量进行调整的,即"私力救济",现代社会虽然以禁止私力救济为原则,但是对私力救济采取的并不是完全否定的态度,而是通过法律疏导和实现私力救济的社会控制之任务,也就是公力对私力的控制。另一方面,通过这种被控制,私力救济也同时影响制约着"公力救济"形式,弥补了公力救济具有的天然的滞后性与被动性以及对国家、社会利益的过分追求而忽视个人利益的价值缺陷。刑事诉讼中的国家权力由扩张到受到制约,诉讼参与人,尤其是被害人权利的独立性、重要性的确认,已经对传统的以被告人和国家相对立为研究中心的诉讼理论构成一定挑战,也使据此构建的诉讼模式受到冲击,一种强调被害人利益、被告人利益、国家与社会利益相协调与共存的新诉讼理念正为人们所逐渐接受。另外,刑事和解可以在具备相关条件的情况下在侦查、起诉等阶段进行,这种及时性的特点可以有效避免审判和刑罚执行阶段所必须承受的精神负担等问题①。轻罪的和解衍生于当事人处分原则,体现了国家公权力对私人权利的尊重,其中既有公力作用,也有私力的推动,从而充分体现了犯罪嫌疑人、被害人的意志,注重对遭破坏的社会关系的恢复处理,体现了国家、社会和个人三者利益的全面结合,顺应了刑事诉讼的发展趋势。

二、节约司法成本,有效解决纠纷

刑事和解直接提高个案的诉讼效率,起到了诉讼分流的作用。诉讼分流是在诉讼早期阶段,即侦查、起诉或庭前审查阶段,就一部分构成犯罪或证据不足的案件做出终止诉讼的处理,而不再交付法庭审判,或者对一些应当进行法庭审判的案件采取比普通审判程序更为简便的方式进行审理的机制总称。事实上,诉讼的启动应考虑经济合理性因素,要与诉讼周期的长短、诉讼程序的繁简、司法资源的合理配置有关。任何一项制度都是应该追求效益的,也就是以最小的成本获得最大的效果。就我国目前的社会现实而言,实现刑罚的轻缓化、非刑罚化、司法机制的多元化不仅是切实可行的,也是十分必要的。

刑事司法是一项高成本的事业,传统刑事司法需要大量的司法资源投入,而且随着刑事立法的完善和诉讼程序的细化,对案件质量的要求也逐渐提高,诉讼程序也越来越繁琐,投入的成本也会逐渐加大,刑事司法资源的供需矛盾就会进一步加剧。就国际刑事司法趋势而言,公正第一,兼顾效率,这似乎应当是世界各国司法改革的共同价值取向。我国长期实行的严厉刑事政策并未给社会治安带来好转,许多重大案件都是由曾经犯罪的人重新犯罪,这既说明刑罚的威慑作用有限,也说明对犯罪人采取的监禁等矫正措施成效不大。另外,我国每年刑罚执行和教育改造罪犯的成本也相当高。巨大的经济投入并未获得良好的回报,这就迫使我们应寻找新的途径走出面临的困境。刑事和解恰好为我们提供了一

---

① 　向朝阳、马静华:《刑事和解的价值构造及中国模式的构建》,载《中国法学》,2003 年第 6 期。

个选择。通过刑事和解,一方面,一部分案件被提前从刑事诉讼程序中剥离出去;另一方面,被害人、加害人面对面直接对话,通过双方的合意的方式及时化解矛盾,这样既省去了侦查、起诉、审判、执行的繁琐过程,也节省了在刑罚执行过程中的大量资源的投入。因此,刑事和解司法制度追求的是一种简洁、经济的方式结案,以较小的成本获取较大的效益。

对犯罪的解决可以采取多元化的方式,刑事和解价值基础和理念模式是对传统的建立在一元化刑事法制价值观之上的刑事司法的一种演进,必将为解决犯罪问题开辟新的途径。实施多元化的途径意义在于将有限的资源合理地分配给不同的解决方式,按照不同犯罪的特殊要求和当事人的意思,适用不同的解决模式对诉讼之中"合意机制"的认可不仅是对其工具价值——提高诉讼效率、降低诉讼成本的承认,同时也是对其内在独立价值凸现当事人在诉讼中主体地位、弘扬人类自治的道德许可。社会在不断向前迈进,人们也总是在随之出现的各种各样的现实中对自己的生存及生活方式,包括解决冲突的方式,依据自身的需要,做出相应的选择。一方面出于效率的考虑,即以较少的司法资源耗费实现较理想的实体性目标。另一方面也是为了尊重当事人权益,为当事人创造一个行使利益的平台,可以提高当事人在追求自身正当利益过程中的主动性,可以使当事人能在权衡程序效益最大化和实体利益最优化需求的基础上做出适当的选择。

三、实现以人为本,弘扬谦抑刑法

以人为本,构建和谐社会已成为我国当前各项工作的目标,刑事司法也不例外。刑事司法的出发点就是要妥善解决社会纠纷,化解社会矛盾,稳定社会秩序。在具体的刑事司法实践中,就必须以这一理念来要求和衡量刑事司法的运作和实效。刑事司法工作不应把被害人边缘化,对加害人应当从惩罚、矫治走向修复,更加关注被害人的康复和加害人的回归。忽视在刑法学视野中展开对被害人问题的研究,不利于刑法理论体系的完善,不利于被害人人权的保障,不利于刑事法治的实现。这一思想与构建和谐社会在观念上高度一致,也与刑事和解司法的理念协调统一起来。事实上,传统的刑法理论排除了被害人在刑法学中的地位,刑法仅仅被视为调整国家与犯罪人之间关系的法律,被害人在刑法学中被边缘化了,而刑事和解以对被害人的修复为中心,同时积极地促使加害人重新融入社会,其目的是为了修复受犯罪破坏的人际关系,使遭受破坏的人际关系重新恢复,社会关系的损坏会对构建和谐社会产生巨大阻碍,因此,从以人为本的度而言,刑事和解是十分必要的。

刑事和解司法强调对被害人的修复,重新整合加害人,增强社会成员间的信任,促进社会的和谐与安全,这就引起了加害人、被害人、社会和国家的多方的义务和责任,因此案件所涉及各方都必须积极地参与到刑事司法过程中。犯罪首先是引起加害人的义务,其义务就是要尽可能地纠正错误和承担责任,加害人应在自愿的基础上从承认错误开始,然后履行义务,这种义务优先于其他制裁和对国家的义务。由于主要的义务是向被害人应尽的义务,所以,刑事和解授权被害人全面有效地参与履行义务内容的活动,为加害人提供机会使他们自愿承担责任,为加害人悔过自新负有责任。其次是社区的义务,社区要对被害人和加害人承担义务,目的是为了促进社区成员的和谐,社区有责任支持和帮助被害人,满足他们的要求,有责任给加害人提供改过自新的机会,有责任帮助加害人回归社会,同时社区还承担着预防犯罪和建立和谐的责任,惩教结合,以教为主,标本兼治,重在治本,最大限度地预防和减少青少年犯罪与被害。此外,国家除担负起维护秩序的责任外,在司法中也扮演着一定角色,如保障司法进程,促进公平正义。

刑法的谦抑性价值日益成为现代刑法追求的核心价值目标之一。刑罚应该是在既定的条件下尽量轻微,这一直被视为刑罚谦抑性的基础理论。刑罚谦抑,指国家慎刑,尽量使刑罚节俭,尤其防止刑罚过剩过度。如果一种犯罪是危害社会秩序最严重的行为,那么国家必须采取相应的措施对其进行制裁,以恢复社会秩序,但是在运用刑罚手段抗制犯罪时,基于人道、慎重、宽和的本意,应当将其限制在最合理和最小的范围之内。宽容是刑罚人道化的重要标志,是对公民自由的尊重,这就要求刑罚的适用尽可能地宽容、轻缓、人道。如果能够用较轻的刑罚手段抑制犯罪和保护合法权益的时候,就无须动用较重的刑罚。如果运用刑罚所产生的负面效应过大时,也不宜采用。如果其负面效应比犯罪产生的负面效应还要大时,就更不能采用。因为不考虑刑罚的程度和时机,会导致刑罚自身价值的下降,甚至破坏社会伦理道德基础,给社会造成更严重的损害。所以说,即使是罪犯,也应给予他们重返社会的希望和机会,为其营造宽容的社会氛围。通过放宽罪犯的自由、拓宽罪犯与社会的联系,促使罪犯掌握生活技能与社会相关的知识,塑造犯罪人的社会正常生活的信念和人格,最终促成犯罪人回归社会。因此,实际上还存在一些能够指导或引导人们行为的其他规范,这些规范在实现社会目标的过程中用以补充或替代法律的手段,如行政、道德和习惯。刑法仅有最后防卫手段的性质,是抑制违法行为的最后一道防线,只有在其他法律手段无效时,才可动用刑罚手段。所以,刑法实际上是一种保障性规范。